Praktische Betriebswirtschaft

(Hrsg.: Prof. Dipl.-Kfm. Klaus Birker)

Klaus Birker
Rödiger Voss

Handelsmarketing

W0053173

Die Deutsche Bibliothek – CIP-Einheitsaufnahme

Ein Titeldatensatz für diese Publikation ist
bei Der Deutschen Bibliothek erhältlich.

Verlagsredaktion: Ralf Boden
Technische Umsetzung: Type Art, Grevenbroich

Cornelsen online http://www.cornelsen.de

1. Auflage ✔   Druck 4 3 2 1   Jahr 03 02 01 2000

© 2000 Cornelsen Verlag, Berlin

Druck: Lengericher Handelsdruckerei, Lengerich/Westfalen

ISBN 3-464-48996-5

Bestellnummer 489965

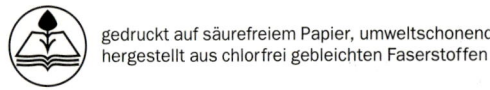

gedruckt auf säurefreiem Papier, umweltschonend
hergestellt aus chlorfrei gebleichten Faserstoffen

Vorwort

Die Lehrbuchreihe *„Praktische Betriebswirtschaft"* behandelt in jeweils selbstständigen Bänden betriebswirtschaftliche, in sich geschlossene Teilgebiete, die entweder zum so genannten Basiswissen gehören oder aktuell weiterführende Themen aufgreifen. Dabei soll der Stoff praxisorientiert, methodisch aufbereitet und didaktisch ansprechend dargestellt werden. Am Ende eines jeden Kapitels werden in einer Zusammenfassung die Leserinnen und Leser angeregt, den zuvor behandelten Inhalt zu rekapitulieren; zur Bearbeitung der jeweiligen Fragen werden Hinweise gegeben.

In ihrer Ausrichtung wendet sich die Lehrbuchreihe zugleich an mehrere Zielgruppen. Zum einen werden Studierende an Fachhochschulen, Wirtschaftsakademien etc. angesprochen, denen neben der Methodik ein praxisnaher Bezug aufgezeigt wird. Zum anderen ergibt sich für Praktiker die Gelegenheit, relevante Themen auch im theoretischen Zusammenhang zu sehen. Dies gilt sowohl für Techniker, die sich mit betriebswirtschaftlichen Fragen befassen wollen, als auch für Teilnehmer an entsprechenden Weiterbildungsmaßnahmen. Schließlich kann *„Praktische Betriebswirtschaft"* Lernenden an Fachschulen zum weiterführenden Studium dienen.

„Praktische Betriebswirtschaft" als Lehrbuchreihe ergänzt das *„Handbuch Praktische Betriebswirtschaft"*, welches als einschlägiges Nachschlagewerk bereits auf eine mehr als 70-jährige Tradition zurückblicken kann.

Mit dem vorliegenden Band *„Handelsmarketing"* wird ergänzend zu den Titeln *„Außenhandel"* und *„Technischer Vertrieb"* der Bereich des speziellen Marketing in dieser Reihe fortgeführt. Zugleich wird der eigenständigen Bedeutung des Handelsmarketing Rechnung getragen.
Lange Zeit stand ein eher auf die Gegebenheiten der Industrie gerichtetes Marketing im Vordergrund, z.B. auch im Konsumgütermarketing. Dabei wurde der Handel vorwiegend als Absatzweg der Industrie angesehen. Inzwischen ist anerkannt, dass der Handel eine selbstständige Wirtschaftsfunktion wahrnimmt und Handelsbetriebe eine entsprechende Marktmacht repräsentieren. Verkauf und Marketing stehen im Mittelpunkt der Aufgabenstellungen eines Handelsunternehmens. Insoweit ist es sinnvoll, im Rahmen eines Handelsmarketing auch das Instrumentarium des Marketing-Mix weiter aufzugliedern als im allgemeinen Marketing üblich.
Um dem Leser eine in sich geschlossene Darstellung zu bieten, werden entsprechend in diesem Band die Themen des Marketing umfassend behandelt und sowohl die Besonderheiten des Handelsmarketing als auch die relevanten Bereiche eines allgemeinen Marketing dargestellt.

Beide Autoren verfügen über umfassende praktische Kenntnisse und Erfahrungen im Handel sowie in der Lehre. Insoweit ist eine Abhandlung entstanden, die sich gleichermaßen an Studierende und Praktiker wendet.

Köln, im Februar 2000

Klaus Birker
als Herausgeber und Autor

Inhaltsverzeichnis

6 Preis- und Konditionenpolitk

Klaus Birker

7 Kundenservice

Klaus Birker

8 Personalpolitik und Beratung

Klaus Birker

1 Grundlagen des Handelsmarketing

Dieses einführende Kapitel vermittelt einen Überblick über grundlegende Bedingungsfaktoren, Erscheinungsformen und Ziele des Handels. Die Grundlagen des Handelsmarketings lassen sich jedoch erst dann sinnvoll beschreiben, wenn klare und verständliche definitorische Abgrenzungen bestehen. Aus diesem Grund erfolgt zunächst die Definition von relevanten Begriffen.

1.1 Gegenstand und Begründung des Handelsmarketing

Untersuchungs- und Erkenntnisobjekt ist im Folgenden das Handelsmarketing. Der Begriff des Handels- bzw. Einzelhandelsmarketings tauchte Anfang der 70er-Jahre erstmals in der deutschen Fachliteratur auf. Bis dahin wurden Handelsunternehmen als reine Objekte industrieller Absatzstrategien aufgefasst. Um den Begriff zu erschließen, werden seine beiden Komponenten „Handel" und „Marketing" erläutert.

Den Begriff **Marketing** (to go into the market) verbinden die meisten Menschen schlicht mit Werbung oder der Beeinflussung des Endverbrauchers. Marketing geht jedoch darüber hinaus. Man versteht hierunter die marktorientierte Führung des Unternehmens mit dem Ziel, aktuelle oder potenzielle Kundenbedürfnisse zu befriedigen. Im Sinne des Marketinggedankens bringt das Handelsmarketing also eine Denkhaltung zum Ausdruck, die besagt, dass sich alle handelsbetrieblichen Vorgänge am Absatzmarkt zu orientieren haben. Mit Hilfe dieser Strategie sollen unternehmensspezifische Ziele im gesamtwirtschaftlichen Güterprozess verwirklicht werden.

Handelsbetriebe sind Unternehmen, die auf eigene Rechnung mit Gewinnabsicht Waren einkaufen, um sie unverarbeitet oder mit leichten handelsüblichen Veränderungen an Kunden zu verkaufen. Sie verbinden dies unter Umständen mit dem Angebot von weiteren Dienstleistungen. (Änderungsservice für Textilien, Finanzie-

rungshilfen, Reisebüro, Reifenmontage usw.). Ein Handwerksbetrieb ist demnach kein Einzelhandelsbetrieb, da hier Waren überwiegend gekauft werden, um sie weiterzuverarbeiten. Handelsbetriebe verarbeiten bzw. veredeln ihre Waren nur geringfügig, z. B. durch Kafferösten oder Aussortieren von verdorbenen Waren. Im Vergleich zur industriellen Produktion und zum Handwerk stellt die Warenveredelung also lediglich eine Nebenleistung dar. Kunden der Einzelhandelsunternehmen sind in der Regel private Haushaltungen. Großhändler hingegen sind Zwischenanbieter, die die gekauften Güter an andere Großhändler, Hersteller oder den Einzelhandel weiterverkaufen.

Eine weiter gehende Aufgliederung des Handelsbegriffs findet sich in dieser Lehrbuchreihe unter dem Titel „Außenhandel" von W. Pepels (Seite 7).

Auf Grund des starken Zuschnitts des Allgemeinen Marketings auf die Belange der Konsumgüterindustrie erscheint eine anwendungsorientierte Aufgliederung des Marketings sinnvoll, z. B. in Dienstleistungs-, Konsumgüter-, Investitionsgüter- oder Handelsmarketing. Weitere Spezialisierungen sind nicht ausgeschlossen, wie z. B. die Aufteilung des Handelsmarketings in Tankstellen- oder Apothekenmarketing (siehe Abb. 1.1).

Der Spezialisierungsbedarf des Marketings gründet sich auf **Emanzipations- und Machtaspekte:** Der Handel hat sich zunehmend von Vorgaben der Markenartikelindustrie befreit, sowohl in preislicher als auch in sortimentspolitischer Hinsicht. Dies wurde insbesondere durch die **„Informationsmacht" des Handels** ermöglicht, die durch die Einführung der Scannerkassen in den Siebzigerjahren begründet wurde und damit die Informationsherrschaft der Industrie ablöste. Die Aufnahme neuer Artikel in das Handelssortiment ist daher sehr restriktiv, Aussonderungen von Produkten erfolgen auf Grund aktueller Daten und Regalplatzengpässen weit schneller als in der Vergangenheit. Die Kräfteverschiebung zwischen Handel und Industrie findet zudem ihren Ausdruck in der Größenordnung der Handelsbetriebe. Als Großnachfrager kann der Handel den Lieferanten gewisse Preisvor-

Abb. 1.1:   Spezialisierungsmöglichkeiten des Marketing

stellungen und Einkaufsbedingungen diktieren. Kurz gefasst entwickelt der Handel also auf Grund seiner Größe, der direkten Verbrauchernähe und des damit gewonnenen Informationsvorsprungs zunehmend eigene Marketingstrategien und -konzepte, die eine wissenschaftliche Untersuchung nötig machen.

1.2   Der Einzelhandel zwischen Produktions- und Verwendungsbereich

Handelsbetriebe stellen das letzte Glied in der Kette des Warenabsatzes zum Endverbraucher dar, d. h., sie besitzen eine Vermittlungsstellung zwischen Produktion und Verbrauch. Dabei sind unterschiedliche Varianten denkbar: Teilweise wird mehr als eine Zwischenstufe eingeschaltet

(z. B. Großhandel) oder einige (z. B. Direktabsatz der Industrie) fallen heraus. Die Gesamtheit der Stufen, die die Produkte auf dem Weg zum Kunden zurücklegen, bezeichnet man als **Absatz-** oder **Wertschöpfungskette.**
Die Formen der Direktvermarktung spielen eine relativ unbedeutende Rolle, bezogen auf das Gesamtvolumen der Haushaltseinkäufe. *Vorwerk* (Staubsauger), *Avon* (Kosmetika) oder **Factory Outlet Center** sind Beispiele hierfür.
Der **Großhandel** wurde in der Absatzkette mittlerweile vielfach ausgeschaltet; seine Funktionen wurden teilweise von Lieferanten, insbesondere aber von mehrstufigen Einzelhandelsunternehmen übernommen (siehe Abb. 1.2). Der verkürzte Absatzweg vom Hersteller direkt zum Einzelhandel setzt jedoch voraus, dass der Hersteller unmittelbare Kontakte zum Einzel-

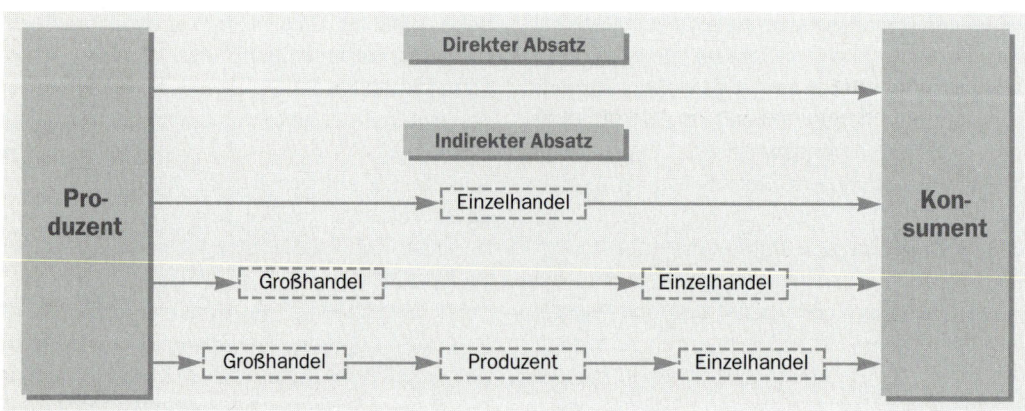

Abb. 1.2:   Absatzketten im Binnenhandel

handel knüpfen und aufrechterhalten kann. Aus diesem Grund ist oft ein **Key-Account-Manager** unmittelbar für einen einzigen oder wenige Schlüsselkunden (Key-Accounts} verantwortlich. Diese Strategie wird häufig von Markenartikelproduzenten mit starker Marktstellung verfolgt, die den Warenweg im Absatzkanal möglichst weitgehend kontrollieren und beeinflussen wollen.

1.3 Handelsfunktionen

Bis in die 60er-Jahre gehörte die Suche und Klassifikation neuer Handelsfunktionen zu den beliebtesten Forschungsanliegen der Handelsbetriebslehre. Die Ursache lag im mangelnden Ansehen des Handels begründet, weil einige Wirtschaftswissenschaftler ihn als unproduktiv bezeichneten.

Daher wurden zahlreiche Funktionskataloge zum Verständnis und zur Rechtfertigung des Handels entwickelt, die im Folgenden erläutert werden:

Raumüberbrückung
Der Handel bringt die Waren in die Nähe des Kunden und ermöglicht es dem Produzenten, seine Produkte überregional bzw. global anzubieten. Er hilft also bei der Überbrückung der räumlichen Entfernung zwischen Produzent und Konsument. Aus diesem Grund steht es dem Kunden offen, an der Wurst-und-Käse-Theke Parmaschinken aus Italien, ungarische Salami, Schweizer oder holländischen Käse zu kaufen.

Zeitüberbrückung
Herstellung und Verwendung von Artikeln stimmen zeitlich nicht überein. Im Frühjahr stellt der Hersteller Winterwaren her; landwirtschaftliche Produkte werden in der Reifezeit als Konserven produziert. Zudem lässt sich die Nachfrage auf Grund von unvorhergesehenen Schwankungen nicht exakt bestimmen. Der Handel fungiert in diesen Fällen auf Grund seiner Lagerhaltung als Puffer und hilft so, die Zeiträume zwischen Produktion und Verbrauch der Produkte zu überbrücken.

Sortimentsbildung
Aus dem vielfältigen Warenangebot der Hersteller wählt das Handelsunternehmen für seine Kunden ein bedarfsgerechtes Sortiment aus. Verschiedene Produktarten, Ausführungen, Größen, Ergänzungs- und Zubehörteile werden gleichzeitig angeboten. Die Kunden finden im Einzelhandelsgeschäft also eine Vielzahl von Waren, die sich nach Art und Güte unterscheiden, oder ähnliche Waren verschiedener Hersteller, z. B. Videorekorder von *Sony* oder *Philips*. Das Angebot des Handelsbetriebes ermöglicht also Warenvergleich und -prüfung. Die Sortimentsbildung zeitigt einen weiteren Effekt: Sie führt zu einer Verringerung der Transaktionen und der damit verbundenen Kosten (Anbahnungs-, Vereinbarungs-, Kontroll-, und Anpassungskosten beim Zustandekommen von Kaufverträgen).

Diesen Zusammenhang macht die Abb. 1.3 deutlich: Ohne den Einzelhandel als Mittler müsste sich jeder der Konsumenten Informationen bei den drei Herstellern beschaffen, um sich über deren Angebot zu informieren. Es kommen sechs Kontakte zu Stande. Durch die Einschaltung des Handels werden die Gesamtkontakte um einen reduziert; die Konsumenten selbst sparen zwei Kontakte.

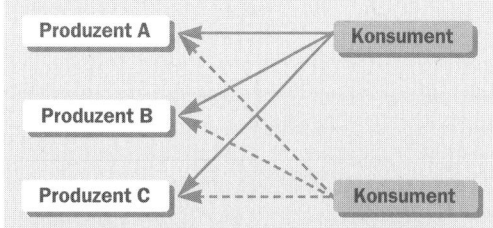

Abb. 1.3 a: Transaktion ohne Einschaltung des Handels

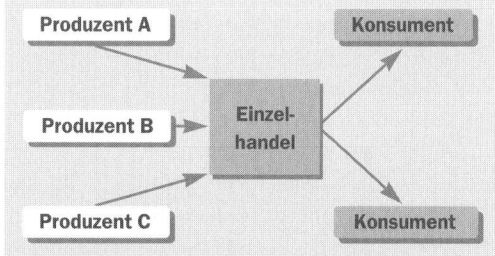

Abb. 1.3 b: Transaktion mit Einschaltung des Handels

Warenaufbereitung

Nicht alle von der Industrie gelieferten Produkte sind zum Zeitpunkt der Lieferung sofort verkaufsbereit. Einige Waren müssen erst durch den Einzelhandel veredelt bzw. verkaufsfertig gemacht werden: Obst muss sortiert werden, Südfrüchte und Käse müssen nachreifen, Tee muss gemischt werden usw.

Markterschließung

Der Einzelhandel ist näher am Verbraucher als die Industrie und erlangt so genaue Informationen über die Wünsche der Verbraucher. So ist der Handel in der Lage, die Industrie bei der Entwicklung marktgerechter Produkte zu unterstützen; er übernimmt die Rolle der Produzentenberatung. Im Rahmen der Efficient Consumer Response (vgl. Kap. 12) vertiefen Hersteller und Handel ihre Zusammenarbeit auf diesen Gebieten.

Kundenservice und Beratung

Kundendienst und Beratung ermöglichen häufig erst den Verkauf einer Ware: Geschulte Verkäufer mit detailliertem Warenwissen können dem Kunden fundierte Produktinformationen geben und somit seine Kaufentscheidung erleichtern und die Marktübersicht vergrößern. Gezielte Informationen über Art, Güte, Anwendungsmöglichkeiten, Vor- und Nachteile und Bedienung der Produkte sind insbesondere bei technischen Geräten von besonderer Relevanz. Häufig anzutreffende Serviceleistungen des Handels stellen Lieferung (Möbel), Installation und Aufbau (Einbauküchen), Wartung und Reparatur von Waren (Uhren), Zuschnitt (bei Holzpaletten, Metallprofilen) usw. dar.

Warenverteilung und Mengenausgleich

Zwischen Produktions- und Verbrauchsmengen bestehen erhebliche Differenzen: Ein Produzent von Plastikflaschen stellt am Tag Tausende Flaschen her, während der Einzelverbraucher für seinen Konsum täglich nur eine benötigt. Der Einzelhandel gruppiert daher die Mengen um, d. h., er kauft Waren in mittleren bis großen Mengen ein und verkauft sie in haushaltsüblichen Mengen an die Verbraucher. Erst hierdurch kann der Verbraucher in Kleinstmengen einkaufen: Er muss nicht eine Schweinehälfte direkt beim Bauern kaufen, sondern kann ein einzelnes Schnitzel über den Handel beziehen.

1.4 Bedienungsformen des Einzelhandels

In Abhängigkeit von der Betriebsform und der Produktart wird der Verkauf im Handelsgeschäft unterschiedlich abgewickelt. Die Bedienungsform bzw. Verkaufsform kennzeichnet dabei die Art und Weise, wie dem Konsumenten die Waren angeboten werden. Hierbei sind **Bedienung**, **Vorwahl** und **Selbstbedienung** zu unterscheiden.

Bedienung

Im Bedienungssystem fehlt dem Kunden der freie Zugang zur Ware, die Artikel befinden sich meist hinter einer Laden- bzw. Verkaufstheke. Während des Verkaufsgespräches legt der Verkäufer die Ware vor und präsentiert alle wichtigen Informationen, die den Kunden in seiner Kaufentscheidung bestärken sollen. Das Verkaufssystem eignet sich für Waren, auf die die Kunden keinen Zugriff haben sollen, oder für erklärungsbedürftige Produkte, wie die Arzneien in Apotheken oder der Schmuck im Schmuckgeschäft. Teilweise wird die Selbstbedienung des Kunden auch aus hygienischen Gründen eingeschränkt, z. B. bei Fleisch- und Wurstwaren.

Vorwahl

Das Vorwahlsystem ermöglicht dem Kunden wie bei der Selbstbedienung durch Ständer, Regale und Tische einen freien Zugang zur Ware. Er kann sich so zwanglos informieren und eine Vorwahl treffen. Das Personal gibt dem Konsumenten die Gelegenheit, sich mit der Ware vertraut zu machen, und beobachtet ihn, um bei Bedarf Hilfe anzubieten. Daher nennt man dieses System auch Teilbedienungssystem. Durch die Vorwahl werden gegenüber der Bedienung Beratungskräfte und somit Personalkosten eingespart.

Selbstbedienung

Die Selbstbedienung, die vor allem bei Lebensmitteln, Drogerie- und Schreibwaren, Heimwerkerbedarf und wenig erklärungsbedürftigen Leder- und Textilartikeln anzutreffen ist, ist als erste Nachkriegsinnovation des Handels zu bezeichnen, obwohl der erste Selbstbedienungsladen bereits 1938 von Herbert Eklöh eröffnet wurde. Nach dem Krieg folgte das erste Geschäft mit Selbstbedienungssystem im Jahr 1949 (Konsumgenossenschaft „Produktion" in Hamburg); 1950 waren es bereits 38 Geschäfte. 1957 wurde der Ratio-Großmarkt in Bochum als erstes Großhandelsunternehmen durch die Betriebsform Cash & Carry als Selbstbedienungssystem gestaltet.

Heute ist die Handelslandschaft ohne Selbstbedienung nicht mehr vorstellbar. Hier bedient sich der Kunde selbst, d. h., er besitzt freien Zugang zur Ware, probiert und wählt diese aus und bezahlt an der Kasse. Damit dies gelingt, müssen die Artikel verpackt bzw. griffbereit sein.

Vereinzelt ist im Handel bereits ein so genanntes **„Self-scanning-System"** eingeführt. Hierbei übernimmt der Kunde einen Handscanner von einem Rack im Eingangsbereich und scannt die Produkte selbst. Nachdem der Einkaufsvorgang beendet ist, steckt der Käufer den Scanner wieder in ein Rack, von dem aus die gespeicherten Daten an die Kassenterminals weitergeleitet werden.

Der Konsument erstellt seinen Kassenbon also selber, wodurch der zeitraubende Kassiervorgang auf die Zahlung selbst verkürzt oder völlig durch Zahlung mit Kredit- oder Kundenkarte ersetzt wird. Allerdings besteht beim Selfscanning ein hohes Diebstahlrisiko.

1.5 Betriebsformen des Handels

Der Handel besitzt sehr unterschiedliche Erscheinungsformen, so genannte **Betriebsformen** oder Betriebstypen (siehe Abb. 1.4). Beide Begriffe beschreiben eine Kombination von Merkmalen des Handelsbetriebes, wie z. B. die Sortimentspolitik, die Bedienungsform usw.

Die Betriebsform des **Ladenhandels** weist zahlreiche spezielle Ausprägungen auf, wie Super-, Fach- oder Verbrauchermärkte, die in Kapitel 2.5 erläutert werden. Gemeinsames Merkmal aller Geschäfte des Ladenhandels ist der feste Betriebsstandort, den die Verbraucher besuchen können, um ihre Kaufwünsche zu erfüllen. Das Verkaufspersonal berät den Kunden dabei je nach Bedienungsform mehr oder weniger intensiv.

Beim **Versandhandel** existiert der übliche Kontakt zwischen Kunde und Verkäufer im Verkaufsraum nicht, sondern die Waren werden durch Katalog, CD-ROM, Bildschirmtexte oder Funk- und Fernsehwerbung angeboten. Die Produkte gelangen über den Postweg oder durch private oder eigene Zustelldienste zum Abnehmer. Teilweise unterhalten die Versender selber Ladengeschäfte, die eine Ergänzung zum „reinen" Versandgeschäft darstellen. Dadurch wird der Versandhandel flexibler, um beispielsweise beim Saisonschlussverkauf Restbestände verkaufen zu können.

Im Versandhandel können Universalversand und Katalog-Spezialhandel unterschieden werden. **Universalversender** besitzen ähnlich wie Warenhäuser ein umfangreiches Sortiment, z. B. *Otto-Versand, Neckermann* oder *Quelle*. Der **Spezial-**

Stationärer Handel (Ladenhandel)	Versandhandel	Ambulanter Handel (Wanderhandel)
a) Ladengeschäfte 　■ Verbraucher-, Supermarkt usw. b) weiterer Ladenhandel 　■ Tankstellen, Kiosk 　■ Automatenhandel	a) Universalversand b) Spezialversand	a) Hausierhandel b) Straßenhandel c) Markthandel d) Wagenhandel

Abb. 1.4: Betriebsformen des Einzelhandels

Vorteile für den Versender	Nachteile für den Versender
• Ladenmiete (z.B. für 1a-Lage) entfällt • niedrige Lohnkosten (weniger Personalbedarf und teilweise ungeschultes Personal) • keine Bindung an Ladenöffnungszeiten • teure Ladenausstattung entfällt	• hohe Werbe-, Verpackungs- und Versandkosten • mangelnde Flexibilität, da eine Bindung an Katalogpreise besteht • hohe Abhängigkeit von EDV-Anlage • hohe Lagerkosten durch größere Lager

Abb. 1.5: Wesentliche Vor- und Nachteile für den Versender aus der Sicht des Händlers

versand hingegen bietet nur bestimmte Waren oder Warengruppen zum Versand an, wie z.B. Wein- oder Teeversand.

Gegen den Versandhandel kann eingewendet werden, dass der Kauf nach Katalogbild Probleme bereitet und die Kunden mit der Lieferung nicht zufrieden sind. Im Retourenbetrieb der großen Versender kehren daher oft Jeans, Röcke und Pullover zurück. Bei der *Quelle AG* täglich bis zu 50 000 Pakete. Im Schnitt schicken die 12 Millionen Kunden des Unternehmens jedes sechste Paket zurück. Die Rücklaufquoten variieren allerdings stark mit den Warenbereichen: Bei Damenoberbekleidung liegt die Quote um die 30 Prozent, bei Computern, Kühlschränken und Möbeln lediglich bei ca. 5 Prozent (siehe Abb. 1.5).

Beim **Wanderhandel,** der im Gegensatz zum Ladenhandel an keinen festen Standort gebunden ist, handelt es sich zwar um die älteste Betriebsform des Einzelhandels, heute haben seine einzelnen Varianten (Hausier-, Markt-, Straßen- und Wagenhandel) jedoch weitgehend an Bedeutung verloren. Der **Hausierhandel** bietet Waren wie Bürsten, Seifen und Küchenmesser an. Hierbei geht ein so genannter „fliegender Händler" von Haus zu Haus, um diese Waren zu präsentieren. Im Rahmen des **Markthandels** werden Produkte, vor allem Blumen, Obst und Gemüse, auf Tages- und Wochenmärkten angeboten. Beim **Straßenhandel** werden ähnliche Artikel wie auf Tagesmärkten auf einer belebten Hauptstraße von einem Straßenhändler angeboten. **Wagenhandel** existiert vornehmlich in ländlichen Gebieten. Das Warensortiment wird auf der Straße aus Verkaufsfahrzeugen, die teilweise als fahrbare Läden ausgestattet sind, angeboten.

Die Differenzierung unterschiedlicher Betriebstypen des **Großhandels** kann anhand deren Stellung im Wirtschaftsprozess erfolgen. Hierbei sind der Aufkauf-, der Produktionsverbindungs- und der Verteilungsgroßhandel zu unterscheiden.

Der **Aufkauf-** oder auch **Sammelgroßhändler** kauft, sammelt und sortiert Produkte wie Eier, Gemüse, Erze, Altwaren oder Abfallstoffe, um sie an Industrie, Handwerks- oder andere Großhandelsbetriebe weiterzuveräußern. Beispiele bilden Schrotthändler oder landwirtschaftliche Produktionsgenossenschaften.

Durch den **Produktionsverbindungsgroßhandel** werden einzelne Produktionsstufen miteinander verbunden, d. h., diese Unternehmen kaufen Halb- und Fertigerzeugnisse und verkaufen sie an deren Verwender. Hierzu gehören z. B. der Baustoffgroßhandel und der Lederwarengroßhandel.

Absatz- bzw. **Verteilungsgroßhändler** nehmen dem Hersteller große Warenmengen ab, die sie in kleineren Mengen an Einzelhändler oder Handwerker weiterverkaufen. Hierdurch entlastet der Großhändler die Verkaufsorganisation der Hersteller und die Lagerhaltung von Industrie und Einzelhandel und kann zudem Größenvorteile beim Einkauf nutzen. Ein solcher Großhändler ist das Unternehmen *ACG*, das z.B. Großbestellungen von Computerchips bei den Halbleiterproduzenten tätigt, um sie an kleine Hersteller, die damit Plastikkarten bestücken, weiterzugeben.

Ein weiteres Einteilungskriterium für Großhändler stellt die Verfügbarkeit der Waren für den Kunden dar. Die einzelnen Betriebsformen des Großhandels sind folgende:

Im Rahmen des **Zustellgroßhandels** beliefert der Großhändler seine Kunden, die selbst entweder Großhändler, Produzenten oder Einzelhändler sind. Häufig wird diese Leistung mit weiteren Serviceleistungen verbunden.

Der **Abholgroßhandel** ist meist als „Cash and Carry"-Betrieb in der Bedienungsform der Selbstbedienung gestaltet, d. h., Einzelhändler und gewerbliche Kunden zahlen bar (cash) und transportieren die gekaufte Ware selber (carry).

Regalgroßhändler bzw. Rackjobber (mit meist nur regionaler Bedeutung) mieten Regale bzw. Verkaufsflächen im Handel, füllen sie auf und übernehmen das gesamte Verkaufsrisiko, da sie die nicht verkaufte Ware zurücknehmen.

1.6 Zielsystem eines Handelsunternehmens

Ziele sind Motiv und Antrieb des menschlichen Verhaltens. Zielformulierungen sind daher als Vergleichsmaßstab zwingend erforderlich, um die Mitarbeitermotivation und eine Erfolgskontrolle zu gewährleisten. Ganz allgemein können Ziele als das Anstreben eines zukünftigen Zustandes definiert werden, der sich meist vom gegenwärtigen unterscheidet (siehe Abb. 1.6).

Das Erreichen eines Ziels muss messbar sein, da sonst keine Kontrolle über den Grad der Zielerreichung vorliegt. Deshalb ist eine genaue Konkretisierung des Ziels notwendig, wie z. B. in folgender Zielformulierung eines Handelsunternehmens: Wir erstreben bis Anfang 2002 eine

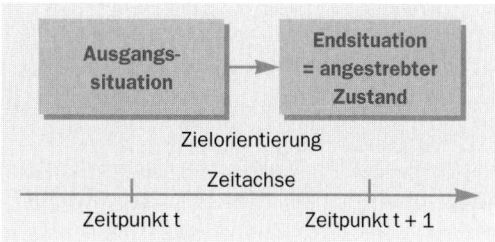

Abb. 1.6: Zielbezug und -orientierung

Gewinnsteigerung von mindestens vier Prozent im Vergleich zum Vorjahr. Im *Aldi*-Konzern erfolgt eine strikte Orientierung an klaren Zielformulierungen, die einfach und verständlich sind, für die Manager ebenso wie für die Verkäuferinnen und die Kraftfahrer.

Eine messbare **Zielkonkretisierung** muss demnach folgende Punkte beinhalten:

- Zieldefinition (z. B. Gewinn = Einzahlungen – Auszahlungen),
- Zielinhalt (z. B. Gewinnsteigerung),
- Zielausmaß (z. B. um mindestens 4 Prozent),
- zeitliche Festlegung (z. B. Anfang 2002),
- Vergleichmaßstab (z. B. im Vergleich zum Vorjahr).

Speziell in Großunternehmen erfolgt eine Orientierung an Unternehmensleitbildern. Diese kann man auch **Elementarziele** des Betriebes nennen. Sie bilden eine grundsätzliche, langfristige Vorgabe für die einzelnen Abteilungen des Handelsunternehmens und werden von der Unternehmensleitung formuliert. Es lassen sich die in Abb. 1.7 dargestellten drei Gebiete unterscheiden.

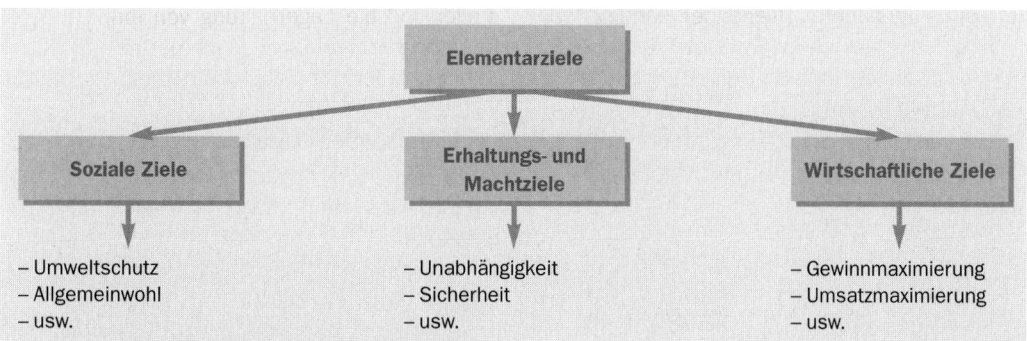

Abb. 1.7: Zielbereiche des Handelsunternehmens

Rein **(erwerbs)wirtschaftliche Ziele** stehen bei den Betrieben meist im Vordergrund. Im weiteren Sinn fällt hierunter auch die Imagebildung bzw. Profilierung des Handelsunternehmens in den Augen der Konsumenten, denn das Vertrauen der Kunden in Qualität, Kompetenz und Zuverlässigkeit des Händlers strahlt auf weitere Maßnahmen, wie z. B. bei der Wahl eines neuen Standortes oder einer Neuprodukteinführung, aus. Diese übergreifende Wirkung wird auch als **„Spill-over-Effekt"** bezeichnet.

Erwerbswirtschaftliche Ziele stehen oft im Kontrast zu sozialen Zielen, so ist z. B. ein uneingeschränktes Gewinnstreben nicht mit dem Umweltschutz zu vereinbaren. Im Handel werden profitable Produkte verkauft, die bei ihrer Produktion die Umwelt belasten. Dem steht das steigende Umwelt- und Gesundheitsbewusstsein der Konsumenten gegenüber. Nach Marktforschungsuntersuchungen besteht jedoch eine Kluft zwischen dem geäußerten Umweltbewusstsein und der Bereitschaft, für umweltgerechte Produkte höhere Preise in Kauf zu nehmen. Einige Handelsunternehmen, wie der *Body Shop* oder *C&A* orientieren sich trotz dieser Diskrepanz zwischen Umwelt- und Preisbewusstsein bereits verstärkt an sozialen Zielen. *C&A* hat für sein Umweltmanagement das ISO-Gütezeichen 14001 erhalten. Die Maßnahmen des Unternehmens belegen, dass sich Ökonomie und Ökologie nicht ausschließen müssen. So wurde in der Vergangenheit die Ware für die einzelnen Filialen mit einem Klebeband um die Bügelgriffe zu einer Einheit zusammengestellt, was im Jahr zu einem Verbrauch von 900 Kilometer Band führte. Heute benutzt das Unternehmen Plastikklammern, die mehrmals genutzt werden können und so zudem eine Kostenreduktion bewirkten. Außerdem verpflichtet das Unternehmen seine Lieferanten zur Einhaltung fundamentaler Menschenrechte, wie z.B. dem Verbot der Kinderarbeit.

Zusammenfassung

Rekapitulieren Sie:
Welche Funktionen erfüllt der Handel in der Absatzkette?
Hinweise zur Bearbeitung:
Der Handel übernimmt folgende Funktionen: Raumüberbrückung, Zeitüberbrückung, Sortimentsbildung, Warenaufbereitung, Markterschließung, Kundenservice, Warenverteilung und Mengenausgleich (vgl. Kap. 1.3).

Rekapitulieren Sie:
Differenzieren Sie unterschiedliche Betriebsformen des Großhandels nach dem Einteilungskriterium der Warenverfügbarkeit für den Kunden.
Hinweise zur Bearbeitung:
Man unterscheidet in Zustell-, Abhol- und Regalgroßhandel.

Rekapitulieren Sie:
Unterscheiden Sie die Selbstbedienung von der Vollbedienung!
Hinweise zur Bearbeitung:
Während im Falle der Selbstbedienung der Kunde z. B. Konsumartikel selbst aus Präsentationsmöbeln, Regalen oder Truhen entnimmt, werden ihm im Falle der Vollbedienung erklärungsbedürftige oder teurere Artikel mit entsprechenden Produktinformationen vom Verkaufspersonal vorgelegt.

2 Der Marketing-Mix des Handels

2.1 Ursprung und Grundlagen des Handelsmixes

Der Händler kann verschiedene Maßnahmen ergreifen, um seine Marketingziele zu erreichen. Er bedient sich dabei des Marketing-Mixes. Der Begriff **„Marketing-Mix"** wurde Ende der Vierzigerjahre von Neil Bordon geprägt, der hier eine gewisse Affinität zum Kuchenbacken sah. Dem Rezept einer Backmischung vergleichbar müssen sämtliche Marketingmaßnahmen in einer adäquaten Mischung aufeinander abgestimmt sein, damit eine einzelne Maßnahme Erfolg versprechen kann. Der Marketing-Mix stellt also das Bündel derjenigen Handlungsalternativen dar, die die Unternehmung gegenüber den Konsumenten und Lieferanten einsetzen kann, um den Absatz zu steigern bzw. den Einkauf effektiv zu gestalten. Diese Handlungsalternativen können sich dann sowohl auf die Endverbraucher als auch auf die Lieferanten richten. Im ersten Fall spricht man vom **Absatz-Mix** im zweiten vom **Beschaffungs-Mix.**

2.2 Der Absatz-Mix

Der Absatz-Mix besteht in seiner Grundform aus vier Komponenten, die vornehmlich aus **industrieller Sicht** formuliert sind: die Produkt-, die Distributions-, die Preis- und die Kommunikationspolitik. Im angloamerikanischen Sprachraum wird der Mix durch die **„vier Ps"** gekennzeichnet: product, place, price und promotion.

Analog hierzu lassen sich im Handel die in Abb. 2.1 gezeigten sieben Instrumentalbereiche unterscheiden.

Sortimentspolitik
Im Rahmen der Sortimentspolitik werden Entscheidungen über das Waren- und Dienstleistungsangebot des Handelsunternehmens getroffen, wie die Aufnahme oder Aussonderung von Produkten im Sortiment. Die Sortimentspolitik besitzt eine gewisse Sonderstellung im Marketing-Mix des Handels, da das Sortiment den Ausgangspunkt für weitere Mixentscheidungen bildet und die Branche bestimmt, in der das Handelsunternehmen agiert. Zudem sichert ein bedarfsgerechtes Sortiment den Absatzerfolg und bildet damit die Existenzgrundlage des Händlers.

Werbepolitik
Die anvisierte Zielgruppe des Handelsunternehmens muss Informationen über das Leistungsangebot des Händlers erhalten. Maßnahmen, die diese Informationsfunktion erfüllen, werden unter der Werbepolitik zusammengefasst. Hierunter fallen die klassische Absatzwerbung des Handels durch Anzeigen, Handzettel usw., Verkaufsförderungsmaßnahmen am Point of Sale (z. B. Verkostungen) und die Öffentlichkeitsarbeit (z. B. Betriebsbesichtigungen).

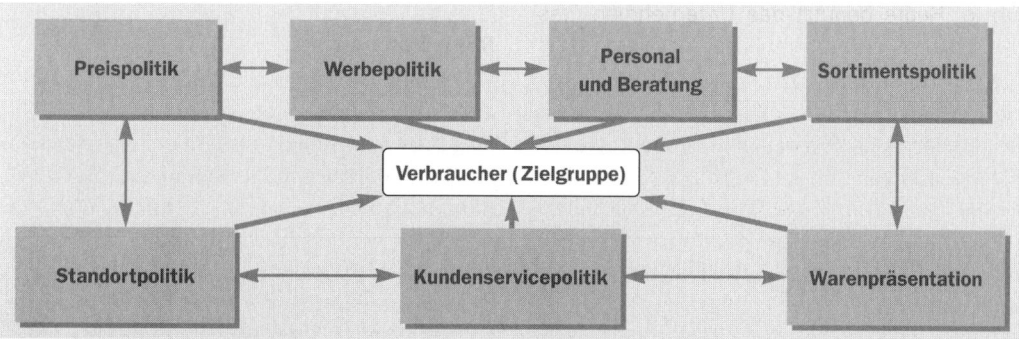

Abb. 2.1: Absatzmix des Handels

Warenpräsentation

Die Warenpräsentation ist sehr eng mit der Werbepolitik verbunden und analysiert, wie Waren oder Warengruppen gezeigt und vorgelegt werden und wie das Erscheinungsbild des Unternehmens nach innen und nach außen (Corporate Design) gestaltet wird. Eng verwandt mit Präsentationsentscheidungen ist der Aspekt, wo der Händler seine Waren aufbaut (Warenplatzierung). Auf Grund der wachsenden Bedeutung geeigneter Präsentationsmaßnahmen und -techniken wird die Warenpräsentation als separates Mix-Instrument behandelt.

Preispolitik

Unter der Preispolitik werden alle Maßnahmen zur Gestaltung der Preise zusammengefasst. Hierunter fallen direkte preisliche Entscheidungen, wie die Preisgestaltung einzelner Filialen, aber auch Verkaufsbedingungen, zu denen ein Händler seine Produkte und Dienstleistungen seinen Kunden anbietet (Konditionen), wie Rabatte oder Skonti.

Servicepolitik

Ein Handelsunternehmen bietet eine Vielzahl von Zusatz- bzw. Nebenleistungen an, die das Waren- und Dienstleistungsangebot ergänzen. Sie werden im Rahmen der Servicepolitik koordiniert. Serviceleistungen sind teilweise abhängig von der jeweiligen Branche, wie der Änderungsservice bei Textilien, Anlieferung und Aufbau bei Möbeln oder Holzzuschnitte in Baumärkten. Sie können aber auch warenunabhängig sein, wie die Bereitstellung von Parkplätzen oder Sitzecken.

Personal und Beratung

Hier werden Entscheidungen über die Personaleinsatzplanung sowie Ausbildungs- und Weiterbildungsmaßnahmen zur Qualifizierung des Personals getroffen. Qualifizierungsmaßnahmen variieren mit der Bedienungsform. Auf Grund des intensiven Kundenkontaktes sind sie besonders relevant im Bedienungssystem, da eine freundliche und fachkundige Beratung die Profilierung des Handelsunternehmens ermöglicht.

Standortpolitik

Die Standortpolitik befasst sich mit der Planung und Einteilung der gesamten Geschäftsfläche. Hierzu gehören die Verkaufsräume (Verkaufsfläche), aber auch die Lagerräume, Büroräume, Nebenräume usw. Die Standortauswahl spielt im Mix eine bedeutende Rolle, da hier Umweltfaktoren wie Konkurrenz und Kundenkreis festgelegt werden.

Die einzelnen Mix-Instrumente entfalten bei einem kombinierten Einsatz wichtige Synergiepotenziale. Dies lässt sich an einem Beispiel verdeutlichen:

Eine filialisierte Einzelhandelskette plant im Rahmen der Preispolitik eine Sonderangebotsaktion, um den Absatz zu steigern. Um diese Aktion erfolgreich zu gestalten, müssen Überlegungen über alle weiteren Mix-Komponenten einbezogen werden. Hierbei können im Rahmen der Sortiments-, Werbe-, Standort-, Service- und Personalpolitik sowie der Warenpräsentation u. a. die folgenden Fragen aufgeworfen werden:

- *Welches Produkt oder welcher Sortimentsteil soll beworben werden?*
- *Welche Werbeaktionen sollen geschaltet werden?*
- *In welchen Filialen soll die Aktion stattfinden?*
- *Sollen im Aktionszeitraum weitere Servicemaßnahmen angeboten werden?*
- *Benötigt das Personal produktspezifisches Zusatzwissen?*
- *Wie soll das Sonderangebot im Verkaufsraum präsentiert werden?*

Besonders wichtig bei dieser Aktion ist der gleichgerichtete Einsatz und die Abstimmung der einzelnen Instrumente. Ohne eine Verknüpfung der Preisreduktion mit einer Zweitplatzierung oder einer Promotionsaktion würden die Kunden das Angebot unter Umständen gar nicht oder nur beschränkt wahrnehmen, was den Absatzerfolg in hohem Maße gefährden würde. Jedes Mixelement entfaltet also bei kombiniertem Einsatz Wirkungen, die über einen isolierten Teileinsatz bei weitem hinausge-

hen. Die Abstimmung der einzelnen Maßnahmen muss sich allerdings stets an aktuellen und potenziellen Kundenbedürfnissen orientieren, da sie das Zielobjekt der Maßnahme darstellen. Damit steht der Konsument im Mittelpunkt, denn auf ihn sind die einzelnen Maßnahmen und deren Feinabstimmung gerichtet.

2.3 Beschaffungsmix

Das **Beschaffungsmarketing** umfasst alle Tätigkeiten des Handelsunternehmens, die sich auf die Beschaffung von Waren- und Dienstleistungen beziehen, um am eigenen Absatzmarkt erfolgreich zu sein. Betriebsmittel-, Personal- und Kapitalbeschaffung bleiben dabei von der Betrachtung ausgeschlossen.
Im Beschaffungsprozess kann sich das Unternehmen verschiedener Instrumente bedienen, die im Beschaffungsmix zusammengefasst sind (siehe Abb. 2.2). Er stellt in gewisser Hinsicht ein Spiegelbild des Absatzmixes dar, wobei der Handel seine Verkäuferrolle mit der des Einkäufers tauscht. Die einzelnen Mixinstrumente werden hier auf Grund der Fokussierung auf den Absatzmix nur kurz angeschnitten. Aufgegriffen wird diese Thematik dann im zwölften Kapitel, in dem die Gestaltung der Beziehung Hersteller – Handel im Rahmen der Efficient Consumer Response erläutert wird.

Beschaffungssortimentspolitik
Die Beschaffungssortimentspolitik kann Produktentwicklungen mit dem Hersteller oder so-
gar die Auftragsfertigung von Handelsmarken beinhalten. Auf Grund der Regalplatzengpässe des Handels ist die Festlegung von geeigneten Mengeneinheiten, Produktverpackungen usw. ein permanenter Diskussionsaspekt mit den Herstellern.

Preispolitik
Der Händler muss für die bezogenen Produkte und Vorleistungen des Lieferanten ein Entgelt bezahlen. Dies stellt häufig einen festen Aktionsparameter im Rahmen der Preispolitik dar. Dies hindert den Handel nicht, von der Industrie zahlreiche Rabatte zu fordern, wie z. B. den Anti-Auslistungs-, den Kernsortiments-, den Palettenabnahme- oder den Zweitplatzierungsrabatt. In der Praxis existieren weit über hundert unterschiedliche Rabattarten, die vornehmlich in den Jahresgesprächen mit der Industrie abgesprochen werden. In diesem Zusammenhang wird auch von einem „Konditionsinferno" gesprochen (vergleiche auch Kap. 11.2). Ein weiteres Element der Preispolitik stellt die Beschaffungsfinanzierung dar, d. h. die Frage, ob der Händler seine monetären Verpflichtungen vor oder nach dem Empfang der Ware leistet.

Lieferantenservice
Der Lieferantenservice beinhaltet Aktionselemente, die die Nebenbedingungen der Produktbeschaffung umfassen, wie Vereinbarungen über Umtauschrechte, Rücktrittsmöglichkeiten, Liefer- oder Abnahmeleistungen oder Garantiezeiten. Annahmebereitschaft und Annahmetoleranz des Händlers können das Verhältnis der

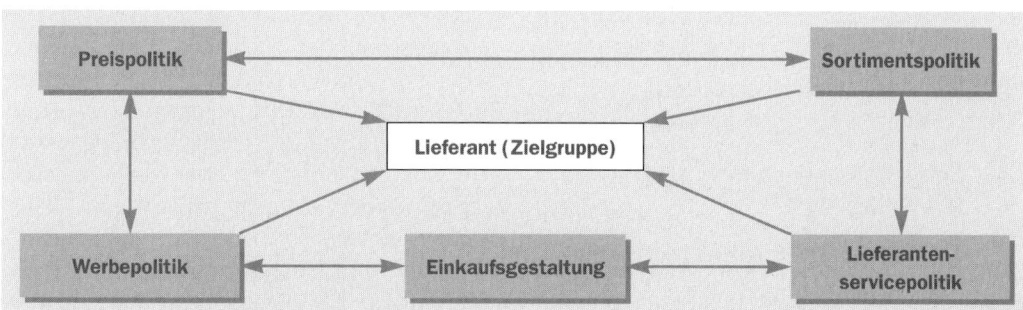

Abb. 2.2: Beschaffungsmix des Einzelhandels

Vertragspartner wesentlich verbessern. Die **Annahmebereitschaft** für Produkte des Produzenten besteht im Extremfall rund um die Uhr. Unabdingbare Voraussetzung hierfür ist eine entsprechende Bereitschaft des Lagers. Von Annahmetoleranz spricht man, wenn das Handelsunternehmen dem Lieferanten in kritischen Fragen entgegenkommt.

Ein Beispiel verdeutlicht diese Problematik: Eine Bestellung wird trotz eines Fixtermins auf Grund einer fehlerhaften Terminierung des Herstellers unpünktlich angeliefert. Dem Händler stehen nun im Rahmen des Lieferungsverzuges laut HGB folgende Optionen offen: sofortiger Rücktritt, eventuell mit Schadensersatz verbunden, oder Erfüllung des Vertrages und Ersatz des Verzugsschadens. In der Praxis wird der Händler keine dieser Optionen wahrnehmen, sondern die Verspätung in Kauf nehmen, sofern zeitlicher Handlungsspielraum besteht.

Einkaufsgestaltung und Werbepolitik

Die Kontakte zum jeweiligen Lieferanten besitzen je nach Dauer und Intensität der bisherigen Geschäftsbeziehungen unterschiedliche Ausprägungen. Lieferanten, die eine gewisse Exklusivität ausstrahlen und über einen hohen Marktanteil verfügen, müssen vom Handel umworben werden. Kontaktaufnahme, Einkaufsverhandlungen, organisatorische Abwicklung der Warenübermittlung, Bezugsmengen und -modalitäten sind besonders bei „jungen" Geschäftsbeziehungen von besonderer Relevanz, da die Einkaufsgestaltung nur teilweise determiniert ist. Maßnahmen der Werbepolitik unterstützen so die Einkaufsgestaltung. Auf Grund des besseren Marktüberblicks des Handels im Beschaffungsbereich besitzen sie jedoch eine geringere Relevanz als im Absatzbereich.

2.4   Zeitliche Dimensionierung des Marketing-Mix

Nicht alle Mixentscheidungen erfordern eine ähnlich intensive Situationsanalyse des Marktgeschehens. Es werden strategische und operative Planungsaspekte der Marketing-Mix-Instrumente unterschieden.

Die **strategische Planung** soll das langfristige Überleben und den Fortschritt des Unternehmens sichern. Sie wird daher von der obersten Managementebene formuliert. Dabei können die Planungsvorgaben einen Zeitraum von fünf bis zehn Jahren umfassen. Die Vorgaben können auf Grund des langfristigen Charakters nur den groben Rahmen abstecken. Trotzdem sind Umwelteinflüsse in die Überlegungen einzubeziehen und abzuschätzen. Das Ziel ist der Aufbau von langfristigen Erfolgspotenzialen. Ausgangspunkt der strategischen Überlegungen ist eine zukunftsgerichtete **Sortimentspositionierung,** d. h., das Waren- und Dienstleistungsangebot, das von den Kunden wahrgenommen wird und zur grundlegenden Imagebildung beiträgt, muss positioniert werden. Auch **Standortentscheidungen** haben auf Grund der hohen Anfangsinvestitionen sowie langfristiger Mietverträge von meist fünf Jahren strategische Reichweite. Hierdurch kann trotzdem nicht ausgeschlossen werden, dass ein Standort bereits nach kurzer Zeit geschlossen wird, wie beispielsweise der von *Ludwig Beck* in Köln. Werbemaßnahmen, Warenpräsentation, Preispolitik und Personaleinsatz müssen ebenfalls langfristig in ihrer Grundstruktur festgelegt werden, z. B. eine Niedrigpreis- oder Hochpreispolitik. Bei den geschilderten Planungsüberlegungen müssen die Inter- dependenzen der Mix-Elemente einbezogen werden.

Der Planungshorizont der **operativen Mix-Planung** hat kurz- bis mittelfristigen Charakter (Planungsabschnitt ist höchstens ein Jahr) und dient damit dem Ausschöpfen von bestehenden Erfolgspotenzialen. Das „Alltagsgeschäft" kann direkt in die operative Planung einbezogen werden: Auf Konkurrenzangebote kann preislich reagiert werden, ein unrentables Produkt kann aus dem Sortiment eliminiert oder Neuprodukte können im Verkaufsraum ansprechend präsentiert werden. Die bereits beschriebenen Verknüpfungen der Mix-Instrumente müssen bei den jeweiligen Entscheidungen beachtet werden. Ferner dürfen die kurzfristigen Maßnahmen nicht konträr zu den langfristigen Planungsaspekten formuliert werden, da diese eine Grundlinie vor gegeben. Wenn dies auf Grund von veränderten Marktbedingungen, wie dem Konkurrenz- und Konsumentenverhalten, nicht möglich erscheint, sind die strategischen Entscheidungen dementsprechend zu revidieren.

2.5 Betriebsformen als Kombination der Mixinstrumente

Der Problemkreis der Betriebsformen wurde bereits im Abschnitt 1.5 angesprochen. Anhand der jeweiligen Ausprägung der Mixinstrumente werden nun einige Formen des Ladenhandels gekennzeichnet.

Dabei werden die Mix-Instrumente auf einige signifikante Merkmale reduziert: die Service- und Personalpolitik auf die Art der Bedienungsform sowie ausgewählte Beispiele und die Warenpräsentation auf die Art der Geschäftsausstattung. Da die Werbung keine wesentliche Charakteristik für die einzelnen Betriebsformen aufweist, wurden stattdessen Praxisbeispiele für die jeweilige Betriebsform sowie Anhaltspunkte über die Betriebsgröße aufgenommen. Die einheitliche Kennzeichnung unterschiedlicher Betriebsformen ermöglicht überbetriebliche Vergleiche. In der Umgangssprache und in der Handelspraxis werden die unterschiedlichen Termini jedoch häufig verwechselt bzw. keine genauen Unterscheidungen vorgenommen. So ist zum Beispiel das *Kaufhaus des Westens (KaDeWe)* in Berlin auf Grund seiner Sortimentsstruktur als Warenhaus und nicht – wie der Name suggeriert – als Kaufhaus einzuordnen. Den nach diesen Kriterien aufgestellten Überblick über ausgewählte Betriebsformen liefert die Abbildung 2.3 auf der nächsten Seite.

Die Handelslandschaft unterliegt einem permanenten Wandel; neue Betriebsformen treten auf und verändern so die Handelslandschaft. 1972 eröffnete *Schlecker* beispielsweise seine ersten Drogeriediscounter, bis heute sind es mehr als 6500 Verkaufsstätten in Deutschland und damit mehr Absatzstellen als die traditionellen Drogerien. Meffert und Burmann (vgl. Meffert/Burmann, 1996, S. 44 ff.) prognostizieren auf Grund des Trends zur Individualisierung des Konsums die Entwicklung weiterer Betriebsformen, die sich auf wenige Kernkompetenzen und eng abgegrenzte Zielgruppen fokussieren (z. B. Streetwear-Shops). Auf Grund des wachsenden Anteils von Singels an der Bevölkerung und des Wunsches nach Bequemlichkeit beim Einkaufsgang wird auch der Betriebsform der **„Convenience-Stores"** bzw. „Neighbourhood Stores" ein hohes Wachstumspotenzial prognostiziert. Hier wird ein Sortiment von 2000 bis 3000 Artikeln mit Gütern des täglichen Bedarfs in Kombination mit unterschiedlichen Dienstleistungen angeboten. Kennzeichnend für die 100 bis 300 Quadratmeter großen Verkaufsflächen ist das Angebot an Frischwaren, wie Lunchpakete, kalte und warme Snacks etc. Die Geschäfte sind meist an Tankstellen oder Waschanlagen zu finden. Einen größeren Verbreitungsgrad als in Deutschland haben sie in den USA und Japan. In Japan besitzt die *Seven-Eleven-Kette* als Marktführer mehr als 7000 Filialen mit sehr ausgedehnten Öffnungszeiten. Die Attraktivität der Geschäfte liegt hier stark in den zusätzlich angebotenen Dienstleistungen wie Fotoarbeiten, Paketversand, Telefax oder der Abwicklung von Zahlungen an Gas- oder Elektrizitätswerke.

In den USA und Großbritannien bereichern so genannte **Factory Outlet Center** den Handel. Hierbei handelt es sich um eine Art Fachmarktcenter von mehreren Herstellern, in dem sich deren Fabrikverkauf außerhalb der großen Ballungsgebiete vollzieht. Es liegt also ein Direktabsatz des Herstellers vor, der in ähnlicher Form auch über die Electronic Mall im Internet zu erreichen ist (vgl. Kapitel 10). Die Zukunft wird entscheiden, ob der Kunde bei der Wahl seiner Verkaufsstätte die Produktkompetenz des Herstellers und damit sein Angebot im Factory Outlet Center bzw. im Internet wählt oder ob er die Sortimentskompetenz des Handels präferiert. Es bleibt abzuwarten, wie sich dieses Konzept in der Bundesrepublik etablieren wird.

Betriebsform/ Kriterien	Bedienungsform; Service (Beispiele)	Geschäfts-ausstattung	Preisniveau	Sortiment	Standort	Unternehmens-größe	Beispiele
Discounter	Selbstbedienung; sehr eingeschränkt (z. B. Parkraum)	einfach, funktionell	sehr niedrig	breit, flach; ca. 700 bis 3000 Artikel	häufig in Stadtrand-lagen, aber auch in Innenstädten	mittel bis groß; Großdiscounter 700 – 1000 m²	• Aldi; Lidl • Schlecker
Fachgeschäft	Bedienung, Vorwahl, Beratung und Service, z. B. Reparatur	hochwertig	relativ hoch	schmal, tief	oft in innerstädtischen Geschäftszentren	klein bis mittel	• diverse: z. B. Christ (Schmuck)
Fachmarkt	überwiegend Selbst-bedienung; z. B. Holzschnitt	meist einfach, je nach Abteilung	mittel bis niedrig	teilweise breit und tief im Nonfood-Be-reich	häufig in Stadtrand-lagen, teilweise in Einkaufszentren	bis zu 20 000 m²	• Praktiker; Obi • Toys'r'us
Kaufhaus	Bedienung, Selbstbe-dienung, Vorwahl (ab-hängig vom Sortiment)	zweckmäßig bis luxuriös	mittel, teil-weise nied-rig	spezialisiert auf meist eine bis drei Branchen (ohne Le-bensmittel)	im Stadtkern und Einkaufszentren	unterschiedlich; teilweise groß-betriebliches Fachgeschäft	• C&A; Boecker • IKEA
Kleinpreis-geschäft	überwiegend Selbst-bedienung; geringe Serviceleistungen wie Geschenkverpackung	einfach	niedrig	meist problemlose Ware; breit und flach; ca. 6000 Artikel	relativ zentral	groß dimensio-nierte, meist auf eine Etage be-grenzte Verkaufs-fläche sowie Kellergeschoss	• Kaufhalle • Woolworth
Spezial-geschäft	Bedienung mit fach-gerechter Beratung; Reparaturdienst	hochwertig	relativ hoch	sehr schmal, sehr tief	häufig in Stadtrand-lagen, teilweise in Einkaufszentren	klein bis mittel	z. B. Tennis- oder Golfshop
Supermarkt	überwiegend Selbst-bedienung; einge-schränkter Service	einfach	mittel; teilweise niedrig	Lebensmittel / Non-Food-Anteil unter 20 % der Fläche	Haupt- und Nebenstr. der Städte; EKZ; Stadtrand	mindestens 400 m²	• Minimal • Stüssgen
Verbraucher-markt; SB-Wa-renhaus	überwiegend Selbstbe-dienung; eingeschränk-ter Service wie Ange-bot von Parkplätzen	einfach bis mit-tel je nach Abtei-lung	mittel bis niedrig	breit, tief; Lebens-mittel; Ge- und Ver-brauchsgüter des kurz- und mittelfristi-gen Bedarfs	außerhalb der Innen-städte; auf der so genannten „grünen Wiese"	mindestens 1500 m² (Ver-brauchermarkt) mindestens 5000 m² (SB-Warenhaus)	• Real • Hit
Warenhaus	Bedienung, Selbst-bedienung, Vorwahl (abhängig von Waren-gruppe)	unterschiedlich je nach Abtei-lung; mittel bis hochwertig	mittel bis gehoben	z. T. sehr breit und tief; mit bis zu 500.000 Artikeln	im Stadtkern; in Einkaufszentren	groß, von 6000 bis zu 30 000 m²	• Karstadt • Kaufhof

Abb. 2.3: Darstellung ausgewählter Betriebsformen anhand von Merkmalen

Dass sich erfolgreiche US-amerikanische Konzepte nicht problemlos auf den deutschen Markt übertragen lassen, zeigt die Verbreitung der **„Off-Price-Stores"** (Restpostenmärkte) in Deutschland. Seit Ende der 70er-Jahre erleben diese Geschäfte in den USA auf Grund ihrer besonderen Sortimentszusammensetzung exorbitante Umsatzsteigerungen. Dort werden meist Markenartikel von mittlerer bis hoher Qualität mit einem Preisabschlag zwischen 20 und 70 Prozent angeboten. Der Händler bezieht diese Waren oft aus Versicherungsschäden und Konkursen. Es kann sich aber auch um Auslauf-, Überhang- oder Zweite-Wahl-Ware handeln, die in schlicht ausgestatteten Verkaufsräumen ohne nennenswerte Serviceleistungen präsentiert wird. Solche Restpostenmärkte stellen in Deutschland z.B. die *Havaria-Märkte* dar.

2.6 Die Zielgruppe als Zentrum des Marketing-Mixe

Da Marketing eine marktorientierte Unternehmensführung kennzeichnet, steht zwangsläufig der Verbraucher bzw. der Lieferant im Mittelpunkt aller absatz- und beschaffungspolitischen Überlegungen. Um genauer auf sie eingehen zu können, ist es notwendig, die Masse der möglichen Käufer und Lieferanten in Einzelgruppen, so genannte **Zielgruppen** oder **Marktsegmente,** zu zerlegen. Ein solches Verfahren muss durchgeführt werden, da jede dieser Zielgruppen einen anderen zu befriedigenden Bedarf hat, auf den eine optimale Abstimmung des Marketing-Mix erfolgen kann.

Dabei besitzen einzelne **Zielgruppen** gewisse Vorlieben und Ansprüche, auf die das Handelsunternehmen reagieren muss. Ein Beispiel: *Einer Marktstudie zufolge sind beim Einkaufen als unangenehm empfundene Faktoren Warteschlangen, gefolgt von Gedränge und der zeitraubenden Suche nach Produkten. Dies wird aber altersabhängig unterschiedlich stark bewertet: Zum Beispiel ist das Warteschlangenproblem für die über 65-Jährigen weniger*

schwer wiegend. Hieraus nun etwa den Schluss zu ziehen, getrennte Kassen für verschiedene Altersgruppen anzubieten, wäre sicher wenig sinnvoll, da die älteren Konsumenten auf diese Ungleichbehandlung verärgert reagieren und das Geschäft meiden würden. Eine Konzentration auf eine einzige Zielgruppe ist daher nur dann sinnvoll, wenn die Ausschöpfung dieser Gruppe Erfolg versprechender ist als die Ansprache einer gemischten Kundschaft. Einzelne Maßnahmen können sich dennoch an bestimmten Zielgruppen oder Marktsegmenten orientieren, wie die „Young-Fashion-Abteilung" eines Warenhauses, die in „peppigen" Farben und mit modernen Warenträgern gestaltet wird.

Im Rahmen der **Marktsegmentierung** wird der Gesamtmarkt gedanklich in Teilgruppen von potenziellen Kunden, so genannten **Bedarfsträgern,** zerlegt. Diese Bedarfsträger in den einzelnen Teilgruppen sollten möglichst homogene Bedürfnisse haben, wogegen zwischen den Teilgruppen selbst möglichst heterogene Bedarfsstrukturen vorliegen sollten. Die Beschaffung der notwendigen Informationen ist Aufgabe der Marktforschung. Die Abgrenzung kann nach den verschiedensten Kriterien erfolgen:

- geografisch (verschiedene Regionen, z.B. Süd- und Norddeutschland),
- demografisch, d.h., der Markt wird nach sozioökonomischen Kriterien untergliedert (Alter, Einkommen und Geschlecht usw.),
- psychologisch (soziale Schicht, Lebensstil, Persönlichkeitsmerkmale usw.)
- verhaltensorientiert (Markentreue, Preisverhalten, Einstellungen usw.).

Eine erfolgreiche Marktsegmentierung muss bestimmte Bedingungen erfüllen. Die gewählten Kriterien müssen einen Aufschluss über das Kaufverhalten der Marktgruppe geben. Zusätzlich muss die Beschaffung der notwendigen Informationen durch die Marktforschung wirtschaftlich auch machbar sein. So darf etwa der Aufwand für Befragungsaktionen nicht höher sein als der Ertrag, der mit dem Verkauf der Produkte an die befragte Zielgruppe erzielt werden kann. Schließlich muss die gefundene

Zielgruppe für das Unternehmen auch erreichbar sein: Zwar sind z. B. Babys die eigentliche Zielgruppe für den Verkauf von Kinderwagen, verständlicherweise muss hier jedoch auf die Zielgruppe „Eltern" ausgewichen werden. Die Willensstärke der jungen Verbraucher ist allerdings nicht zu unterschätzen, denn schon kleine Kinder verfügen über eine „Nörgelpower",

die Mütter schnell die eigenen Vorstellungen vergessen lässt und z. B. zum Kauf von Kleidung anregt, die die Kinder selbst anziehen wollen. Hier wäre es also sinnvoll, wenn möglich die Kinder direkt anzusprechen und nicht den Umweg über die Eltern als Kaufentscheider zu nehmen.

Zusammenfassung

Rekapitulieren Sie:
Welche Marketing-Mix-Instrumente stehen dem Handel auf der Absatzseite offen?
Hinweise zur Bearbeitung:
Der Handel kann seine Zielguppe durch Sortiment-, Werbe-, Preis-, Kundenservice- und Personalpolitik sowie durch eine gelungene Warenpräsentation und Standortwahl beeinflussen.

Rekapitulieren Sie:
Kennzeichnen Sie strategische und operative Maßnahmen der Sortimentspolitik!

Hinweise zur Bearbeitung:
Die strategische Planung entscheidet über das langfristige Überleben und den Fortschritt des Unternehmens. Die Vorgaben können auf Grund des langfristigen Charakters nur einen allgemeinen Rahmen abstecken. In strategischer Hinsicht erfolgt eine grundlegende Sortimentspositionierung. Dabei werden Umfang und Inhalt des Sortiments festgelegt. Der Planungshorizont der operativen Mix-Planung hat kurz- bis mittelfristigen Charakter und dient damit der Ausschöpfung von bestehenden Erfolgspotenzialen. Das unmittelbare „Alltagsgeschäft" kann direkt in die operative Planung einbezogen werden, d.h, ein unrentables Produkt kann aus dem Sortiment eliminiert oder kurzfristig können Waren in das variable Sortiment aufgenommen werden.

Rekapitulieren Sie:
Nach welchen Kriterien können einzelne Zielgruppen abgegrenzt werden?
Hinweise zur Bearbeitung:
Die Abgrenzung kann nach geografischen, demografischen, psychologischen oder verhaltensorientierten Kriterien erfolgen (vgl. Kap. 2.6).

3   Die Sortimentspolitik

3.1   Grundlagen der Sortimentspolitik

Der Handel ist mit einer Vielzahl von gleichartigen Artikeln konfrontiert. Die optimale Zusammenstellung des Sortiments ist daher eine sehr komplexe Aufgabe. Auf Grund der Komplexität und der vielfältigen Entscheidungsmöglichkeiten innerhalb der Sortimentspolitik ist es zunächst sinnvoll, auf die grundlegenden Begriffe, Bestimmungsfaktoren, Dimensionen und Bausteine einzugehen.

Abb. 3.1:   Sortimentspyramidenausschnitt eines Textilkaufhauses

3.1.1   Definition und Bausteine der Sortimentspolitik

Ein Sortiment ist die Gesamtheit aller Waren und Dienstleistungen, die ein Handelsunternehmen im Laufe einer Saison den Endverbrauchern in meist verschiedenen Qualitäten, Preisrichtungen, Füllmengen usw. anbietet.

Alle Überlegungen sowie die daraus resultierenden Aktivitäten, die die optimale Sortimentszusammensetzung zum Ziel haben, werden als **Sortimentspolitik** bezeichnet.

Umfang und Zusammensetzung von Sortimenten lassen sich mit Hilfe einer **Sortimentspyramide** kennzeichnen. Sie untergliedert die Gesamtheit der Handelsprodukte anhand immer feinerer Unterscheidungsmerkmale (siehe Abb. 3.1).
Die **Sorte** bzw. Position bildet die Spitze der Pyramide, weil sie die kleinste Sortimentseinheit und somit nicht weiter zu untergliedern ist. Bei Sorten handelt es sich um **Artikel** in unterschiedlichen Ausführungen, wie Farbe, Form, Größe oder Menge. Artikel bzw. Sortengruppen werden aus gleichartigen Sorten gebildet, die sich nur hinsichtlich der genannten Merkmale unterscheiden. Die **Warenart** bzw. Artikelgruppe kennzeichnet Bedarfsarten und bildet somit

den Oberbegriff für verschiedene Artikel mit ähnlicher Form, Herstellung, Verwendung oder Zusammensetzung. Letztendlich werden Warenarten unter bestimmten Bedarfsbereichen, den **Warengruppen,** zusammengefasst, die im Einzelhandel meist in räumlich getrennten Zonen angeboten werden. Unter der Warengruppe Maschinenspülmittel werden beispielsweise die Warenarten Reiniger (Gel, Pulver, Tabs), Duftspender, Klarspülmittel, Maschinenpfleger und Salz subsumiert. Die Warengruppe beinhaltet also alle Güter, die für Spülmaschinen gebraucht bzw. verwendet werden. Eine Sortimentspyramide lässt sich für zahllose Warengruppen der unterschiedlichen Branchen erstellen. Sie besitzt dementsprechend gemäß Spezialisierungsgrad oder Branchenzugehörigkeit unterschiedliche Ausprägungen.

3.1.2   Sortimentsarten
Nicht alle geführten Artikel haben für den Konsumenten und damit für das Handelsunternehmen die gleiche Bedeutung. Im **Kernsortiment** (siehe Abb 3.2) befinden sich Waren bzw. Warengruppen, die vom Kunden am stärksten nachgefragt werden, also solche, die den Hauptumsatz machen. In einem Fachgeschäft für Damenoberbekleidung gehören hierzu z. B. Blusen, Hosen, Kleider, Röcke und Mäntel. Das **Randsortiment** hingegen besteht aus Waren, die zu den Hauptartikeln gehören oder sie sinnvoll er-

gänzen. Sie stellen wichtige Zusatzverkäufe dar, die einen vergleichsweise geringen Umsatzanteil erbringen. Einzel- und Großhändler müssen diese Produkte jedoch in ihrem Sortiment führen, da diese die Absatzchancen der Kernartikel in vielen Fällen positiv beeinflussen. Auf Grund der Abrundung des Sortiments und der ausschmückenden Funktion fördern diese Artikel das Geschäftsimage in positiver Hinsicht. Gürtel, Halstücher und Taschen bilden demnach mögliche Accessoires in einem Fachgeschäft für Damenoberbekleidung.

Einzelne Sortimentsteile wechseln im Laufe des Geschäftsjahres. Man bezeichnet dies als **variables Sortiment.** Textilgeschäfte variieren ihr Sortiment z. B. entsprechend der Jahreszeit mit Herbst-, Winter-, Frühjahrs- oder Sommermode; im Lebensmittelhandel werden auf Grund der Erntezeiten einige Frischobstsorten nicht permanent angeboten.

Branche/Sortiment	Kernsortiment	Randsortiment
Lebensmittelhandel	• Nahrungsmittel/Getränke • Genussmittel • Putz- und Reinigungsmittel • Mittel zur Körper- und Schönheitspflege • Textilien	• Blumen • Computerzubehör • Fotoartikel • Spielwaren/Plüsch
Tankstellenhandel	• Genussmittel • Eis, Süßwaren • Autozubehör • Karten/Zeitschriften • Schmierstoffe	• Nahrungsmittel • Drogerieartikel • Blumen • MC/CD • Spielwaren/Plüsch
Drogerien	• Mittel zur Gesundheitspflege • Mittel zur Körper- und Schönheitspflege • Putz- und Reinigungsmittel	• Modeschmuck • Fotoartikel • Nahrungsmittel • Babybekleidung

Abb. 3.2:   Ausgewählte Kern- und Randsortimente verschiedener Branchen

Sortimentsbegriff	Kennzeichnung des Begriffs
Bestellsortiment	Dem Bestellsortiment sind alle Artikel zuzuordnen, die nicht im Handelslager vorrätig, aber kurzfristig zu bestellen sind.
Lagersortiment	Im Einzelhandel sind Waren meist in einer bestimmten Menge vorrätig. Die Bevorratung kann im Verkaufslager (Verkaufsräume des Händlers) oder im Reservelager (Lager, das zur Auffüllung des Verkaufslagers dient) vorgenommen werden. Beides wird als Lagersortiment gekennzeichnet.
Übersortiment	Ein Übersortiment kennzeichnet ein zu umfangreiches Handelssortiment bzw. Warenangebot. Es handelt sich um Sortimentteile, die vom Handelskunden selten nachgefragt werden und somit hohe Lagerkosten verursachen.
Untersortiment	Beim Untersortiment ist das Sortiment lückenhaft, d. h., vom Kunden nachgefragte Produkte sind nicht vorrätig. Es besteht ein zu geringes Warenangebot. Dies kann zum Kundenverlust und damit zu Umsatzeinbußen führen.

Abb. 3.3.: Sortimentsbegriffe

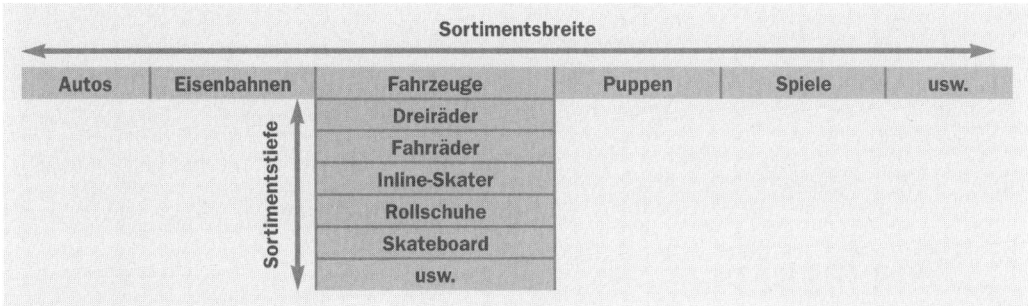

Abb. 3.4: Sortimentsdimensionen eines Spielwarenfachgeschäftes

Dem **fixen Sortiment** dagegen sind jene Sortimentsteile zuzuordnen, die ein Geschäft im Laufe einer Saison im Wesentlichen unverändert beibehält. Ein Kiosk etwa besitzt ein relativ gleich bleibendes Sortiment.

Sowohl das Rand- als auch das Kernsortiment können variable und fixe Sortimentsteile beinhalten. Weitere Sortimentsbegriffe sind in der Übersicht in Abb. 3.3 dargestellt.

3.1.3 Sortimentsdimensionen

Ein Handelsunternehmen muss Entscheidungen über Anzahl und Umfang der Warengruppen im Sortiment treffen, das heißt, das Sortiment muss dimensioniert werden. Grundsätzlich wird ein Sortiment durch die zwei Dimensionen Sortimentsbreite und Sortimentstiefe charakterisiert.

Die **Sortimentsbreite** wird durch die Anzahl der Warengruppen im Handelssortiment bestimmt. Je mehr Warengruppen angeboten werden, desto breiter ist das Sortiment. Ein breites Sortiment besitzt z. B. ein Warenhaus mit zahlreichen Warengruppen aus verschiedenen Branchen, wie Lebensmittel, Zeitschriften, Haushaltswaren, Textilien usw. Ein schmales bzw. enges Sortiment besteht dagegen aus einer oder nur wenigen Warengruppen, im Extremfall liegt ein so genanntes Monosortiment vor: Es wird dann nur ein Artikel im Sortiment angeboten. Dies wäre z. B. ein ambulanter Händler, der nur eine Sorte Brezeln an einer Straßenecke verkauft.

Die **Sortimentstiefe** wird durch die Anzahl der Warenarten, Artikel und Sorten innerhalb einer Warengruppe gekennzeichnet. Je mehr Waren-

arten, Artikel und Sorten innerhalb einer Warengruppe angeboten werden, umso tiefer ist das Sortiment. Ein flaches Sortiment liegt vor, wenn in einer Warengruppe wenige Warenarten, Artikel und Sorten geführt werden, beispielsweise ein Schuhgeschäft, das nur zwei unterschiedliche Paare von Wanderschuhen in einer Farbe anbietet. Mit Hilfe der Sortimentstiefe wird also die Anzahl an Alternativen, mit denen ein Kunde einen Kaufwunsch befriedigen kann, angegeben. Bei einem tiefen Sortiment spricht man auch von „großer Auswahl" oder „gut sortiert" (siehe Abb. 3.4).

3.2 Ziele und Bestimmungsgrößen der Sortimentspolitik

Bei dem Handelssortiment handelt es sich nicht um ein von der Umwelt unabhängiges Konstrukt, sortimentspolitische Entscheidungen werden vielmehr durch zahlreiche Faktoren beeinflusst (siehe Abb. 3.5).

Bedarf und Bedürfnisse des angesprochenen Kundenkreises, also der Absatzmarkt, bilden eine wichtige Determinante im Rahmen der Sortimentspolitik. Hierzu müssen zahlreiche Daten über Merkmale und Verhaltensweisen der Zielgruppe ermittelt werden: So ist das Einkommen im Großstadtbereich höher als in ländlichen Zonen wie z. B. der Eifel. Das Konsumentenverhalten unterliegt dem dauerhaften Wandel: Statt zweckmäßiger Kleidung im Sportartikelbereich richtet sich die Nachfrage nunmehr stärker

Abb. 3.5:   Bestimmungsgrößen der Sortimentspolitik

nach modisch ausgerichteten Waren. Auch das Umweltbewusstsein und die allgemeine Konjunkturlage müssen berücksichtigt werden, verschlechtert sie sich, dann werden die Endverbraucher in der Regel preisgünstigere Artikel mit guter Qualität präferieren. Diese Entwicklung hat in der Vergangenheit insbesondere den Lebensmitteleinzelhandel in seiner Sortimentspolitik beeinflusst. Dieser Aspekt wird im folgenden Kapitel weiter vertieft.

Die **gewählte Branche** (Geschäftszweig) bestimmt den Rahmen des Sortimentsinhaltes. So bietet ein Zoofachgeschäft Tierartikel an und kein Obst und Gemüse oder Gesellschaftsspiele. Es handelt sich hierbei nicht um eine vorgegebene Konstante, vielmehr ändern einzelne Geschäftszweige ihre Sortimentsstruktur auch im Zeitablauf, wie z. B. Tankstellen, die noch vor zwanzig Jahren ein weit schmaleres Sortiment besaßen (ohne Nahrungs- und Genussmittel, Zeitschriften usw.).

Verkaufs- und Lagerflächen stellen eine Restriktion für die im Sortiment geführten Warengruppen, Artikel und Sorten dar, die durch Ausbau oder eine Variation der Warenträger vermindert werden kann.

Aktuelle und potenzielle **Lieferanten** können das Sortiment in vielerlei Hinsicht beeinflussen, z. B. durch Konkurse und Unternehmensneugründungen. Um neue, günstige Bezugsquellen zu erschließen, sind Messebesuche von großer Relevanz, z. B. im Lebensmittelbereich die *Anuga* in Köln oder für den Sportbedarf die *Internationale Sportartikelmesse* in München. Auch technologische Verbesserungen bei Lieferanten

können zu Sortimentsumstrukturierungen führen. Bisher angebotene Produkte werden so verdrängt und Innovationen in das Sortiment aufgenommen.

Neben diesen „klassischen Quellen" hilft auch das **Internet** bei der Lieferantenrecherche. Dort bietet z. B. die Hamburger Verlagsgruppe „Wer liefert was?" (*www.wlwonline.de*) seit 1995 eine Auswahl von fast 300.000 Lieferanten aus dreizehn Ländern an, die nach 70.000 Suchbegriffen und mehr als 35.000 Produkt- bzw. Dienstleistungsrubriken in neun Sprachen gegliedert ist. Diese Homepage im *world wide web* übernimmt eine Funktion auf dem elektronischen Marktplatz, die eine einfache Kontaktaufnahme zum Lieferanten ermöglicht. Das Internet wird also immer mehr für Geschäftsvorgänge genutzt, die bislang auf Papier erledigt wurden. So war früher eine einzelne Abfrage per Fax, Brief oder Telefonat nötig. Die Abläufe und der damit verbundene Zeitaufwand werden nun durch das Angebot im *world wide web* verkürzt, was eine Senkung der Transaktionskosten bewirkt.

Die **Sortimente der Konkurrenten** beeinflussen das eigene Sortiment unmittelbar, da sie in direkter Absatzkonkurrenz stehen und somit die Absatzchancen vermindern können. Dieser Bedingungsfaktor ist bei Standortüberlegungen einzubeziehen.

Im Sortiment ist ein Großteil des **Kapitals** des Handelsunternehmens gebunden. Ohne ausreichendes Kapital bzw. Kredite können Sortimente nicht erweitert werden.

Betriebsform und **Standort** beeinflussen die Anforderungen an das Leistungsprofil des Handelssortiments. Sortimentsbreite und -tiefe sowie der Markenanteil müssen sich an die jeweiligen Konsumentenwünsche anpassen. Im Warenhaus wird vom Kunden ein Einkaufserlebnis gewünscht, im Drogeriemarkt hingegen ein übersichtliches, breites Sortiment gesucht, das einen schnellen Warenzugriff erlaubt. Daraus folgt, dass identische Sortimente in unterschiedlichen Betriebsformen und Outlets zwangsläufig nicht optimal sind.

Die beschriebenen Bedingungsfaktoren müssen bei Formulierung und Verfolgung sortimentspolitischer Ziele einbezogen werden. Das **Grobziel der Sortimentspolitik** ist die Sortimentsoptimierung, d. h., das Sortiment ist so zu gestalten, dass nicht nur Breite und Tiefe, sondern die gesamte Sortimentsstruktur Grundlagen zur Erreichung der Gewinnziele schafft. Dabei muss das Sortiment zwei Kriterien erfüllen: Es muss quer durch die Warengruppen nachfragegerecht zusammengesetzt sein und dazu beitragen, die Erträge zu optimieren.

3.3 Handlungsalternativen der Sortimentspolitik

Es ist sehr unwahrscheinlich, dass die Bestimmungsfaktoren der Sortimentspolitik über längere Zeit konstant bleiben und sich somit Sortimentsänderungen erübrigen. Die Signale des Marktes müssen vielmehr laufend analysiert werden, um sie schnellstmöglich sortimentspolitisch umzusetzen und das Sortiment entsprechend zu positionieren. Die Reaktion auf bzw. die Antizipation von Marktveränderungen und Veränderungen im Kundenverhalten kann für den Handelsbetrieb ein bedeutender Wettbewerbsfaktor sein, um sich von der Konkurrenz abzusetzen.

Das Traditionsunternehmen C & A Brenninkmeyer (heute: C & A Mode & Co) galt beispielsweise lange als Trendsetter im Modeangebot und war der erfolgreichste Textileinzelhändler in Deutschland. Im Jahr 1991 büßte C & A jedoch fast 3 Mrd. DM Umsatz ein und musste 1994 seine Führungsposition abgeben. Die Ursachen

lassen sich durch Umfragen dokumentieren, wonach primär die Jugendlichen und mittleren Altersgruppen (bis 40 Jahre) dem Kaufhaus fernblieben. Der Verlust einiger Kundenschichten, die immer stärker durch die Wohlstandsgesellschaft geprägt sind, ist z. B. durch das starke Markenbewusstsein zu erklären, das insbesondere bei Jugendlichen festzustellen ist. Ferner sind diese Käufer nicht nur auf einen günstigen Preis, sondern auf ein gutes Preis-Leistungs-Verhältnis fixiert, d. h., als besonderes Angebot gilt nur eine positiv besetzte Marke zu einem günstigen Preis. Als Reaktion auf die veränderten Marktbedingungen änderte C & A sein Sortimentskonzept durch eine Reduktion auf wenige qualitativ hochwertige Eigenmarken.

Prinzipiell müssen Handelsunternehmen also stets bestrebt sein, auf die variablen Marktgegebenheiten schnell zu reagieren. Dabei unterliegt das Sortiment einem permanenten Wandel, wobei folgende grundlegende Handlungsalternativen zu unterscheiden sind (siehe auch Abb. 3.6).

3.3.1 Sortimentsvariation

Im Rahmen der Sortimentsvariation bleibt die Zahl der Warengruppen, Warenarten oder Artikel im Handelssortiment unverändert. Hierbei können einzelne Artikel der gleichen Warengruppe, wie z. B. eine No-Name-Margarine gegen eine Markenmargarine **(Artikeltausch)**, oder Artikel unterschiedlicher Warengruppen **(Gewichtsverlagerung)** gegeneinander ausgetauscht werden. Ein Warenhaus führt z. B. keine Laufschuhe des Typs „Winner XX" mehr (Verminderung der Sortimentstiefe), dafür aber einen weiteren Kochtopf „WMF Dampf" (Erhöhung der Sortimentstiefe).

Bei der Sortimentsvariation ist darauf zu achten, dass das Handelsunternehmen in den Augen des Konsumenten seine Kernkompetenzen wie Problemlösungs- oder Fachberatungskompetenz beibehält. Dies lässt sich mit Hilfe eines Beispiels veranschaulichen:

Der Spielwarenmarkt und damit auch die Spielwarenfachgeschäfte wurden durch geburten-

Abb. 3.6:   Sortimentspolitische Handlungsalternativen

schwächere Jahrgänge mit einem Umsatzrück-
gang konfrontiert, worauf einige Spielwaren-
fachgeschäfte ihr Angebot an Sportartikeln
ausweiteten. Dafür wurden z. B. die Sortimente
bei Modelleisenbahnen verringert. Diese Maß-
nahme hatte zwei negative Konsequenzen:
Durch den Verkauf von Sportzubehör erfolgte
eine unvollkommene Rivalisierung mit Sport-
fachgeschäften und gleichzeitig entstanden zu-
sätzliche Sortimentslücken, die von konkurrie-
renden Eisenbahn-Spezialgeschäften abge-
deckt wurden. Umsatzeinbußen waren die Folge.

Das Beispiel zeigt: Sortimentsänderungen, die
dazu führen, dass Kernkompetenzen verwischt
werden, führen in der Regel zur Verschlechterung des Unternehmensimages und gefährden
so die Existenz des Handelsunternehmens.

3.3.2 Sortimentsausdehnung

Die Sortimentsausdehnung beinhaltet die Erhöhung der Anzahl der Warengruppen, Warenarten, Artikel und Sorten. Dabei sind Breiten- und
Tiefenexpansion zu unterscheiden:

Tiefenexpansion

Die Tiefenexpansion kennzeichnet eine Erweiterung der Sortimentstiefe; beispielsweise kann
zu einem bisherigen Artikel ein von der Art her

verwandter hinzukommen, in der Beschaffen-
heit kann er sich jedoch unterscheiden. Ein Tex-
tilgeschäft führte z. B. bis zu einer Tiefenexpansion lediglich Winterpullover von europäischen
Herstellern. Auf Grund von preisbewussten
Nachfragern werden daraufhin auch Pullover
aus dem osteuropäischen und asiatischen
Raum in das Sortiment aufgenommen, die im
Einkauf wesentlich preisgünstiger sind. Da die
Artikel ihrer Art nach bereits im bestehenden
Sortiment vorhanden sind, wird dem Kunden ein
differenzierteres Angebot gemacht. Die Tiefenexpansion wird daher auch als Sortimentsdiffe-
renzierung bezeichnet.

Breitenexpansion

Bei der Breitenexpansion werden neue Warengruppen in das Sortiment aufgenommen bzw.
bereits vorhandene Warengruppen ergänzt: Ein
Lebensmittelgeschäft führt zu der bestehenden
Wurst- und Käsetheke eine Fleischtheke ein. In
diesem Fall handelt es sich um eine **horizontale
Diversifikation,** bei der das Sortiment um eine
Warengruppe ("Fleisch") derselben Produkti-
onsstufe einer Branchenkette erweitert wird.
Ein weiteres Beispiel für eine horizontale Diver-
sifikation ist die Aufnahme von Tiefkühlartikeln
in das Handelssortiment von *Aldi-*Süd.
Bei einer **vertikalen Diversifikation** wird das
Sortiment ebenfalls um verwandte Warengrup-

pen erweitert. In diesem Fall sind sie allerdings auf vor- oder nachgelagerten Herstellungs- oder Vertriebsstufen angesiedelt, etwa wenn ein Modegeschäft sein Angebot von Damenkleidern um Stoffe erweitert, mit denen sich die Kundin ein Kleid selbst nähen kann. Auch ein Anbieter von Karnevalsbekleidung, der einen eigenen Fertigungsservice in sein Leistungsprogramm integriert, verfolgt die Strategie einer vertikalen Diversifikation. Durch die beiden Diversifikationsalternativen wird das Sortiment um Warengruppen erweitert, die im bisherigen Sortiment nicht vorhanden waren, es aber logisch ergänzen.

Neben der Aufnahme verwandter Artikel kann das Sortiment auch um Warengruppen ergänzt werden, die keine Affinität zu den bisherigen besitzen. Diese **laterale Diversifikation** ist die chancen-, aber auch risikoreichste Handlungsalternative, da kein sachlicher Zusammenhang zum bisherigen Geschäft besteht. Oft wird sie aus unkritischem Expansionsstreben angeregt. Unabdingbare Voraussetzung sind immer entsprechende Kenntnisse innerhalb der Branche, der die neue Warengruppe angehört. Das Handelsunternehmen versucht, sich durch diese Risikostreuung ein „zweites Standbein" zu schaffen.

Bewertungsaspekte für die Sortimentsausdehnung

Durch die Sortimentsausdehnung wird das angebotene Leistungsspektrum des Handelsunternehmens erweitert bzw. vertieft. Man spricht in diesem Zusammenhang auch von einem **„trading-up"**, bei dem das Sortiment eine qualitative Erhöhung erfährt. Dies kann durch die Listung von Markenartikeln oder von Eigenmarken geschehen. Die Bewertung von Neuprodukten erfolgt anhand strategischer und operativer Gesichtspunkte. Eine grundlegende Vorgabe für die Auswahl von Neuprodukten bilden das Unternehmensleitbild bzw. die Elementarziele. Stehen dort z. B. soziale Ziele wie Umweltschutz im Vordergrund, so stellt dies eine Determinante für strategische und operative Planungen dar. Ein ökologisch orientiertes SB-Wa-

renhaus wird daher die Listung von Einwegdosen auf Grund ihrer umweltschädigenden Wirkungen vermutlich ablehnen. Ein Unternehmen muss sich also stets die Frage stellen, ob ein in Frage stehendes Produkt zur bisherigen Sortimentspositionierung passt. In die strategische Analyse müssen außerdem die Marktentwicklung, das Image des Herstellers und die bisherigen Geschäftsbeziehungen einbezogen werden.

Operative Planungsgesichtspunkte ergänzen die strategischen Faktoren. Durch kurzfristig geschaltete Produktwerbung kann der Hersteller beispielsweise die Produkteinführung unterstützen. Ebenso können zeitlich begrenzte Sonderkonditionen wie Rabatte oder Logistikhilfen (z. B. Lieferung frei Haus) den Handel zur Aufnahme von Produkten in sein Sortiment bewegen.

Eine Sortimentsausdehnung kann dem Handelsunternehmen wichtige Wachstumsimpulse geben und sowohl zur Bindung von Stamm- als auch zur Gewinnung von Neukunden beitragen. Mineralwasser spielte beispielsweise bis zur zweiten Hälfte des Jahrhunderts eine untergeordnete Rolle, wenn die Konsumenten ihren Durst löschen wollten. Dies geschah bis dato primär durch andere Getränke wie Kaffee oder Tee, überwiegend aber durch Leitungswasser. Im Vergleich zu dieser Zeit hat sich der Konsum von Mineralwasser verzwanzigfacht, was den entsprechenden Handels- und Industrieumsatz steigerte und somit von beiderseitigem Nutzen war.

Innovationen dienen aber nicht nur der Erschließung neuer Sortimente. Auch bestehende Märkte müssen verändert, belebt und ergänzt werden, damit die Kundenorientierung erhalten bleibt. Deshalb wurden stille Wässer mit vermindertem Kohlensäuregehalt, Mineralwässer mit Zitronengeschmack oder fettverminderte Margarinen, die gesundheits- und kalorienbewusste Verbraucher ansprechen, in das Handelssortiment aufgenommen. Eine frühzeitige Integration solcher Innovationen in das Leistungsangebot signalisiert dem Kunden sortimentspolitische Aktualität und verbessert somit das Image des Unternehmens. Ein problematischer Aspekt bleibt dabei die hohe Floprate. Je nach Warengruppen variiert sie zwischen 36 und 85 Prozent. Sie ist zum Beispiel weniger hoch bei Backmischungen, größer dagegen bei Konserven.

3.3.3 Sortimentsbereinigung

Im Rahmen der Sortimentsbereinigung wird die Anzahl der Warengruppen, Warenarten, Artikel und Sorten vermindert. Hierfür können quantitative und qualitative Gründe herangezogen werden. Die quantitativen Kriterien werden im Kapitel 3.5 zur Sortimentskontrolle gesondert erläutert. In qualitativer Hinsicht sind folgende Aspekte zu unterscheiden:

* Ist das Produkt technisch überholt?

  Auf Grund technischer Veränderungen wird ein Produkt bzw. eine ganze Warengruppe eventuell weniger nachgefragt. So werden in der heutigen Zeit wenige Menschen den Wunsch haben, einen Schwarzweißfernseher zu besitzen.
* Hat die Ware einen negativen Einfluss auf das Unternehmensimage?

  Negativ können z. B. Qualitätsmängel des Produktes sein, denn Beschwerden unzufriedener Kunden im Einzelhandelsgeschäft werden von anwesenden Kunden wahrgenommen. Auch der Bezug von Artikeln von Unternehmen, die Menschenrechte (z. B. durch Kinderarbeit) oder den Umweltschutz missachten, kann das Unternehmensimage durch schlechte Publicity angreifen.
* Haben sich die gesetzlichen Vorschriften verändert?
* Lässt die Wirkung der Marketingaktivitäten nach?

  Wenn sich durch Werbung, Zweitplatzierungen und Sonderangebote der Abverkauf eines Produktes nicht verbessert, sind Eliminationsüberlegungen angebracht.

Eliminationsentscheidungen können die Sortimentsbreite oder -tiefe betreffen. Im Rahmen der **Breitenreduktion** werden eine oder mehrere Warengruppen aus dem Sortiment entfernt; z. B. die Textilabteilung eines Kaufhauses führt keine Artikel mehr aus dem Bereich Herrenober-

bekleidung, weil sie sich auf das Segment der Damenoberbekleidung spezialisiert. Wenn die Warengruppen als solche erhalten bleiben, aber einige Artikel oder Sorten eliminiert werden, handelt es sich um eine **Tiefenreduktion,** z. B. wenn ein Jeansladen keine *Levis 501* mehr im Sortiment führt.

Durch die Sortimentsreduktion wird das angebotene Leistungsprogramm des Handelsunternehmens geschmälert bzw. verflacht. Man spricht in diesem Zusammenhang auch von einem **„trading-down",** bei dem das Gesamtsortiment eine qualitative Minderung erfährt. Vorteilhaft bei Eliminationsentscheidungen ist die Senkung der Kapitalbindung sowie die Konzentration auf verkaufsstarke Produkte und somit die Vermeidung von Ladenhütern.

Dabei sind allerdings einige Unwägbarkeiten zu beachten: Eliminiert beispielsweise ein Lebensmittelhändler aus seinem Sortiment eine Reihe von Grundnahrungsmitteln, weil diese Artikel auf Grund eines starken Preiswettbewerbs in geringerer Anzahl abgesetzt werden, kann diese Maßnahme den Gesamtumsatz überproportional sinken lassen und das Geschäftsimage schädigen. So bleiben die Kunden aus, weil sie nicht mehr bereit sind, für diese Produkte eine weitere Einkaufsstätte aufzusuchen. Es müssen also Artikel im Sortimentsprofil vorhanden sein, die der Konsument im Regal erwartet. Hierzu zählen nicht nur die umsatzstarken Markenartikel, sondern auch eine begrenzte Anzahl von Spezialitäten und Imageprodukten.

3.4 Handelsmarkenpolitik

Im Sortiment des Handelsunternehmens befinden sich meist gleichzeitig Hersteller- und Handelsmarken. Gekennzeichnet sind sie durch eine Markierung, d. h. durch einen Aspekt, der das Produkt oder die Leistung kenntlich und unterscheidbar macht, wie ein Name oder ein Logo. Die **Handelsmarken** bilden dabei einen Gegenpol zu den klassischen Markenartikeln. Sie haben, abhängig von der Betriebsform oder der Warengruppe, einen größeren oder kleineren

Umsatzanteil am Sortiment. Bei einzelnen Produktgruppen, wie z.B. Hygienepapieren, Fertiggerichten, Obst- und Gemüsekonserven und Tiefkühlkost (einschließlich Speiseeis), eroberten die Handelsmarken Umsatzanteile von 12 bis 15 Prozent. In anderen Ländern (z.B. *Sainsbury* und *Marks & Spencer* in Großbritannien oder *Migros* in der Schweiz) besitzen die Handelsmarken im Lebensmittelbereich eine weit bessere Marktstellung als in der BRD. Im Textilbereich hingegen arbeitet in Deutschland cirka jeder vierte Händler mit Eigenprogrammen, wie *Yorn* von *Karstadt*, *McNeal* von *Peek & Cloppenburg* oder *Westbury* aus dem Hause *C & A*. Auf Grund der besonderen Stellung der Handelsmarken im Sortiment werden verschiedene Arten sowie die Ziele der Handelsmarkenpolitik differenziert.

3.4.1 Ziele der Handelsmarkenpolitik

Ein Sortiment, dass eine Unzahl von Herstellermarken beinhaltet, ist preislich und qualitätsmäßig nur schwer von der Konkurrenz abzugrenzen, da diese in der Regel die gleichen Markenartikel anbietet. Handelsmarken hingegen bieten eine Chance, das eigene Sortiment durch die Abgrenzung gegenüber der Konkurrenz zu profilieren. Dies hat einen positiven Nebeneffekt, denn die Kunden werden bei gleich bleibend guter Qualität der Handelsware an den Händler gebunden. Durch die Forcierung von Handelsmarken können aber auch Sortimentslücken geschlossen werden. Im Tiefkühlbereich brachten die Händler z.B. zahlreiche Produkte hervor, die das Auswahlspektrum der Kunden erweiterten. Die Profilierungsbemühungen sind nicht in jeder Warengruppe erfolgreich: Der Erfolg ist relativ gering, wenn die Herstellermarken ein sehr hohes Image besitzen, wie bei alkoholischen Getränken oder Zigaretten. Erfolgreich sind Handelsmarken allerdings, wenn ein profilloses, leicht austauschbares und sehr zersplittertes industrielles Markenangebot ohne großen Marktführer besteht. Wenn Herstellermarken keine klare Marktpositionierung haben („stuck in the middle") ist eine hohe Substituierbarkeit durch Handelsmarken möglich. Im güns-

tigsten Fall können die Handelsunternehmen mit ihren Marken sogar eine Leadership, d.h. die Marktführerposition in einer Warengruppe, erlagen. Im Young-Fashion-Bereich trifft dies auf *H & M* oder bei Schuhen auf *Deichmann* zu.

Durch die Förderung von Handelsmarken sucht das Handelsunternehmen auch die **Unabhängigkeit vom Hersteller,** der die Hersteller-Handel-Beziehung lange Zeit dominiert hat. Der Handel, der bis 1973 in seiner Preispolitik durch die Preisbindung der zweiten Hand (vertikale Preisbindung) an die Preisvorgaben der Produzenten gebunden war, wurde zeitweise als „Handlanger der Industrie" betrachtet. Diese Form der Preisbindung ist in der Bundesrepublik nach dem „Gesetz gegen Wettbewerbsbeschränkungen" nur noch für Verlagserzeugnisse (Bücher, Zeitschriften, Zeitungen) erlaubt.

Die Aufnahme von Eigenmarken ins Sortiment erweiterte den Aktionsrahmen des Händlers. Bei deren Planung muss das Handelsunternehmen nicht auf seine Wertschöpfungsstufe eingeschränkt sein. In der heutigen Zeit übernehmen Handelsunternehmen vielmehr Funktionen der vorgelagerten Wertschöpfungsstufen, um Qualität und Erscheinungsform der Handelsmarken weitgehend beeinflussen zu können. Es kann sich etwa um die eigene Produktion von Textilien oder den Kauf von Bananenplantagen handeln. Solche vertikalen Ketten stellen z.B. *H & M, Gap* und *Zero* dar. Neben der Eigenherstellung kann auch eine Kooperation mit mittelgroßen Herstellern eine sinnvolle Beschaffungsalternative zur Markenartikelindustrie darstellen.

Handelsmarken sind nicht nur preisgünstige Konsum-Labels. Es kann sich auch um qualitätsorientierte Handelsmarken handeln, die zu Preisen vergleichbarer Markenware abgesetzt werden. Die so genannten **„Fach-Handelsmarken"** ermöglichen eine größere Differenzierung zur Konkurrenz, da sie das Sortiment aus Herstellermarken aus preis- und imagepolitischen Gesichtspunkten ergänzen. Durch diese Vorgehensweise soll die Kernkompetenz des Händlers gestärkt und die Rendite verbessert werden. Diese höher positionierten Handelsmarken finden sich besonders ausgeprägt im Textilhandel, wie *Signè incognito* aus dem Hause *C & A* oder *Cäsar* von *Wormland*.

3.4.2 Arten von Handelsmarken

In der Praxis werden im Rahmen der Handelsmarkenpolitik verschiedene Marken nach der Anzahl der Waren, die jeweils unter einer Marke angeboten werden, in Einzelmarken, Warengruppenmarken oder Sortimentsmarken unterteilt. Die folgenden Markenstrategien sind nicht nur auf den Handel, sondern auch auf die Industrie zu übertragen.

Einzelmarke (Individualmarken)

Hier wird die Markierung nur von einem Artikel getragen, der eventuell in mehreren Sorten (unterschiedliche Verpackungsgrößen oder Farben) angeboten wird. Ein Beispiel für eine Individualmarke stellt das Waschmittel *Tandil* von *Aldi* als Handelsmarke oder *Botteram, Flora Soft* und *Rama* aus dem Hause *Unilever* als Herstellermarken dar.

Warengruppenmarken

Bei Warengruppenmarken wird eine Dachmarke für mehrere, meist artverwandte Waren unter einer Markierung gebildet, wie beispielsweise *Westbury* von *C & A* oder *Yorn* von *Karstadt*. Die Strategie soll Synergieeffekte beim Werbeauftritt der einzelnen Produkte sichern, da das Image eines Produktes auf weitere übertragen wird. Auch in der Markenartikelindustrie ist diese Vorgehensweise anzutreffen, wie bei *Nivea*, das unter seiner Dachmarke Shampoos, Cremes usw. anbietet.

Sortimentsmarken

Sortiments- bzw. Unternehmensmarken unterliegen einem Logo oder Markennamen, der auf das gesamte Handels- oder Herstellersortiment übertragen wird. Bei dieser Strategie besteht die Gefahr der Verwässerung, denn insbesondere bei sehr heterogenen Artikeln unterschiedlicher Warengruppen ist nur schwerlich ein Eindruck der Produktkompetenz beim Konsumenten aufzubauen. Im Lebensmittelbereich sind

große Teile des Sortiments von *Stüssgen* mit dem Handelsmarkennamen *Ja* gekennzeichnet. Als Beispiel für die Unternehmensmarke eines Herstellers kann *Dr. Oetker* dienen, der unter diesem Namen Backmischungen, Pudding, Crème fraiche usw. anbietet.

Die einzelnen Strategien können auch als Kombination vorliegen, sei es ein *M* für *Migros* bei einzelnen Handelsmarken oder der Firmenname *Opel* als Dachname mit einzelnen Markennamen für verschiedene Modelle wie den *Vectra*.

3.5 Sortimentskontrolle

Mit Hilfe von regelmäßigen und gezielten Sortimentskontrollen sollen Informationen über Sortimentslücken und nicht oder nur schwer verkäufliche Warengruppen, Warenarten, Artikel und Sorten gewonnen werden, um ein möglichst optimales Sortiment zusammenzustellen **(Idealsortiment)**. Hierbei helfen zahlreiche Methoden und Kennziffern, die meist koordiniert angewandt werden. Sie sind für das Handelsunternehmen angesichts des Wettbewerbsdrucks ein wichtiges Mittel, um den Unternehmenserfolg zu sichern. Die Sortimentskontrolle und -gestaltung trägt also dazu bei, das Handelsunternehmen attraktiver und profitabler zu machen und damit sein Überleben am Markt zu sichern. Im Folgenden werden einige ausgewählte Kennziffern und Methoden der Sortimentskontrolle vorgestellt. Die im nächsten Kapitel dargestellte Fehl- und Nichtverkaufskontrolle bedarf keines ausgeprägten betriebswirtschaftlichen Kalküls, was ihre Beliebtheit in der Praxis erklärt. Im Kapitel 3.5.2 wird die Kassenbonanalyse als eine Möglichkeit der Sortimentsverbundanalyse abgegrenzt. Die anschließenden Kapitel beschäftigen sich mit Kennziffern, die der Kontrolle des Umsatz- und Renditebetrages dienen.

3.5.1 Fehl- oder Nichtverkaufskontrolle

Unter einem **Fehlverkauf** bzw. Fehlbestand **(out-of-stocks)** versteht man vom Kunden nachgefragte Artikel, die üblicherweise Bestandteil des Sortiments sind, im Augenblick des Kaufwunsches aber nicht vorrätig waren. Die Gründe hierfür können verspätete Bestellung, Anlieferung oder verzögerte Eingangsbearbeitung sein. Bei wiederholt auftretenden Fehlverkäufen ist eine Analyse des Einkaufsverhaltens und der inner- und außerbetrieblichen Logistik nötig.

Bei **Nichtverkäufen** wird der gewünschte Artikel im Sortiment überhaupt nicht geführt. Bei einer hohen Anzahl von Nichtverkäufen ist zu prüfen, ob das Sortiment noch den Bedürfnissen der angesprochenen Zielgruppe gerecht wird.

Fehl- und Nichtverkäufe sollen vom Verkaufspersonal auf einer dafür vorgesehenen Liste unter Angabe des Artikels, der Größe, der Anzahl und evtl. der Artikelnummer erfasst werden. Die Erfassungsmöglichkeit variiert mit dem Bedienungssystem. Bei der Selbstbedienung fehlt z. B. der direkte Kontakt zum Kunden. Eine Erfassung des Mangels ist erst möglich, wenn der Kunde seinen Wunsch dem Verkäufer mitteilt oder auf eine dafür vorgesehene Liste einträgt.

Folgen von Nicht- und Fehlverkäufen sind Umsatzausfälle sowie Unzufriedenheit der Kunden. Durch den Imageverlust des Händlers bei den Konsumenten kann es zu Frequenz- und Spannenproblemen kommen. Beim Einkauf im Lebensmitteleinzelhandel ist beispielsweise die Markenloyalität der Zigarettenkäufer sehr hoch, sodass bei Sortimentslücken der persönliche Bedarf an einem anderen Verkaufsort gedeckt wird.

3.5.2 Kassenbonanalyse

Der Kassenbon als Datenquelle liefert wichtige Informationen über das Kaufverhalten der Nachfrager. Dabei werden Produkte anhand des Kassenbons aufgelistet, die während eines Einkaufsganges zusammen gekauft wurden **(Kaufverbund)**. Diese Verbundsbeziehungen werden durch gezielte Bonanalysen mit Hilfe statistischer Software, methodischen Know-hows und praktischer Erfahrungen des Einzelhändlers festgestellt und ausgewertet. Dadurch ergibt sich ein differenziertes und übersichtliches Bild des Einkaufsverhaltens.

Sortimentsverbundskäufe können folgende Gründe haben:

- anwendungstechnisch (Kasettenrekorder und Kassetten)
- gesetzlich (Motorrad und Helm)
- materialbedingt (Eichenstuhl und Eichentisch)
- verhaltensbedingt (Kauf von Süßigkeiten an der Kasse)
- beschaffungsvorgangsbedingt (Bequemlichkeit)
- Zufall
- Einsatz einzelner Mixinstrumente
- usw.

Eine Auslistung verbundträchtiger Waren kann zu einem überproportionalen Umsatzrückgang führen. Andererseits können durch gezielte Werbemaßnahmen und Platzierungen zusätzliche Verbundumsätze generiert und ertrags- und umsatzstarke Kunden systematisch angesprochen werden, um Umsatz und Gewinn zu steigern.

Die Verbundsanalyse lässt sich mit der Auswertung der Kundenreichweite verbinden. Zur Bestimmung eines Aktionserfolges ist also auch die Zahl der damit erreichten Kunden (Anzahl der Kassenbons) und der Umsatz je Bon wichtig. Durch Vergleiche mit anderen Filialen oder mit Vergangenheitswerten lassen sich hieraus konkrete Aussagen über die Konsumenten sowie über regionale Besonderheiten ableiten.

3.5.3 Umsatzanalyse

Gesamtumsatzanalyse

Die Analyse der Entwicklung des Gesamtumsatzes soll einen allgemeinen Eindruck über die Attraktivität des Sortiments liefern. Der Abverkauf wird jedoch nicht ausschließlich durch die Sortimentszusammensetzung, sondern auch durch andere Mix-Instrumente beeinflusst. Eine isolierte Umsatzanalyse liefert keinen Erkenntnisfortschritt, dazu sind Vergleiche der Umsatzentwicklung im Zeitablauf, wie z. B. mit der vergangenen Periode, zu anderen Handelsunternehmen oder Filialen nötig. Aus der Analyse lässt sich zwar ein Überblick über die Umsatzentwicklung im Zeitablauf ablesen; konkrete Handlungsanweisungen benötigen jedoch eine weitergehende Be-

| Rennerlist nach Umsatz | | | | Filiale 1 |
| Warengruppe 1 | | Lebensmittel | | Woche: 24 |
Artikel- Nr Ean-Code	Bezeichnung	Verkaufspreis netto in DM	Absatz in Stück	Umsatz in DM
....	....	....	....	....
4388840800025	Erlenhof fr. Vollmilch, 1l	0,89	148	131,72
4388840024414	Magermilch Joghurt, 150 g	0,29	296	85,84
....	....	....	....	....

Abb. 3.7: Auszug aus der möglichen Rennerliste eines Supermarktes

trachtung. Bei einem unbefriedigenden Umsatzverlauf wird die Suche nach Sortimentsmängeln daher sehr aufwändig. Gleichwohl sind grobe Empfehlungen aus dem Umsatzvergleich abzuleiten: Erreichen beispielsweise zwei vergleichbare Filialen einen ähnlichen Gesamtumsatz mit einem sehr unterschiedlichen Sortimentsumfang, kann dies eine Andeutung für eine Sortimentsbereinigung in einer Filiale sein.

Teilumsatzanalyse

Die Mängel der Gesamtumsatzanalyse können durch eine gestaffelte Umsatzanalyse, die von einzelnen Warengruppen bis auf Artikelebene reichen kann, vermindert werden. Aus den Verkaufszahlen einzelner Artikel kann die so genannte **Renner-Penner-Liste** angefertigt werden, die über gut verkaufte Artikel (Renner) und schlecht verkaufte Produkte bzw. Langsamdreher oder Ladenhüter (Penner) Auskunft gibt (siehe Abb. 3.7). Diese Liste wird regelmäßig erstellt und gibt Aufschluss über tatsächliche Verkaufs- und Umsatzzahlen eines Artikels in einem bestimmten Zeitraum. Die Erfassung der Verkaufszahlen erfolgt durch Scanner-Kassen, die mittlerweile weit verbreitet sind.

Die Renner- bzw. Pennerliste kann beliebig variiert oder umstrukturiert werden, sei es durch Aufnahme weiterer Kennziffern, wie der Umschlagshäufigkeit, oder eine Gliederung nach Absatzzahlen. Auf Grund der Datenflut empfiehlt sich allerdings, lediglich problematische Warengruppen bzw. Artikel oder Sortimentsinnovationen in kurzfristigen Abständen regelmäßig zu untersuchen. Die übrigen Sortimentsteile sollten in größeren Zeitabständen, z. B. alle zwei Wochen oder monatlich, beobachtet werden. Durch die Liste werden jedoch keine Verbundsbeziehungen ersichtlich. Hierzu muss die im Kapitel 3.5.2 beschriebene Kassenbonanalyse durchgeführt werden.

3.5.4 Umschlagshäufigkeit

Die Umschlagshäufigkeit bzw. Lagerumschlagsgeschwindigkeit gibt an, wie oft der Lagerbestand eines Produktes, des gesamten Sortiments oder einer Abteilung innerhalb eines Jahres erneuert wird. Sie kann mengenmäßig oder wertmäßig ermittelt werden, wobei eine mengenmäßige Berechnung nur innerhalb einer einzigen Warenart sinnvoll ist. Unterschiedliche Waren, wie z. B. Eier und Kaffeemaschinen, können nicht zusammengezählt werden. Die Lagerumschlagsgeschwindigkeit für eine Abteilung oder das Sortiment ist daher nur wertmäßig zu bestimmen.

$$\text{mengenmäßige Umschlagshäufigkeit} = \frac{\text{Jahresabsatz}}{\text{Lagerbestand}}$$

Beispiel: Das Textilfachgeschäft Moden Hansen hat während des Jahres 460 Markenanzüge von Boss abgesetzt. Der durchschnittliche Lagerbestand war 200. Die Umschlagshäufigkeit beträgt also 2,3. Das heißt, der durchschnittliche Lagerbestand wurde innerhalb des Jahres 2,3 mal verkauft und ersetzt.

$$\text{wertmäßige Umschlagshäufigkeit} = \frac{\text{Wareneinsatz}}{\text{Lagerbestand zu Bezugspreisen}}$$

Beispiel: Der Wareneinsatz für die 460 Markenanzüge betrug 46.000 Euro, der durchschnittliche Lagerbestand zu Bezugspreisen 20.000 Euro, womit die Umschlagshäufigkeit wieder den Wert 2,3 annimmt.

Je höher die Lagerumschlagsgeschwindigkeit je Artikel, Warenart, Warengruppe oder Gesamtsortiment, desto geringer ist der Anteil des im Lager eingesetzten Kapitals. Kapazitäten wie der Lagerraum werden also erheblich besser genutzt. Die Verringerung des Kapitalbedarfs wirkt sich positiv auf die Liquidität des Unternehmens aus.

Die Umschlagshäufigkeit liefert zwar Hinweise, ob sich das Sortiment zu langsam „dreht", dies differiert aber stark mit der jeweiligen Branche und Betriebsform des Einzelhandels. Lebensmittel- und Schuhgeschäfte schlagen ihr Lager weit häufiger um als beispielsweise Juweliere, die ihr Lager oft nur einmal während des Geschäftsjahres umsetzen. Der hohe Lagerumschlag im Lebensmittelbereich hängt nicht nur von der Verkaufsgeschwindigkeit, sondern auch von der Bestellpolitik ab. Ein schnelles Auffüllen der Regale mit Frischwaren führt beispielsweise zu einem hohen Lagerumschlag, der im Extremfall der Anzahl der verkaufsoffenen Tage entspricht. Frischmilch ist beispielsweise bereits nach einem Tag zu 90 Prozent und nach drei Tagen vollständig verkauft, Markenbutter hingegen nach sieben Tagen zu 75 Prozent und nach zwölf Tagen zu nahezu 100 Prozent (vgl. Höper/Schmidt, 1997). Die ermittelte Kennzahl muss daher mit einem Branchendurchschnitt, mit eigenen Vergangenheitswerten oder ähnlichen Betriebsformen verglichen werden, bevor sinnvolle Korrekturen erfolgen können. Des Weiteren kann ein hoher Lagerumschlag im Zielkonflikt zur Umsatzanalyse stehen, wenn er durch einen Umsatzrückgang bedingt ist. Hierdurch wird die Gesamtrentabilität des Betriebes in der Regel verschlechtert. Beide Kennziffern sind demnach im Zusammenhang zu analysieren.

Artikel des Randsortiments weisen teilweise zwar einen geringen Lagerumschlag aus, sind jedoch zur Abrundung des Sortiments und bezüglich der Kundenansprüche wichtige Faktoren, die das Geschäftsimage fördern. Sie ersatzlos aus dem Sortiment zu streichen kann zu Umsatzeinbußen führen. Die quantitativen Ergebnisse der Umschlagshäufigkeit müssen also um qualitative Überlegungen angereichert werden.

3.5.5 Deckungsbeitragsrechnung

Beim Deckungsbeitrag handelt es sich um eine Kennziffer der Kostenrechnung, die Informationen über das Verhältnis von Umsatzerlösen zu den Kosten liefert. Sie kann für eine Filiale, eine Warengruppe, eine Warenart oder einen Artikel ermittelt werden. Die Kosten werden hierbei in fixe und variable Kosten aufgegliedert. **Fixe Kosten** sind beschäftigungsunabhängige Kosten wie Miete oder Löhne, die kurzfristig nicht abbaubar sind. **Variable Kosten** hingegen fallen direkt durch den Kauf und Verkauf von Artikeln an, wie die Umsatzprovision des Verkaufspersonals oder der Bezugspreis eines Artikels. Eine Aufgliederung der Kosten in fixe und variable ist sinnvoll, da keine verursachungsgemäße Verteilung der fixen Kosten auf einzelne Artikel möglich ist. Einzelne Waren könnten daher bei unsachgemäßer Verteilung zu „Verlustbringern" werden, obwohl sie die variablen und einen Teil der fixen Kosten decken.

Der Deckungsbeitrag (DB) ist wie folgt definiert:

$$
\begin{array}{l}
\text{Verkaufspreis je Einheit} \\
\underline{-\ \text{variable Kosten}} \\
=\ \text{DB je Artikel}
\end{array}
$$

Jeder Verkaufspreis, der über den variablen Kosten liegt, erbringt einen Beitrag zur Deckung der durch den Betrieb verursachten fixen Kosten. Dies wird anhand des Beispiels aus Abbildung 3.8 verdeutlicht, bei dem von einem Handelsunternehmen ausgegangen wird, das lediglich sechs Produkte und zwei Warengruppen im Sortiment hat: Alle Artikel bis auf „Artikel W" besitzen einen positiven Deckungsbeitrag, sodass sich auf Grundlage der Stückdeckungsbeiträge eine bestimmte Reihenfolge ergibt, die „Artikel U" anführt. Auf Grund des unterschiedlichen Abverkaufs ergibt sich jedoch eine differenzierte

	Warengruppe 1			Warengruppe 2		
	Artikel A	Artikel B	Artikel C	Artikel U	Artikel V	Artikel W
Verkaufspreis	9,00	12,00	6,00	25,00	19,00	18,00
– variable Kosten	6,30	7,80	4,50	17,00	11,40	19,00
= dB Artikel	2,70	4,20	1,50	8,00	7,60	– 1,00
Rangfolge	**4**	**3**	**5**	**1**	**2**	**6**
* Absatz	1.400	1.300	2.200	430	970	600
= DB Artikel	3.780	5.460	3.300	3.440	7.372	– 600
Rangfolge	**3**	**2**	**5**	**4**	**1**	**6**
= DB Warengruppe		**12.540**			**10.212**	
= DB Betrieb	**22.752**					
– fixe Kosten	**18.900**					
= Betriebsergebnis	**3.852**	**Gewinn in der Abrechnungsperiode**				

Abb. 3.8:   Einstufige Deckungsbeitragsrechnung eines Handelsunternehmens

Bedeutung der einzelnen Produkte für das Unternehmen. Hieraus ist eine modifizierte Rangfolge, die über die Gesamtdeckungsbeiträge der einzelnen Waren Aufschluss gibt, zu ermitteln. Die Rangliste führt das „Produkt V" an (siehe Abb. 3.8).

„Artikel W" deckt nicht einmal seine variablen Kosten. In der Handelspraxis ergibt sich eine solche Relation bei „Verkäufen unter Einstandspreis". Durch die Elimination aus dem Sortiment würde sich das Betriebsergebnis und das Ergebnis für die Warengruppe 2 um 600 Euro pro Abrechnungsperiode verbessern. Aus rein kostenrechnerischen Gründen empfiehlt sich also eine Auslistung. Problematisch ist jedoch, dass eventuell Verbundeffekte zu anderen Waren bestehen, wodurch deren Abverkauf verringert würde. Eine ergänzende Analyse des Kassenbons ist in diesem Fall ratsam. Das Produkt kann zudem ein besonderer Imageträger des Unternehmens sein, weshalb seine Auslistung zu einer Verschlechterung des Unternehmensimages führen könnte.

Aus der Analyse der Deckungsbeiträge lassen sich noch weitere Handlungsempfehlungen ableiten: So besitzt der „Artikel U" den höchsten Stückdeckungsbeitrag, seine Verkaufszahlen sind jedoch vergleichsweise gering. Es ist also zu überlegen, ob eine stärke Förderung des Produktes durch Werbungs- oder Präsentationsmaßnahmen (vergleiche die entsprechenden Kapitel 4 und 5) erfolgen sollte, damit der Artikel im größeren Umfang zur Deckung der fixen Kosten beitragen kann.

Die einstufige Deckungsbeitragsrechung kann weiter aufgegliedert werden, indem man den Fixkostenblock in Fixkosten, die der Warengruppe oder dem Handelsunternehmen als Ganzes zuzuordnen sind, unterteilt. Hierdurch wird die Deckungsbeitragsrechung wesentlich aussagefähiger, denn lediglich die nicht mehr verteilbaren Fixkosten (wie Verwaltungs- oder Kfz-Kosten) werden dem Unternehmen als Ganzes zugeordnet (overhead-costs). Warengruppenfixe Kosten fallen für ganze Warengruppen an, wie z. B. die Anmietung separater Kühlräume für die Warengruppe „Fleisch und Wurst" oder für das Verkaufspersonal, das ausschließlich dort beschäftigt ist (siehe Abb. 3.9).

Deckungsbeiträge können auch auf bestimmte Engpassfaktoren wie Verkaufsfläche und Personal bezogen werden.

Sollten sich mehrere Engpässe ergeben, müssen Verfahren des Operations Research, also die lineare oder parametrische Programmierung, herangezogen werden.

	Warengruppe 1			Warengruppe 2		
	Artikel A	Artikel B	Artikel C	Artikel U	Artikel V	Artikel W
Verkaufspreis	9,00	12,00	6,00	25,00	19,00	18,00
– variable Kosten	6,30	7,80	4,50	17,00	11,40	19,00
= DB Artikel	2,70	4,20	1,50	8,00	7,60	– 1,00
Rangfolge	**4**	**3**	**5**	**1**	**2**	**6**
* Absatz	1.400	1.300	2.200	430	970	600
= DB Artikel	3.780	5.460	3.300	3.440	7.372	– 600
Rangfolge	**3**	**2**	**5**	**4**	**1**	**6**
= DB Warengruppe I		12.540			10.212	
– gruppenfixe Kosten		1.560			2.615	
= DB Warengruppe II		10.980			7.597	
= DB Betrieb	**18.577**					
– fixe Kosten	**14.725**					
= Betriebsergebnis	**3.852**		**Gewinn in der Abrechnungsperiode**			

Abb. 3.9: Mehrstufige Deckungsbeitragsrechnung eines Handelsunternehmens

3.5.6 Direkte Produkt-Rentabilität (DPR)

Die direkte Produkt-Rentabilität (DPR) bzw. der direkte Produkt-Profit (DPP) ist der Gewinnbeitrag der einzelnen Produkte, der durch den Vergleich des Erlöses mit allen direkt zurechenbaren Produktkosten ermittelt wird. Zur Berechnung werden die Betriebsabläufe bei der Warendistribution im Zentrallager und im Einzelhandelsgeschäft in Kostenstellen aufgeteilt und jedem Artikel die von ihm verursachten Kosten zugeordnet (Einstandspreis, Platz-, Handlings- und Kapitalkosten). Das Ergebnis ist ein Deckungsbeitrag, der zur Deckung des nicht zurechenbaren Restkostenblockes dient. Dieser beinhaltet alle Bereiche, die nicht von der Warendisposition betroffen sind. Der direkte Produkt Profit ermöglicht Entscheidungshilfen bei Warenvergleichen. In Relation zum durchschnittlich im Produkt gebundenen Kapital erhält man die direkte Produkt-Rentabilität im eigentlichen Sinne, d. h. die Rentabilität als Bruttogewinnziffer (siehe Abb. 3.10).

Um die Kosten der Warendisposition zuordnen zu können, müssen genaue logistische Daten wie die Abmessungen von Artikeln, das Packschema auf der Palette oder die Verpackungsklassifizierungen (Folie, Karton oder Schachtel mit Folie) vorliegen. Diese Artikelstammdaten

werden in nationalen Artikel-Stammdatenbanken **(SINFOS)** zur Verfügung gestellt (vgl. Kap. 12.2). Daten für Arbeitswerte (Zeitaufwand für bestimmte Handlungsverrichtungen wie dem

Abb. 3.10: Direkte Produkt-Rentabilität
(in Anlehnung an: Hambuch, 1988)

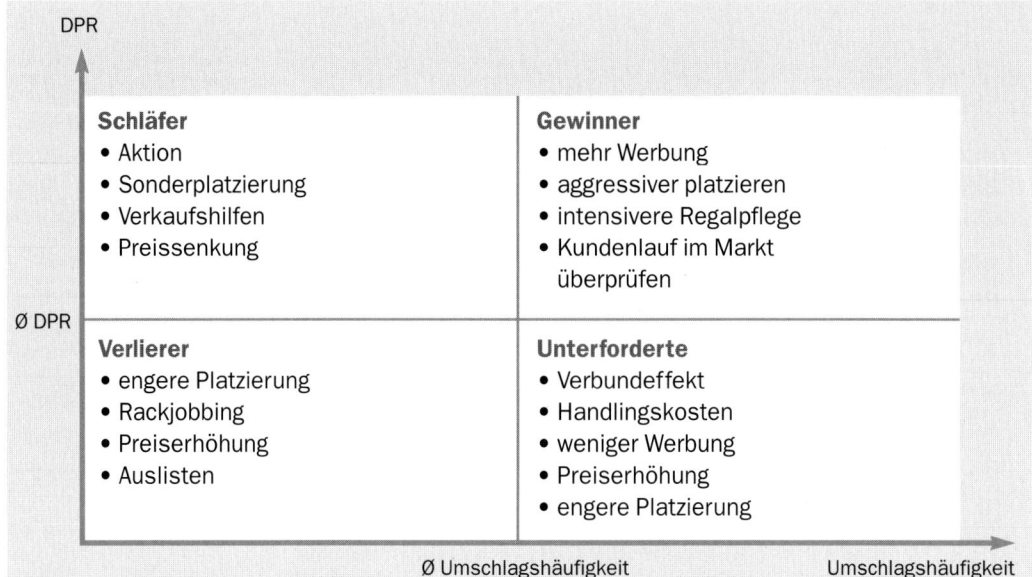

Abb. 3.11: Maßnahmen in Abhängigkeit von DPR und Umschlagshäufigkeit (nach Berekoven, 1995)

Ein- und Auslagern etc.) sind das Ergebnis von repräsentativen Erhebungen. Zur Berechnung der DPR gibt es geeignete Softwareprogramme, die auch der Hersteller nutzen kann. Hierdurch kann er wertvolle Impulse zur Entwicklung handelsgerechter Waren und Verpackungen erlangen bzw. die Produktion von nicht verkaufsgerechten Verpackungen, die einen hohen Flächenbedarf im Regal haben und somit zu hohen Raum- und Flächenkosten führen, vermeiden. Ergebnisse der DPR-Methodik können auch mit anderen Kennzahlen wie der Umschlagshäufigkeit kombiniert werden, um hieraus Handlungen abzuleiten. Die Verbindung beider Kennzahlen erlaubt es, Produkte in verschiedene Quadranten einzuordnen und Handlungsanweisungen daraus abzuleiten, wie Abb. 3.11 verdeutlicht.

3.6   Rechtliche Faktoren

Der Händler darf sein Sortiment nicht durch kostenlose Zugaben beim Einkauf des Kunden attraktiver machen. Dieser Sachverhalt wird in der Zugabenverordnung gesetzlich geregelt: Nach § 1 Absatz 1 der Zugabenverordnung „ist es ver-

boten, im geschäftlichen Verkehr neben einer Ware oder Leistung eine Zugabe (Ware oder Leistung) anzubieten, anzukündigen oder zu gewähren".

In Bezug auf das grundsätzliche Zugabeverbot gibt es einige Ausnahmen:
• Kundenzeitschriften
• Werbeartikel von geringem Wert mit erkennbarem Firmenaufdruck (z. B. Kugelschreiber oder Taschenkalender)
• geringwertige Zugaben (z. B. Parfümproben, Zündhölzer, Flaschenöffner, Geschenkverpackungen)
• handelsüblicher Service, wie Prüfung des Luftdrucks an der Tankstelle, kostenloses Anliefern und Aufstellen von Möbeln
• handelsübliches Zubehör, wie Brillenetui oder -putztuch, Tabakverkauf in aromageschützten Blechdosen
• Waren der gleichen Art; z. B. eine Scheibe Käse für den kleinen Sohn eines Kunden an der Käsetheke
• Beratung in Form von Auskünften und Ratschlägen, wie Einweisung in die Funktion eines Videoapparates

Die Abgrenzung zwischen verbotener und erlaubter Zusatzleistung ist nicht immer überschneidungsfrei; so stellt beispielsweise ein Brillenetui aus Leder beim Brillenkauf eine unzulässige Zugabe dar. Bei Verstößen gegen die Zugabenverordnung handelt es sich um Ordnungswidrigkeiten, gegen die Geldbußen verhängt werden können.

Zusammenfassung

Rekapitulieren Sie:
Definieren Sie die beiden Sortimentsdimensionen!
Hinweise zur Bearbeitung:
Die Sortimentsbreite kennzeichnet die Anzahl der Warengruppen im Handelssortiment. Je mehr Warengruppen angeboten werden, desto breiter ist das Sortiment. Je weniger Warengruppen angeboten werden, desto schmaler bzw. enger ist das Sortiment.
Die Sortimentstiefe umfasst die Anzahl der Warenarten, Artikel und Sorten innerhalb einer Warengruppe. Je mehr Warenarten, Artikel und Sorten innerhalb einer Warengruppe angeboten werden, desto tiefer ist das Sortiment. Es handelt sich hingegen um ein flaches Sortiment, wenn in einer Warengruppe nur wenige Warenarten, Artikel und Sorten geführt werden.

Rekapitulieren Sie:
Welche Handlungsalternativen bieten sich dem Einzelhändler im Rahmen der Sortimentspolitik?
Hinweise zur Bearbeitung:
Als grundlegende Alternativen lassen sich die Sortimentsvariation, die Sortimentsausdehnung, die Sortimentsbereinigung und die Sortimentskonstanz unterscheiden. Zur eingehenderen Erklärung siehe Kapitel 3.2.

Rekapitulieren Sie:
Unterscheiden Sie verschiedene Arten von Handelsmarken!
Hinweise zur Bearbeitung:
Es sind Einzelmarken, Warengruppenmarken und Sortimentsmarken zu differenzieren. Zu den Vor- und Nachteilen vgl. Kapitel 3.4.2.

Rekapitulieren Sie:
Welche Erkenntnisse lassen sich aus der Kassenbonanalyse gewinnen?
Hinweise zur Bearbeitung:
Der Kassenbon als Datenquelle liefert wichtige Informationen über das Kaufverhalten der Nachfrager. Hieraus lassen sich mit Hilfe statistischer Software, methodischen Know-hows und praktischer Erfahrungen Verbundbeziehungen zwischen einzelnen Produkten ableiten. Um die Auswertung zu vertiefen, empfiehlt es sich, die Analyse mit weiteren Auswertungsmethoden zu verknüpfen.

4   Die Werbepolitik des Handels

4.1   Grundlagen der Werbepolitik

Unter Werbung wird im Folgenden die planmäßi-
ge und zwangfreie Beeinflussung von aktuellen
oder potenziellen Kunden mit Hilfe von Werbeträgern (z. B. Zeitungen) verstanden, um sie zu
einem bestimmten Verhalten anzuregen. Die
Werbepolitik eines Handelsunternehmens lässt
sich in die klassische Absatzwerbung, die Öffentlichkeitsarbeit und die Verkaufsförderung
untergliedern (siehe Abb. 4.1).

4.2   Besonderheiten der
         Einzelhandelswerbung

Promotionskonzepte der Industrie lassen sich
nicht problemlos auf den Handel übertragen,
denn es ist eine Reihe unterschiedlicher Bedingungsfaktoren bei der Planung von Werbeaktionen zu beachten.

Umworbene
Der Handel steht mit dem Umworbenen in direk-
tem Kontakt. Die Industrie hingegen kann die
Vielzahl der Endverbraucher nur über eine
Sprungwerbung erreichen. Werbeerfolgskontrolle ist daher nur direkt beim Handelsunternehmen oder durch eigene Marktforschung unmittelbar zu messen. Neben dem Konsumenten
muss der Hersteller auch den Handel umwerben
und durch gezielte Werbemaßnahmen sein Interesse für einzelne Produkte wecken, da erst
die Listung des Artikels im Handelssortiment zu
Verkaufsmöglichkeiten führt.

Reichweite
Einzelhändler besitzen einen vergleichbar begrenzten Absatzradius. Lediglich einige Versender und Einzelhandelsketten bewerben ihre Produkte flächendeckend. Das Werbeziel des Ladenhandels besteht daher in der Ausschöpfung
des Kundenpotenzials am jeweiligen Standort.
Dabei wird die Zahl der potenziellen Kunden
durch deren zunehmende Mobilität stetig erweitert. Aus dem begrenzten Absatzgebiet lässt

Instrumente der Werbepolitik des Handels

Absatzwerbung	Verkaufsförderung	Public Relations
Die Absatzwerbung spricht aktuelle und potenzielle Kunden an und soll sie durch ausgewählte Informationen von der Leistungsfähigkeit des Einzelhändlers überzeugen und somit zum Kauf im Handelsbetrieb animieren. Das heißt, dass sich Absatzwerbung zum größeren Teil „vor der Ladentür" vollzieht.	Die Verkaufsförderung unterstützt die klassische Absatzwerbung, um beim Kunden während des Einkaufs im Handelsbetrieb Kaufreize zu wecken. Sie setzt also am Point of Sale an, wenn der Kunde unmittelbar mit den Waren in Berührung kommt.	Öffentlichkeitsarbeit (PR) umfasst alle Maßnahmen des Einzelhändlers, die helfen, sein Ansehen in der Öffentlichkeit zu pflegen oder zu verbessern. Dies soll eine positive Grundeinstellung des Kunden zum Handelsbetrieb fördern. Das Unternehmen wird also als Ganzes in der Öffentlichkeit bekannt gemacht.
Beispiele: Zeitungsanzeigen, Prospektbeilagen, Hörfunk- und Rundfunkspots, Werbebriefe usw.	*Beispiele:* Displays an den Regalen, Preisausschreiben, Verkostungen, Sonderstände, Lautsprecheransagen usw.	*Beispiele:* Pressekontakte, Betriebsbesichtigungen, Kunden- bzw. Hauszeitschriften usw.

Abb. 4.1:   Instrumente der Werbepolitik des Handels

sich auch die Wahl der Werbeträger des Handels ableiten. Hier besitzt das Medium Tageszeitung eine große Bedeutung.

Planungshorizont

Der Planungshorizont der Einzelhandelswerbung ist oft sehr kurzfristig, da neben strategischen Überlegungen das Tagesgeschäft eine sehr große Rolle spielt. Es gilt auf externe Umweltfaktoren (z. B. Werbekampagnen der Konkurrenz oder veränderte Witterungsverhältnisse) kurzfristig zu reagieren und entsprechende Werbemaßnahmen zu forcieren.

Werbemöglichkeiten

Die Konsumenten nehmen beim Einkauf im Handelsunternehmen die Räume des Werbetreibenden in Anspruch, der Handel kann also im Gegensatz zur Industrie direkt in und mit seiner „Absatzstätte" werben. Hierdurch stehen ihm weitere Werbemöglichkeiten offen. Oft arbeitet der Handel bei solchen Aktionen direkt mit der Industrie zusammen, wie z. B. bei Verkaufsförderungsmaßnahmen.

Werbegegenstand

Da sich in der Verkaufsstätte des Handels oft weit mehr als 50.000 Artikel befinden, wirbt der Handel in imageprägender Form für einen Ausschnitt des gesamten Sortiments oder mit Serviceleistungen. Im Gegensatz zur Konsumgüterindustrie wird die Imageprägung für einen einzelnen Artikel auf Grund der Produktfülle im Sortiment vermieden.

4.3   Werbeanforderungen und -ziele

Das Ziel der Werbung resultiert aus dem übergeordneten Unternehmensziel der Gewinnmaximierung, d. h., durch die Werbeaktionen soll der Absatz gesteigert werden. Hieraus lassen sich einige Subziele ableiten, denn um den Umsatz zu erhöhen, müssen die bisherigen Kunden bestmöglich zu weiteren Käufen im Handel angeregt und/oder zusätzlich neue Kunden hinzugewonnen werden. Handelswerbung soll den ak-

tuellen und potenziellen Verbraucher also auf die Handelsprodukte aufmerksam machen, ihn informieren und sein Interesse und damit auch seine Kauflust wecken.

Der Kunde wünscht sich dabei klare, wahre und übersichtliche Werbung, die über Produkte, Preise, Service und Sonderaktionen des Einzelhandelsunternehmens informiert. Zwischen Handels- und Verbraucherinteressen können dabei durchaus Zielkonflikte bestehen. Konflikte können auch in Bezug auf Konkurrenten auftreten, denn diese stellen an die Werbung des Mitwettbewerbers den Anspruch der Rechtmäßigkeit. Dieses Konfliktpotenzial hilft der Gesetzgeber zu entspannen, denn bewusst unwahre und irreführende Angaben verstoßen gegen die gesetzlichen Grundlagen des Wettbewerbs und damit gegen das „Gesetz gegen unlauteren Wettbewerb" (UWG).

4.4   Werbeplanung

Infolge der großen finanziellen Belastung durch die Werbung ist es notwendig, dass das Unternehmen einen gezielten Werbeplan aufstellt. Mit der Planung und Durchführung der Werbeaktionen werden häufig Werbeagenturen beauftragt. Lediglich größere Handelsunternehmen unterhalten eigene Werbeabteilungen.

Bevor umfassende Werbepläne entworfen werden, müssen genaue Untersuchungen der wesentlichen Marktgegebenheiten durch das Heranziehen von Sekundär- oder Primärquellen oder subjektiven Bewertungen erfolgen sowie die rechtlichen Grundlagen einbezogen werden. Scannerkassen, Kundenklubs und -karteien helfen, ein umfangreiches Bild vom Verbraucher und dessen Motivation zu erlangen. Tendenziell ist die Entscheidungspraxis besonders bei mittelständischen Handelsunternehmen durch Intuition geprägt. Insbesondere selbstständige Kleinstunternehmen stützen ihre Promotionsplanung selten auf ausgeprägte Marktanalysen. Bei der Planung der Werbemaßnahme ist zu beachten, dass der zu erwartende Erfolg in einem möglichst günstigen Verhältnis zu den Kosten steht, die die Aktion verursacht. Stellt sich heraus, dass die Promotionsmaßnahme hohe Kosten verursacht und die Erfolgsaussichten eher gering eingeschätzt werden, muss sie abgelehnt werden.

Eine grundlegende Vorgabe für Werbepläne bilden die Unternehmens- und Werbeziele. Ausgangspunkt bei der Planung bilden die folgenden Fragestellungen:

- **Was soll beworben werden?**
  (Werbegegenstand)

Der Werbegegenstand der Handelswerbung kann sich auf einzelne Produkte, das Handelssortiment oder das Unternehmen als Ganzes beziehen. Bei der **Produktwerbung** werden einzelne Artikel des Geschäfts herausgestellt. Meist betreibt bereits der Hersteller eine intensive Markenartikelwerbung. Der Handel kann diese Werbeaktivitäten nutzen, um dem Kunden sein eigenes Geschäft zu empfehlen. Markenartikel werden daher in Werbeprospekten häufig als Sonderangebote herausgestellt. Sie werden als **„Zeiger-Artikel"** eingesetzt, die dem Kunden die Preisattraktivität des Unternehmens zeigen und bei den Konsumenten ein günstiges Preisimage erzeugen sollen. Vom Preiskampf der führenden deutschen Handelsunternehmen sind immer wieder namhafte Markenartikelhersteller betroffen, deren Marken teilweise als „loss leader" unter dem Einstandspreis verkauft werden. In regelmäßigen Abständen werden von den Händlern größtenteils die gleichen Produkte mit geringen Preisdifferenzen beworben. Ein besonders beliebter Werbegegenstand im Lebensmittelhandel ist beispielsweise Kaffee, da er von fast 90 Prozent aller Deutschen täglich getrunken wird. Während ständig ein bis zwei Kaffeeartikel preislich reduziert beworben werden, finden Promotionsaktivitäten bei Tee auf Grund der Konsumpräferenzen hauptsächlich in den Monaten Mai/Juni und November/Dezember statt.

Die **Sortimentswerbung** stellt keine einzelnen Produkte, sondern ein Sortimentsteil in den Mittelpunkt: Die Kunden werden über Breite, Tiefe und Niveau des Sortiments informiert. Bei-

spielsweise könnte so ein Textilhaus mit folgender Werbebotschaft auftreten: „Bei uns können Sie die ganze Familie einkleiden" oder „Wir haben Sonderabteilungen für Übergrößen und Sportbekleidung".

Häufig wirbt der Einzelhandel nicht nur mit seinem Warenangebot, sondern mit seinen sonstigen Leistungen (z. B. Service), um den Kunden über das Geschäft zu informieren. In diesem Fall spricht man von **Unternehmenswerbung.** Sie stellt neben der Sortimentswerbung eine wichtige Alternative zur Produktwerbung dar, die meist eine reine Sonderangebotswerbung ist und daher wenig Abgrenzungspotenzial zur Konkurrenz bietet.

- **Welche finanziellen Mittel stehen zur**
  Verfügung? (Werbeetat)

Der Werbeetat ist als die Summe aller zu Werbezwecken zur Verfügung gestellten finanziellen Mittel zu bezeichnen. Die Festlegung des Werbeetats orientiert sich oft an „Faustregeln". So kann das Werbebudget als fester Prozentsatz einer Bezugsgröße, z. B. des Umsatzes des vergangenen Jahres, ermittelt werden. Dies ist bei Umsatzschwankungen in einem Zyklus nicht sinnvoll, denn in verkaufsschwachen Zeiten werden die Werbeaktivitäten eingeschränkt, was in der folgenden Periode zu weiteren Umsatzeinbußen führen kann. Fachgeschäfte für Bettwaren und Hauswäsche geben bis zu 5 Prozent des Umsatzes für Werbeaktionen aus. Auf Grund der starken Konkurrenz und der niedrigen Einkaufsrhythmen der Konsumenten geben Teppich-, Gardinen- und Möbeleinzelhändler nicht viel weniger aus. Große SB-Warenhäuser geben im Durchschnitt 2 Prozent ihres Umsatzes für Werbemaßnahmen aus.

Bei der „As you can afford Method" wird der Etat anhand der vorhandenen finanziellen Mittel festgelegt. Diese Methode ist allerdings auf Grund des fehlenden sachlogischen Zusammenhangs zwischen Werbekosten und Gewinn abzulehnen. Zudem zeigen sich auch hier prozyklische Tendenzen.

Eine weitere Möglichkeit zur Bestimmung des Werbebudgets ist die unmittelbare Orientierung an der Konkurrenz, indem ein durchschnittlicher branchenüblicher Vergangenheitswert übernommen wird. Bei diesen Überlegungen wird eine gleiche Werbeproduktivität unterstellt, d. h. die Annahme, dass gleicher Mitteleinsatz auch gleiche Wirkung bedingt. Dies ist kritisch zu beurteilen, da die Werbewirkung durch eine Verbesserung der Qualität (bei konstantem Budget) erhöht werden könnte, wie z. B. durch den Wechsel der Werbeagentur. Außerdem werden keine aktuellen Informationen über die Promotionsbudgetplanung des Konkurrenzunternehmens in die eigene Planung einbezogen.

Weitere traditionelle Methoden bezüglich der Festlegung des Werbebudgets richten sich z. B. nach Erfahrungswerten oder nach Konkurrenzumsätzen des Vorjahres. In der Praxis werden die klassischen Methoden unabhängig von den geschilderten theoretischen Vorbehalten bei der Festlegung des Werbeetats häufig angewendet.

- **Wer soll umworben werden? (Zielgruppe)**

Unter der Werbezielgruppe werden alle in Frage kommenden aktuellen und potenziellen Nachfrager bzw. Nachfrageschichten verstanden, die für den Werbegegenstand Verwendung oder in irgendeiner Form Bedarf haben. Die angesprochene Zielgruppe muss im Rahmen der Zielgruppenanalyse in Übereinstimmung mit der Marktpositionierung des Werbegegenstands definiert werden. Diese Analyse ist eine bedeutende Grundlage für die Wirksamkeit der Werbeaktivitäten. Hieraus lassen sich Streuweg, -zeit und -gebiet und die Werbebotschaft direkt ableiten. In der Handelspraxis wird jedoch selten eine konkrete Zielgruppe umworben. Im Vordergrund steht meist eine profillose Allgemeinwerbung. Erfolgt eine Differenzierung der Konsumenten, dann wird oft das Alter als Abgrenzungskriterium gewählt. Marktstudien zufolge wird die Altersgruppe zwischen 45 und 60 Jahren in der Handels- sowie in der Markenartikelwerbung vernachlässigt, obwohl es sich hier um eine kaufkraftstarke Käuferschicht handelt. Da es sich bei dieser Zielgruppe um kritische Konsumenten mit ausgeprägten Kaufpräferenzen handelt,

lassen sie sich nur von rationalen Verkaufsargumenten für Waren gewinnen. Daher müsste eine zweckmäßige Werbebotschaft Produkt- und Servicevorteile betonen: Qualität, technisch einfache Handhabung, zuvorkommende Beratung und guten Service.

- **Wie soll geworben werden?**
  (Streuweg – Werbemittel; Werbeträger)

Dem Einzelhändler stehen vielfältige Streumöglichkeiten der Werbung offen. Dabei ist zwischen Werbemitteln und Werbeträgern zu unterscheiden. **Werbemittel** bezeichnen alle Übertragungsmöglichkeiten der verbal, akustisch oder visuell gestalteten Werbebotschaft an den Umworbenen (z. B. Anzeigen oder Werbespots). Zum Transport der Werbebotschaft wird ein Medium **(Werbeträger)** für die einzelnen Werbemittel eingeschaltet. Dabei handelt sich um Gegenstände und Einrichtungen, über welche die Werbemittel der Allgemeinheit zugänglich gemacht werden. Über den Werbeträger Internet kann z. B. das Werbemittel Anzeige publiziert werden (vgl. Kapitel 10).

Werbeträger ↓ Medien	Werbemittel ↓ Instrumente
• Internet, Zeitung, Zeitschrift	• Anzeige
• Fernsehen, Hörfunk	• Werbespot
• Kino, Fernsehen	• Werbefilm
• Plakatwand, Litfaßsäule	• Plakat
• Verkehrsmittel	• Firmenschriftzug
• Verkaufsraum	• Dekoration
• Verkäufer	• Verkaufsgespräch

Abb. 4.2: Werbeträgerb – Werbemittel

Eine überschneidungsfreie Abgrenzung zwischen Werbeträger und Werbemittel ist problematisch, denn es existieren Werbemittel, die gleichzeitig auch Werbeträger sein können, z. B. Werbebriefe oder Handzettel.

Im Einzelhandel vorherrschende Werbemedien und -träger sind **Anzeigen** in Tageszeitungen oder Beilagen. Fast zwei Drittel der Leser informieren sich vor dem Einkauf dort und 75 Prozent nutzen die Zeitungswerbung, wenn sie sich für den Kauf eines bestimmten Produktes interessieren. Dieser Prozentsatz differenziert sich mit verschiedenen Warenbereichen, er ist etwas geringer bei technischen Geräten, höher bei Bekleidung und Schuhen. Für den Großhandel sind Anzeigen in regionalen Zeitungen auf Grund der eingeschränkten Zielgruppe irrelevant: Er wirbt mit Anzeigen vornehmlich in Fachzeitschriften. Zusätzlich werden regelmäßig Prospekte, Kataloge und Preisverzeichnisse an aktuelle oder potenzielle Kunden per Post versendet oder direkt durch einen Vertreter überreicht.

Um mehrere mögliche Zeitungswerbealternativen zu vergleichen, hat sich der so genannte **Tausenderpreis** (T) als sinnvolle Kennzahl erwiesen. Er besagt, wie teuer es ist, 1000 Personen anzusprechen.

$$T = \frac{\text{Seitenpreis} \cdot 1000}{\text{Vertriebsauflage (Leser pro Ausgabe)}}$$

Problematisch dabei ist die Gewichtung von Mehrfachkontakten. Einige Verlage gewähren zudem Rabatte, die Preise müssen also eventuell korrigiert werden. Modifiziert werden kann der Tausenderpreis durch die Wahl eines Mediums, das die Zielgruppe direkt anspricht, d. h., der Seitenpreis wäre in diesem Fall in Bezug auf die potenzielle Zielgruppe zu bewerten. So wird es sich für ein Einzelhandelsfachgeschäft, das Angelbedarf verkauft, eher lohnen, in einer Anglerfachzeitschrift zu werben als etwa in einer überregionalen Tageszeitung. Kinowerbung eignet sich hingegen zur Ansprache des jungen Publikums, das den demografischen Schwerpunkt des Kinopublikums bildet. Dementsprechend werden hier Werbungen für den Fahrradhandel bzw. für Computerfachgeschäfte geschaltet.

Ein Tausenderpreis lässt sich natürlich auch für das wachsende Electronic Commerce (siehe Kapitel 10) als **Online-Tausenderpreis** bilden. Dort ist es der Preis, der rechnerisch für 1000 Besuche der werbeführenden Seite bezahlt werden muss.

Auf diesen Seiten wird ein **Banner,** d. h. ein Symbol oder Hinweis auf das Unternehmen, geschaltet. Mit dieser Maßnahme werden zwei Ziele verfolgt: Zum einen wird der Firmenname bekannt gemacht. Zum anderen führen sie den Besucher zum Web-Angebot des Unternehmens, wo eine direkte Kontaktaufnahme sowie (meist) eine Bestellung von Produkten oder Dienstleistungen möglich ist. Aus dem Tausenderpreis lässt sich eine weitere wichtige Maßeinheit ableiten: die **Click-through-Rate**. Dies ist der Prozentsatz derjenigen Personen, die auf das Banner des Werbetreibenden klicken, um zur beworbenen Webseite weitergeleitet zu werden. Die durchschnittliche Click-through-Rate variiert zwischen 1 und 2 Prozent.

$$T = \frac{\text{Bannerpreis} \cdot 1000}{\text{Summe der Besucher der Webseite innerhalb eines Monats}}$$

• **Wann und wie lange soll geworben werden? (Streuzeit und Streulänge)**
Für die einzelnen Werbeträger wie etwa das Fernsehen muss festgelegt werden, wie oft (Streulänge) und wann (Streuzeit) ein Spot bzw. eine Anzeige geschaltet werden muss. Gesichtspunkte für das Timing sind z. B. zeitlich bedingte Unterschiede in der Zahl der realisierten Werbekontakte (in der Ferienzeit erreicht man weniger Konsumenten mit Werbeprospekten). Bei den Zeitintervallen zwischen aufeinander folgenden Werbekontakten müssen Erinnerungs- und Vergessensvorgänge der Verbraucher berücksichtigt werden. Werbeaktionen, die über einen längeren Zeitraum geschaltet werden, nennt man **Dauerwerbung.** Werbung, die auf bestimmte Aktionszeiträume beschränkt ist, wird als **Gelegenheitswerbung** bezeichnet. Beispiele hierfür sind die Weihnachts- oder Osterwerbung des Handels.

• **Wo soll geworben werden? (Streugebiet)**
Bei der Analyse des Streugebiets muss der Einzelhändler das Gebiet festlegen, in dem geworben werden soll: an oder im Geschäft, in der

Nachbarschaft, im Stadtteil oder in der Region. Überlegungen über geeignete Werbeträger müssen dabei einbezogen werden.

Der Handel präferiert auf Grund der vorherrschenden Laufkundenkreise größtenteils ein begrenztes Streugebiet. Fachhandlungen, z. B. für seltene Pflanzen, versenden jedoch durchaus Werbebriefe an interessierte Hobbygärtner, die teilweise mehrere hundert Kilometer entfernt wohnen. Der Versandhandel oder überregionale Handelsketten schalten ihre Werbung bundesweit.

4.5 Werbeerfolgskontrolle

Nach dem ökonomischen Prinzip gibt es hier zwei Alternativen, um wirtschaftliches Handeln zu realisieren: Entweder ist ein festgelegtes Werbeziel mit möglichst geringen Mitteln oder mit gegebenen Mitteln ein möglichst optimales Werbeziel zu erreichen. Die Planung und Realisation der betrieblichen Promotionsaktivitäten muss sich an diesem Grundsatz orientieren. Dabei sind Werbeaufwand und Werbewirkung permanent zu kontrollieren, um eine Überprüfbarkeit und damit eine wirksame Werbeerfolgskontrolle zu gewährleisten. Im Folgenden werden Kennzahlen und Prinzipien vorgestellt, die diese Analyse unterstützen.

Eine gängige Erfolgskennzahl stellt die Werbewirtschaftlichkeit dar:

$$\text{Werbewirtschaftlichkeit} = \frac{\text{Umsatzsteigerung}}{\text{Werbekosten}}$$

Bei dieser Kennzahl wird der Umsatzzuwachs, der aus der Schaltung der Werbemaßnahme resultiert, zu den zurechenbaren Kosten in Bezug gesetzt. Wirtschaftlich ist der Werbeeinsatz bei einem Ergebnis größer 1.

Ein Beispiel hierzu:
Ein Textileinzelhändler hat nach Abschluss einer Werbekampagne einen Umsatzzuwachs von 255.000 Euro. An Werbekosten (Zeitungsanzeige, Handzettel und Rundfunkspot) fallen insgesamt 102.000 Euro an.

Der Werbeerfolg ist mit 2,5 positiv, d. h., die Werbeausgaben führten zu einer 250-prozentigen Umsatzsteigerung.

Insbesondere bei Kleinstunternehmen, die keine Scannerkassen oder ein Warenwirtschaftssystem besitzen, bestehen jedoch Messprobleme. Aber auch ein computerunterstütztes Warenwirtschaftssystem kann zu Interpretationsproblemen der Messergebnisse führen. Werden lediglich die Steigerungsraten für ein Produkt betrachtet, würden Verbundeffekte mit anderen Waren außer Acht gelassen. Das heißt, die Analyse der Werbewirtschaftlichkeit ist um eine **Kassenbonanalyse** zu erweitern (vgl. Kapitel 3.5.2 zur Sortimentskontrolle). Neben der Analyse der Umsatzerlöse müssen natürlich auch die Kosten der Werbemaßnahme genau abgegrenzt werden. Bei einigen Werbekosten ist dies nicht ohne weiteres möglich, wie z. B. im Falle der Schreibarbeiten der Bürokraft in der Verwaltungsabteilung, die für die Werbemaßnahme nötig sind.

In der Praxis wird der Erfolg der Werbemaßnahmen häufig mit Hilfe eines **Kundenfrequenzvergleiches** ermittelt. Hierbei wird die Anzahl der Kunden je Verkaufstag, -woche, -monat vor, während und nach der Maßnahme verglichen. Radarsensoren mit hoher Zählgenauigkeit helfen, die Passantenströme zu erfassen. Block, Bleistift und Handzähluhr werden nur noch in den seltensten Fällen zur Hand genommen. Bei der Kundenfrequenzanalyse ist genau wie bei der Werbewirtschaftlichkeit darauf zu achten, dass auch andere Mix-Instrumente auf den Umsatz und den Kundenstrom einwirken können, sodass der Erfolg keiner einzelnen Werbeaktion bzw. keinem bestimmten Werbemittel zuzuordnen ist. Dieser Aspekt besitzt eine besondere Relevanz, da Werbemaßnahmen häufig eng mit anderen Mixentscheidungen, wie Entscheidungen zur Preispolitik (Sonderangebote) oder zur Warenpräsentation (Zweitplatzierungen), verknüpft sind. Auch externe Faktoren können den Umsatz und die Frequenz beeinflussen, z. B. Preisänderungen bei der Konkurrenz, Veränderungen im Modetrend oder Konjunktureinflüsse.

Neben der rein ökonomisch ausgerichteten Werbeerfolgskontrolle sind vor- bzw. **außerökonomische Aspekte** in die Analyse einzubeziehen. Sie sind z. B. durch so genannte Imageanalysen feststellbar, bei der Kunden, Passanten oder Haushalte das Einzelhandelsunternehmen beurteilen und/oder mit der Konkurrenz vergleichen sollen. Übergreifende und kontinuierliche Analysen vermindern das durch Carry-over-Effekte (Wirkungsverzögerungen) entstehende Problem der zeitlichen Abgrenzung der Werbeerträge.

Die Ergebnisse der Werbeerfolgskontrolle fließen als Datengrundlage in die Planung weiterer Werbemaßnahmen ein. Auf Basis dieser Rückmeldungsroutine entsteht so ein erhebliches Verbesserungspotenzial für die weitere Promotionsplanung.

4.6   Rechtliche Bedingungsfaktoren der Werbepolitik

Die soziale Marktwirtschaft ist auf Wettbewerb zwischen den Unternehmen ausgerichtet. So ist der Wettbewerb für den Einzelhändler unternehmerischer Alltag, denn in ihm liegt die Chance für steigende Umsätze bzw. Gewinne begründet. Um Missbrauch bei der Werbung zu vermeiden, hat der Gesetzgeber zahlreiche Gesetze und Verordnungen erlassen, die Kunden und Mitbewerber vor Auswüchsen im Wettbewerb schützen sollen. Das Rabatt-, das Produkthaftungs-, das Ladenschlussgesetz sowie die Zugaben- und die Preisangabenverordnung besitzen zwar einen mehr oder minder starken Einfluss auf die Werbung des Handelsunternehmens; die wichtigste werberechtliche Grundlage bildet jedoch das **Gesetz gegen unlauteren Wettbewerb (UWG)**. Es soll einen fairen Wettbewerb und damit auch den Schutz der Mitbewerber und der Verbraucher sichern. Dieser Anspruch ist in der Generalklausel (§ 1 UWG) des Gesetzes verankert: *„Wer im geschäftlichen Verkehr zu Zwecken des Wettbewerbs Handlungen vornimmt, die gegen die guten Sitten verstoßen, kann auf Unterlassung und Schadensersatz in Anspruch genommen werden."* Eine genaue Explikation des Be-

griffes „unlauterer Wettbewerb" oder eine explizite Festlegung, in welchen Fällen gegen die „guten Sitten" verstoßen wird, nimmt der Gesetzgeber nicht vor, da hierfür eine Vielzahl von Rechtsnormen entwickelt werden müsste. In Einzelfällen entscheidet deshalb die Rechtsprechung. Im Folgenden werden einige für die Handelspraxis relevante Passagen des UWG erläutert.

Nach §§ 3, 4 UWG ist **irreführende Werbung** im Wettbewerb verboten. Die Werbung muss wahr und klar sein, wissentlich falsche Angaben über das eigene Unternehmen, die Konkurrenz oder die Eigenschaften von Waren sind somit zu unterlassen. In der Praxis wird irreführende Werbung jedoch häufig eingesetzt.

Hierzu ein charakteristisches Praxisbeispiel:

Ein Facheinzelhandel für Computer und Zubehör mit Filialen in Ludwigshafen, Mannheim und Kaiserslautern schaltete eine Werbeanzeige für ein bestimmtes Notebook mit konkreter Preisangabe. Am Erscheinungstag der Anzeige waren weder ein Vorführgerät noch ein Lagervorrat vorhanden. Die Konkurrenz klagte auf Unterlassung der Werbung, was der Bundesgerichtshof (BGH) bestätigte.

Nach dem BGH liegt der Tatbestand der Irreführung vor, wenn beworbene Artikel gar nicht oder nur in ungenügender Menge vorhanden sind. Die Kunden erwarten, dass ein angepriesener Computer auch auf Lager und mitnahmebereit ist. Bei dem oben beschriebenen Angebot handelt es sich also um ein so genanntes **Lockvogelangebot.** Solche Angebote haben zum Ziel, den Kunden in den Handel zu locken, um ihm andere, meist weniger preisgünstige oder qualitativ mit dem Angebot nicht vergleichbare Ware zu verkaufen.

Eine spezifische Form des Lockvogelangebots ist die **Werbung mit Mengenbeschränkungen** (§ 6 UWG). Hierdurch wird der Eindruck eines knappen Warenangebotes erweckt, was verboten ist. Die **Werbung mit Preisgegenüberstellungen** hingegen ist erlaubt. Verboten sind allerdings irreführende Preisgegenüberstellungen durch so genannte **Mondpreise,** die eine exorbitante Preisreduktion vortäuschen. Hierbei kann es sich in der Werbung um Preisvergleiche mit künstlich hochgeschraubten Vergangenheitspreisen des Händlers oder um gefälschte Preisempfehlungen des Herstellers handeln. Insbesondere im deutschen Teppichhandel ist die Werbung mit diesen Preisreduzierungen sehr beliebt. Nicht selten werden 200 Prozent auf den Einkaufspreis aufgeschlagen, um anschließend mit einer 60-prozentigen oder noch höheren Preisminderung werben zu können. Rechtsverstöße in Form von Mondpreisen sind schwer nachzuweisen, denn es ist kaum zu beweisen, dass der durchgestrichene Preis niemals verlangt wurde. Die Frage, innerhalb welchen Zeitraums vor der Werbung der ursprüngliche und nun „herabgesetzte" Verkaufspreis im Geschäft wirklich verlangt worden sein muss, lässt sich nach Meinung des Bundesgerichtshofs nicht für alle Branchen einheitlich beantworten und bestimme sich nach der Verkehrsauffassung. Eine feste Bindung an einen Zeitraum, etwa von fünf oder sechs Monaten, kann nicht vorgegeben werden.

Weitere Bestimmungen des UWG, die einen freien Wettbewerb garantieren sollen, betreffen folgende Verbote:
* Verrat von Betriebs- und Geschäftsgeheimnissen,
* Anschwärzung des Konkurrenten,
* Bestechung von Mitarbeitern anderer Unternehmen,
* Benutzung fremder Firmen- und Geschäftsbezeichnungen und
* Sonderveranstaltungen (Veranstaltungen außerhalb des Geschäftsverkehrs) im Einzelhandel.

Vom Verbot der Sonderveranstaltungen im Einzelhandel sind Räumungs-, Jubiläums- und Saisonschlussverkäufe ausgenommen.

Zu den **Saisonschlussverkäufen** zählen der Sommer- und der Winterschlussverkauf, die dem Einzelhändler die Gelegenheit geben, sein Lager an nicht verkauften Saisonartikeln zu räumen. Es dürfen dabei lediglich Bekleidungsge-

genstände, Textilien, Sportartikel sowie Schuh- und Lederwaren angeboten werden. Die Durchführung ist auf zwölf Geschäftstage im Jahr beschränkt; der Winterschlussverkauf (WSV) beginnt stets am letzten Montag im Januar, der Sommerschlussverkauf am letzten Montag im Juli. In der Werbung müssen der WSV und der SSV gekennzeichnet sein.

Ein Vorschlussverkauf (vorgezogener Schlussverkauf) ist ebenso wie ein Frühlings- oder Herbstschlussverkauf wettbewerbswidrig; die Werbung mit einzelnen Sonderangeboten in dieser Zeit hingegen nicht.

Alle 25 Jahre nach der Geschäftsgründung dürfen **Jubiläumsverkäufe** und damit verbundene Feierlichkeiten vom Einzelhändler initiiert werden, wenn der Geschäftszweig während dieser Zeit nicht gewechselt wurde. Sie sind auf zwölf Werktage begrenzt und müssen im Monat beginnen, in dem das Unternehmen gegründet wurde.

Räumungsverkäufe haben zum Ziel, einen vorhandenen Warenvorrat beschleunigt abzusetzen. Sie sind nur in drei Fällen zulässig:
* Bei höherer Gewalt (Feuer-, Wasser, Sturmschäden oder bei anderen vom Einzelhändler nicht zu vertretenden Ereignissen) ist die Verkaufsdauer auf zwölf Tage beschränkt.
* Wegen Durchführung eines Umbaus, der nach baurechtlichen Vorschriften anzeige- oder genehmigungspflichtig ist. Eine „normale" Renovierung reicht also nicht aus. Es müssen statische Teile oder die Fassade betroffen sein. Die maximale Dauer dieser Sonderveranstaltung beträgt zwölf Werktage.
* Bei Aufgabe des gesamten Geschäftsbetriebes stehen dem Einzelhändler 24 Werktage zum Räumungsverkauf zur Verfügung. Die Auflösung einer Filiale gilt nicht als Geschäftsaufgabe.

Promotionsaktivitäten müssen Grund und Termin des Räumungsverkaufs kenntlich machen. Wenn der Räumungsverkauf beendet ist, darf werblich nicht mehr darauf hingewiesen werden, d. h., Plakate und Schilder müssen unverzüglich aus den Geschäftsräumen entfernt werden. Der

Räumungsverkauf ist der Industrie- und Handelskammer (IHK) 14 Tage (7 Tage bei Schäden auf Grund höherer Gewalt) vor Beginn der Aktion schriftlich mitzuteilen. Dabei sind u. a. der Grund der Sonderveranstaltung, die Baugenehmigung oder die betroffenen Flächen anzugeben. Die IHK ist zur Prüfung der Angaben berechtigt; Konsumenten und Konkurrenten haben die Möglichkeit, die bei der IHK eingegangenen Akten einzusehen und zu kopieren.

Vergleichende Werbung, bei der die „gleiche" Waren und Dienstleistungen oder „objektiv nachprüfbare Preise" gegenübergestellt werden, ist erlaubt. Diese Werbung macht also unmittelbar oder mittelbar einen Mitbewerber bzw. die Waren oder Dienstleistungen, die von ihm angeboten werden, erkennbar. Bis 1998 war der Preis- und-Leistungsvergleich mit der direkten Bezugnahme auf den Konkurrenten verboten, wie z. B. „Die neue Madonna-CD für 12,95 Euro; bei Hifi Hansen für 15,98 Euro." Möglich waren bis dato lediglich „Hausvergleiche" mit früheren eigenen Angeboten: „Lebensmitteldiscount Schmitz – jetzt noch preiswerter." Unzulässig bleibt jedoch in den entsprechenden Anzeigen oder Spots, typische und wesentliche Eigenschaften des Mitbewerbers herabzusetzen bzw. zu verunglimpfen, wie z. B.: „Bei Hifi Hansen steht der Kunde im Weg, bei uns hingegen im Mittelpunkt!" Ebenso sind Irreführungen oder Verwechslungen nicht zulässig. Mutwillige Grenzüberschreitungen bestraft zudem der Verbraucher durch Ablehnung der Werbung.

Bei provokativen, diskriminierenden oder verunglimpfenden Werbeaktivitäten kann der **Deutsche Werberat** öffentliche Rügen aussprechen, worauf die Werbung meist eingestellt wird. Zudem können Mitbewerber, Industrie- und Handelskammern oder Verbraucherschutzvereine den Einzelhändler durch Abmahnungen dazu auffordern, Wettbewerbsverstöße zu unterlassen. Durch ein Gerichtsurteil kann der Beklagte dazu verurteilt werden, die Wettbewerbsverletzung einzustellen. Neben der Unterlassung sind Schadensersatz, Freiheits- oder Geldstrafen für den Beklagten – je nach Art des Verstoßes – denkbar. Der Verrat von Betriebs- und Geschäftsgeheimnissen kann z. B. mit einer Freiheitsstrafe bis zu drei Jahren bestraft werden. Um eine Flut von Prozessen zu verhindern, existieren bei den Industrie- und Handelskammern Einigungsstellen, die sich um einen gütlichen Kompromiss zwischen den jeweiligen Kontrahenten bemühen.

Neben dem UWG wird die Werbefreiheit durch die **Zugabenverordnung** eingeschränkt. Demnach dürfen Zuwendungen, auch wenn es sich um rechtlich zulässige handelt, in der Werbung nicht als kostenlos herausgestellt werden. Gratiswerbung ist also verboten, da diese den Kunden von der eigentlichen Leistung (Preiswürdigkeit und Qualität) ablenkt.

4.7   Verkaufsförderung

Die Verkaufsförderung geht über die reine Absatzwerbung hinaus, denn sie enthält auch Elemente anderer Mix-Instrumente, wie z. B. der Preispolitik (Zweitplatzierung eines Sonderangebots) oder der Warenpräsentation (ansprechende Gestaltung der Verkaufsräume und Schaufenster). Die Vernetzung mit anderen Mix-Elementen ist von besonderer Bedeutung für den Erfolg einer Aktion, da sie die Aufmerksamkeit der Konsumenten steigert. Durch gezielte Verkaufsförderungsmaßnahmen soll nicht nur das Interesse der Kunden gewonnen, sondern auch eine Profilierung des Handelsgeschäftes gegenüber den Konkurrenten erreicht werden.
Dafür bieten sich zahlreiche Möglichkeiten: Beispielsweise kann zu Weihnachten ein festlich gestaltetes Zweitplatzierungsdisplay, das nicht nur Backzutaten, sondern auch kostenlose Backbroschüren mit Rezeptideen anbietet, Aufmerksamkeit erzeugen und den Kunden zu Zusatzkäufen animieren. Ein als Weihnachtsmann verkleideter Mitarbeiter, von dem kleine Kinder ein Geschenk bekommen, kann den Effekt verstärken. Das Kind wünscht sich in der Folgezeit eventuell so lange einen weiteren Besuch im

Handelsgeschäft, bis die Mutter wieder mit ihm dorthin fährt. So werden Emotionen beim Kunden geweckt, die bei einem späteren Einkauf von entscheidender Bedeutung sein können. Bei diesen Maßnahmen muss der Handel auf die richtige Dosierung achten, Geräusche oder blinkende Tafeln steigern zwar die Aufmerksamkeit des Konsumenten, es darf jedoch keine Kirmesatmosphäre aufkommen, da diese das Image des Händlers gefährdet.

Verkaufsförderungsmaßnahmen sind besonders relevant, da nach einer Untersuchung der Gesellschaft für Konsumforschung z. B. 85 Prozent der Hausfrauen beim Einkauf keinen Einkaufszettel mehr mitführen, d. h., sie lassen sich während des Einkaufs in ihrer Kaufentscheidung beeinflussen (siehe o.V., 1997). 92 Prozent von 1000 befragten Managern aus Handel und Industrie rechnen daher nach einer Studie der „MSU-Management Beratung für Strategie und Umsetzung" mit einem erheblichen Anstieg des Verkaufsförderungsbudgets. Bisher wird die Verkaufsförderung nach Aussagen der Manager jedoch nicht von neuen Medien am Point of Sale dominiert, sondern von den „Klassikern", wie Sonderplatzierungen, Displays, Schildern sowie Preis- und Verkostungsaktionen. Sonderplatzierungen sind häufig mit anderen Mix-Instrumenten verbunden: in durchschnittlich drei von vier Fällen mit Preissenkungen, Produktproben oder Präsentatoren (vgl. Dellbrüge, 1999).

Die Zeiträume einzelner Verkaufsförderungsaktionen variieren zwischen 7 und 30 Tagen. Am längsten werden Gewinnspiele (30 Tage) geschaltet, die gleichzeitig die geringsten durchschnittlichen Absatzsteigerungen zur Folge hatten. Den günstigsten Quotienten zwischen Umsatzanstieg und Dauer der Aktion – und damit kurzfristig den größten Erfolg – weisen Sonderplatzierungen in Verbindung mit Promotoren und Preisaktionen auf (siehe Abb. 4.3).

Neue Medien wie Ladenfunk oder Shop-TV werden bei Verkaufsförderungsaktionen bisher nur bedingt eingesetzt. Der Ladenfunk hat weitestgehend flächendeckende Verbreitung gefunden, während sich andere Medien, wie elektronische Plakate, noch in der Testphase befinden. Neben

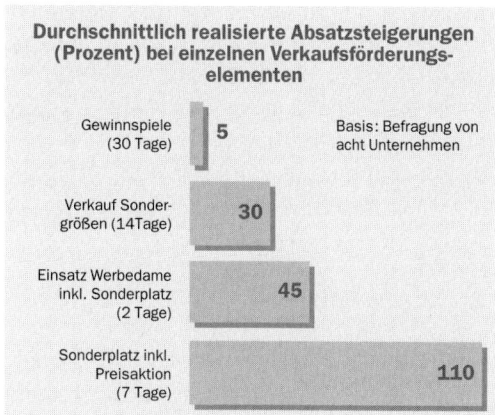

Abb. 4.3: Absatzsteigerungen durch Verkaufsförderungsmaßnahmen (nach Dellbrügge, 1999)

der Interaktionsmöglichkeit mit dem Kunden und der Anspache mehrerer Sinne bieten neue Verkaufsmedien eine hohe Einsatzflexibilität, da die Werbebotschaften ohne großen Aufwand kundenspezifisch variiert werden können. Dies entspricht dem Individualisierungstrend der Gesellschaft Der Kunde wird leichter zum Einkauf animiert, je individueller er angesprochen wird.

Die Verkaufsförderungsaktionen des Handels sind oft gemeinsam mit der Industrie geplant, z. B. zur Einführung von Neuprodukten. Hierbei ist eine frühe zeitliche Festlegung, eine genaue Zielgruppenabgrenzung und Dimensionierung der Maßnahme nötig, um zu einer gelungenen Umsetzung zu gelangen. In der Planungsphase muss eine detailgenaue Abstimmung erfolgen: Der Stand muss sich in das Geschäft integrieren lassen, Displays, Plakate, Präsentatoren und deren Outfit müssen zu dem vorgestellten Produkt passen, das beworbene Produkt muss ausreichend vorrätig sein und Anzeigen in Tageszeitungen/Handzettel müssen entworfen und geschaltet werden. Absprachen zwischen Industrie und Handel beschränken sich also nicht nur darauf, dass der Handel Aktionsflächen für gewisse Zeiträume im Geschäft zur Verfügung stellt, sondern erfordern auch einen umfangreichen Koordinationsbedarf (vgl. Kapitel 12.3.3). Koordinationsmängel können zu einer unbefriedigenden Umsetzung der Maßnahme führen. Praktische

Probleme bilden oft die mangelnde Information der Angestellten am Point of Sale und geringe Vorlaufzeiten bei der Verkaufsförderungsmaßnahme. Gute Tage für gemeinsame Verkaufsförderungsmaßnahmen liegen auf Grund der hohen Kundenfrequenz vor Feiertagen, freitags und samstags.

4.8 Public Relations

Die Public Relations (PR) des Einzelhandelsunternehmens sind darauf gerichtet, das Ansehen in der Öffentlichkeit zu pflegen oder zu verbessern. Aus diesem Grund wird dieses Subinstrument auch Rufpolitik, Vertrauenswerbung oder Öffentlichkeitsarbeit genannt. Angesprochen werden nicht nur die Verbraucher, sondern alle, die in irgendeinem Kontakt zum Handelsunternehmen stehen, wie etwa Lieferanten, Behörden, Kreditgeber, Parteien. Der Kreis der Adressaten ist bei der Öffentlichkeitsarbeit also weiter gespannt als bei der Absatzwerbung. Ein Handelsunternehmen, das dem Motto „Tu Gutes und sprich darüber" vertraut, ist der Franchisegeber *Body-Shop*. Das Management verzichtet fast ganz auf die klassische Absatzwerbung und setzt auf die umsatzfördernde Wirkung des Einsatzes für Umweltschutz und Menschenrechte und führt so z. B. Walrettungsaktionen in Zusammenarbeit mit Greenpeace, verschiedene „Hilfe durch Handel"-Projekte mit Entwicklungsländern oder Aids-Aufklärungsaktionen durch.

PR muss nicht auf ein einzelnes Unternehmen beschränkt sein, sie kann auch für den Wirtschaftszweig Einzelhandel als Ganzes betrieben werden. Dies wird meist von den Einzelhandelsverbänden initiiert. Events, d. h. Werbeveranstaltungen und -ereignisse, die vom Handelsunternehmen gezielt zur Kommunikation mit dem aktuellen und potenziellen Kunden eingesetzt werden, wie z. B. Ausstellungen oder Modeschauen, können die PR ergänzen.

Public-Relations-Maßnahmen können auch nach innen, d. h. auf die Mitarbeiter des Unternehmens gerichtet sein. Sie haben das Ziel, das Vertrauensverhältnis zum Unternehmen zu steigern und einen Einblick in bzw. Verständnis für betriebliche Entscheidungen zu schaffen. Innerbetriebliche PR-Maßnahmen können verschiedenste Ausprägungen besitzen: Neben dem bereits erwähnten Shop-TV kann z. B. im Ruheraum für die Mitarbeiter ein eigener Mitarbeiterkanal gesendet werden. Unternehmensinformationen können auch durch Rundschreiben, Mitarbeiterzeitungen, Videofilme oder Vorträge den Angestellten präsentiert werden. In der Literatur wird die innerbetriebliche PR auch als „innerbetriebliche Werbung" oder „internes Marketing" bezeichnet.

Zusammenfassung

Rekapitulieren Sie:
Welche möglichen Werbegegestände sind bei einer Werbekampagne des Handels zu unterscheiden?
Hinweise zur Bearbeitung:
- Bei der Produktwerbung werden einzelne Artikel des Geschäftes herausgestellt. Hierbei werden oft Sonderangebote beworben, die als „Zeiger-Artikel" dem Kunden die Preisgünstigkeit zeigen sollen.
- Die Sortimentswerbung stellt ein Sortimentsteil in den Mittelpunkt der Werbeaktion, wobei die Kunden über Breite, Tiefe und Niveau des Sortiments informiert werden.
- Wenn der Einzelhandel nicht mit seinem Warenangebot, sondern mit seinen sonstigen Leistungen (z. B. Service) wirbt, spricht man von Unternehmenswerbung.

Rekapitulieren Sie:
Wie ist die vergleichende Werbung zu definieren?
Hinweise zur Bearbeitung:
Bei vergleichender Werbung werden „gleiche" Waren und Dienstleistungen oder Preise gegenübergestellt. Diese Werbung macht also unmittelbar oder mittelbar einen Mitbewerber oder die Waren oder Dienstleistungen, die von ihm angeboten werden, erkennbar.

Rekapitulieren Sie:
Was sind Lockvogelangebote und Mondpreise?
Hinweise zur Bearbeitung:
Lockvogelangebote sind Angebote, die das Ziel haben, den Kunden in den Handel zu locken, um ihm andere, meist weniger preisgünstige oder qualitativ nicht vergleichbare Waren zu verkaufen. Der beworbene Artikel ist beim Lockvogelangebot nicht oder nur in geringer Menge vorrätig.
Bei Mondpreisen handelt es sich um irreführende Preisgegenüberstellungen, die eine exorbitante Preisreduktion eines Artikels vortäuschen, d. h. Preisvergleiche mit künstlich hochgeschraubten Vergangenheitspreisen des Händlers oder gefälschten Preisempfehlungen des Herstellers. Mondpreise sind z. B. im Teppichhandel ein sehr beliebtes Instrument.

Rekapitulieren Sie:
Was versteht man unter Public Relations bzw. Öffentlichkeitsarbeit?
Hinweise zur Bearbeitung:
Public-Relations-Maßnahmen sind darauf gerichtet, das Ansehen des Händlers in der Öffentlichkeit zu pflegen oder zu verbessern. Angesprochen sind alle die, die in irgendeinem Kontakt zum Handelsunternehmen stehen, wie z. B. Verbraucher, Lieferanten, Behörden, Kreditgeber, Parteien. Die Maßnahmen können auch nach innen, d. h. auf die Mitarbeiter des Unternehmens, gerichtet sein. Das Ziel ist dabei, das Vertrauensverhältnis zum Betrieb zu steigern, Verständnis für betriebliche Entscheidungen zu fördern und einen Einblick in betriebliche Abläufe zu schaffen.

5   Warenpräsentation und Verkaufsraumgestaltung

Stetige Sortimentsänderungen, geänderte Arbeitsabläufe und Kundenansprüche erfordern auch eine Variation des Verkaufsraums. Es handelt sich um einen bedeutenden Erfolgsfaktor, denn die vom Kunden gewünschte Ware ist heute wenn auch nicht in jedem, so aber in vielen Geschäften erhältlich. Der Konsument entscheidet sich praktisch täglich neu, wo er einkauft. Der zeit- und zielgruppengerechten Geschäftsgestaltung kommt daher eine besondere Bedeutung zu, um mit einem gekonnten Ladenlayout eine vergleichbare Wirkung zu erzielen, wie es Konsumgüterartikeln gelingt.

War noch in der Vergangenheit bei der Renovierung der Handelsbetriebe ein Zyklus von acht bis zehn Jahren die Regel, so gibt es mittlerweile Betriebe, die alle drei bis vier Jahre umbauen. Sogar die großen Kaufhäuser wagen eine Umstrukturierung im Schnitt alle sechs Jahre.

Bei der **Verkaufsraumgestaltung** geht es darum, zwei wesentliche Fragen zu klären, nämlich:
- Wie werden die Waren präsentiert (Warenpräsentation)?
- Wo werden die Produkte und Warenträger platziert (Warenplatzierung)?

Mit der ersten Frage werden Gestaltungsfragen beantwortet (ansprechende Dekoration, Auswahl der Warenträger, grundlegende Wegführung im Laden usw). Die zweite Frage geht auf Aspekte der Aufteilung der gesamten Kauffläche oder Regale ein. Beide Problemkreise können nur als Einheit betrachtet werden, denn ein ganzheitliches Gestaltungskonzept umfasst alle Komponenten der Verkaufsraumgestaltung von Boden, Wand, Decke, Mittel- und Wandmöblierung bis hin zu Klima, Geräuschen, Musik und Düften.

5.1   Zielaspekte und Bedingungsfaktoren

Der Verkaufsraum ist ein aktives, imageprägendes Instrument, denn dort ist es dem Handel möglich, seine Attraktivität und Leistungsfähigkeit dem Verbraucher gegenüber unter Beweis zu stellen.

Durch den Verkaufsraum sollen also
- das Warenangebot vorgestellt (Bedürfnisse geweckt),
- Informationen zur Ware gegeben,
- Kunden rational und emotional angesprochen,
- letztlich Kaufentscheidungen ausgelöst werden sowie
- eine Profilierung erfolgen, die eine deutliche Abgrenzung vom Konkurrenten erlaubt und ein Kopieren erschwert.

Beim Kunden muss also ein positives Image aufgebaut werden, das ihn zum Verweilen und zum Wiederbesuch animiert. Dabei ist der Handel bei Platzierungs- und Präsentationsüberlegungen nicht völlig frei, sondern an folgende Bedingungsfaktoren gebunden:

Produktart und -beschaffenheit

Art und Beschaffenheit der Produkte bilden Vorgaben für die Verkaufsraumgestaltung. So handelt es sich z. B. bei Frischmilch um ein leicht verderbliches Nahrungsmittel, das gekühlt (optimal zwischen 4 und 12 Grad Celsius) zu lagern ist. Einzelne Gestaltungsmaßnahmen der Kühlregale oder die Einrichtung einer separaten Molkereiabteilung liegen im weiteren Ermessensspielraum des Handels.

Ähnliche Restriktionen bestehen für Eier, die gerne in der Nähe von Molkereiprodukten gelagert werden, um den Frischecharakter zu unterstreichen. Ein anderer Grund für die Platzierung liegt in der Geruchsanfälligkeit der Eier begründet. Sie nehmen leicht Fremdgerüche an, weshalb eine Platzierung in der Nähe von stark riechenden Artikeln ausgeschlossen ist. Auch zu hohes Stapeln sollte auf Grund der Bruchgefahr der Eier vermieden werden.

Betriebliche Gegebenheiten

Betriebliche Gegebenheiten stellen die Verkaufsform und die zur Verfügung stehende Fläche dar. So muss die Verkaufsraumgestaltung bei Vollbedienung verkäufergerecht sein.

Die Güter sind so in den Warenträgern zu platzieren, dass umsatzstarke Sortimentsteile leicht zu erreichen, umsatzträchtige Waren sich im engeren Bewegungsraum und umsatzschwache Waren sich im weiteren Bewegungsraum des Verkäufers befinden. Aus Gründen der Zeitersparnis und Arbeitserleichterung sollten Umwege möglichst vermieden werden. Die zur Verfügung stehende Fläche wurde bereits im Rahmen der Standortüberlegungen ermittelt und stellt nun ebenfalls eine Determinante dar: Es können nur so viele Regale angeordnet und so viel Dekoration präsentiert werden, wie die Fläche zulässt.

Sortiment, Preis und Betriebsform
Zwischen Sortimentsstruktur und Verkaufsraum besteht ein direktes Abhängigkeitsverhältnis. Ein hochwertiges Sortiment (z. B. Schmuck) braucht die entsprechende Ausstattung, denn „ein teures Bild wird von einem billigen Rahmen abgewertet". Ein Discounter, der eine Niedrigpreisstrategie verfolgt, kann sich eine schlichte Einrichtung mit Paletten leisten, denn hier kaufen die Kunden auf Grund des Preises und nicht wegen der Geschäftsausstattung ein. Darüber hinaus suggeriert eine solche Ausstattung, dass auch hier gespart wurde und die Ware deshalb so preisgünstig angeboten werden kann.

Standortumfeld
Das direkte Standortumfeld umfasst die Zielgruppe und die Mitbewerber. In einem Einkaufszentrum bestehen beispielsweise gewisse Vorgaben auch für Discounter, die sich dem Gesamtambiente des Zentrums anpassen müssen. Auf Präsentationsideen der Konkurrenz muss teilweise schnell reagiert werden, denn durch eine attraktive Schaufensterpräsentation können zahlreiche Kunden in die Verkaufsstätte gelockt werden. Eigene Variationen der Schaufenstergestaltung können diesen Nachteil ausgleichen.
Die Verkaufsraumgestaltung muss sich ebenso wie alle anderen Mixinstrumente auf die jeweilige Zielgruppe ausrichten. Daher existieren zielgruppenabhängig unterschiedliche Ausprägun-

gen von Warenplatzierung und -präsentation. Handelsunternehmen passen sich dabei Trends an: Für eine junge Zielgruppe eignen sich z. B. Technomusik, Nebelschwaden und eine Skatebahn als geeignete Warenpräsentationsaspekte. Der Metrokonzern setzt seine Segmentierungsstrategie in Zielgruppenläden wie *Lady-Store, Lust for Life* und *Sportarena* um.

5.2 Festlegung des grundlegenden Layouts

Bei der Gestaltung des Ladenlayouts handelt es sich um eine Grundsatzentscheidung, in deren Rahmen Art und Weise von **Ladeneinrichtung** und -outfit, die Aufteilung des Raums in verschiedene **Funktionszonen** und die **Warenträgeranordnung** bzw. der Verlauf der Kundengänge festgelegt werden.
Die Layoutentscheidung muss bestimmten Anforderungen genügen: Sie muss einen störungsfreien Warendurchlauf und einen rationellen Betriebsablauf gewährleisten. Außerdem müssen die Kunden mit oder ohne Hilfe des Verkäufers die Produkte erreichen können. Eng mit diesem Kriterium ist eine überschaubare Raumordnung verbunden, denn nur sie ermöglicht dem Kunden einen Überblick über das Geschäft und das schnelle Auffinden der gewünschten Waren.

5.2.1 Ladeneinrichtung und -outfit
Hier ist ein Einzelhändler meist schnell überfordert. Es hat sich deshalb ein Feld von helfenden Spezialisten (oft Innenarchitekten) etabliert, die teilweise branchenmäßig spezialisiert sind (z. B. für die Gestaltung von Apotheken). Ladeneinrichtung und -outfit beinhalten zahlreiche Komponenten: Auswahl geeigneter Warenträger, Gestaltung der Decken und Böden, Anfertigung von Wandbekleidungen usw. Je nach Betriebstyp sind die hierfür erforderlichen Sach- und Gesamtinvestitionen sehr unterschiedlich verteilt (siehe Abb. 5.1)
Weit kostenintensivere Sachinvestitionen erfordert ein Super- oder Verbrauchermarkt auf Grund der Notwendigkeit, Kühltruhen sowie

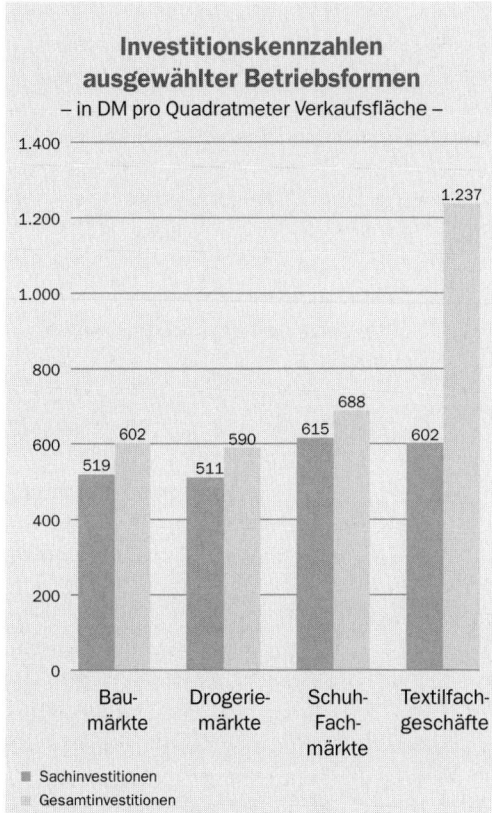

Abb. 5.1:   Investitionskennzahlen ausgewählter
            Betriebstypen (nach Jansen, 1998)

Die prozentuale Verteilung einzelner Sachinvestitionen an der investierten Gesamtsumme variiert auch mit dem Betriebstyp und der Branche. Die Aufteilung der Sachinvestitionen bei der Neueinrichtung eines Textilgeschäftes zeigt Abbildung 5.2:

Abb. 5.2:   Sachinvestitionen bei Neueinrichtung eines
            Textilgeschäftes (nach Jansen, 1998)

Wurst- und Käsetheken einrichten zu müssen. Im Schnitt fallen daher 417 Euro pro qm als Sachinvestitionen an. Die ebenfalls relativ hohen Gesamtinvestitionen der Textilgeschäfte erklären sich durch konzeptionelle Planungs- und Montagearbeiten, die nötig sind, um dem Geschäft ein besonderes Ambiente zu vermitteln. Im Extremfall werden hierdurch bis zu 70 Prozent der gesamten Investitionssumme beansprucht (Jansen, 1998).

Aus Kostengründen besteht ein Trend zu **Systemeinrichtungen,** die meist variabel und funktionell sind. Ein flexibles Einbausystem kann man ohne große Mühe verändern und verstellen. Solche Systemlösungen müssen die Individualität nicht notwendig einschränken, denn die flexiblen Teile können durchaus ein besonderes Dekor besitzen.

Die Sachinvestition in Mittelmöbel sollte sich an der Zweckmäßigkeit orientieren, denn nur bis zu einer Höhe von 140 bis 160 cm bleibt die Übersichtlichkeit im Geschäft gewährleistet. Für das Personal sind niedrige Regale ebenfalls vorteilhaft, da sie leichter einzuräumen und zu überwachen sind, was einen effektiveren Diebstahlschutz zur Folge hat. Bei der Auswahl der Materialien liegen Naturmaterialien, wie Eichenholz in Kombination mit Edelstahl, Glas und Naturstein, im Trend. Auch Fußböden werden gerne mit hellen Hölzern (Ahorn oder Buche) gestaltet. Bei der gesamten Ladengestaltung ist darauf zu achten, dass Design und Geschäftstyp harmonisieren. In Discountern dominiert daher meist eine schlichte Einrichtung, die eine nüchterne Arbeitsatmosphäre schafft. Beim Kunden soll so gewissermaßen das Gefühl ausgelöst werden, dass er sich den Preisvorteil selbst verdient. Die vom Händler anvisierte Imagebildung beim Kunden hängt also direkt von der richtigen Atmosphäre im Geschäft ab, die von Faktoren wie der Gestaltung der Ladenträger, dem Design oder der Farbwahl beeinflusst wird. Das Firmenemblem, Formen, Farben und sonstige verwendete Einrichtungsmaterialien sollten aufeinander und mit dem übrigen Erscheinungsbild des Geschäftes (z. B. in Anzeigen, auf Briefköpfen oder Tragetaschen) abgestimmt sein. Ein stimmiges Gesamterscheinungbild wird auch **„Corporate Design"** genannt. Es kann dem Konsumenten suggerieren, in „seinem" Geschäft einzukaufen. Aus diesem Grund ist es zwingend erforderlich, den Kunden im Laden in eindringlicher Form die Unternehmensidentität zu verdeutlichen. Die Erkennbarkeit kann durch ein Logo oder auch durch geschickte Farbenwahl verbessert werden. Beispiele sind das Grün-gelb von *Marktkauf* oder das Blau-gelb von *Ikea.*

5.2.2 Funktionszonen

Bei der Aufteilung der Verkaufsfläche in verschiedene Funktionszonen bestehen keine besonderen Restriktionen. Es sind lediglich baurechtliche Bestimmungen sowie etwaige Vorschriften der Gewerbeordnung in die Entscheidung einzubeziehen.

Die Aufteilung der Gesamtfläche kann in die folgenden, teilweise schwer abzugrenzenden Flächen vollzogen werden: Warenfläche, Beratungs-, Kundenzonen sowie die sonstigen Ladenflächen.

Auf der **Warenfläche** werden die Waren auf Paletten, Ständern oder weiteren Warenträgern präsentiert. Für diese Fläche existieren zahlreiche Untergliederungsmöglichkeiten. In einer lagernahen Verkaufszone sollten z. B. schwere Güter wie Baumaterialien platziert werden, um den Transport zu erleichtern. Auf **Sonderplatzierungszonen** innerhalb der Warenfläche können Sonderangebote, Zweitplatzierungen oder Saisonartikel präsentiert werden. Jeder Laden hat einen dynamischen Teil, weil der Kunde bei seinen (oft täglichen) Besuchen nicht immer dasselbe sehen will. Andererseits müssen auch, um dem Kunden bei seinen Einkaufsgängen die Orientierung zu erleichtern, **fixe Verkaufsflächen** bestehen, auf denen an mehr oder weniger fest installierten Warenträgern ohne große Veränderungen während des Jahres Teile des Kern- und des Randsortiments verkauft werden. Die Warenfläche kann auch so gegliedert sein, dass ein Teil der Geschäftsfläche oder eine gesamte Abteilung so präsentiert wird, dass der Kunde von einem „Laden im Laden" **(shop-in-a-shop)** in einen anderen geht. So entstehen Spezialabteilungen, die sich räumlich von der umgebenden Ladenfläche abheben. Dies kann durch andere Böden, auffallende Beleuchtungssysteme oder spezielle Warenträger bewirkt werden. Der Eindruck wird teilweise durch besondere Eingänge und eigene Kassen erhöht. Beispiele sind „Young-Fashion-Shops" in Warenhäusern oder Drogerieläden in Verbrauchermärkten. Der Betreiber dieser Shops kann der Einzelhändler selbst sowie ein Hersteller, Spezialhändler oder Handwerkhändler (z. B. Schuh- oder Schlüsselservice) auf Mietbasis sein.

Beratungszonen liegen außerhalb des Kundenstroms, um eine ungestörte Beratung der Kunden zu gewährleisten. Sie werden umso nötiger je beratungsintensiver der Verkauf ist. Im Autohandel befinden sich solche Beratungszonen oft in den Büroräumen der Angestellten. In diesem Fall dienen die Zonen auch dazu, genaue Details des Verkaufsprozesses wie z. B. ausgehandelte Rabatte vor dem Rest der Kundschaft geheim zu halten.

Kunden müssen in der Regel im stationären Handel Strecken zurücklegen, um die gewünschten Artikel zu begutachten bzw. zu kaufen. Hierfür stehen ihnen Rolltreppen, Aufzüge, Laufwege usw. zur Verfügung. Da diese Fläche primär von den Kunden genutzt wird, bezeichnet man sie auch als **Kundenfläche.**

Den größten Teil der übrigen Ladenfläche machen die Personal-, Kassen- und Thekenflächen aus. Zu den Personalräumen gehören Ruhe-, Ess- und Sanitärräume. Die Kassenfläche ist häufig mit der Verkaufsfläche verknüpft, z. B. bei Zigaretten oder Kaugummis, die durch den Kassierer ausgehändigt werden. Sonstige Flächen sind Kundentoiletten, Ruhezonen für die Kunden, Restaurants oder eine Cafeteria in den Verkaufsräumen.

5.2.3 Anordnung der Warenträger

Durch eine entsprechende Aufstellung der Warenträger soll der Kundenstrom sinnvoll durch den Laden gelenkt werden, mit dem Ziel, den Endverbrauchern einen möglichst umfassenden Teil des gesamten Sortimentes zu zeigen. Je nach Verkaufsform ist dies mehr oder weniger wichtig. Bei einem Bedienungsverkauf führt der Verkäufer selbst den Kunden zur entsprechenden Ware und kann ihm Ergänzungsartikel vorlegen. Im Selbstbedienungssystem hingegen muss der Verbraucher den Weg selber erkunden. Generell ist dabei ein ausreichender Abstand zwischen den Warenträgern für sein Wohlbefinden wichtig, da dies dem natürlichen Bedürfnis nach körperlicher Freiheit nachkommt. Die Warenträger sollten demnach so angelegt werden, dass die Gänge groß genug sein können, um genügend Bewegungsspielraum zu gewähren.

Bei der Anordnung der Warenträger sind zwei Grundmuster möglich, die auch kombiniert gewählt werden können: die Längs- und die Querplatzierung.

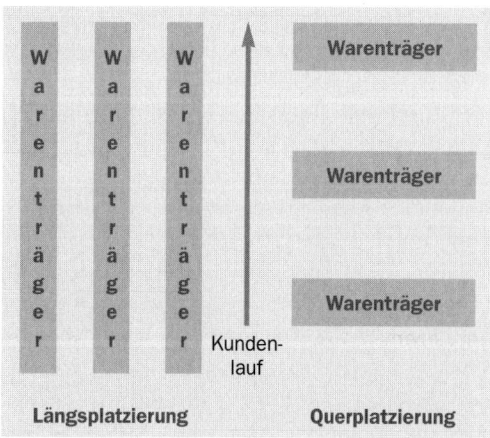

Längsplatzierung   **Querplatzierung**

Abb. 5.3: Längs- und Querplatzierung der Warenträger

Bei Querverbindungen existieren sehr viele Warenträgerköpfe, was die Konsumenten zu Impulskäufen animieren kann. Andererseits ist das System auf Grund seiner Unübersichtlichkeit anfällig für vermehrten Diebstahl. Das Längssystem gewährleistet dagegen eine bes-

sere Kundenbeobachtung. Aus beiden Systemen und deren Kombinationen ergeben sich zahlreiche Anordnungsmöglichkeiten der Warenträger. Dabei kann der freie Kundenstrom mehr oder weniger eingeschränkt werden (siehe Abb. 5.4 und 5.5).

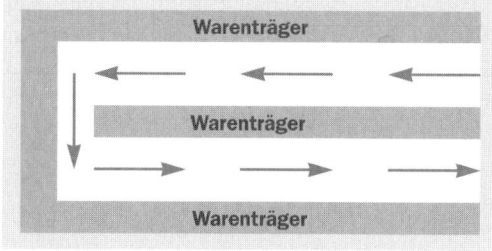

Abb. 5.4: Gelenkter Zwangsablauf

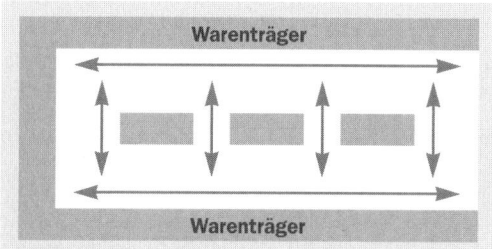

Abb. 5.5: Weitgehender Freilauf des Kunden

5.3   Warenplatzierung

Die Warenplatzierung beschäftigt sich mit Fragen der quantitativen Raumaufteilung der Verkaufsfläche einschließlich der Regalflächen.

5.3.1 Raumzuteilung

Die Raumzuteilung regelt die Aufteilung der Verkaufsfläche auf Warengruppen und Artikel. Teilweise geben eingebaute Einrichtungsgegenstände (z. B. Kühltheken, Kühlräume) und die Anordnung der Warenträger bereits eine bestimmte Grundform vor. Problematisch ist nun die weitere Zuteilung, bei der die Ergebnisse **empirischer Kundenlaufstudien** Hilfestellung leisten:

• Die Kunden blicken und greifen in der Regel zuerst nach rechts, sie haben gewissermaßen einen „Rechtsdrall“. Immer wenn ein

Bild erfasst wird, wandert der Blick von links nach rechts und bleibt dort einige Sekunden stehen.

- Kunden sind „faul", d. h., sie bevorzugen die kürzesten Wege. Sie sparen daher die Ecken und die Ladenmitte aus.
- In den Eingangszonen laufen die Kunden relativ schnell, da sie von der Straße ein zügiges Tempo gewohnt sind, in mittleren Zonen verlangsamen sie die Geschwindigkeit, um in der letzten Zone zur Kasse hin das Tempo wieder zu steigern.

Aus diesen charakteristischen Verhaltensweisen lassen sich Zonen ableiten, denen der Kunde mehr oder weniger Aufmerksamkeit schenkt: verkaufsstarke und verkaufsschwache Zonen.

Verkaufsstarke Zonen sind
- rechts vom Kundenstrom liegende Flächen, insbesondere die Außengänge,
- Kassenzonen, sofern der Kunde dort in einer Warteschlange verweilt,
- Orientierungspunkte für den Kunden, z. B. an Gangkreuzungen.

Verkaufsschwache Verkaufsflächen sind
- links von der Kundenlaufrichtung liegende Zonen,
- Mittelgänge des Verkaufsraums,
- die Eingangszone, weil sie schnell durchlaufen wird,
- Ecken, da sie geschnitten werden.

Die Verkaufswirksamkeit der verkaufsschwachen Zonen kann durch geeignete Maßnahmen gesteigert werden. Die gering frequentierten Mittelgänge können durch die Platzierung von so genannten **„Mussartikeln"** attraktiver gemacht werden. Dabei handelt es sich um Güter des täglichen Bedarfs, die während jedes Einkaufsganges oder zumindest sehr häufig im Warenkorb landen, wie Butter, Milch und Eier. Der Kunde muss die Flächen bewusst aufsuchen, um an diese Artikel zu gelangen. Ähnlich hilfreich bei der Aufwertung der verkaufsschwachen Zonen können Sonderangebote oder -aktionen oder Präsentationsmaßnahmen, wie Displays oder gelungene Dekorationen, und Bedarfsbündelung sein. **Bedarfsbündel** sind Warenzusammenstellungen unterschiedlicher Waren- und Artikelgruppen unter einem bestimmten Motto, wie „Alles für den Garten", „Alles für das Camping" oder „Auf in die Sonne". Unter dem Sommermotto könnten Badehandtücher, Sonnencreme, Badebekleidung, Sonnenbrillen usw. gebündelt sein. Durch ansprechende Dekoration kann der Bedarfsverbund gesondert herausgestellt werden, d. h., es könnte ein Sonnenschirm aufgebaut werden, Sand sowie ein Bild vom Meer als visueller Hintergrund bzw. Meeresrauschen als akustische Untermalung. Ein Bedarfsbündel kann auch im kleineren Umfang erfolgen. Neben Salaten können z. B. entsprechende Salatsaucen oder Kräuter als Zweitplatzierungen präsentiert werden.

Das schnelle Kundentempo im Eingangsbereich kann durch so genannte **„Stopper"** verringert werden. Dies sind meist Sonderangebote oder ansprechende Präsentationen, die die Kunden dazu veranlassen, langsamer zu gehen. Drehkreuze oder sich langsam öffnende Eingangstüren haben die gleiche Wirkung.

Der Abverkauf in den verkaufsstarken Zonen kann ebenfalls weiter stimuliert werden. In den Sommermonaten können z. B. zusätzliche Kleineistruhen in Kassennähe platziert werden. Die Kassenzone wird auch gerne als „Quengelzone" bezeichnet, da dort alles steht, was kleine Kinder sich wünschen: Neben Eis finden sich z. B. auch Überraschungseier oder Stofftiere. Bei der Platzierung einer Eistruhe müssen die Interdependenzen der Mix-Komponenten in die Planung einbezogen werden: Ein vielfältig zusammengesetztes Eissortiment regt zu weit mehr Käufen an als eine Beschränkung auf zwei oder drei gängige Eissorten **(Sortimentspolitik)**. Werbematerial **(Werbepolitik)** und verkaufsfördernde Maßnahmen sowie eine optisch gelungene Aufmachung der Truhe erregen Aufmerksamkeit. Offene Truhen mit Frontverglasung erlauben einen Blick auf das gesamte Angebot, was appetitanregend ist und Kaufimpulse auslöst **(Warenpräsentation)**.

5.3.2 Aufteilung der Regalkapazität

Im Folgenden werden die Aufteilungsprobleme der bestehenden Regalfläche auf die einzelnen Warengruppen und Artikel geklärt. Die Regaloptimierung stellt als Teilbereich der Flächenoptimierung für den Handel eine permanente Anforderung dar. Marktforschungsergebnisse wie Markt- und Segmentanteile bilden die Grundlage für eine quantitative Regaloptimierung, während aktuelle Trends, Produktinnovationen und Übersichtlichkeit qualitative Daten darstellen. Bei der Warenplatzierung in den Regalen lassen sich diese Aspekte anhand der in Abb. 5.6 dargestellten vier Zonen unterscheiden.

Die Aufgliederung entspringt logischen Überlegungen, denn Artikel, die so positioniert sind, dass sie direkt ins Auge springen, sind am wahrscheinlichsten zum Impulskauf geeignet. Schwere Artikel können in unteren Regalzonen leichter entnommen werden, denn der Kunde hat keine Angst, sie fallen zu lassen. Nichtsdestotrotz wird ein treuer Kunde „seinen Markenartikel" nicht vergessen, wenn er im Regal umplatziert wurde. Aus diesem Grunde führten Verifizierungsversuche dieser Aufteilungsaspekte teilweise zu unterschiedlichen Ergebnissen.

Die dargestellten Platzierungshilfen sagen noch nichts über eine zweckmäßige Zusammenstellung der Produkte im Regal aus. Hier lassen sich verschiedene Platzierungsmöglichkeiten unterscheiden: der Hersteller-, der Produkt- und der Kreuzblock.

Herstellerblock

Hier sind alle Produkte eines Herstellers (unter Umständen auch warengruppenübergreifend) im Regal als Block zusammen platziert, wie z. B. Dessertpulver und Backartikel von *Dr. Oetker*. Diese Ordnung wurde von den Handelsunternehmen präferiert, als die Außendienstmitarbeiter der Hersteller noch aktiv an der Regalkapazitätsaufteilung beteiligt waren. Heute trifft man solche Herstellerblöcke eher selten an, am

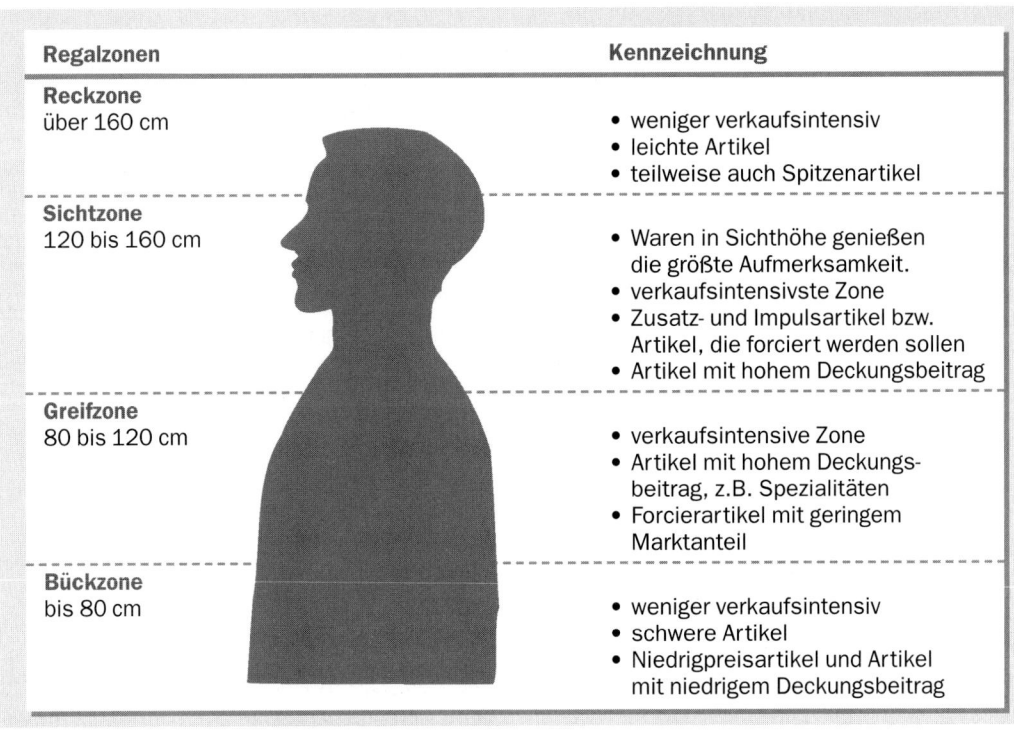

Regalzonen	Kennzeichnung
Reckzone über 160 cm	• weniger verkaufsintensiv • leichte Artikel • teilweise auch Spitzenartikel
Sichtzone 120 bis 160 cm	• Waren in Sichthöhe genießen die größte Aufmerksamkeit. • verkaufsintensivste Zone • Zusatz- und Impulsartikel bzw. Artikel, die forciert werden sollen • Artikel mit hohem Deckungsbeitrag
Greifzone 80 bis 120 cm	• verkaufsintensive Zone • Artikel mit hohem Deckungsbeitrag, z.B. Spezialitäten • Forcierartikel mit geringem Marktanteil
Bückzone bis 80 cm	• weniger verkaufsintensiv • schwere Artikel • Niedrigpreisartikel und Artikel mit niedrigem Deckungsbeitrag

Abb. 5.6: Einteilung der Regalfläche in Zonen

ehesten noch in so genannten kleinflächigen „Tante-Emma-Läden". Durch diesen Block wird zwar die Übersichtlichkeit des Regals auf Grund des leicht zu identifizierbaren Herstellerlabels gefördert, der Preisvergleich ähnlicher Artikel wird jedoch erschwert, da substitutive Güter an anderer Stelle untergebracht sind. Durch die Suche nach diesen Produkten verliert der Konsument Zeit.

Produktblock

Beim Produktblock werden ähnliche Güter unterschiedlicher Produzenten in vertikalen und horizontalen Blöcken zusammengestellt. Abzustimmen ist dabei, nach welchen Produkteigenschaften (Gewicht, Geschmack, Verwendungszweck usw.) die Kombination erfolgt. Hierdurch werden den Kunden zahlreiche alternative Produkte direkt nebeneinander vorgestellt, was die Preis- und Sortimentskompetenz des Händlers verdeutlicht. Preisgünstige Handelsmarken können so in unmittelbarer Nähe zu den Markenartikeln präsentiert werden.

Kreuzblock

Der Kreuzblock besteht aus horizontal angeordneten Artikelgruppen (z. B. Backartikel), innerhalb derer verschiedene vertikale Produzentenblöcke gebildet werden. Dabei bildet ein Segment, etwa Backmischungen, einen Segmentblock, der horizontal im Regal platziert wird. Die einzelnen Hersteller, z. B. *Dr. Oetker,* werden nun zu vertikalen Blöcken zusammengefasst. Diese Reagalordnung stellt eine Kombination des Hersteller- und des Produktblocks dar. Somit wird dem Kunden ein schneller Produkt- und Preisvergleich gewährleistet sowie ein logisches und übersichtliches Regalbild vermittelt. Im Rahmen einer Studie (vgl. Geister, 1996) zogen über 60 Prozent der Probanden den Kreuzblock dem Produktgruppenblock vor. Sie vermuteten hier eine größere Artikelvielfalt und mussten nicht so lange nach gewünschten Artikeln suchen.

Die optimale Regalflächenaufteilung kann durch geeignete Softwareanalyseprogramme unterstützt werden. Mit Hilfe von Scannerdaten werden

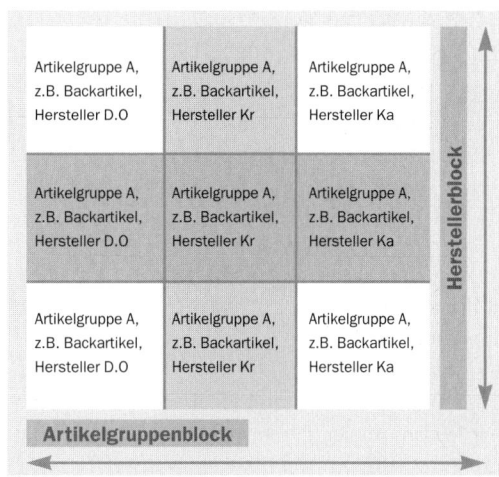

Abb. 5.7: Kreuzblock

so Regalplatzierungen in Abhängigkeit von Absatz, Nachfüllrhythmus und Platzierungsform simuliert und optimiert.

5.4   Warenpräsentation

Eine ansprechende Warenpräsentation gibt oft entscheidende Kaufimpulse, denn der erste Eindruck entscheidet vielfach, ob ein Verbraucher überhaupt Kontakt mit der Ware aufnimmt. Eine langweilige und einfallslose Warenpräsentation wird allenfalls beim Erwerb des Lebensnotwendigen toleriert, wo die Kaufentscheidung primär von der Attraktivität des Preises abhängt.

Aber nicht nur der Unternehmer und die Kunden ziehen einen unmittelbaren Nutzen aus der Warenpräsentation. Auch das Verkaufspersonal fühlt sich in einem gut eingerichteten Raum wesentlich wohler und wird eher zu aktiver Mitarbeit und Freundlichkeit motiviert.

5.4.1 Ware und Dekoration

Ordnung und Sauberkeit wirken verkaufsfördernd, unordentliche und verschmutzte Waren hingegen abstoßend. Die Verkäufer übernehmen daher bei der Warenpräsentation eine wichtige Aufgabe, indem sie Regale auffüllen und Grifflücken lassen, die ein leichtes Entnehmen der Ware garantieren. Unordnung verlängert den

Suchprozess des Kunden und verärgert ihn. Damit ist dieser Aspekt – neben Preis, Erreichbarkeit und Produktvielfalt – entscheidend bei der Marktwahl. Zudem muss erklärungsbedürftige Ware durch Erläuterungen des Verkäufers, Informationsbroschüren oder Vorführungen informativ präsentiert werden.

Nachdem beide Grundanforderungen erfüllt sind, können weitere **Präsentations-** bzw. **Dekorationshilfen** eingeplant werden. Hierbei handelt es sich um Gegenstände, die dabei helfen, die Artikel wirkungsvoll vorzustellen. Dekorationshilfen gibt es in mannigfacher Art und Weise. Im Textilhandel kommen oft **Schaufensterpuppen** oder Figuren zum Einsatz, anhand derer die Textilien lebensnah präsentiert werden. **Displays** können in Form von Hinweisschildern den Güterabsatz unterstützen. Sie werden oft von der Markenartikelindustrie mit der Ware zugesandt. Auch Obst oder Gemüse können als Dekorationshilfen dienen, z. B. an der Käsetheke. Eine Dekoration sollte das Produkt aber nicht völlig in den Hintergrund stellen bzw. verdecken, denn der Konsument kauft nur, was er wahrnimmt.

5.4.2 Raumumfeldgestaltung

Die Raumumfeldgestaltung kann ein ausschlaggebendes Instrument für den Händler werden, um sich von den Konkurrenten zu unterscheiden. Dabei ergeben sich umfangreiche Gestaltungsmöglichkeiten, von Düften über Farben bis hin zur Beleuchtung. So können durch **Düfte** an der Wahrnehmungsgrenze, die nur beim Betreten des Raumes bewusst wahrgenommen werden, wie z. B. leichter Zimtgeruch in der Weihnachtszeit, beim Kunden positive Empfindungen auslöst werden.

Um den Blick der visuell verwöhnten Kunden zu fesseln, reicht eine einheitliche **Geschäftsbeleuchtung** nicht aus. Licht und Farben können zu einer Differenzierung zwischen Waren, Warengruppen oder ganzen Abteilungen verhelfen. Mit Akzentbeleuchtung können „Modelliereffekte" erreicht werden, die die Ware plastisch hervorheben. Die Kundengangzonen sollten entweder gegenüber den Verkaufsflächen abgedunkelt

sein, um die Wirkung der Ware hervorzuheben, oder durch kleine Downlights an der Decke aufgewertet werden. Soweit es die Konstruktion zulässt, ist natürliche Beleuchtung in die Warenpräsentation zu integrieren, denn unter Tageslicht können die Produkte sehr wirkungsvoll mit einem realistischen Farbeindruck präsentiert werden. Die Warenwirkung erfährt durch die sich ändernden Einfallswinkel des Sonnenlichts eine natürliche Dynamik, was der Aufnahmefähigkeit des Kunden entgegenkommt. Dieser natürliche Lichtwandel erleichtert die Erkennung und Identifikation von Objekten. Statisches Kunstlicht ist hingegen durch die Art der Lichtquelle geprägt und erfährt keinerlei Variationen, wodurch den Konsumenten die Aufmerksamkeitszuwendung erschwert wird. Um die Adaption zwischen Tageslicht- und Kunstlichtniveau zu erleichtern, ist es sinnvoll, das Kunstlicht so weit wie möglich dem Tageslicht nachzuführen. Der Lichtplaner muss in seine Überlegungen bauliche (z. B. Einbaumöglichkeiten, Raumhöhe oder Art des Grundrisses) und warenspezifische (z. B. Verträglichkeit der Wärmelast auf die zu beleuchtende Ware) Voraussetzungen einbeziehen, damit das Licht dem Kunden nicht nur zum „Sehen" verhilft, sondern ihn zum „Hinsehen" verleitet.

Eine geschickte **Farbwahl** unterstützt das passende Store Design und damit die Warenpräsentation. Mit Farben lassen sich Begriffe wie Frische und Natürlichkeit wirkungsvoll unterstreichen, da Farben einen assoziativen Wert besitzen (vgl. Abb 5.8). Aus diesem Grund verwenden Frischwarenhändler gerne das Grün oder preisaggressive Anbieter das Rot in ihrem Logo oder bei der Raumgestaltung.

Farbton	denkbare Assoziationen
blau	kalt, nass, passiv, zurückgezogen
goldgelb	leicht, strahlend, sonnig
grün	erfrischend, frisch, kühlend
orange	freudig, herzhaft, leuchtend, warm
rosa	mädchenhaft, scheu, zart
rot	aktiv, aggressiv, Blut, Feuer, heiß
violett	düster, faulig, samtig, süß

Abb. 5.8:   Farben und mögliche Assoziationen

Eine multimediale Präsentationshilfe stellt das „**Shop-TV**" dar, bei dem den Kunden Werbespots, Unternehmensinformationen, aktuelle Kurzreportagen oder Musikclips über ein oder mehrere Fernsehgeräte gezeigt werden. Diese Programme müssen mit der jeweiligen Zielgruppe variiert werden: nachmittags die neuesten Musikclips für Jugendliche, Reisetipps und leichte Musik für die Feierabendeinkäufer. Es sind bereits flexible Übertragungsmöglichkeiten per Satellit möglich, die nach Regionen differenziert geschaltet werden können und so Mitarbeiter und Kunden individuell über den eigenen Unternehmenskanal im Geschäft ansprechen.

5.4.3 Warenpräsentation im Schaufenster

Das Schaufenster wird häufig als die Visitenkarte des Einzelhändlers bezeichnet, denn durch den mittelbaren Kontakt mit dem Geschäft erhalten die potenziellen Kunden einen Eindruck von Sortiment, Anspruch und Niveau des Betriebes. Es besteht trotzdem eine (durchsichtige) Trennung, die das Abtasten und Fühlen der Artikel verhindert. Da die Schaufenster dem Kunden einen Gesamteindruck des Geschäfts vermitteln, stehen auch hier Ordnungs- und Sauberkeitsansprüche im Vordergrund. Sauberkeitskontrollen des Schaufensters und der Scheiben sind damit eine tägliche Aufgabe des Verkaufspersonals. Geschickt eingesetzte Lichteffekte können die positive, dramaturgisch anspruchsvolle Wirkung des Schaufensters steigern, wie z. B. der Einsatz von bewegtem und farbigem Licht in den Abendstunden.

Die Schaufenstergestaltung hat in vielen Branchen an Bedeutung verloren. Bei hoher Passantenfrequenz wie in innerstädtischen Fußgängerzonen, Passagen oder Einkaufszentren strahlen die Fenster jedoch vielfach optische Anregungen aus, die zum Besuch und zum Kauf im Unternehmen einladen. Verbrauchermärkte auf der grünen Wiese dagegen nutzen dieses Medium nicht oder nur sehr eingeschränkt durch den Aushang von Sonderangeboten, denn sorgsam dekorierte Salate im Lebensmittelhandel interessieren den Konsumenten weniger als anspruchsvolle Präsentationen im Textileinzelhandel.

Häufig besitzen Schaufenster keine Rückwand und gewähren dem Konsumenten so einen direkten Einblick auf die Verkaufsfläche des Betriebes. Diese Einblicks- oder **Durchblicksfenster** sollen die Kunden durch eine attraktive Warenpräsentation im Inneren beeindrucken. Der direkte Einblick hilft dabei, die „Schwellenangst" mancher Kunden vor dem Betreten des Geschäfts zu vermindern. Geschlossene Schaufenster hingegen sind mit einer Rückwand versehen, die dem Passanten den Blick in die Innenräume verwehrt.

Es besteht eine Reihe von Schaufenstergestaltungstypen, von denen als typische das Übersichts-, Stapel-, Fantasie- und Plakatfenster in der folgenden Übersicht beschrieben werden.

Schaufenstergestaltungstypen	
Fantasiefenster (Ideenfenster)	häufig ähnlich wie ein Bedarfsbündel gestaltet mit einer Auswahl zu einem Themengebiet
Plakatfenster	meist reine Plakatwerbung, die evtl. durch Einzelstücke oder kleine Artikelgruppen ergänzt wird
Stapelfenster	stellt größere Warenmengen innerhalb einer Warengruppe dar
Übersichtsfenster (Sortimentsfenster)	gibt einen Überblick über das gesamte Sortiment des Händlers

Abb. 5.9: Schaufenstergestaltungstypen

Die Dekoration der Schaufenster kann sich an verschiedenen Anlässen innerhalb des Jahres, wie z. B. an wechselnden Jahreszeiten, an Festen (wie Weihnachten, Ostern, Konfirmation, Kommunion) oder aktuellen regionalen Gegebenheiten (z. B. Sport, Kongresse, Messen) orientieren. Insbesondere Fantasiefenster sind oft hierauf bezogen.

5.5   Praxisbeispiele zur Warenpräsentation und -platzierung

Die bisherigen Überlegungen zur Warenplatzierung und -präsentation werden im Folgenden anhand von zwei Gestaltungsbeispielen vertieft. Das erste Beispiel erläutert die Gestaltungsaspekte einer Käsetheke. Im zweiten Fall wird auf die Gestaltung von Kühltruhen eingegangen, wie sie sich im Lebensmittelhandel, aber auch in Tankstellen, Kiosken oder Feinkostgeschäften finden. In der Praxis wird die Planung durch Softwareprogramme unterstützt, die bei der optimalen Zusammenlegung der Waren helfen.

Gestaltung einer Käsetheke

Als Faustregel gilt bei der Anzahl einzelner Käsesorten, dass für eine zwei Meter lange Theke 40 bis 60, für eine drei Meter lange 60 bis 80 Sorten bis hin zu 100 bis 120 Sorten für eine fünf Meter lange Theke genügen, um eine zu dichte Bündelung zu vermeiden. Denn bei aller Vielfalt ist eine übersichtliche Präsentation notwendig, damit der Kunde sich schnell einen Überblick über das gesamte Käsesortiment verschaffen kann. Dies wird durch eine zweckmäßige Platzierung nach einzelnen Käsegruppen vereinfacht, wie Hartkäse, Schnittkäse, halbfester Schnittkäse sowie Weich- und Frischkäse. Teilweise erfolgt auch eine Sortierung nach den Herkunftsländern des Käses.

Große Käselaibe sollten näher zum Verkäufer, kleine näher zum Verbraucher, also vorne in der Theke, platziert werden, weil die kleinen Laibe (Stücke) nicht so hoch gestapelt werden können. So wird dem Konsumenten ein freier Blick auf die dahinter liegenden höher stapelbaren Sorten gewährleistet.

Ähnlich wie bei den üblichen Regalplatzierungen sollten die Artikel mit dem größten Umsatz und dem höchsten Deckungsbeitrag den meisten Platz in der Theke beanspruchen. Aber auch Produkteigenschaften müssen in die Platzierungsüberlegungen einbezogen werden. Frischkäse und Weichkäse, insbesondere Blau- und Schimmelkäse, dürfen nicht in direkter Nachbarschaft präsentiert bzw. mit dem gleichen (unge-reinigten) Messer geschnitten werden, um die Gefahr einer Pilzinfektion des Frischkäses zu vermeiden.

Die Attraktivität der Käsetheke und damit die Kauffreudigkeit der Konsumenten kann durch ansprechende Präsentation und Dekoration gesteigert werden. Der Kunde kauft primär das, was ihm anschaulich dargeboten wird. Daher sollte der Käse sowohl im Stück als auch an- bzw. aufgeschnitten dargeboten werden. Die Anschnittflächen sollten dabei immer nach vorne zeigen, das heißt parallel zur Thekenscheibe ausgerichtet sein. Trotz der Sortenvielfalt bietet sich dem Betrachter dadurch ein ruhiges Bild. Falls in der Theke die Luftbefeuchtung fehlt, müssen die Schnittflächen mit einer Haushaltsfolie abgedeckt sein.

Als Dekorationshilfen bieten sich grüne Salatblätter, Petersilie, Weintrauben oder Fähnchen des Herkunftslandes an. Preisschilder mit den gesetzlich vorgeschriebenen Angaben sind zusätzlich anzubringen. Sie können dem Personal auch eine Verkaufshilfe sein, wenn auf der Rückseite des Preisschildes (für den Kunden also nicht erkennbar) kurze Angaben zur jeweiligen Käsesorte gemacht werden.

Gestaltung von Tiefkühltruhen

Das Tiefkühlsortiment sollte entsprechend gegliedert sein, damit der Kunde einen Überblick bekommt. Einzelne Warengruppen können auf mehrere Truhen verteilt werden. Als zusammengehörende Warengruppen bieten sich z. B. an: Fisch- und Fischprodukte, Gemüse, Fleisch und Fleischerzeugnisse, Pizza und Baguettes sowie Speiseeis. Eine helle, gleichmäßige Ausleuchtung der Truhen macht die Ware identifizierbar und lässt sie attraktiver erscheinen.

Eine unordentliche Truhe wirkt auf den Kunden abstoßend. Unordnung entsteht aber schnell bei der Artikelsuche des Kunden, wodurch in der gesamten Truhe eine „Wühltischatmosphäre" erzeugt wird. Mangelnde Pflege der Truhe wirkt auf den Kunden ähnlich negativ. Hygiene, Wartung und Ordnungskontrolle sollten demnach sorgfältig beachtet werden. Bei der Kontrolle hat das Personal darauf zu achten, dass neue Ware getreu des Grundsatzes **„alt vor neu"** immer nach unten bzw. im Tiefkühlschrank nach hinten gelegt wird, damit zuerst die ältere Ware verkauft wird.

Offene Tiefkühlregale steigern nach Marktforschungsuntersuchungen in Frankreich den Absatz um mehr als 20 Prozent, da der Kunde die Ware leichter greifen kann und somit Impulskäufe gefördert werden (siehe auch o.V., 1997). In Deutschland ist dies auf Grund weit höherer Energiekosten jedoch wenig praktikabel. Außerdem dokumentiert der Handel den umweltbewussten deutschen Konsumenten mit geschlos- senen Truhen seine ökologische Verantwortung. Auch wird die Ordnung bei geschlossener Truhe eher aufrechterhalten, da dort erfahrungsgemäß weniger gewühlt wird. Zuletzt wird das Vertrauen der Verbraucher in eine vorschriftsmäßige Temperatur wesentlich gestärkt.

Die gewünschten Tiefkühlartikel müssen für den Kunden leicht greifbar sein. Eine ergonomisch griffgünstige Platzierung der Waren ist also angebracht. Dies erhöht auch die Zahl der Impulskäufe, die zudem durch die geschickte Zuordnung von Impuls- zu Mussartikeln gesteigert werden kann.

Zusammenfassung

Rekapitulieren Sie:
Von welchen Bedingungsfaktoren wird die Warenpräsentation beeinflusst?

Hinweise zur Bearbeitung:
Auf die Warenpräsentation wirken zahlreiche interne und externe Faktoren ein, wie z. B. die Produktart und -beschaffenheit, die betrieblichen Gegebenheiten, das Sortiment, der Preis, die Betriebsform sowie das Standortumfeld. Nähere Erläuterung hierzu siehe 5.1.

Rekapitulieren Sie:
Welche Rückschlüsse lassen sich aus Kundenlaufstudien ziehen?

Hinweise zur Bearbeitung:
Die Ergebnisse von Kundenlaufstudien beeinflussen die Präsentation und die Platzierung der Waren. So blicken und greifen die Kunden zuerst nach rechts, sie sind „faul" und bevorzugen daher die kürzesten Wege beim Einkaufsgang; Ecken werden z. B. geschnitten. Aus diesen Erkenntnissen lassen sich Maßnahmen ableiten, um verkaufsschwache Zonen aufzuwerten oder die Attraktivität verkaufsstarker Zonen stärker zu nutzen.

Rekapitulieren Sie:
Was ist ein Shop-in-a-shop?

Hinweise zur Bearbeitung:
Bei diesem Konzept wird ein Teil der Geschäftsfläche oder eine gesamte Abteilung so präsentiert, dass der Kunde von einem „Laden im Laden" in einen anderen geht, d.h., es entstehen Spezialabteilungen, die sich räumlich von der anderen Ladenfläche, z. B. durch andere Böden oder spezielle Warenträger, abheben.

Rekapitulieren Sie:
Welche Komponenten lassen sich bei der Gestaltung des Raumumfeldes unterscheiden?

Hinweise zur Bearbeitung:
Als Gestaltungsmöglichkeiten bieten sich Düfte, Farben, Beleuchtung bis hin zum Shop-TV an. Eine Bestimmung der einzelnen Komponenten erfolgt in Kapitel 5.4.2.

6   Preis- und Konditionenpolitik

6.1   Elemente der Kontrahierungspolitik

Damit eine Kaufvereinbarung (Vertrag, Kontrakt) zu Stande kommt, ist neben Produkt und Leistung auch Einigung über die zu entrichtende Gegenleistung zu erzielen, die üblicherweise – abgesehen vom reinen Tauschgeschäft – in Geldeinheiten, im Preis, festgelegt wird. Zusätzlich können noch Nebenbedingungen und Konditionen für die Abwicklung bestimmt werden. Alle Maßnahmen, durch die dieser entgeltliche Ausgleich im Rahmen des Kaufes gestaltet wird, sind Gegenstand des in diesem Kapitel behandelten Bereichs des marketingpolitischen Instrumentariums.

In der Literatur finden sich hierzu unterschiedliche Bezeichnungen, die häufig synonym verwendet werden, teilweise mit unterschiedlicher Betonung der Schwerpunkte, auf die jedoch hier nicht eingegangen werden soll. Übliche Bezeichnungen sind:

- Preispolitik (so zum Beispiel Gutenberg, Bruhn, Poth und Bidlingmaier)
- Preis (McCarthy und andere)
- Entgeltpolitik (Böcker sowie Nieschlag/Dichtel/ Hörschgen)
- Kontrahierungspolitik (Meffert, Berndt, Weis und andere)
- Preisgestaltung (Leitherer)
- Preisentscheidungen (Kotler)
- Preis- und Konditionenpolitik (u. a. Pepels)

Der letzteren Bezeichnung wird auch hier gefolgt. Sie ermöglicht sowohl eine generelle Behandlung der Preispolitik als auch eine entsprechende Betonung der Konditionen als zusätzliche Gestaltung, sozusagen zur Feinsteuerung.

6.1.1   Bedeutung der Preise

Preise sind, wie bereits gesagt, das Entgelt, die Gegenleistung, die der Kunde zahlen muss, um das Produkt und/oder die Dienstleistung zu erhalten. Das Zustandekommen eines entsprechenden Kaufabschlusses bestimmt für den Händler als Verkäufer die Erlösseite, welche den

entsprechenden Kosten gegenübergestellt werden kann. Für den Kunden als Käufer bedeutet die Zahlung des Kaufpreises den Verzicht, diesen Betrag für andere Güter und Dienstleistungen ausgeben zu können. Er wird also abwägen, ob das Angebot zu dem entsprechenden Preis für ihn attraktiv genug ist gegenüber anderen Alternativen, die ihm der Markt bietet.

Die richtige Preisbestimmung ist somit ein sehr sensibler Bereich, da unterschiedliche Faktoren zu berücksichtigen sind:

- Zum einen bestimmen Wettbewerb sowie Beurteilung und Akzeptanz durch die Kunden, welcher Preis am Markt durchsetzbar ist. Wird der Preis zu niedrig festgelegt, bedeutet dies eventuell Verzicht auf mögliche zusätzliche Deckungsbeiträge; wird er zu hoch angesetzt, reduziert dies die Absatzchancen und führt eventuell zu unzureichenden Umsätzen.
- Unter Berücksichtigung der betrieblichen Kostenstruktur wäre der Preis zu kalkulieren, der zumindest die Selbstkosten abdeckt, um nicht mit Verlust arbeiten zu müssen. Oftmals wird dies als Preisuntergrenze bezeichnet, was jedoch nur bedingt gilt, wenn diese Höhe am Markt nicht durchsetzbar ist. Hier wäre dann beispielsweise umgekehrt zu überprüfen, inwieweit bei Orientierung am Marktpreis das Unternehmen neu ausgerichtet und rentabel umgestaltet werden kann, zum Beispiel auch durch Einsatz des übrigen absatzpolitischen Instrumentariums. Hiermit wird bereits die Wechselwirkung im Marketing-Mix betont.
- Neben der Berücksichtigung des bestehenden Wettbewerbs fällt dem Preis aus der Sicht des Marktgeschehens oft als weitere Aufgabe zu, einen erstrebten Marktanteil zu erreichen oder den Eintritt zusätzlicher Wettbewerber im Markt zu verhindern. Hier stehen dann nicht kurzfristige Periodenerfolge, sondern langfristigere Zielsetzungen im Vordergrund.

Im Abschnitt 6.2 werden preistheoretische Ansätze behandelt, wie sie insbesondere in der

Volkswirtschaftslehre entwickelt wurden. Gegenstand des Abschnitts 6.3 sind verschiedene Aspekte betriebswirtschaftlich relevanter Preisbildung.

Letztendlich ist die Preispolitik im Rahmen des gesamten Marketing-Mixes zu gestalten. Oftmals wird in der Praxis der Einfluss eines Preises auf die Kaufentscheidung des Kunden unterschätzt, indem der Spielraum zur Preisgestaltung durch Einsatz des übrigen absatzpolitischen Instrumentariums überschätzt wird. Andererseits wird manchmal auf Absatzprobleme zu schnell mit Preisreduzierungen reagiert, ohne in der Gesamtrelation zueinander Chancen der Verbesserung in anderen Bereichen des absatzpolitischen Instrumentariums genügend wahrzunehmen. Absatz 6.4 geht auf Preisstrategien ein. Dabei sind insbesondere auch die Aspekte der Preispolitik im Handel zu berücksichtigen.

Bevor in nachfolgenden Abschnitten in der vorgenannten Gliederung die Preispolitik behandelt wird, sollen im nächsten Unterabschnitt zunächst die Konditionen als zusätzliche Gestaltungsmöglichkeit im Rahmen der Kontrahierungspolitik dargestellt werden.

6.1.2 Konditionen als zusätzliche Gestaltung

Die Ausgestaltung der Konditionen wird vielfach auch als **Mittel der preispolitischen Feinsteuerung** bezeichnet.

Zum einen kann ein formell einheitlicher Angebots- bzw. Grund-Preis durch Preisnachlässe (Rabatt) oder im selteneren Fall Preiszuschläge dennoch anlässlich verschiedener Umstände und Anlässe, Abnehmer oder zeitlicher Bezüge differenziert werden.

Durch Liefer- und Zahlungsbedingungen werden die Konditionen festgelegt, zu denen Leistung und Gegenleistung zu erbringen sind. Dies kann in den Abwicklungskosten zu Zusatzbelastungen oder Entlastungen führen und beeinflusst insofern den endgültig zu kalkulierenden Preis. Zudem können über die Kreditpolitik Anreize und zumindest indirekte Preisvorteile geboten werden.

6.1.2.1 Preisnachlässe – Rabattpolitik

Rabatte sind ein Nachlass auf einen Listen- oder Angebotspreis, der in unterschiedlicher Ausgestaltung (Form) und auf Grund differenzierter Kriterien gewährt wird und folgendermaßen ausgestaltet sein kann:

- **Funktionsrabatt**
- **Mengenrabatt**
  - Einzelauftrag
  - Sammelauftrag
- **Zeitrabatt**
  - Subskription
  - Treue
  - Saison
- **Rabatt-Abrechnung**
  - sofort
  - nachträglich (Bonus)

Abb. 6.1: Rabatt-Ausgestaltung

Entsprechend den unterschiedlichen Zielsetzungen und Kriterien können Rabatte in verschiedene Arten gegliedert werden:

- **Gewährung**
  - Geldrabatt
  - Naturalrabatt
- **Ermittlung**
  - Relativrabatt
  - Festrabatt
- **Form**
  - Staffelrabatt
  - Einheitsrabatt
- **Verlauf**
  - progressiv
  - degressiv
  - linear
- **Höhe**
  - durchgerechnet
  - angestoßen
- **Sonderrabatte**

Abb. 6.2: Rabatt-Arten nach Kriterien

Beim Geldrabatt reduziert sich der Preis für die gelieferte Menge (Dreingabe), während beim Naturalrabatt für den gleichen Preis eine größere Warenmenge geliefert wird (Draufgabe). Der – gebräuchlichere – Relativrabatt ist als Prozentsatz einer Bezugsgröße definiert, der Festrabatt als absoluter Betrag. Beim Verkauf an Letztverbraucher ist durch das Rabattgesetz der zulässige Barzahlungsrabatt auf 3 Prozent begrenzt. Nach dem Ausmaß wird unterschieden in den Staffelrabatt, der abhängig vom Erreichen einer bestimmten Bezugsgröße ist, und dem Einheitsrabatt, der unabhängig hiervon konstant bemessen wird. Dem Verlauf nach können Rabatte linear (gleich bleibend), progressiv (steigend) oder degressiv (fallend) sein. Ferner kann sich der Rabatt auf die gesamte Bezugsgröße beziehen oder lediglich auf den Zuwachs, entsprechend wird vom durchgerechneten bzw. angestoßenen Rabatt gesprochen. Schließlich kann der Rabatt als Sofortrabatt gewährt oder nachträglich vergütet werden, Letzteres zumeist in Form eines Umsatz-Bonus.

Funktionsrabatte

Sie begründen sich darauf, dass Nebenleistungen – Funktionen, die zunächst im Preis eingeschlossen sind – vom Abnehmer durchgeführt werden und der Lieferant die sich hierdurch ergebenden Kostenvorteile (zumindest anteilig) weitergibt. Solche Funktionsrabatte sind zum einen üblich auf der Distributionskette Hersteller – Großhandel – Einzelhandel – Handwerker oder Ähnliches. Durch die Gewährung eines Rabattes auf den Listen- oder angestrebten End-Preis erhält so die nachgelagerte Handelsstufe eine angemessene Vergütung dafür, dass sie Marketing- und Handelsfunktionen wahrnimmt. Insoweit wird auch unterschieden in Auftragserlangungs-, Auftragserledigungs- und Absatzfunktionsrabatte. Der Hersteller will auf diese Weise dem nachgelagerten Handel entsprechende Anreize geben, sich um den Absatz seiner Produkte zu bemühen. Für den Handel spielen diese Rabatte sowohl auf der Einkaufs- als auch auf der Absatzseite eine Rolle.

Zusätzliche Funktionen können Selbstabholung (cash and carry), Vorausdisposition, Verzicht auf Montage- und ggf. auch Garantie-Leistungen sein, die entsprechend durch Rabattgewährung honoriert werden.

Nicht einheitlich ist die Beurteilung, ob Barzahlungsrabatte – üblicherweise als **Skonti** be-

zeichnet – zu den Funktionsrabatten gehören oder nicht. Die Befürworter argumentieren damit, dass hier der Verzicht auf die Kreditfunktion honoriert werden soll. Andere weisen darauf hin, dass Skonti als Belohnung für frühzeitige Rechnungsbegleichung zwar in der Wirkung einem Rabatt gleichen, systematisch jedoch nicht zu den Nachlässen gehören. Vom Rechnungswesen her sind sie jedoch als Erlösschmälerungen zu behandeln.

Mengenrabatte

Sie werden in Relation zur Absatzmenge gewährt. Bemessungsgrundlage kann der einzelne Auftrag, die Menge je Produkt oder Produktart, aber auch die gesamte Ordermenge innerhalb eines bestimmten Zeitraums sein. Insgesamt soll ein Anreiz geschaffen werden, größere Mengen abzunehmen. Da die Bearbeitung eines einzelnen Auftrages Grundkosten verursacht, verbessert sich deren Relation mit zunehmender Auftragsgröße, was durch entsprechenden Mengenrabatt honoriert wird. Die Gewährung eines Mengenrabatts für die Abnahme eines einzelnen Produkts (oder einer Produktart) in einem Auftrag kann beispielsweise Kostenvorteile berücksichtigen, die sich aus Order und Handling ganzer Verpackungseinheiten, beispielsweise einer Palette, eines Kartons etc., ergeben können. Eine Mischung aus Mengen- und **Treuerabatt** ergibt sich, wenn nicht nur der einzelne Auftrag, sondern der Absatz innerhalb eines bestimmten Zeitraums Bemessungsgrundlage ist. Dies kann zum einen gebunden sein an einen Rahmenabschluss bzw. Sammelauftrag, der dann nach Abruf oder zuvor vereinbarten Terminen mit Teillieferungen erfüllt wird. Andererseits kann auch ohne vorherige Verpflichtung der Gesamtabsatz beispielsweise innerhalb eines Jahres – gelegentlich auch differenziert nach bestimmten Artikelgruppen – rabattiert werden; üblicherweise wird dann vom **Bonus** (auch Umsatz- oder Jahres-Bonus) gesprochen.

Zeitrabatte

Sie beziehen sich auf den Zeitpunkt, zu dem die Auftragserteilung erfolgt. **Frühbezugs-** oder

Frühdispositions-Rabatte haben die Aufgabe, saisonale und jahreszeitliche Absatzschwankungen auszugleichen. **Einführungsrabatte** sollen eine schnelle Produkteinführung unterstützen, zumeist begleitend mit entsprechenden werblichen Maßnahmen. Rabatte auf Aufträge, die während einer Messe oder ähnlichen Veranstaltungen geordert werden, honorieren gleichfalls den Abschluss innerhalb eines bestimmten Zeitraums; dies kann aus Gründen besserer innerbetrieblicher Disposition geschehen, aber auch, um durch die zeitliche Befristung des angebotenen Preisnachlasses zögernde Kunden zum schnellen Abschluss anzureizen. **Auslaufrabatte** dienen der schnelleren Lagerräumung, beispielsweise am Ende einer Saison, vor Produkt- oder Kollektionswechsel und ähnlichen Anlässen.

Sonderrabatte

Sie können bestimmten Personen oder Abnehmergruppen gewährt werden, beispielsweise Mitarbeitern, Kollegen, Handwerkern oder Schülern, Studenten, Rentnern etc. Sonderrabatte können auch gewährt werden zu bestimmten Anlässen, beispielsweise vom Großhändler an den Einzelhändler bei der Erstbestückung, einer Sortimentsausweitung oder besonderen Platzierung der Waren. So genannte „Treuerabatte" werden teilweise als Zeit-, teilweise als Sonderrabatte eingeordnet.

Mit den verschiedenen Formen der Rabattgewährung werden also sehr unterschiedliche Ziele verfolgt. Insoweit ist sie sowohl Teil einer Preispolitik als auch zusätzlich ein Instrument, andere Marketingmaßnahmen wirksam zu unterstützen. Bezogen auf Endverbraucher sind, wie bereits erwähnt, die Bestimmungen des Rabattgesetzes zu beachten.

6.1.2.2 Preisaufschläge

Wie bei der Rabattierung werden auch hier die Listen- bzw. Grundpreise beibehalten, jedoch werden, statt Nachlässe zu gewähren, Zuschläge erhoben. Hierbei kann es sich beispielsweise um Zuschläge für Kleinaufträge, Mindermen-

gen, angebrochene Gebinde (Verpackungseinheiten), verkürzte Auftragsbearbeitung, Eilzustellung etc. handeln.

Zuschläge für Sonderausfertigungen, Übergrößen, zusätzliche Dienst- und Service-Leistungen werden teilweise auch den Preisaufschlägen zugeordnet, obgleich sie systematisch eher als gesonderte Preise angesehen werden können, wenn sie Leistungen betreffen, die generell nicht im Grundangebot und im Grundpreis enthalten sind.

6.1.2.3 Liefer- und Zahlungsbedingungen

Die Modalitäten, zu denen einerseits die Übergabe der Produkte und Leistungen einschließlich des Gefahren- und Eigentumsüberganges vom Lieferanten zum Kunden erfolgt bzw. andererseits die Art und Weise, in der der vereinbarte Kaufpreis durch den Käufer zu entrichten ist, werden in den Liefer- bzw. Zahlungsbedingungen festgelegt. Sie zusammen beschreiben also die Konditionen, unter denen der Kaufvertrag abzuwickeln ist. Auf die rechtlichen Fragen, wann und in welchem Umfang Lieferungs- und Zahlungsbedingungen Bestandteil eines Kaufvertrages werden, insbesondere, wenn Käufer und Verkäufer ihrer jeweiligen Willenserklärung unterschiedliche allgemeine Geschäftsbedingungen (Einkaufs- bzw. Liefer- sowie Zahlungsbedingungen) zu Grunde legen, soll hier nicht weiter eingegangen werden. Gegenstand hier ist die Bedeutung der Liefer- und Zahlungsbedingungen als weiteres Instrument, durch entsprechende Konditionen die Rahmenbedingungen, unter denen die Preisfestsetzungen zu beurteilen sind, festzulegen.

Lieferbedingungen

Sie können entscheidend die **Bezugs- und Nebenkosten** beeinflussen und damit den Gesamtpreis, welchen der Kunde in seine Überlegungen einzubeziehen hat.

Ist die Ware zu verpacken, zu transportieren und dem Kunden zuzustellen, so ergeben sich die Fragen, wer Lieferart und -weg (Transportmittel: Post, Bahn, Lkw, Schiff, Flugzeug etc.) bestimmen kann und wer die entsprechenden Ver-

Gruppe E (Abholklausel)

| EXW | ex works | jede Transportart einschließlich |
| | (ab Werk) | multimodaler Transport (… benannter Ort) |

Gruppe F (Haupttransport wird vom Verkäufer nicht bezahlt)

FCK	free carrier (frei Frachtführer)	jede Transportart (… benannter Ort)
FAS	free alongside ship	See- und Binnenschiffstransport
	(frei Längsseite Schiff)	(… benannter Verschiffungshafen)
FOB	free on bord	See-und Binnenschiffstransport
	(frei an Bord)	(… benannter Verschiffungshafen)

Gruppe C (Haupttransport wird vom Verkäufer bezahlt)

CFR	cost and freight	See- und Binnenschiffstransport
	(Kosten und Fracht)	(… benannter Bestimmungshafen)
CIF	cost, insurance and freight	See- und Binnenschiffstransport
	(Kosten, Versicherung, Fracht)	(… benannter Bestimmungshafen)
CPT	carriage paid to	jede Transportart
	(frachtfrei)	(… benannter Bestimmungsort)
CIP	Carriage and insurance paid to	jede Transportart
	(frachtfrei versichert)	(… benannter Bestimmungsort)

Gruppe D (Ankunftsklauseln)

DAF	delivered at frontier	jede Transportart
	(geliefert Grenze)	(… benannter Ort)
DES	delivered ex ship	See- und Binnenschiffstransport
	(geliefert ab Schiff)	(… benannter Bestimmungshafen)
DEQ	delivered ex quay	See- und Bestimmungstransport
	(geliefert verzollt ab Kai)	(… benannter Bestimmungshafen)
DDU	delivered duty unpaid	jede Transportart
	(geliefert unverzollt)	(… benannter Ort)
DDP	delivered duty paid	jede Transportart
	(geliefert verzollt)	(… benannter Ort)

Abb. 6.3: Lieferbedingungen (Incoterms 1990)

packungs- und Frachtkosten tragen muss, ggf. auch zusätzliche Kosten der Zwischenlagerung oder die Entrichtung von Zöllen im Außenhandel etc. Beim Preisvergleich mit Konkurrenzangeboten hat der Kunde bei unterschiedlichen Konditionen die entsprechenden sich für ihn ergebenden Nebenkosten als Preisbestandteil einzubeziehen. Ähnliches ergibt sich bezüglich des Gefahrenüberganges, d. h.: Bis wann trägt der Lieferant das Risiko des Untergangs oder der Beschädigung des Gutes und ab wann geht dies auf den Käufer über, der dafür ggf. Versicherungen mit entsprechenden Kosten abschließen wird? Je länger und gefahrvoller die Transportwege, desto wichtiger die entsprechenden Regelungen. Für den zwischenstaatlichen Handelsverkehr sind durch die Aufstellung der **Incoterms** (International Commercial Terms) in der neuesten Fassung von 1990 die Lieferklauseln klar und eindeutig geregelt, siehe Abb. 6.3.
Weitere Regelungen betreffen z. B. Lieferzeit und Lieferfristen sowie eventuelle Nachfristen,

Bestimmungen über Kündigung, Rücktritt, eventuelle Verzugsstrafen und Ähnliches, Gewährleistungs- und Rückgaberechte (Kauf auf Probe, gekauft wie gesehen, Kauf nach Muster etc.) und vieles mehr.

Lieferbedingungen können mehr oder weniger kundenfreundlich gestaltet werden. Sie beeinflussen damit direkt oder indirekt, wie die angebotenen Preise zu bewerten sind. Gerade im Versandhandel spielen die Lieferbedingungen – insbesondere Rückgaberechte nach Erhalt und Prüfung der Ware – eine wesentliche Rolle.

Zahlungsbedingungen
Diese regeln die Art und Weise, in der die Zahlung zu erfolgen hat. So kann die Zahlung als „Zug um Zug" (Zahlung bei Warenübergabe), Voraus- bzw. Anzahlung bei Bestellung oder Zahlung nach Erhalt der Ware mit einer entsprechenden Zahlungsfrist vereinbart sein. Hierzu gehört auch, inwieweit Skonto gewährt wird, insbesondere bei vorzeitiger Zahlung.

Von besonderer Bedeutung im Einzelhandel ist, ob lediglich Barzahlungen akzeptiert werden oder auch Schecks, Kreditkarten etc. (und wenn, welche) zugelassen sind.

Soweit bei den Zahlungsvereinbarungen Teilzahlungen, extrem lange Zahlungsziele oder Zahlung mit Wechseln zugestanden werden, haben sie bereits den Charakter einer Kreditgewährung.

6.1.2.4 Kreditpolitik
Die Gewährung eines Kredits zielt in aller Regel darauf ab, dass der potenzielle Kunde sich früher als ohne eine solche Finanzierungshilfe zum Kauf entschließt; er muss nicht zuvor den Kaufpreis ansparen. Manchmal ermöglicht sogar die Kreditfinanzierung den Kauf überhaupt, da erst nach der Anschaffung und während der Nutzungszeit die Zahlung (beispielsweise auch in Raten) erfolgt. Durch Kreditfinanzierung steigt also die Kaufkraft, sodass aus dem Kaufwunsch tatsächlich auch zusätzliche Nachfrage entsteht.

Für den einzelnen Händler kommt es nun darauf an, dafür zu sorgen, dass diese Kaufkraft nicht irgendwo, sondern in seinem Geschäft zum Kaufabschluss und damit zu zusätzlichem Umsatz führt. Durch die Kreditpolitik soll auf diese Kundenbindung Einfluss genommen werden.

Aus der Sicht des Kunden sind hier zwei Gesichtspunkte besonders bedeutsam:

- Erhält er die Kreditfinanzierung möglichst unproblematisch und unbürokratisch, eventuell sogar, ohne sich im eigentlichen Sinne als Schuldner oder als nicht Zahlungsfähiger fühlen zu müssen?

- Werden ihm günstige Konditionen eingeräumt? Hierzu zählt zunächst die Höhe der zu entrichtenden Zinsen, eine eventuell zu leistende Anzahlung, die Laufzeit des Kredits und die Modalitäten der Rückzahlung (z. B. gleich bleibende oder angepasste Teilzahlungen), aber auch die Sicherheiten, die er möglicherweise zusätzlich beizubringen hat (z. B. Gehaltsabtretung etc.).

Grundsätzlich ergeben sich für den Kunden zwei Wege zur Kreditfinanzierung:

- Zum einen kann er ein **Darlehen** bei der Bank oder einem anderen Finanzierungsinstitut aufnehmen. Dies ermöglicht ihm, im Geschäft wie ein Barzahler aufzutreten, was oftmals als Vorteil empfunden wird, zumal, wenn damit auch zusätzliche Preisvorteile verbunden sind, die er dann den an die Bank zu zahlenden Finanzierungskosten gegenrechnen kann. Nachteilig und als Hemmschwelle kann gelegentlich wirken, dass zunächst, unabhängig von der Umsetzung des Kaufwunsches, eine separate Kreditaufnahme erfolgen muss.

- Zum anderen kann die Kreditgewährung direkt durch den Verkäufer erfolgen, sodass sie Teil des Kaufabschlusses wird. Dies ist oftmals der bequemere Weg.

Die zuletzt genannte Kreditgewährung über den Verkäufer im Zusammenhang mit dem Kaufabschluss wird auch als **Absatzfinanzierung** bezeichnet und ist Gegenstand der Kreditpolitik.

Für den Verkäufer kommt es darauf an, die Absatzfinanzierung als Teil des Vertragsabschlusses (Kontrakt, in dem Leistung und Gegenleistung festzulegen sind) so attraktiv zu gestalten, dass sie seine Verkaufsbemühungen positiv unterstützt. Überzeugt den Kunden die Kreditpolitik des Händlers nicht, so kann es sein, dass er zunächst den Kaufabschluss verschiebt und sich möglicherweise bei der Bank um eine Finanzierung bemüht. Für den Verkäufer besteht dann die Unsicherheit, ob der Kunde – selbst wenn es dann anschließend zum Kauf kommt – diesen auch in seinem Geschäft vornimmt; ist dies nicht der Fall, waren möglicherweise hoher Beratungsaufwand und die Verkaufsbemühungen umsonst.

Im Folgenden werden Möglichkeiten der Absatzfinanzierung aufgezeigt. Neben der Vorstellung dieser eher formalen Struktur sollte jedoch an dieser Stelle nicht versäumt werden, auf die Wichtigkeit der Kundenorientierung und einer abnehmerfreundlichen Ausgestaltung hinzuweisen, die sich nicht zuletzt – trotz des Bemühens um notwendige Sicherheiten – auch in der Art und Weise widerspiegelt, wie dieses Thema durch das Verkaufspersonal an den Kunden herangetragen wird.

Aus der Sicht des Händlers ergeben sich drei Gruppen der Absatzfinanzierung (siehe auch Abb. 6.4):
- Alleinfinanzierung, auch Lieferantenkredit im engeren Sinne,
- Re-Finanzierung
- Drittfinanzierung

Lieferantenkredit

Hier gewährt der Lieferant dem Kunden den Vorteil, bereits die Ware zu erhalten und erst zu einem späteren Zeitpunkt zu bezahlen. Die Ausgestaltung kann in dreierlei Formen erfolgen, die auch als A-, B- und C-Geschäft bezeichnet werden.

Beim **A-Geschäft** kann zum einen dem Kunden ein so genannter **„offener Buchkredit"** eingeräumt werden, d. h., der Kunde kann im Rahmen eines vereinbarten Kreditlimits Waren beziehen und das Konto dann in regelmäßigen Abständen, beispielsweise zum Monatsende, ausgleichen. Auf diese Weise kann beispielsweise ein

- **Alleinfinanzierung (Lieferantenkredit)**
  - *A-Geschäft*
    - offener Buchkredit (Anschreibekredit, Kauf auf Konto)
    - Debit-/Kredit-Karte (Plastikgeld)
  - *B-Geschäft*
    - Teilzahlung, mit und ohne Anzahlung
  - *C-Geschäft*
    wie B-Geschäft, aber mit Wechselakzept
  - *Mietkauf*

- **Refinanzierung**
  - *Abtretung von Forderungen*
  - *Verkauf von Forderungen* (z.B. auch stilles Factoring)
  - *Sicherheiten*
    - Eigentumsvorbehalt
    - persönliche Sicherung (Bürgschaft, Garantie, Kreditauftrag, Schuldbeitritt)
    - dingliche Sicherheit
    - Mobiliar-Pfandrechte (Sicherungsübereignung, Forderungsabtretung, Pfandrechte, Akzeptkredite, Aval- und Lombardkredit)
    - Grundpfandrechte <Immobilien> (Hypotheken, Grundschulden)

- **Drittfinanzierung**
  - *Teilzahlungskredit*
    - A-Geschäft (z. B. Kaufschecks)
    - B-Geschäft (vermittelt für Kreditinstitute)
    - C-Geschäft (wie B-Geschäfte, aber Sicherung durch Wechsel)
  - *Factoring* (soweit nicht Refinanzierung)
  - *Leasing*

Abb. 6.4:   Kreditierung (Absatzfinanzierung)

Handwerksbetrieb durch seine entsprechend legitimierten Mitarbeiter notwendige Ware beim Händler abholen lassen, ohne dass diese größere Zahlungsmittel mit sich führen müssten. Üblicherweise quittiert der Mitarbeiter lediglich den Warenempfang. Teilweise wird dieses Verfahren auch von Tankstellen gegenüber Firmenkunden angewendet. Ein solcher **„Kauf auf Konto"** ist eine entsprechende Ausgestaltung dessen, was früher im „Tante-Emma-Laden" als „Anschreibenlassen" bezeichnet wurde. Die Höhe des Kreditlimits richtet sich danach, wie der Lieferant den Kunden persönlich und in seiner Bonität einschätzt (Personalkredit). Eine andere, zunehmend an Bedeutung gewinnende Ausgestaltung ist die Verwendung von **Kreditkarten.** Durch Vorlage einer gültigen und akzeptierten Kreditkarte und nach entsprechender Quittierung des Empfangsbelegs erhält der Kunde die Ware. Der eigentliche Zahlungsvorgang erfolgt später. Zumeist wird der Kunde erst beispielsweise zum Monatsende belastet. Auch der Lieferant erhält seine Bezahlung mit entsprechender zeitlicher Verzögerung. Es liegt also ein Kreditgeschäft vor, und zwar bei Einschaltung einer Kreditkartenorganisation als so genanntes Drei-Parteien-System (Kreditkartenorganisation – Vertragshändler – Karteninhaber). Die Kartenorganisation erhebt in aller Regel neben einer Jahresgebühr beim Karteninhaber eine Provision beim Händler, der somit nicht nur Kredit gewährt, sondern zugleich durch den Provisionsabzug auch eine Preisreduzierung hinnimmt. Er akzeptiert dies, weil er sich entsprechende Vorteile verspricht: Durch die Zahlungsverpflichtung der Organisation können auch Kredite an unbekannte Kunden (z. B. Laufkundschaft am Urlaubsort etc.) gewährt werden, sodass diese Zusatzkäufe vornehmen können, ähnlich wie auch im Falle von Spontankäufen, die oftmals unterbleiben würden, wenn der Kunde sich nicht durch das „Plastikgeld" den Kaufwunsch direkt erfüllen könnte. Gelegentlich geben größere Handelsorganisationen eigene Kreditkarten heraus oder versuchen besondere Formen der Zusammenarbeit mit Kreditinstituten, um die Provisionen (Preisabzüge) zu reduzieren und/oder eine stärkere Kundenbindung zu erreichen.

Von einem **B-Geschäft** wird gesprochen, wenn der Lieferant dem Käufer Teilzahlungen einräumt, mit oder ohne Anzahlung im Zeitpunkt der Warenübergabe. Der Käufer zahlt den Restbetrag in gleich bleibenden oder seinen Bedürfnis-

sen angepassten variablen Raten ab. Häufig werden die Kreditzinsen in marktüblicher Weise erhoben, sodass der Kunde sich möglichst nicht veranlasst sieht, nach anderen Finanzierungsalternativen zu suchen, sondern direkt den Kredit und damit auch den Kaufvertrag annimmt. Gelegentlich wird jedoch auch die Unerfahrenheit des Kunden und sein schneller Wunsch nach Kauferfüllung durch die Berechnung zu hoher Zinsen ausgenutzt, insbesondere, wenn der Unterschied zwischen Nominal- und Effektiv-Zins nicht deutlich wird. Eine auf nachhaltige Kundenbindung ausgerichtete Marketing- und Kreditpolitik wird dies eher mit Skepsis betrachten. Soweit auf die Berechnung von Kreditzinsen auch bei Teilzahlungsgeschäften verzichtet wird, liegt letztendlich eine indirekte Preisreduzierung vor.

Das **C-Geschäft** basiert (in Erweiterung zum B-Geschäft) auf einem Wechselakzept, sodass bei Zahlungsverzug auf die besonders strengen Regelungen des Wechselrechts zurückgegriffen werden kann. Eine durch die Hereinnahme von Wechseln abgesicherte Kreditgewährung kann in Form einer Einmalzahlung oder auch in Form von Teilzahlungsgeschäften erfolgen.

Eine besondere Form ist der so genannte **Mietkauf**, bei dem das Produkt zunächst „nur" an den Kunden vermietet wird, jedoch mit der Vereinbarung, dass beim späteren Kauf die Mietzahlungen (ganz oder teilweise, z. B. nach Abzug für Zinsen) angerechnet werden.

- **Refinanzierung**

Der Begriff der Refinanzierung wird im Rahmen der Kreditpolitik nicht einheitlich verwendet. Zum einen kann hierunter eine zusätzliche Absicherung des Kredits verstanden werden (so auch Pepels, Marketing), zum anderen bedeutet dies, dass der Lieferant zwar in Vereinbarung mit dem Kunden direkt den Kredit gewährt, sich diesen Kredit jedoch seinerseits finanzieren lässt (Re-Finanzierung).

Zur **Kreditabsicherung** stehen verschiedene Möglichkeiten zur Verfügung (siehe hierzu ebenso wie zu dem später noch behandelten Factoring und Leasing den Beitrag „Finanzwesen" in Teisman/Birker „Handbuch praktische Betriebswirtschaft"). Die einfachste Form ist der **Eigentumsvorbehalt,** der bedeutet, dass der Kunde zwar Besitzer der Ware wird, das endgültige Eigentumsrecht jedoch erst nach vollständiger Kaufpreiszahlung erhält. Auf Sonderformen des erweiterten bzw. verlängerten Eigentumsvorbehalts soll hier nicht weiter eingegangen werden. Eine weitere Form ist die **Personalsicherheit,** bei der eine dritte Person neben dem Kreditnehmer die Haftung für den Kredit übernimmt; unterschieden wird in Bürgschaft (Ausfall- oder selbstschuldnerische Bürgschaft), Garantie, Kreditauftrag oder Schuldnerbeitritt. Gerade im Außenhandel hat insbesondere der Kreditauftrag besondere Bedeutung. Bei dinglicher Sicherheit, auch **Realsicherheit** genannt, werden demgegenüber Sachwerte zur Sicherung eines Kredits zur Verfügung gestellt. Nach Art der Sicherheit lässt sich unterscheiden in bewegliches und unbewegliches Vermögen, also in Mobiliar-Pfandrechte und Immobilien. Zur ersteren Gruppe zählen neben dem erwähnten Eigentumsvorbehalt die Sicherungsübereignung, Sicherungsabtretung und Forderungsabtretung, Pfandrechte, Akzeptkredite oder für den Außenhandel bedeutsame Aval- und Lombard-Kredite. Rechte an unbeweglichem Vermögen (Immobilien), so genannte Grundpfandrechte, können in Form von Hypotheken oder Grundschulden gestellt werden. Durch die Institution der beim Amtsgericht geführten Grundbücher weisen sie eine besondere Rechtssicherheit auf.

Refinanzierungen aus der Sicht des Lieferanten erfolgen, wenn er die ihm durch die Kreditge-

währung entstehenden Forderungen seinerseits abtritt, um so dennoch entsprechende Finanzierungsmittel zu erhalten. In diesem Falle gewährt zwar der Lieferant den Kredit, er finanziert ihn aber nicht, oder zumindest nicht vollständig. In aller Regel verbleibt das Ausfallrisiko (also dass der Kunde nicht zahlungsfähig ist bzw. bleibt) beim Lieferanten. Zum einen können die Forderungen sicherheitshalber abgetreten werden, z. B. an eine Bank als Sicherheit für zusätzliche Kredite. Zum anderen besteht die Möglichkeit, die Forderungen auch zu verkaufen, beispielsweise im Rahmen des so genannten **Factoring.** Zumeist wird Factoring im Zusammenhang mit der nachfolgend zu behandelnden Drittfinanzierung aufgeführt, dieser Praxis wird hier deshalb teilweise auch gefolgt. Unter systematischen Aspekten erscheint dies jedoch nur im Falle eventueller Sonderformen sinnvoll und wenn der Factor (Käufer der Forderung) dem Kunden als zusätzlicher Vertragspartner bereits bei Abschluss des Kauf- und Kreditvertrages bekannt ist. Factoring ist der Kauf von Geldforderungen mit Ausnahme von Darlehensforderungen, unabhängig davon, ob der Käufer der Forderung die Haftung für die Zahlungsfähigkeit des Schuldners (Kunden) übernimmt oder ob diese beim ursprünglichen Verkäufer verbleibt. Zur Struktur des Factoring siehe Abb. 6.5.

• **Drittfinanzierung**
Typisch für die Drittfinanzierung ist, dass dem Kunden der Kredit nicht durch den Lieferanten, sondern durch einen Dritten gewährt wird. Recht-

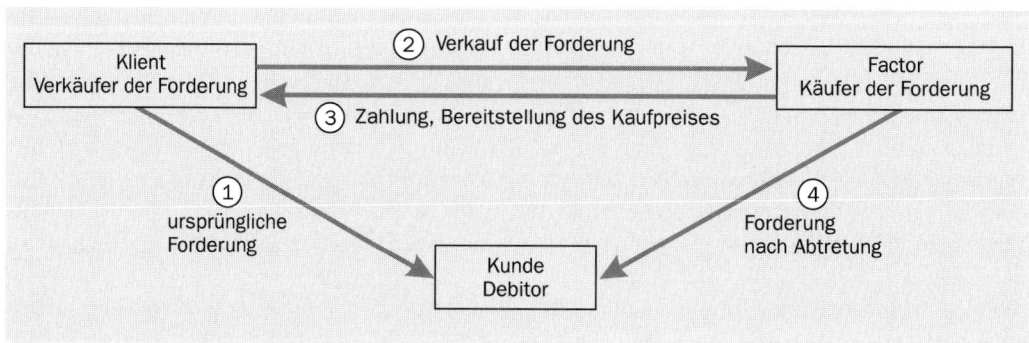

Abb. 6.5: Beteiligte am Factoring

lich entstehen zwei selbstständige Vertragsabschlüsse: der Kreditvertrag und der Kaufvertrag. Zum kreditpolitischen Instrumentarium des Lieferanten wird er jedoch, wenn dieser aktiv bei der Vermittlung mitwirkt oder in sonstiger Weise mit dem Kreditgeber zusammenarbeitet. Bezüglich der Kreditsicherungen bestehen die gleichen Möglichkeiten, wie sie unter der Refinanzierung aufgeführt wurden. Auch in der Ausgestaltung bestehen wesentliche Übereinstimmungen mit den A-, B- und C-Geschäften, wie sie bei der Alleinfinanzierung dargestellt wurden; dies wird nachfolgend unter „Teilzahlungskredit" entsprechend erläutert. Daran anschließend wird die Ausgestaltung als Factoring behandelt und schließlich die Möglichkeit des Leasings.

Teilzahlungskredit

Im weitesten Sinne ist hierunter jeder in der Regel an Verbraucher – aber auch an Gewerbliche, insbesondere Kleinbetriebe – gerichtete Kredit zu verstehen, der in fest vereinbarten Raten (Teilzahlungen) zurückzuzahlen ist. Ist das Kreditgeschäft unabhängig vom eigentlichen Warengeschäft und wird es von einem Kreditinstitut ausgeführt, so spricht man von einem organisierten Teilzahlungskredit oder auch Konsumentenkreditgeschäft. Demgegenüber liegt ein nicht organisierter Teilzahlungskredit vor, wenn der Teilzahlungskredit direkt vom Verkäufer gewährt wird (siehe Alleinfinanzierung).

Von einem Teilzahlungskredit im engeren Sinne wird gesprochen, wenn der von einem Kreditinstitut gewährte Kredit zweckgebunden ist, d. h. nur zum Kauf bei Unternehmen genutzt werden kann, mit denen das Kreditinstitut entsprechende Rahmenkreditverträge abgeschlossen hat. Hier wird dann wieder in A-, B- und C-Geschäfte unterschieden.

Ein A-Geschäft liegt vor, wenn der Kunde „Kaufschecks" oder ähnliche Zahlungsanweisungen erhält, die er beim Kauf als Zahlungsmittel in Einzelhandelsunternehmen verwenden kann, mit denen die Bank entsprechende Verträge abgeschlossen hat.

Beim B-Geschäft wird der Teilzahlungskredit durch den Lieferanten auf der Basis eines mit dem Kreditinstitut abgeschlossenen Rahmenfinanzierungsvertrages vermittelt, in dem die einzelnen Konditionen, Formalitäten und Haftungsfragen geregelt sind. Man spricht hier auch vom Kaufkredit.

Das C-Geschäft ist dem B-Geschäft vergleichbar, jedoch werden hier jeweils vom Verkäufer die einzelnen Raten (Teilzahlungen) zu Gunsten des Kreditinstituts durch einen auf den Kunden gezogenen Wechsel ausgestellt. Diese Form ist beispielsweise auch beim Kauf von Kraftfahrzeugen anzutreffen bei gleichzeitiger Hinterlegung des Kfz-Briefes.

Factoring

Factoring wurde bereits unter „Refinanzierung" insoweit behandelt, als der Verkäufer dem Kunden für die Bezahlung der Ware einen Kredit gewährt und die sich daraus ergebende Forderung in einem weiteren Schritt an den Factor verkauft, der damit die Forderung erwirbt (siehe auch Abb. 6.5). Wird dieser Vorgang dem Kunden nicht angezeigt, so zahlt er folglich auch weiterhin an seinen Lieferanten. Dies wird als „stilles Factoring" bezeichnet.

Beim „offenen Factoring" wird der Kunde über den Verkauf der gegen ihn bestehenden Forderungen an den Factor unterrichtet. Dies bedeutet grundsätzlich (auf Ausnahmen soll hier nicht eingegangen werden), dass Zahlungen nur noch an den Factor zu leisten sind. Die Drittfinanzierung ist hier also dem Kunden bekannt. Im Rahmen des Factoring-Vertrages kann der Factor neben der Finanzierungsfunktion auch Dienstleistungsfunktionen (Debitoren-Buchführung, Bonitätsprüfung, Beratung und sonstigen Service) sowie die Delkredere-Funktion (Risiko des Forderungsausfalls) übernehmen. In der Regel erfolgt Factoring bei Lieferungen an gewerbliche Abnehmer mit Kreditierungen von üblicherweise nicht mehr als 90 Tagen im Inland bzw. 120 Tagen im Ausland. Besonders sinnvoll ist es, wenn entsprechende Kreditgeschäfte immer wieder mit gleichen Kunden vorgenommen werden, da so die jeweilige Bonitätsprüfung durch Gewährung eines Kreditrahmens ersetzt werden kann, wodurch die Abwicklung erleichtert wird.

Leasing

Als Leasing wird die mittel- oder langfristige Nutzungsüberlassung von beweglichen oder unbeweglichen Investitionsgütern oder langlebigen Konsumgütern gegen Zahlung eines Mietzinses, der Leasing-Rate, bezeichnet. Dabei kann der spätere Eigentumserwerb an den Leasing-Objekten ermöglicht sein – dies ist jedoch nicht Voraussetzung. Im Vordergrund für den Leasing-Nehmer steht die Nutzung, also das Leistungspotenzial aus der Überlassung des Leasing-Gutes, und weniger das Eigentumsrecht.

Partner des Leasing-Vertrages sind der Leasing-Geber als Finanzier und der Leasing-Nehmer, z. B. der potenzielle Kunde, welcher gegen Zahlung eines Entgeltes für die Nutzungsüberlassung, das als Leasing-Rate bezeichnet wird, den Vertragsgegenstand, das Leasing-Objekt, benutzt. Der eigentliche Kaufvertrag über das Leasing-Gut wird zwischen dem Lieferanten und dem Leasing-Geber geschlossen, also nicht mit dem Kunden, der jedoch, wie gesagt, als Leasing-Nehmer das Nutzungsrecht erhält (siehe auch Abb. 6.6).

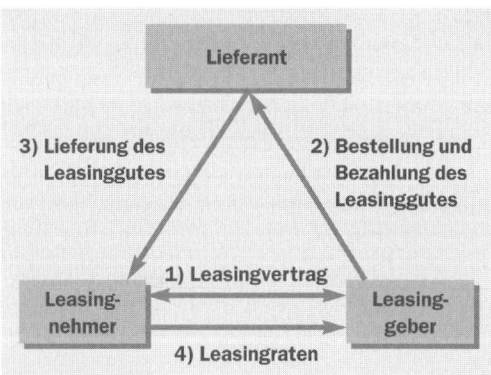

Abb. 6.6:   Leasing

Leasing hat zunehmend an Bedeutung gewonnen, sowohl bei Gütern für den gewerblichen Gebrauch als auch für die Privatnutzung, hier vor allem im Kfz-Bereich. Eine besondere Form liegt vor, wenn der Hersteller des Leasing-Gutes gleichzeitig der Leasing-Geber ist, man spricht hier vom direkten Leasing oder auch vom Hersteller-Leasing. Eine Reihe von Firmen, gerade auch im Automobilbereich, haben eigene Leasing- und Finanzierungsgesellschaften gegründet, um über ihre Händler nicht nur den Verkauf ihrer Produkte, sondern zugleich auch eine Finanzierung anbieten zu können, häufig mit besonders attraktiven Zinsen und sonstigen dem Produkt angepassten Konditionen.

Abschließende Betrachtung zur Kreditpolitik

Der Kreditkauf spielt im Handel eine wesentliche Rolle. Nach Veröffentlichungen der Creditreform werden fast 40 % der Käufe im Einzelhandel in irgendeiner Form durch Ratenzahlungsgeschäfte abgewickelt, von den Branchen sind dabei besonders betroffen: Fahrzeuge (76 %), Elektrogeräte (66 %), Landprodukte (56 %), Büroeinrichtungen (50 %), Möbel (41 %) und auch Glas, Porzellan, Optik, Schmuck, Sportartikel und Geschenkartikel liegen noch zwischen 33 und 22 %. Diese Zahlen verdeutlichen, wie wesentlich die Absatzbemühungen des Händlers durch eine optimale Kreditpolitik unterstützt werden können. Hierbei gilt – wie in anderen Bereichen des Marketings und der strategischen Planung auch – dass die Ausgestaltung der angebotenen Absatzfinanzierung dann einen Wettbewerbsvorteil darstellt, wenn sie in der Beurteilung durch den Kunden zumindest gleich, möglichst besser ist als die der Konkurrenz. Insoweit kann erwartet werden, dass der Handel die sich in der Kreditpolitik bietenden Möglichkeiten kreativ und mit kundenadäquaten Varianten nutzen wird.

Je leichter es jedoch dem Kunden gemacht wird, auf Kredit zu kaufen – sich also letztendlich zu verschulden –, desto mehr ist neben den Absatzchancen auch das Ausfallrisiko zu beachten. Kreditgeschäfte eignen sich nur für „kreditwürdige" Kunden. Trotz aller hier gebotenen Vorsicht sollte jedoch, wie bereits erwähnt, die Würde des Kunden, der einen Kredit aufnimmt, gewahrt bleiben in der Art und Weise, wie das Kreditgeschäft vorbereitet, behandelt und abgewickelt wird. Auch ein auf Kredit kaufender Kunde bleibt ein Kunde. Fühlt er sich eher als Bittsteller behandelt, kann es sein, dass er als Stammkunde verloren geht.

6.2 Preistheoretische Ansätze

Lange Zeit dominierten die Erkenntnisse der Mikro-Ökonomie im Rahmen der Volkswirtschaft die Theorie der Preispolitik. Ein Grund liegt darin, dass in der marktwirtschaftlich orientierten Wirtschaft die Preisbildung wesentlich vom Markt – also außerhalb der Autonomie des Unternehmens – bestimmt wird.

Ein zweiter Grund dürfte darin zu finden sein, dass die vielfältigen betriebsindividuellen Verhaltensweisen und Möglichkeiten der Preisgestaltung sich nur schwer in ein praktikables und eindeutig determiniertes Modell fassen lassen. Daher hat sich die Betriebswirtschaftslehre dieses für die Praxis relevanten Themas erst relativ spät intensiver angenommen und zunächst auf den in der Mikro-Ökonomie geschaffenen Modellen aufgebaut. In diesem Abschnitt werden deshalb die preistheoretischen Ansätze behandelt, da sie trotz aller Abstraktion einen Einblick in wesentliche Zusammenhänge ermöglichen.

6.2.1 Der Markt als Modell

In der Wirtschaftswissenschaft wird unter Markt ganz generell das Zusammentreffen von Angebot und Nachfrage verstanden. Im allgemeinen Sprachgebrauch sind auch spezielle Bedeutungen üblich, die nach Raum (z. B. Marktplatz), bestimmten Ereignissen (z. B. Wochen-, Vieh- oder Mai-Markt) oder Institutionen (z. B. die Börse) differenzieren.

Modelle dienen dazu, oft sehr komplexe Zusammenhänge übersichtlicher darzustellen. Dies geschieht zum einen durch die Abstraktion von der individuellen Vielfalt auf gruppenspezifische Elemente; hier wären dies die Gemeinsamkeiten zwischen den Marktbeteiligten. Zum anderen wird in Bezug auf die Funktionen, also die Austauschbeziehungen zwischen den Marktteilnehmern, gleichfalls ein normiertes Verhalten unterstellt, zum Teil mit Reduktion auf wesentliche Aspekte. Insoweit ist ein Modell niemals die Wirklichkeit, es kann jedoch helfen, die Übersicht zu gewinnen – so wie die Landkarte nur ein Bild ist, aber zur Orientierung hilfreich ist.

6.2.1.1 Angebot und Nachfrage

Wie bereits gesagt, bestimmt sich der Markt durch Angebot und Nachfrage von Gütern und Dienstleistungen. In marktwirtschaftlich orientierten Volkswirtschaften, von denen nachfolgend ausgegangen wird, erfolgt die Regulierung über den Preis, d. h., Preis und Menge stehen in bestimmter Relation zueinander (in zentralistischen Planwirtschaften werden dagegen Mengen und Preise durch zentrale Lenkungsstellen vorgegeben, die Marktregulierung wird also außer Kraft gesetzt).

Auf der Angebotsseite wird davon ausgegangen, dass diese sich mengenmäßig erweitert, wenn der Preis der Güter steigt, bzw. sich reduziert, wenn die Preise sinken. Zu Grunde liegt hier also die Überlegung, dass bei höheren Preisen und damit besseren Gewinnchancen mehr Unternehmen bereit sind, Güter und Dienstleistungen anzubieten. Entsprechend werden sich umgekehrt Unternehmen aus dem Markt zurückziehen, wenn die Preise sinken (siehe Abb. 6.7).

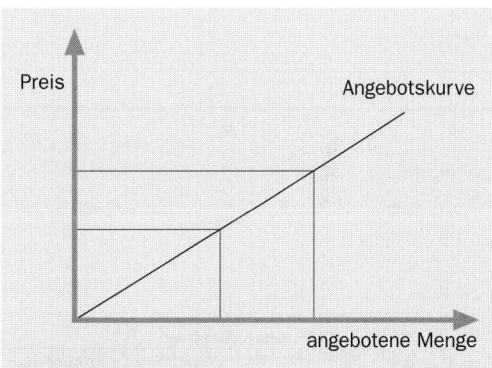

Abb. 6.7: Angebotskurve

Vorsorglicher Hinweis: Die Angebotskurve darf also nicht mit der Kostenkurve eines Betriebes verwechselt werden, die üblicherweise (zumindest in bestimmten Bereichen) auf Grund der besseren Fixkostenauslastung mit zunehmender Menge sinkt.

Die Nachfragekurve verläuft in der Regel entgegengesetzt (siehe Abb. 6.8). Es wird also davon ausgegangen, dass bei hohen Preisen grundsätzlich weniger Käufer bereit sind, eine Ware

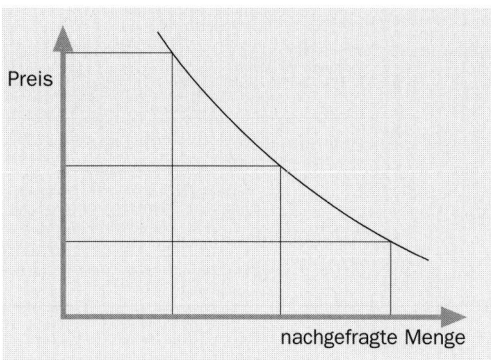

Abb. 6.8:   Nachfragekurve

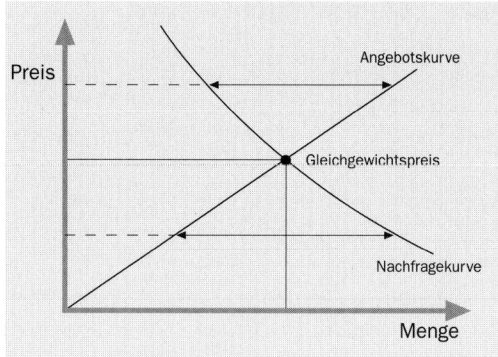

Abb. 6.9:   Gleichgewichtspreis

abzunehmen – nachzufragen – als bei niedrigeren Preisen. Inwieweit die mengenmäßige Nachfrage auf Preisveränderungen reagiert, wird im Unterabschnitt 6.2.3.1 unter „Preiselastizität" weiter behandelt. Hier sei nur bereits darauf hingewiesen, dass die Kurve steiler verläuft, wenn die mengenmäßige Reaktion auf die Preise geringer ist, und flacher im umgekehrten Fall – die Abbildung gibt also nur die Tendenz des Kurvenverlaufs wieder, nicht die tatsächliche Lage im konkreten Fall, Entsprechendes gilt auch für die Angebotskurve.

Schließlich sei der Vollständigkeit halber schon darauf hingewiesen, dass es von den aufgezeigten Tendenzen im Verhalten der Anbieter und Nachfrager in besonderen Fällen Ausnahmen geben kann.

6.2.1.2 Gleichgewichtspreis

Als Schnittpunkt zwischen den in umgekehrten Richtungen verlaufenden Angebots- und Nachfragekurven ergibt sich der Preis, bei dem genauso viel Güter und Dienstleistungen angeboten wie auch nachgefragt werden. Dies wird als der Gleichgewichtspreis bezeichnet (siehe Abb. 6.9). Läge der Preis höher, so würde mehr angeboten als nachgefragt; bei einem niedrigeren Preis wäre die mengenmäßige Nachfrage größer als das Angebot. Tendenziell wird davon ausgegangen, dass sich Angebot und Nachfrage zu einem partiellen Marktgleichgewicht hin bewegen, soweit bestimmte Voraussetzungen gegeben sind, die nachfolgend behandelt werden.

6.2.1.3 Grundannahmen

Die mikro-ökonomische Preistheorie basiert auf Grundannahmen, durch die die eindeutige Ableitung von Folgerungen möglich wird. Damit sind zwar die Schlussfolgerungen im Wesentlichen unangreifbar, jedoch entfernt sich das Modell durch die Unterstellung dieser Prämissen von der praktischen Realität.

Die relevantesten Annahmen sind:

- **Deterministisches Umfeld;** externe Einflüsse finden entweder nicht statt oder können kontrolliert werden. Es wird also ein geschlossenes System beschrieben, ohne Vernetzungen und öffnende Verbindungen zu weiteren oder übergeordneten Systemen. Auch die einzelnen Märkte werden als weitgehend unabhängig betrachtet, beispielsweise wird der im vorigen Unterabschnitt genannte Gleichgewichtspreis vorausgesetzt, abstrahiert von anderen Märkten (formuliert wird dies oft mit „unter sonst gleich bleibenden Bedingungen" bzw. als „Ceteris-paribus-Voraussetzung").

- **Einproduktunternehmen;** dies bedeutet, die Anbieter brauchen bei ihren Entscheidungen keine Rücksicht auf andere Produkte (z. B. Kuppelproduktion, Mehrprodukt-Unternehmen oder Absatz- und Beschaffungsverbund) zu nehmen und sind somit auch in ihrer Preisfestsetzung für ein Produkt von solchen Einflüssen frei.

- **Freie Preisbildung am Markt;** übergeordnete Eingriffe, z. B. durch den Staat oder auch durch Kartellbildung oder Ähnliches, wird ausgeschlossen.

- **Vollständige Markttransparenz;** die Marktpartner – Anbieter und Nachfrager – besitzen über den Markt vollkommene Information und können diese auch entsprechend umfassend bearbeiten. Dies bezieht ein, dass Nachfrager auch eine vollständige Kenntnis ihrer eigenen Bedürfnisse besitzen.

- **Unendlich hohe Reaktionsgeschwindigkeit;** Nachfrager und Anbieter können auf Grund ihrer Informationen ohne zeitliche Verzögerung reagieren; Angebote können flexibel der Marktpreisentwicklung angepasst werden, ohne auf Stilllegungs-, Wiederanlauf- und Liquiditätskosten achten zu müssen.

- **Rationalverhalten der Marktteilnehmer;** Anbieter orientieren sich an der Gewinnmaximierung, Nachfrager kaufen jeweils die beste Leistung zum günstigsten Preis.

- **Keine Präferenzen persönlicher, sachlicher, räumlicher oder zeitlicher Natur;** diese Angabe der Homogenität ergänzt den vorhergehenden Punkt.

- **Einstufige Marktbeziehung;** d. h., Anbieter treten direkt mit Abnehmern am Markt in Kontakt, ohne zwischengeschaltete Absatzmittler, also auch ohne Einflüsse mehrstufiger Distributionswege.

- **Einperiodische Marktsituation;** aktuelle Entscheidungen werden weder durch vorangegangene Entscheidungen früherer Perioden noch durch Vorausplanungen für künftige Vorhaben beeinflusst.

Eine Bewertung der Grundannahmen soll hier nicht vorgenommen werden. Sie drücken auch nicht die Überzeugung aus, dass diese Beschreibungen die Realität repräsentieren, sondern machen lediglich methodisch deutlich, unter welchen Prämissen die Schlussfolgerungen eindeutig sind. Zugleich bieten sie damit die Chance, zu erkennen, unter welchen Aspekten sich zusätzliche Einflussmöglichkeiten ergeben.

6.2.2 Marktformen

Ein weiterer wesentlicher Einfluss auf das Marktgeschehen – und damit auch auf die Preisbildung – geht vom Wettbewerb aus. Gibt es nur einen Anbieter auf dem Markt, so ist dieser in seinen Entscheidungen freier, als wenn er einer unter vielen wäre. Entsprechendes gilt auch für die Nachfrageseite. Üblich ist es sowohl für die

Nachfrage \ Angebot	einer	wenige	viele
einer	Bilaterales Monopol	Beschränktes Nachfragemonopol	Nachfragemonopol
wenige	Beschränktes Angebotsmonopol	Bilaterales Oligopol	Nachfrageoligopol
viele	Angebotsmonopol	Angebotsoligopol	Vollkommene (atomistische) Konkurrenz (bilaterales Polypol)

Abb. 6.10: Marktformen

Angebots- als auch für die Nachfrageseite, zu unterscheiden, ob nur einer, wenige oder viele auf dem Markt auftreten. Hieraus ergeben sich die in Abb. 6.10 dargestellten neun möglichen Marktformen.

Üblicherweise agiert der Händler auf Märkten mit einer Vielzahl von Nachfragern. Hieraus ergeben sich dann für den Anbieter drei typische Verhaltensmuster:

- **Angebotsmonopol**

Hier muss nicht auf Konkurrenz Rücksicht genommen werden, die monopolistische Preispolitik wird nur durch die eigenen Zielsetzungen des Unternehmens und das Verhalten der Nachfrager (Nachfragekurve) bestimmt.

- **Vollkommene Konkurrenz**

Hier herrscht also eine Konkurrenzsituation, in der der einzelne Anbieter zum einen ersetzbar und andererseits seine Marktmacht so gering ist, dass die Konkurrenz auf seine Preisänderungen nicht reagieren wird. Bei dieser – auch als polypolistisch bezeichneten – Verhaltensweise wird der Anbieter zum „Mengenanpasser", d. h., er akzeptiert den Marktpreis und bietet so viel Ware an, wie es sein Leistungsvermögen und seine Kostenstruktur im Sinne einer Gewinnmaximierung zulässt. Würde er den Preis erhöhen, verlöre er seinen gesamten Absatz; auch Preissenkungen würden ihm keinen Vorteil bieten (höchstens sehr kurzfristig und unter Verzicht auf Gewinnmaximierung).

- **Angebotsoligopol**

Es ist gekennzeichnet durch Konkurrenz unter relativ wenigen Anbietern, von denen zwar jeder Einfluss auf die Nachfrager nehmen kann, dabei aber das Verhalten und die Reaktion seiner Konkurrenten berücksichtigen muss. Im Oligopol haben die Anbieter verschiedene Verhaltensalternativen. Zum einen können sie durch Akzeptanz des bestehenden Preisniveaus eine relative Konstanz und Stabilität anstreben. Zum anderen können sie in einen verstärkten Wettbewerb eintreten und über Preissenkungen (vom Einsatz anderer marketingpolitischer Instrumenta-

rien wird hier abstrahiert) ihren mengenmäßigen Absatz zu vergrößern suchen. Schließlich könnten die Anbieter durch offene Absprachen oder stillschweigende Abstimmung im Gleichklang ihre Preise heraufsetzen, um den Gewinn zu maximieren, also durch eine Art Kartell gemeinsam eine weitgehend monopolistische Position einnehmen.

6.2.3 Einflüsse auf die Preisbildung

Bevor die Preisfestsetzung der Anbieter entsprechend den unterschiedlichen Marktgegebenheiten im Sinne einer Gewinnmaximierung weiterbehandelt werden kann, ist zunächst zu beachten, inwieweit der Markt auf Preisänderungen durch Mengenänderungen reagiert, da erst die Multiplikation aus Preis und Menge den Umsatz des einzelnen Anbieters ergibt.

6.2.3.1 Preiselastizität

Das Verhältnis zwischen Preisänderung zu der dadurch bewirkten Veränderung der Absatzmenge wird als „Preiselastizität der Nachfrage" oder „Absatzelastizität" bezeichnet. Die Preiselastizität wird als Koeffizient (e) berechnet: als das Verhältnis prozentualer Mengenänderung (m) zu prozentualer Preisänderung (p), siehe auch Abb. 6.11. Wie die Abbildung zugleich veranschaulicht, gilt die Preiselastizität stets für einen bestimmten Punkt auf der Absatzkurve (Punktelastizität), unabhängig davon, ob es sich um eine Gerade oder eine Kurve handelt. Üblicherweise wird von einer fallenden Absatzkurve

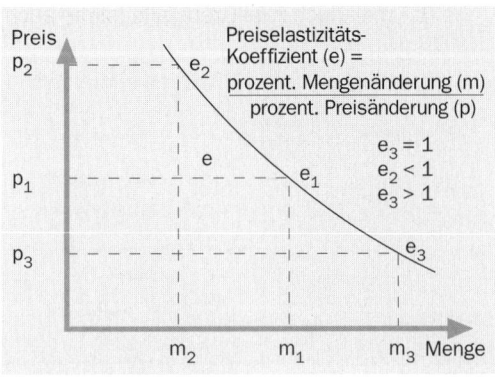

Abb. 6.11: Preiselastizität

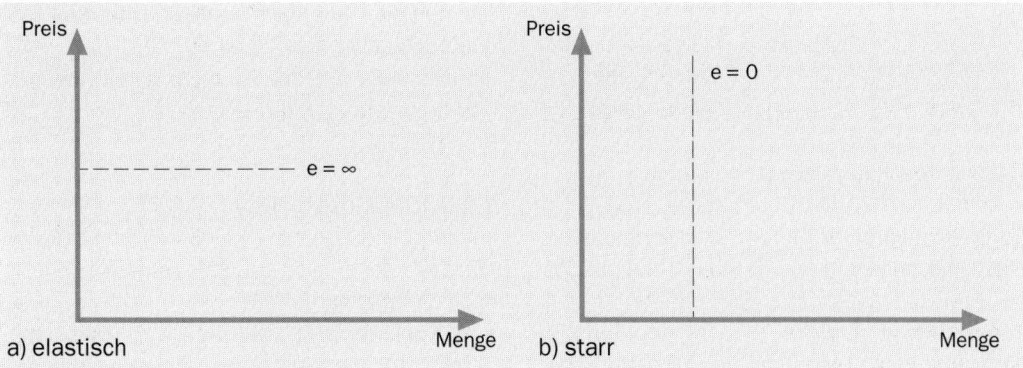

Abb. 6.12: Vollkommene Nachfrage

ausgegangen, was dazu führt, dass entweder die prozentuale Änderung des Preises positiv und die der Menge negativ ist, oder umgekehrt (p negativ, m positiv). Insoweit ergäbe sich „e" immer als Minuswert. Dies wird jedoch üblicherweise nicht übernommen; durch Multiplikation mit „– 1" wird der Elastizitätskoeffizient bei normaler Nachfragekurve somit positiv.

Die Preiselastizität der Nachfrage lässt sich zunächst in drei Gruppen unterscheiden:

• e = 1; die Absatzmenge verändert sich prozentual im gleichen Maße wie der Preis; das Produkt aus Preis und Menge (Umsatz) bleibt konstant.

• e > 1; bei einer Preiserhöhung geht die Nachfragemenge in prozentual stärkerem Maße zurück, damit wird auch der Umsatz kleiner.

• e < 1; bei einer Preiserhöhung sinkt die Nachfragemenge prozentual schwächer; es steigt somit der Umsatz.

Hinzu kommen noch zwei Grenzfälle (siehe auch Abb. 6.12).

• e = ∞; hier wird von vollkommen elastischer Nachfrage gesprochen, was besagt, dass bei einem bestimmten Preis jede beliebige Menge abgesetzt werden kann, jedoch bei einer Preiserhöhung die Nachfrage = 0 wird.

• e = 0, bei einer Preiserhöhung bleibt die Nachfragemenge gleich (es steigt also der Umsatz), hier wird von vollkommen starrer Nachfrage gesprochen, sie kommt nur in ganz seltenen Situationen (kleine Mengen bei existenznotwendigen Gütern) vor.

Lebensnotwendige und existenzsichernde Güter weisen zumeist eine sehr geringe bis starre Elastizität auf, während Luxusgüter relativ elastisch sind. Eine weitere Ausnahme gegenüber der normalen Reaktion liegt vor, wenn die Absatzmenge mit steigendem Preis gleichfalls zunimmt. Gründe hierfür können sein: der Snob-Effekt (es wird mehr gekauft, weil es sich andere nicht leisten können), Mitläufer-Effekt (es wird trotz steigenden Preises mehr gekauft, weil es andere tun und man zeigen will, dass man es auch kann), Veblen-Effekt (man möchte durch aufwändigen Konsum auffallen) oder Preis als Qualitätsmaßstab (das Produkt wird auch qualitativ akzeptiert, gerade weil der Preis höher ist).

Die bisherigen Aussagen zur Preiselastizität unterstellen, dass die Nachfrager nicht auf andere Güter ausweichen können und dass sie über ein konstantes gegebenes Einkommen verfügen. Inwieweit sich jedoch auch hieraus Abhängigkeiten ergeben können, zeigt sich in entsprechenden weiteren Elastizitäts-Berechnungen: Kreuzpreis-Elastizität der Nachfrage und Einkommens-Elastizität der Nachfrage.

Kreuzpreis-Elastizität der Nachfrage

Sie bezeichnet das Maß für die Abhängigkeit der Nachfrage eines Gutes vom Preis eines anderen Gutes. Sie gibt somit die relative Mengenveränderung eines Produktes A – bei unverändertem Preis dieses Produktes – im Verhältnis zur relativen Preisänderung eines Produktes B an (siehe Abb. 6.13).

$$e_{A,B} = \frac{\text{relative Mengenänderung des Produktes A}}{\text{relative Preisänderung des Produktes B}}$$

Abb. 6.13: Kreuzpreiselastizität der Nachfrage

Bei substituierbaren Gütern ist die Kreuzpreis-Elastizität positiv, d. h., die Absatzmenge sinkt bei Preissenkungen des Substitutionsproduktes bzw. steigt bei Preiserhöhung des Substitutionsproduktes. Produkte sind substituierbar, wenn sie im Urteil der Nachfrager als weitgehend gleich und damit ersetzbar angesehen werden.

Bei Komplementär-Produkten ist die Kreuzpreis-Elastizität negativ, d. h. eine Preissteigerung des einen Produkts führt auch zu relativem Mengenrückgang beim anderen Produkt bzw. eine Preissenkung zur relativen Mengensteigerung. Komplementarität kann sich beispielsweise ergeben beim Verkauf von Verbandskästen in Abhängigkeit zum Verkauf von Neuwagen.

Einkommenselastizität der Nachfrage

Sie gibt Auskunft über das Verhältnis der relativen Nachfrageänderung zu einer relativen Einkommensänderung bei gleich bleibenden Preisen (siehe Abb. 6.14).

$$e_y = \frac{\text{relative Nachfrageänderung}}{\text{relative Einkommensveränderung}}$$

Abb. 6.14: Einkommenselastizität der Nachfrage

Die Einkommenselastizität kann entweder positiv sein (mit dem Einkommen steigt auch die Nachfrage) oder negativ. Entsprechend unterschiedlich wird die Reaktion des Anbieters ausfallen müssen, auch hinsichtlich seiner Preisgestaltung. Soweit bei steigendem Einkommen die Nachfrage nach einem bestimmten Gut sinkt, wird auch von inferioren Gütern gesprochen. Als superiore Güter werden dagegen solche bezeichnet, deren Nachfrage bei steigendem Einkommen gleichfalls steigt, beispielsweise Luxusgüter.

Die Kenntnis der Nachfrageelastizität des Produktangebots eines Unternehmens kann also hilfreich sein bei der Festlegung des eigenen Marktverhaltens und hier insbesondere bei der Preisbildung.

6.2.3.2 Marktverhalten

Im Markt und hier insbesondere in ihrer Preisgestaltung können sich Anbieter dem Grundprinzip nach wie folgt verhalten:

- polypolistisch, charakterisiert als vollkommene Konkurrenz durch das Agieren vieler Anbieter und Nachfrager;
- monopolistisch, als Angebotsmonopolist steht nur ein Anbieter einer Vielzahl von Nachfragern gegenüber;
- oligopolistisch, im Angebotsoligopol treten nur wenige Anbieter auf, die in ihrem Verhalten die Reaktionen der Konkurrenz entsprechend beachten müssen.

Im Wesentlichen werden also die Verhaltensweisen durch die Stellung im Markt bestimmt, siehe auch den Unterabschnitt 6.2.2 „Marktformen"; auf Abweichungen soll hier nicht eingegangen werden. Auch wird die entsprechende Preisbildung hier nur in den Grundzügen behandelt.

Preisbildung bei vollkommener Konkurrenz

Wie bereits unter „Marktformen" ausgeführt, hat hier der einzelne Anbieter so wenig Einfluss auf eine Veränderung der Nachfragekurve und die Verhaltensweisen seiner Mitbewerber, dass er sich den Marktgegebenheiten anpassen muss. Dies bedeutet, er wird den Preis, der sich am Markt gebildet hat (Gleichgewichtspreis), akzeptieren, da er bei Preiserhöhungen seinen gesamten Absatz verlieren würde (unter der Annahme vollständiger Information und zeitloser Reaktion der Nachfrager) und bei Preisunterschreitungen nur kurzfristige Erfolge erzielen könnte, langfristig aber das Ziel der Gewinnmaximierung verfehlen würde. Er ist also ein reiner Mengenanpasser, d. h., ein solcher Betrieb hat zu ermitteln, mit welchem Mengenangebot er bei dem gegebenen Preis seinen Gewinn maximieren kann. Orientierung sind dabei die ihm entstehenden Kosten und dabei insbesondere die hieraus abgeleiteten Grenzkosten, d. h. die zusätzlichen Kosten, die bei der Vergrößerung der Produktionsmenge für die letzte Produktionseinheit verursacht werden. Solange die Grenzkosten niedriger sind als der Preis, erhöht er mit dem zusätzlichen Absatz seinen Gewinn. Werden die Grenzkosten höher als der Preis, so würde zwar mehr abgesetzt, jedoch zu Lasten seines Gesamtgewinns. Unter der Maxime der Gewinnmaximierung liegt also sein optimales Mengenangebot dort, wo seine betrieblichen Grenzkosten gleich dem Preis sind.

In Abb. 6.15 ist dies noch einmal aus der allgemeinen Aussage abgeleitet, dass das Gewinnmaximum dort liegt, wo Grenzkosten gleich Grenzerlös sind. Da der Anbieter in vollkommener Konkurrenz seine Grenzerlöse nicht im positiven Sinne beeinflussen kann, entsprechen sie mengenunabhängig dem vorgegebenen Marktpreis.

botenen Mengeneinheit die damit verbundenen Preisreduzierungen der bisherigen Absatzmenge gegenzurechnen sind. Somit verläuft die Grenzerlöskurve unterhalb der Preiskurve (gleich Nachfragekurve), siehe Abb. 6.16 a. Damit liegt ebenfalls der Schnittpunkt mit der Grenzkostenkurve unterhalb des ihm zugeordneten Preises, der auch als cournotscher Punkt (nach dem französischen Mathematiker und Volkswirt) bezeichnet wird.

Ergänzend sei darauf hingewiesen, dass dieses Gewinnmaximum unterhalb des Umsatzmaximums liegt (siehe Abb. 6.16 b). Der Umsatz ergibt sich aus Menge mal Preis; solange also der Grenzerlös positiv ist, wird durch Erhöhung der Absatzmenge der Umsatz vergrößert – da jedoch nach dem Schnittpunkt mit der Grenzkostenkurve bei fallenden Grenzerlösen die Kosten stärker steigen, wird dann mit zunehmendem

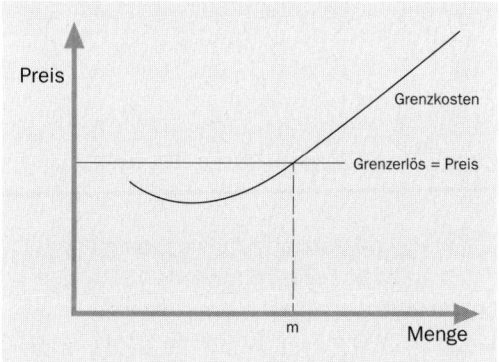

Abb. 6.15: Gewinnmaximum bei vollständiger Konkurrenz

Preisbildung beim Angebotsmonopol

Anders beim Angebotsmonopolisten. Da er einziger Anbieter ist, beeinflusst er mit seinem Mengenangebot zugleich die für die Nachfrage am Markt verfügbare Menge und somit auch den Preis, siehe auch Nachfragekurve in Abb. 6.8. Auch für ihn liegt das Gewinnmaximum dort, wo Grenzkosten gleich Grenzerlöse sind. Die Grenzerlöse sind jedoch hier nicht gleich dem Preis, da dem (niedrigeren) Preis der zusätzlich ange-

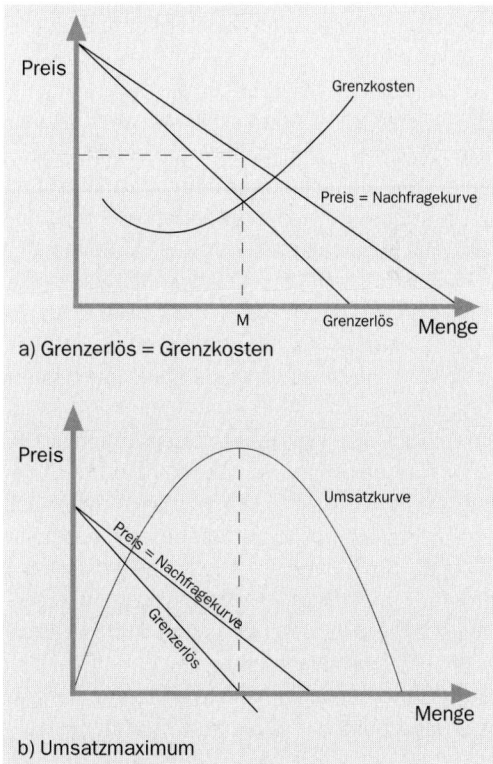

a) Grenzerlös = Grenzkosten

b) Umsatzmaximum

Abb. 6.16: Gewinnmaximierung beim Angebotsmonopol

Umsatz bei überproportional ansteigenden Kosten der Gesamtgewinn reduziert.

Preisbildung beim Oligopol

Von polypolistischer Konkurrenz und vom Monopol unterscheidet sich das Oligopol dadurch, dass der Anbieter bei seinen Aktionen nicht nur die Reaktionen der Kunden (Nachfrageseite) zu berücksichtigen hat, sondern auch die der Konkurrenten. Schwierigkeiten bei der Strategieentwicklung liegen daher in der plausiblen Vorhersehbarkeit dieser Reaktionen der Wettbewerber. Insoweit sind oft zwei Verhaltensweisen anzutreffen:

- Der Preis wird möglichst konstant gehalten, um nicht durch Veränderungen Gegenreaktionen auszulösen.
- Es besteht die Tendenz zur (oftmals stillschweigenden) Absprache über Preise und/ oder Mengen, um so „den Markt" (also hier die Nachfrage) ohne Konkurrenzkampf und somit möglichst optimal untereinander aufzuteilen.

Insoweit ist der oligopolistische Markt häufig von äußerer Ruhe gekennzeichnet. Auf der anderen Seite kann jedoch ein Anbieter versuchen, seine Marktstellung auf Kosten der anderen zu verbessern, z. B. höhere Marktanteile zu erringen. Dies führt dann zur

- Kampfpreispolitik, die jedoch bei entsprechender Gegenwehr der Wettbewerber zu einer „ruinösen Konkurrenz" führen kann, bei der insgesamt die Gewinne der Oligopolisten sinken.

Die Entwicklung von Marktstrategien eines Oligopolisten hängt sowohl von der Einschätzung der eigenen Stärken im Verhältnis zu denen der Konkurrenz als auch von den unterschiedlichsten Marktsituationen ab, sodass die vielfältigen Alternativen nicht in einem eindeutigen Modell dargestellt werden können; daher wird hier auch nicht auf Details eingegangen.

Veranschaulichen lässt sich die relative Preisruhe im Oligopol durch die in Abb. 6.17 dargestellte einfach-geknickte Preis-Absatz-Funktion. Der Knick ergibt sich daraus, dass, wie bereits ausgeführt, beim Oligopol zumeist davon ausgegangen werden kann, dass die Konkurrenten im Gegensatz zu Preissenkungen auf Preiserhöhungen kaum oder wenig reagieren. Daraus resultiert der Sprung in der Grenzerlöskurve im Bereich des durch Preis p_0 gekennzeichneten Scheitelpunkts. Dies zeigt, dass auch bei einer Veränderung der Grenzkostenkurve (k_1 und k_2), solange sie sich in der Spanne bewegen, keine Preisänderung erforderlich wird.

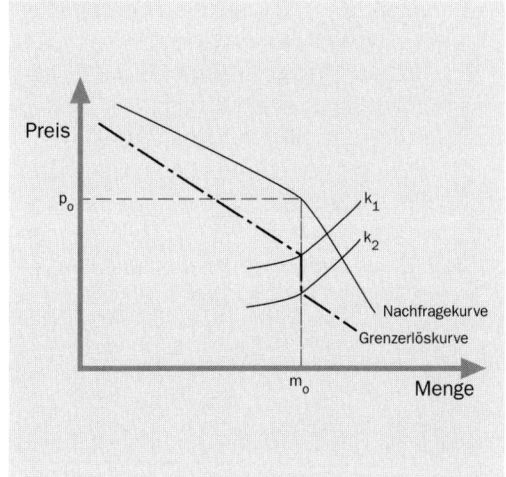

Abb. 6.17: Einfach geknickte Preis-Absatz-Funktion

6.2.4 Vollkommene und unvollkommene Märkte – akquisitorisches Potenzial

Der als theoretisches Modell entwickelte vollkommene Markt ist nicht typisch für die Realität (siehe auch die Grundannahmen im Unterabschnitt 6.2.1.3). Insoweit gelten auch die unter den Prämissen des vollkommenen Marktes gezogenen Schlussfolgerungen nur bedingt für die Preisgestaltung in der Marktrealität.

Sind die Bedingungen des vollkommenen Marktes nicht erfüllt, so wird vom unvollkommenen Markt gesprochen. Drei Einschränkungen sind hier besonders relevant:

a) Das Angebot an Gütern und Dienstleistungen ist nicht homogen, sondern heterogen.
Außerdem existieren Präferenzen. Die Ursachen der Heterogenität können unterschiedlich sein:

- Sachliche Differenzierung; d. h., die Güter weisen aus der Sicht der Kunden tatsächliche Unterschiede auf.
- Persönliche Präferenzen: auf Grund der Präferenz des Kunden für einen Laden, sein Personal oder die Art der Warenpräsentation etc. erscheinen an sich völlig gleiche Güter in ungleichartiger Qualität und können so auch zu unterschiedlichen Preisen führen.
- Räumliche Differenzierung: Güter können allein auf Grund des Ortes ihres Angebots unterschiedliche Preise erzielen, beispielsweise spielen hier für den Kunden rationale Überlegungen bezüglich Anfahrtsweg und damit verbundener Nebenkosten der Warenbeschaffung oder auch subjektive Präferenzen eine Rolle.
- Zeitliche Differenzierung: auch durch zeitliche Präferenzen kann das Angebot einen unterschiedlichen Wert erhalten und so zu Preisdifferenzierungen führen, beispielsweise Bezugsmöglichkeiten außerhalb der üblichen Ladenöffnungszeiten.

b) Fehlen völliger Markttransparenz

Normalerweise verfügen weder Anbieter noch Nachfrager über alle für sie relevanten Marktinformationen; darüber hinaus ist zumeist die Beschaffung und Auswertung mit zusätzlichen Aufwendungen verbunden (sie sind Teil der Transaktionskosten, auf die hier nicht näher eingegangen wird).

c) Zeitlich verzögerte Reaktion

Anbieter und Nachfrager reagieren auf Veränderungen relevanter Marktgrößen erst mit zeitlicher Verzögerung. Dies nicht nur auf Grund fehlender Markttransparenz, sondern beispielsweise auch wegen bestehender Markteintritts- bzw. Marktaustritts-Barrieren. Auf der Angebotsseite können dies Kostenstrukturen, z. B. aus früheren Investitionen, sein oder Kapitalbedarf, Konzessionierung, Befähigungsnachweis etc. (dies wird auch als beschränkter Markt bezeichnet). Verzögernd wirken auch Vorlaufzeiten, die benötigt werden, um entsprechende Betriebsbereitschaft

zu erstellen. Auf der Nachfrageseite kann beispielsweise Kundentreue zu längerer Bindung und damit verzögerter Reaktion führen. Darüber hinaus können beide Seiten durch bestehende Verträge und Zusagen gebunden sein.

In dem Maße, wie sich das eigene Leistungsangebot in den Augen der Kunden von dem der Wettbewerber abhebt, wird die Konkurrenzsituation aufgehoben und es entsteht ein begrenztes Monopol. Die Gesamtheit der aus der Sicht potenzieller Käufer Präferenz schaffenden Tatbestände wird als **akquisitorisches Potenzial** bezeichnet, ein Begriff, der auf E. Gutenberg zurückgeht. (Grundlagen der Betriebswirtschaftslehre, Band 2: „Mit der Qualität der Waren, die angeboten werden, dem Ansehen des Unternehmens, seinem Kundendienst, seinen Lieferungs- und Zahlungsbedingungen und ggf. auch mit seinem Standort verschmelzen alle diese, oft rational gar nicht fassbaren Umstände zu einer Einheit, die das ‚akquisitorische Potenzial' eines Unternehmens genannt sei.")

Das akquisitorische Potenzial eines Anbieters bestimmt also das Ausmaß seiner Alleinstellung. Dieser sich so ergebende begrenzte Raum, in dem sich der Anbieter monopolistisch verhalten kann, lässt sich durch die in Abb. 6.18 dargestellte doppelt-geknickte Preis-Absatz-Funktion verdeutlichen. Im Kurvenverlauf zwischen p_1 und p_2 bzw. m_1 und m_2 besteht eine geringe Preiselastizität der Nachfrage und somit ein entsprechender Preisgestaltungsspielraum,

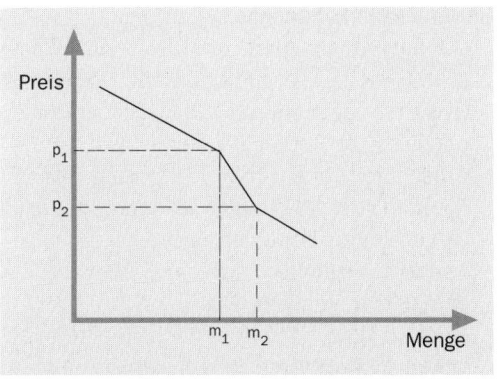

Abb. 6.18: Doppelt geknickte Preis-Absatz-Funktion

der vor allem oberhalb von p_1 durch entsprechende Konkurrenz begrenzt wird. Ein Unternehmen wird durch den Einsatz des absatzpolitischen Instrumentariums bemüht sein, diesen mittleren Bereich möglichst optimal zu gestalten, um sich so vom Wettbewerb abzuheben.

Es zeigt sich also, wie an mehreren Stellen bereits ausgeführt, dass die einzelnen Instrumente im Marketing nicht isoliert betrachtet werden können, also auch Preispolitik nur eine – allerdings wesentliche – Komponente in der Gesamtmarketingstrategie eines Unternehmens darstellt. Im nächsten Abschnitt wird behandelt, an welchen Aspekten sich die betriebliche Preisbildung orientieren kann. Der abschließende Abschnitt 6.4 ist den Preisstrategien gewidmet, also der Einordnung der Preispolitik in die marketingstrategische Zielsetzung des Unternehmens.

6.3 Determinanten praxisorientierter Preisbildung

Wesentliche Bestimmungsgrößen der praxisbezogenen Preisbildung sind einerseits die **Marktgegebenheiten** – also Wettbewerb und Nachfrage –, andererseits die im Unternehmen gegebenen Voraussetzungen – sie beeinflussen die **Kostenstruktur** – sowie bestehende staatliche und administrative Preisvorschriften. Schließlich wird die Preispolitik durch die konkrete **Zielsetzung** des Unternehmens mit bestimmt.

Zielsetzungen können u. a. sein:
- Gewinnstreben: Gewinnmaximierung, Erreichung eines „angemessenen" Gewinnes (z. B. als angestrebte Eigenkapitalrendite) oder lediglich Kostendeckung;
- Umsatzziel: Umsatzmaximierung als absolute Größe oder als relativer Marktanteil oder in vorgegebener Höhe, bezogen auf ein angestrebtes Marktwachstum bzw. vorhandene betriebliche Ressourcen;
- Marktstellung: Streben nach Marktführerschaft (zumeist auch verbunden mit Preisführerschaft) im Gesamtmarkt oder in Teilmärk-

ten (Nischen, z. B. räumlich, Produktart oder Kundengruppen) oder in anderer als realistisch angesehener Positionierung;
- Image: angestrebtes Bild in der Öffentlichkeit, das sich durch die Einstellungen potenzieller Kunden und der Öffentlichkeit zum Unternehmen entwickelt; beispielsweise kann ein Unternehmen als Spezialist, als besonders gut sortiert oder auch als preiswert (ggf. auch mit kleinem Sortiment) etc. beurteilt werden.

Die einzelnen Zielsetzungen können sich ergänzen, aber auch in Konkurrenz zueinander stehen. Insbesondere können sich auch Konflikte ergeben, je nachdem, unter welchem Zeithorizont (Planungsperiode) die Entscheidung zu treffen ist. So kann beispielsweise das Streben nach Umsatzwachstum, Marktführerschaft und räumlicher Ausdehnung langfristig zur Gewinnmaximierung beitragen, kurzfristig jedoch Gewinnverzicht bedeuten – auf Einzelheiten kann hier nicht näher eingegangen werden. Die Zielsetzungen beeinflussen jedoch im erheblichen Maß die Preispolitik und sollten insoweit auch auf die Vorgaben in den anderen absatzpolitischen Instrumentarien abgestimmt sein.

Wenn irgend möglich, wird es das Bestreben eines Unternehmens sein, **strategische Wettbewerbsvorteile** zu erringen, d. h. in den Augen der Kunden deren Bedürfnisse durch das eigene Leistungsangebot besser zu befriedigen als die Konkurrenz. Je überzeugender dies gelingt, desto besser ist die Marktstellung und das akquisitorische Potenzial (siehe 6.2.4) sowie damit der preispolitische Gestaltungsraum.

In den nachfolgenden Unterabschnitten werden zunächst die Wettbewerbs-, Nachfrage- und Kosten-Orientierung behandelt sowie die staatlichen und administrativen Preisvorschriften. Im abschließenden Unterabschnitt „integrierte Preisgestaltung" wird auf die Abstimmung der verschiedenen Aspekte eingegangen.

6.3.1 Wettbewerbsorientierung
Wettbewerbsorientierte Preisbildung bedeutet die Ausrichtung der eigenen Preisgestaltung an

den Preisstellungen der Konkurrenten – also weitgehend unabhängig von der Nachfragesituation und der unternehmensspezifischen Kostenstruktur. Üblicherweise wird diese Art der Preisfestlegung in zwei Grundformen gegliedert, wobei die letztere sich nochmals in zwei Untertypen unterteilt:

a) Orientierung am Branchenpreis
Insbesondere bei homogenen Gütern (wenig Differenzierung der eigenen Leistung gegenüber denen der Wettbewerber und somit auch fehlendes akquisitorisches Potenzial) kann es sinnvoll sein, sich an dem im Markt bereits gebildeten Preis auszurichten, dies gilt bei starker (polypolistischer) oder oligopolistischer Konkurrenz sowohl für den Markteintritt als auch bezüglich laufender Preisgestaltung, wenn nicht angestrebt wird, über die Preispolitik Wettbewerbsstellung und Marktanteile zu verändern.

b) Orientierung am Preisführer
Preisführerschaft bedeutet, dass sich die übrigen Anbieter an die Preisgestaltung des oder der Marktführer anschließen. Unterschieden wird in:
• **Dominierende Preisführerschaft,** d. h., ein Anbieter hat die Position, dass auf Grund seiner Marktstellung die Mitbewerber sich hinsichtlich ihrer Angebotspreise seinen Preisen anschließen bzw. sich innerhalb der bestehenden Differenzierung orientieren.
• **Baromatische Preisführerschaft** ist in der Regel gegeben, wenn mehrere in etwa gleichbedeutende Anbieter am Markt agieren, sich freiwillig im preispolitischen Verhalten anpassen und damit Orientierung (Preis-Barometer) für eventuell weitere, unbedeutendere Mitbewerber sind. Ein Sonderfall ist die so genannte **kolludierende Preisführerschaft,** bei der die Rolle des Preisführers von wechselnden Anbietern übernommen wird und der jeweilige aktuelle Preisführer davon ausgehen kann, dass die übrigen Anbieter ihm folgen werden.

Für die wettbewerbsorientierte Preisbildung gibt es in der Praxis eine Fülle von Beispielen, angefangen vom Wochenmarkt bis hin zu dem Verhalten der Tankstellenkonzerne, der Automobilindustrie etc. Die Branche selbst muss in der Bestimmung ihres Preisniveaus die Relation zu anderen Marktsegmenten beachten, insbesondere in Bezug auf mögliche Substitutionsgüter (siehe Kreuzpreiselastizität) und/oder die Abhängigkeit vom verfügbaren Einkommen der Zielgruppe (siehe Einkommenselastizität).

Im Rahmen der wettbewerbsorientierten Preisbildung ist **aggressive Preispolitik** in der Regel nur sinnvoll nach entsprechender Analyse der Nachfrageseite. Vor allem müssen auch die Stärken und Schwächen des eigenen Unternehmens in Relation zur Konkurrenz ins Kalkül gezogen werden, u. a. bezüglich der Kostenstruktur, der finanziellen Ausstattung und sonstiger Ressourcen. Das Risiko besteht in einem Preiskampf mit (zumindest kurzfristigen) Gewinneinbußen bis hin zum ruinösen Wettbewerb. Die Chance liegt im Erringen der Markt- und Preisführerschaft und damit eines größeren Gestaltungsfreiraums für die eigene Preispolitik.

6.3.2 Nachfrageorientierung
Hier geht es zunächst um die **Struktur der Nachfrageseite.** Fragen, die dabei auftreten können, beziehen sich auch auf:
• Anzahl der Nachfrager, potenzielle Kunden in Abhängigkeit zum Einzugsgebiet, gerade beim stationären Handel, und sich daraus ergebendes Nachfragevolumen;
• Typologie der Nachfrager; ist ggf. auf Grund unterschiedlichen Kaufverhaltens sowie differenzierter Einstellung zu Produkt, Qualität und Preiserwartung eine Segmentierung in unterschiedliche Zielgruppen vorzunehmen?
• Bedeutung des Produkts für den Nachfrager; handelt es sich um Güter des täglichen Bedarfs oder eher um solche, die nur gelegentlich oder einmalig nachgefragt werden? Ist der Produktpreis im Verhältnis zum Einkaufsbudget des Nachfragers eher gering oder hoch? Handelt es sich um kurz- oder langlebige, problemlose oder erklärungsbedürftige Güter?

• Wie ist die Preiselastizität und die Kreuzpreiselastizität (ist das Produkt substituierbar, komplementär oder eher neutral?) und wie verhält sich die Nachfrage in Abhängigkeit zur Einkommensentwicklung der Zielgruppe (Einkommenselastizität der Nachfrage; siehe auch Unterabschnitt 6.2.3.1).

Die **Preisbereitschaft der Nachfrager** wird einerseits von ihrer Vorstellung über den Nutzwert des Produktes andererseits von ihrer Kaufkraft (verfügbares Budget) und der Dringlichkeit ihres Bedarfs geprägt. Hier ist in Grund- und Zusatznutzen zu unterscheiden. **Grundnutzen** bezieht sich auf die Gebrauchstauglichkeit, also die Funktionserfüllung des Angebots in Relation zur gestellten Anforderung. **Zusatznutzen** kann beispielsweise in Prestige, Image oder Erlebniswert etc. liegen, die entweder mit dem Produkt und/ oder Ort oder Zeit des Einkaufs verbunden sind. Die Frage, inwieweit die Bewertung des Grund- oder Zusatznutzens bei der Preisbeurteilung und Kaufentscheidung überwiegt, kann bei verschiedenen Kundengruppen und/oder Produktgruppen unterschiedlich sein. Beim so genannten „Gattungskauf" oder bei Gütern von geringerer Bedeutung für den Kunden überwiegt zumeist die Preisrelation zum Grundnutzen. Markenartikel, die ein bestimmtes Image oder Prestige vermitteln, bieten dagegen Zusatznutzen, der in einer höheren Preisbereitschaft seinen Niederschlag findet. Zusatznutzen, den der Handel bieten kann, liegt beispielsweise in Beratung, Sortimentstiefe (Auswahl), Sortimentsbreite („alles unter einem Dach" etc.), Parkmöglichkeit, Erreichbarkeit, Lieferservice etc. Die Schnelligkeit der Lieferung oder die Ladenöffnungszeiten außerhalb der üblichen Zeiten können in dem Maße, wie der Kunde sein Dringlichkeitsbedürfnis bewertet, zu Preisspielräumen führen.

Ein weiterer Einfluss auf die Preisbereitschaft ergibt sich aus dem **Auswahl- und Kaufverhalten.** Hier ist zu unterscheiden in:

• **Gewohnheitskauf;** nach einmal getroffener Kaufentscheidung werden die nachfolgenden Einkäufe ohne nennenswerten Vergleich und ohne Wahlentscheidung durchgeführt;

• **Spontankauf;** hier handelt es sich um impulsive Kaufentscheidungen, meist ohne detaillierte Prüfung, oftmals reizgesteuert – im Handel häufig durch entsprechende Platzierung und Werbung am Verkaufsort angeregt;

• **Sozialkauf;** hier dominiert nicht der eigentliche Grundnutzen, sondern die soziale Auswirkung, also die Wirkung auf andere, dazu können Prestigekäufe gezählt werden und im weitesten Sinne der so genannte Bandwagon-Effekt (Produkte werden gerade dann gekauft, wenn andere, z. B. Trendleader, sie erwerben), der Snob-Effekt (Produkte, die sich jeder leisten kann oder die von Personen gekauft werden, mit denen man nicht in Verbindung gebracht werden möchte, werden nicht mehr gekauft) sowie der Veblen-Effekt (aus Prestigegründen werden Produkte mit steigenden Preisen gekauft);

• **Preiskauf;** in diesem Fall ist der Preis der Güter ausschlaggebend, dabei handelt es sich zumeist um Standard-Produkte.

Des weiteren ist die **Beziehung zwischen Preisklasse und Nachfragern** zu beachten, d. h. der Umstand, dass bestimmte Nachfragergruppen sich Vorstellungen darüber machen, was ein Produkt kosten würde, und sich in ihrer Kaufentscheidung an entsprechenden Preisklassen orientieren. Hierbei kann unterschieden werden in: höchste Preislage, obere Preislage, Haupt- bzw. Basispreislage, untere Normalpreislage und niedrigste Preislage. Die Vorstellung geht dahin, dass der Kunde für sich – beispielsweise auf Grund seines Einkommens, seiner sozialen Stellung, Zugehörigkeit etc. – eine bestimmte Preislage für angemessen hält und danach seine Kaufentscheidung trifft. Das Anliegen des Anbieters besteht darin, den Kunden durch eine entsprechende Preisgestaltung auf dem von ihm präferierten Level anzusprechen.

Besondere Probleme können sich im Handel ergeben, wenn im gleichen Laden **sehr unterschiedliche Zielgruppen** angesprochen werden sollen, mit unterschiedlichem Kaufverhalten und unterschiedlicher Preiseinstellung. Besonders virulent wird dies, wenn (beispielsweise in einem Malergeschäft) zugleich Privatkunden und Handwerker zu unterschiedlichen Konditionen bedient werden; oftmals erfolgt dies als Kreditkauf mit entsprechender Rabattgewährung. Ein anderer Fall schwierigerer Preisgestaltung ergibt sich, wenn das gleiche Produkt für die eine Kundengruppe erklärungsbedürftig ist und einen entsprechenden Beratungsaufwand erfordert (der möglichst als Zusatzleistung im Preis berücksichtigt werden sollte und könnte), jedoch für die andere Kundengruppe als problemlos gilt, sodass sie sich im Rahmen ihrer Kaufentscheidung weitgehend am niedrigsten Preis orientiert. Das Dilemma besteht darin, dass der Anbieter entweder auf eine Vergütung für seine Beratungstätigkeit verzichtet oder aber sie in den Preis einberechnet hat, ein Neukunde der ersten Gruppe diesen Service ausgiebig in Anspruch nimmt und dann – zumindest seine Folgekäufe – beim preiswerteren Konkurrenzanbieter durchführt. Hier zeigt sich einerseits die Schwierigkeit der Preisdifferenzierung, auf die später noch einzugehen sein wird. Zum anderen kann bereits an dieser Stelle darauf hingewiesen werden, dass der Handel in seiner Preispolitik oft weniger das einzelne Produkt und den einzelnen Kaufabschluss im Vordergrund sieht, sondern das Sortiment und die nachhaltige Kundenbindung (Stammkunden).

6.3.3 Kostenorientierung

Kosten sind der leistungsbezogene und zweckgerichtet bewertete Verbrauch von Gütern und Dienstleistungen im Rahmen des Betriebsablaufes und zur Sicherung der Betriebsbereitschaft. Dem stehen im Unternehmen die erbrachten und abgesetzten Leistungen gegenüber, bewertet mit den jeweiligen Preisen als Erlöse. Im positiven Fall überwiegen die Erlöse und es wird ein Gewinn erwirtschaftet bzw. im umgekehrten negativen Fall ein Verlust. Ziel einer kostenorientierten Preisbildung ist es, für die einzelnen Absatzgüter einen Preis zu ermitteln, der die verursachten Kosten deckt. Eine be-

sondere Problematik ergibt sich daraus, dass nur ein Teil der Kosten als Einzelkosten direkt dem Produkt zugerechnet werden kann und ein Block allgemeiner Kosten – die so genannten Gemeinkosten – generell durch den Betrieb des Unternehmens anfällt und nur über entsprechende Schlüsselungen einzelnen Produkten oder Geschäften zurechenbar ist. Auf weitere Details der Verfahren und Methoden der Kostenrechnung sowie auf die Unterscheidung zwischen fixen und variablen Kosten wird hier unter Verweis auf den gesonderten Band „Kosten- und Leistungsrechnung" dieser Reihe verzichtet. Verzichtet wird auch auf die Darstellung einer Reihe von Kalkulationsverfahren, die eher bei Produktionsbetrieben eine Rolle spielen und insofern im allgemeinen Band des Marketings behandelt werden.

Bei der kostenorientierten Preisfindung werden die Kosten nicht nur zur Ergebnisermittlung hinzugezogen, sondern sie sind die Basis, um den Preis zu ermitteln, den ein Unternehmen auf Grund seiner Kostengegebenheiten erreichen muss, um nicht mit Verlusten zu arbeiten. Dabei geht es zunächst um die Kalkulation eines so genannten kostendeckenden Preises, auf den noch ein entsprechender Gewinnzuschlag zugerechnet wird, aus dem sich dann der angestrebte Überschuss ergibt. Differenzierter werden diese Betrachtungen jedoch dadurch, dass sich eine auf Kosten basierende Preisermittlung in unterschiedlicher Weise orientieren kann:

- Soll die Kostendeckung für jedes Produkt, eventuell sogar für jeden einzelnen Verkaufsvorgang erreicht werden oder bezogen auf Produktgruppen?
- Wird Kostendeckung angestrebt, unabhängig davon, ob das Unternehmen vollbeschäftigt ist oder ob Nachfragemangel herrscht? Dies würde zu dem paradoxen Ergebnis führen, dass bei geringer Nachfrage, möglicherweise aus konjunkturellen Gründen, auf Grund eines fixen Gemeinkostenblockes und seiner Umlage die Preise steigen würden, obgleich die Marktsituation eher Preissenkungen erforderte.

• Gilt das Kostendeckungsprinzip für jede einzelne Teilperiode oder für größere Zeitabschnitte, eventuell sogar für den gesamten Lebenszyklus eines Produktes bzw. Sortimentsbereiches?

Die **Preisbildung auf Vollkostenbasis** bedeutet, dass für den Abrechnungszeitraum alle Kosten (Einzel- und Gemeinkosten) in Form einer Zuschlagskalkulation den einzelnen Produkten zugerechnet werden. Dies ergibt die so genannten Selbstkosten, die, erhöht um einen Gewinnzuschlag, zum kostenorientierten Verkaufspreis führen (ggf. bei Endverbraucherpreisen noch erhöht um die Mehrwertsteuer). Eine Variation besteht darin, dass nicht alle Gemeinkosten auf den tatsächlichen Umsatz umgelegt werden, sondern sich die Zuschlagssätze (z. B. als so genannte Standard-Aufschläge) in Relation zur Auslastung ergeben, die der Unternehmensgestaltung zu Grunde gelegt wurde. Dies bedeutet, dass zwar grundsätzlich volle Kostendeckung angestrebt wird, jedoch in bestimmten Perioden, beispielsweise im Eröffnungsjahr mit noch geringeren Umsätzen, darauf verzichtet wird.

Das Prinzip der **Preisbildung auf Teilkostenbasis** beruht auf dem Gedankengang, dass es sinnvoll ist, ein Geschäft abzuwickeln, wenn der erzielbare Preis höher liegt als die unmittelbar mit ihm zusammenhängenden Kosten, auch wenn der Block der fixen Kosten bzw. der Gemeinkosten nicht abgedeckt wird. Verfahren sind hier die verschiedenen Methoden der **Deckungsbeitragsrechnung,** der **Grenzkostenrechnung** oder einer **Break-even-Analyse.** Die Prämisse geht also dahin, dass ein Verkaufsabschluss, der zumindest einen Teil des Kostenblocks abdeckt, der ohnehin anfallen würde, insgesamt das Ergebnis verbessert – und wenn auch nur zur Verlustminderung. Gegenstand ist dann nicht die Ermittlung eines die Gesamtkosten deckenden Preises, sondern die Bestimmung einer Preisuntergrenze, die trotz fehlender Volldeckung den Abschluss sinnvoll erscheinen lässt. Wie gesagt soll auf Einzelheiten nicht näher eingegangen werden, obgleich auch im Handel Teilkostenüberlegungen wirtschaftlich angewendet werden können, z. B. bei Zusatz- oder so genannten Objektgeschäften.

Weit verbreitet ist im Handel die sogenannte **Zuschlagskalkulation,** siehe Abb. 6.19. Der Einstandspreis ergibt sich aus dem Warenpreis abzüglich der Rabatte und Nachlässe sowie zuzüglich der Bezugsnebenkosten, wie beispielsweise Fracht, Transportversicherung, Verpackung etc. Durch die Zurechnung anteiliger Handlungskosten ergeben sich die Selbstkosten. Durch Addition eines geplanten Gewinnaufschlages errechnet sich sodann der Netto-Verkaufspreis, der zuzüglich Mehrwertsteuer den Brutto-Verkaufspreis der Ware darstellt. Oftmals werden auch Handlungskosten und Gewinn in einer Zuschlagsspanne berechnet, was jedoch die Transparenz beeinträchtigt.

	Einkaufspreis der Ware
−	Nachlässe
+	Bezugskosten
=	Einstandspreis
+	Handlungskosten (Betriebskosten)
=	Selbstkosten
+	Gewinn
=	Netto-Verkaufspreis der Ware
+	Mehrwertsteuer
=	Brutto-Verkaufspreis

Abb. 6.19: Zuschlagskalkulation

Besonderer Beliebtheit erfreut sich dieses Verfahren aber im Handel einerseits deshalb, weil es bei der Fülle unterschiedlicher Produkte zur Ermittlung der Verkaufspreise relativ leicht anwendbar ist, und zum anderen, weil der Wareneinstand in der Regel den weitaus wesentlichsten Kostenblock darstellt. Die Handlungskosten und der Gewinn ergeben sich aus entsprechenden Ertragsrechnungen (Gewinn-und Verlust-Rechnung) bzw. entsprechenden Planrechnungen. Der Unterschied zwischen Einstands- und Verkaufspreis im Handel wird auch als **Handelsspanne** bezeichnet. Diese kann als Handelsaufschlag oder als Handelsabschlag dargestellt werden, siehe Abb. 6.20., die in den Beispielrechnungen einerseits auf den Nettoverkaufspreis bezogen ist sowie zum anderen auf den Bruttoverkaufspreis – also einschließlich Mehrwertsteuer –, wie es gerade für den an Endverbraucher liefernden Handel bedeutsam ist. Die Handelsspanne variiert stark von Branche zu Branche und zwischen den verschiedenen Vertriebsformen. In vielen Fällen liegt sie zwischen ca. 28 und 35 %, bei Lebensmittelgeschäften deutlich unter 20 %, im Bereich Uhren und Juwelen beispielsweise oft über 40 %.

Handelsspanne

$$= \text{Umsatz} - \text{Einstand} \quad \text{z. B.} \quad 100 - 80 \quad = 20$$

Handelsaufschlag

$$= \frac{\text{Handelsspanne} \cdot 100}{\text{Wareneinsatz}} \quad \text{z. B.} \quad \frac{20 \cdot 100}{80} \quad = 25\%$$

Handelsabschlag

$$= \frac{\text{Handelsspanne} \cdot 100}{\text{Umsatz}} \quad \text{z. B.} \quad \frac{20 \cdot 100}{100} \quad = 20\%$$

Kalkulationsaufschlag

$$= \frac{\text{Umsatz}}{\text{Wareneinsatz}} \quad \text{z. B.} \quad \frac{100}{80} \quad = 1,25\%$$

Abb. 6.20: Handelsspanne

Bei einem differenzierten Sortiment ist es zumeist sinnvoll, im Unternehmen nicht mit einer einheitlichen Handelsspanne zu rechnen, sondern sie nach Produktgruppen zu differenzieren.

Eine weitere Verfeinerung kann dadurch erreicht werden, dass den einzelnen Produkten oder Produktgruppen (Sortimentsbereichen, Abteilungen o. Ä.) Kosten direkt zugerechnet werden, wenn sie, über das Sortiment verteilt, prozentual unterschiedlich anfallen. Hierbei kann es sich

beispielsweise um Kosten für Werbung und Verkaufsförderung handeln, Personalkostenanteile bei intensiverer Beratung, Kosten für Garantieleistungen sowie unterschiedliche Anteile an den Raumkosten, wenn sich dies beispielsweise aus einem höheren Platzbedarf oder differenziertem innerbetrieblichem Standort (beispielsweise Eingangsbereich im Erdgeschoss gegenüber dritter Etage) begründet. Auf diese Weise lässt sich eine realitätsgerechtere Handelsspanne für die einzelnen Sortimentsbereiche ermitteln.

Auch der angestrebte **Gewinnaufschlag** kann differenziert behandelt werden, selbst wenn eine gleiche Kapitalrendite angestrebt wird. Die Rendite als **RoI (Return on Invest)** ergibt sich als Relation von Gewinn zu eingesetztem Kapital. Der Zusammenhang ist in Abb. 6.21 dargestellt und zeigt beispielsweise, dass ein gleicher RoI von 18 % erreicht werden kann bei einer Handelsspanne von 6 % und einem Umschlag von 3-mal bzw. einer Spanne von 1,5 % bei einem Umschlag von 12-mal im Jahr.

RoI = Return on Investment

$$\text{RoI} = \text{Umsatzrendite} \cdot \text{Kapitalumschlag}$$

$$\text{RoI} = \frac{\text{Gewinn}}{\text{Umsatz}} \cdot \frac{\text{Umsatz}}{\text{Kapitaleinsatz}}$$

$$= \frac{\text{Gewinn}}{\text{Kapitaleinsatz}}$$

RoI	Umsatz-rendite	Kapital-umschlag	
18 %	12	1,5	z. B. in Spezialhandel
18 %	9	2,0	
18 %	7,2	2,5	Fachgeschäft
18 %	6	3,0	
18 %	1,5	12,0	Discounter
18 %	1,2	15,0	

Abb. 6.21: Rendite des eingesetzten Kapitals

Zum einen wird die Umschlagshäufigkeit sehr von der jeweiligen Branche bestimmt. Zum anderen kann jedoch auch die Zusammensetzung

Preis-nachlass in %	Deckungsbeitrag in % vom Verkaufspreis vor Preisnachlass						
	70 %	60 %	50 %	40 %	30 %	20 %	10 %
1,0	1,45	1,95	2,04	2,56	3,45	5,26	11,12
2,0	2,94	3,49	4,17	5,26	7,14	11,11	25,00
2,5	3,71	4,34	5,27	6,67	9,08	14,28	33,33
3,0	4,48	5,26	6,38	8,11	11,11	17,65	42,86
4,0	6,06	7,14	8,70	11,11	15,38	25,00	66,60
5,0	7,69	9,08	11,11	14,28	20,00	33,33	100,00
6,0	9,38	11,11	13,64	17,65	25,00	42,86	150,00
7,5	12,00	14,30	17,65	23,08	33,33	60,00	300,00
9,0	14,76	17,67	21,95	29,05	42,85	81,80	900,00
10,0	16,67	20,00	25,00	33,33	50,00	100,00	
12,5	21,70	26,30	33,33	45,40	71,40	166,67	
20,0	40,00	50,00	66,67	100,00	300,00		

Abb. 6.22: Preisnachlass und Nutzungsausgleich

des Sortiments in Tiefe und Breite Auswirkung haben, beispielsweise, ob eine Konzentration auf „Schnelldreher" erfolgt (hoher Umschlag) oder in Fach- und Spezialgeschäften Kunden eine breite Auswahl geboten werden soll (geringer Umschlag). Entsprechend ist auch der Gewinnaufschlag anzupassen, wenn ein einigermaßen gleichmäßiger Ergebnisbeitrag (Renditeanteil) erbracht werden soll. Insofern kann es gerade auch für Vollsortimenter, Kaufhäuser etc. sinnvoll sein, nicht nur auf Grund unterschiedlicher Handlungskosten die Handelsspanne zu variieren, sondern auch wegen unterschiedlicher, die Umschlagshäufigkeit berücksichtigender Gewinnaufschläge.

Abbildung 6.22 zeigt auf, wie viel Mehrumsatz bei gegebener Handelsspanne (in %) bei einem Preisnachlass (in %) erzielt werden muss, wenn der gleiche absolute Betrag als Deckungsbeitrag erhalten bleiben soll.

6.3.4 Gesetzliche und administrative Preisvorschriften

Preisvorschriften können sich einerseits auf die Vorgabe der Preishöhe (Preisbindung der zweiten Hand und unverbindliche Preisempfehlung) sowie auf Vorschriften für die Preisermittlung beziehen.

Preisbindung der zweiten Hand

Sie wird auch als **vertikale Preisbindung** bezeichnet, da ein Hersteller seine Abnehmer (Wiederverkäufer) verpflichtet, die von ihm gelieferte Ware nur zu dem von ihm festgelegten Preis weiterzuveräußern. Geregelt ist die Preisbindung der zweiten Hand im **Gesetz gegen Wettbewerbsbeschränkungen** (GWB); § 15 GWB bestimmt seit 1974 das grundsätzliche Verbot. Ausnahmen ergeben sich jedoch gem. § 16 GWB für Verlagserzeugnisse sowie gem. §§ 99 ff. GWB für Bundespost, Bundesbahn und andere Verkehrsträger (Schifffahrt, Fluglinien, Spediteurvereinigungen etc.), für landwirtschaftliche Erzeugervereinigungen, Kreditinstitute, Versicherungsunternehmen, Bausparkassen, Verwertungsgesellschaften und Versorgungsunternehmen. Durch staatlich vorgeschriebene Kalkulationsspannen kann de facto der Pharmahersteller die Endverbraucherpreise im Pharmahandel steuern. Weitere standesrechtliche Bestimmungen regeln beispielsweise die Preisgestaltung bei Rechtsanwälten, Notaren und Steuerberatern.

Unverbindliche Preisempfehlung

Hier empfiehlt der Hersteller seinem als Wiederverkäufer tätigen Abnehmer eine Preisstellung, die zwar rechtlich unverbindlich ist, jedoch als Orientierungshilfe gelten soll und so faktisch oft die eigenständige Kalkulation durch den Händler ersetzt. Anliegen des Herstellers ist es dabei, die Preispolitik weitestgehend zu bestimmen und Preiswettbewerbe unter „seinen" Händlern möglichst auszuschließen. Zudem erhält er so die Möglichkeit, im Rahmen seiner Herstellerwerbung auch Preisangaben machen zu können. Vorteile für den Wiederverkäufer, den Händler, liegen in der Hilfestellung bei der Kalkulation sowohl im administrativen Bereich als auch in der Marktorientierung.

Unterschieden werden können unverbindliche Preisempfehlungen danach, ob sie

- nur dem Einzelhändler – über zur Verfügung gestellte Preislisten –, nicht aber dem Endverbraucher bekannt sind **(Händler-Preisempfehlung),**
- als **Verbraucher-Preisempfehlung** auch den Konsumenten bekannt sind, häufig durch Aufdruck auf der Ware bzw. der Verpackung.

Probleme können sich ergeben, wenn einzelne Händler die den Konsumenten durch Werbung oder Preisaufdruck bekannten Preisempfehlungen gezielt für Preisunterbietungen nutzen, um ihre eigene Preiswürdigkeit unter Beweis zu stellen. Ausnahmen sind jedoch bei Markenwaren zulässig, soweit es sich nicht um so genannte „Mondpreis-Empfehlungen" handelt; hier ist der Preis so hoch festgesetzt, dass er tatsächlich in der Mehrzahl der Fälle von den Händlern unterboten wird (siehe auch Kap. 4.6). Reine Händlerpreislisten sind zulässig. Ebenso dürfen Vereinigungen von kleinen und mittleren Unternehmen, z. B. aus Franchisegruppen, unverbindliche Preisempfehlungen aussprechen, beispielsweise, um so bei Werbemaßnahmen und sonstigen Absatzgestaltungen im Wettbewerb zu Großbetrieben auch Preisangaben durchführen zu können.

Regelungen zur Preisermittlung, insbesondere bei öffentlichen Aufträgen

Da oftmals nur bedingt Wettbewerbsbedingungen gegeben sind, der öffentliche Auftraggeber nach dem Sparsamkeitsprinzip aber an niedrigen Preisen interessiert ist, die jedoch auch für den Anbieter noch wirtschaftlich bleiben müssen, ist zur Preisermittlung auf Selbstkostenbasis mit offen gelegtem Gewinnaufschlag eine Reihe von Rechtsvorschriften erlassen worden. Die wichtigsten sind:

VOB Verdingungsordnung für Bauleistung

VOL Verdingungsordnung für Leistungen – ausgenommen Bauleistungen

VPöA Verordnung über die Preise bei öffentlichen Aufträgen

LSP Leitsätze für die Preisermittlung auf Grund von Selbstkosten, sie gelten bei öffentlichen Aufträgen, für die kein Marktpreis vorhanden ist.

6.3.5 Integrierte Preisgestaltung

Jede der vorgenannten Orientierungen hat ihre Bedeutung bei der Preisfindung. Daraus folgt, dass nur in speziellen Situationen und/oder für eine bestimmte Zeit eine Konzentration auf lediglich einen einzelnen der Aspekte erfolgreich sein kann. Grundsätzlich wird es vielmehr darum gehen, die verschiedenen Gesichtspunkte in Einklang zu bringen, sie zu Zwecken einer Preisbildung zu integrieren. Dies entspricht auch dem Spannungsfeld der Unternehmensführung:

- nach innen das Unternehmen optimal auszurichten, d. h. die notwendigen Ressourcen und Stärken bei günstigster Kostenstruktur aufzubauen und zu sichern;
- nach außen das Unternehmen im Markt richtig zu positionieren, d. h. unter Berücksichtigung der Nachfrageseite und der Wettbewerbssituation, wobei unter strategischen Gesichtspunkten nicht nur die bestehenden Bedingungen, sondern auch die sich abzeichnenden Entwicklungen zu berücksichtigen sind, um die eigene Marktpositionierung zu finden.

Es nutzt gar nichts, auf einem kostendeckenden Preis zu beharren, wenn dieser am Markt nicht akzeptiert wird und zu keinen oder nur ungenügenden Umsätzen führt. Andererseits führt eine nachhaltige Preisfestsetzung unterhalb der Kostendeckung zu Verlusten, Substanzverzehr und damit langfristig zur Existenzgefährdung. Die Differenz zwischen dem sich aus Marktsicht ergebenden Preis zu dem, der zur Kostendeckung und Existenzsicherung (notwendiger Gewinnaufschlag) zu kalkulieren wäre, zeigt sowohl die Möglichkeit von eventuellen Zusatzrenditen (im positiven Fall) und Gestaltungsräumen als auch ggf. erforderlichen Handlungsbedarf (bei negativem Saldo) auf.

Liegt der am Markt erzielbare Preis oberhalb der Kostendeckung plus angemessenem/angestrebtem Gewinnaufschlag, so ergibt sich eine Zusatzrendite, die vom Unternehmen zum einen zur Verbesserung des Gewinnes eingesetzt werden kann, der entweder ausgeschüttet wird oder das Eigenkapital erhöht. Zum anderen kann das Unternehmen den Preis auf ein Maß reduzieren, das eine angemessene Rendite sichert (Satisfikationsprinzip, Zufriedenheit), wodurch möglicherweise zugleich die Eintrittsbarriere für neue Wettbewerber erhöht und damit langfristig die eigene Marktstellung gesichert oder verbessert wird. Schließlich kann, beispielsweise auch für eine bestimmte Zeit, das höhere Marktpreisniveau angestrebt werden, jedoch nicht zur überproportionalen Gewinnverbesserung, sondern für Vorhaben zur Verbesserung künftiger Potenziale, z. B. zur Weiterentwicklung innerhalb des Unternehmens und/oder der Marktposition durch zusätzliche Maßnahmen (und damit Kosten oder Investitionen) des absatzpolitischen Instrumentariums. Auf die verschiedenen strategischen Möglichkeiten wie intensivere Marktpenetration oder Wachstum und Diversifikation in neue Märkte (bezogen auf Kundengruppen oder Regionen) oder durch Sortimentserweiterung etc. kann an dieser Stelle nicht eingegangen werden (siehe hierzu Kap. 3.3). Auf jeden Fall zeigt sich, dass ein preispolitischer Spielraum dem Unternehmen die Mittel für konstruktive und strategische Entscheidungen zur Verfügung stellt, um auch für die Zukunft Erfolgspotenziale sichern und ausbauen zu können.

Zumeist deutlich schwieriger ist die Situation, wenn der kostendeckende Preis oberhalb des Marktpreises liegt. Hier ist dann grundsätzlich ein Verlust vorprogrammiert, wenn auf einen die vollen Kosten deckenden Preis verzichtet wird.

Üblicherweise führt es ebenfalls zu Verlusten, wenn der erhöhte kostenorientierte Preis durchgesetzt werden soll, was dann zu Umsatzeinbrüchen führt, die häufig das Ergebnis noch negativer beeinflussen als die erstgenannte Alternative. Vollzieht sich dies vor dem Hintergrund eines ruinösen Wettbewerbs, d. h. eines Preiskampfes, bei dem auch die Konkurrenz auf kostendeckende Preise verzichtet, um ihre Marktposition auszubauen, so muss entschieden werden, ob man sich aus dem Segment zurückzieht oder eine Chance hat, diese Auseinandersetzung länger und erfolgreicher durchzustehen als der Wettbewerb (beispielsweise, weil ausreichendere finanzielle Mittel verfügbar sind oder ein Ergebnisausgleich durch Gewinne in anderen Marktsegmenten möglich ist).

Außerdem ist ein Kostenmanagement angebracht, also eine Analyse der eigenen Kostenstruktur und die Entwicklung von Verbesserungsmöglichkeiten. Dies insbesondere, wenn für den Wettbewerber der Marktpreis kostendeckend ist. Das Auseinanderfallen von kosten- und marktorientierter Preisfindung signalisiert hier also einen Handlungsbedarf. Ohne zu detailliert auf die verschiedenen Möglichkeiten einzugehen, sollen drei Ansätze in ihren Aspekten skizziert werden:

Prozessanalyse

Die einzelnen Abläufe und die damit verbundenen Kosten werden daraufhin untersucht, inwieweit sie tatsächlich zu der am Markt angebotenen Leistung beitragen, für die letztendlich der Kunde auf Grund seiner Nutzenvorstellung bereit ist, einen Preis zu zahlen. Hinsichtlich dieses Wirkungsgrades können die einzelnen Prozesse in folgende Leistungsarten eingeteilt werden:

Nutzleistung (sie ist werterhöhend), Stützleistung (sie ist wertneutral, aber notwendig zur Unterstützung der erforderlichen Nutzleistungen), Blindleistungen (sie sind unnötig und insoweit eine Verschwendung, da sie weder direkt noch indirekt zur Wertsteigerung beitragen) sowie Fehlleistung (sie sind gleichfalls zu vermeiden, da sie wertmindernd Ressourcen verbrauchen, ohne Nutzen zu schaffen). Auf die Verringerung der Fehlleistungen zielt ein Qualitätsmanagement ab, nicht nur bezogen auf das Produkt, sondern auch auf eine weitestgehend fehlerfreie Prozessdurchführung. Bei den Blindleistungen handelt es sich gelegentlich um lieb gewordene, alte, nicht mehr zeit- und leistungsgemäße Gewohnheiten oder auch um Prestigeobjekte und Ähnliches, die auf Vorstellungen im Unternehmen und Ansprüchen des Managements basieren, statt sich am Kundennutzen zu orientieren. Solche Prozesse herauszufinden und zu eliminieren wird heute vielfach als „schlankmachen" oder auch als Lean-Management bezeichnet.

Nutzwert-Analyse

Generell geht es darum, neue Alternativen, beispielweise für Handlungsabläufe und Leistungseinheiten, zu entwickeln, wobei der Leistungseinsatz an quantitativen und qualitativen Nutzenmerkmalen gemessen wird. Für eine Kosten-Nutzen-Analyse muss auf der einen Seite die vom Unternehmen angebotene Gesamtleistung in einzelne Teilleistungen gegliedert werden, denen dann die entsprechenden Kosten zuzurechnen sind; auf der anderen Seite muss aus der Sicht der Kunden eine Nutzenvorstellung ermittelt und den Kosten gegenübergestellt werden. Sodann sind für die einzelnen Teilleistungen Alternativen zu entwickeln (im Rahmen von Kreativitätssitzungen etc.) und/oder neue Kombinationen der Teilleistungen zur Gesamtleistung zu finden, die insgesamt ein besseres Kosten-Nutzen-Verhältnis darstellen. Auf diese Weise können beispielsweise Leistungteile erkannt und eliminiert werden, die im Unternehmen höhere Kosten verursachen, als der ihnen vom Kunden zugemessene Nutzenwert es rechtfertigen würde. So kann es beispielsweise sein, dass im Unternehmen ein erheblicher Aufwand für Präsentationen und Zusatzleistungen etc. geleistet wird, der vom Kunden aber nur gering bewertet und honoriert wird. Während die Aufrechterhaltung dieses Zusatzangebotes den eigenen kostenorientierten Preis überproportional steigen lässt, rechtfertigt die Orientierung am Kundennutzen also nur eine minimale Preiserhöhung. Werden solche Zusammenhänge erkannt, könnte dies bei nur unterproportionaler Preissenkung zu einer Kostenreduktion führen, sodass eine Annäherung (oder gar Umkehrung) des Verhältnisses von kostenorientiertem und marktbezogenem Preis erfolgen könnte. Vergleichbare Konzeptionen liegen gelegentlich den Entwicklungen von Konzeptionen bei Billiganbietern oder Discountern zu Grunde.

Die Nutzwertanalyse kann jedoch auch in umgekehrter Richtung eingesetzt werden, d. h., mit ihrer Hilfe können Leistungsalternativen oder Zusatzleistungen aufgefunden werden, für die der Kunden mehr zu zahlen bereit wäre als die dafür im Unternehmen anfallenden Kosten. Baut man diese Zusatzleistungen aus, werden die Kosten im Unternehmen zwar nicht gesenkt, sondern sogar noch gesteigert, dies jedoch bei einer überproportionalen Erhöhung des am Markt durchsetzbaren Preises, sodass insgesamt die Relation verbessert und möglichst positiv gestaltet werden könnte. Dieser Vorgang geht zwar in Bezug auf Mobilisierung von Kreativität und Innovationsfähigkeit des Unternehmens über den üblichen Bereich der Preisermittlung hinaus, jedoch kann gerade die Analyse der Preisorientierungen und der daraus abzuleitenden Preispolitik hier wertvolle Anregungen geben und den Anstoß zu Innovationen des Leistungsspektrums bilden.

Zielkostenrechnung

In neuerer Zeit hat ein weiteres Verfahren, auch unter der Bezeichnung **Target Costing,** Beachtung gefunden. Auch hier geht es im Ansatz darum, dass letztendlich nicht Kosten die Grundlage für die Festlegung eines Preises sein können, der dann am Markt nicht durchsetzbar ist, sondern dass sich umgekehrt die Kostenvorgabe aus dem am Markt erzielbaren Preis abzüglich der geplanten Gewinnspanne ableitet. Die Schwierigkeiten ergeben sich dabei weniger aus der Anerkennung dieses Prinzips als vielmehr aus Problemen seiner Umsetzung. Eine Schwierigkeit stellt oftmals das Herunterrechnen der Gesamtkosten auf einzelne Kostenkomponenten, Funktionen und Teile (die so genannte Ziel-kostenspaltung) dar, insbesondere, wenn der Zielpreis nicht über entsprechende Teilnutzen-bewertungen den einzelnen Komponenten zuge-rechnet werden kann.

Grundsätzlich geht es also darum, Probleme, die sich bei unterschiedlicher Orientierung der Preis-bildung ergeben können, als Herausforderungen und Chance zu nutzen, die Gesamtpositionie-rung des Unternehmens zu überdenken und zu verbessern. Damit wird die Preispolitik zu einem integrierten Bestandteil des gesamten Marke-tingmixes und der Unternehmensgestaltung.

6.4   Preisstrategien

Von **strategischem Preismanagement** wird ge-sprochen, wenn die Preisfestlegung nicht als kurzfristige Reaktion erfolgt, sondern in ihrer Zielsetzung einen größeren Zyklus, also mehre-re Perioden, berücksichtigt. Dies bedeutet nicht, dass für alle Perioden der Preis gleich bleiben muss; beispielsweise kann in der Einführungs-phase ein höherer Preis angesetzt werden und später dem Wettbewerb folgend ein geringerer oder umgekehrt zunächst ein geringerer Ein-führungspreis und Ähnliches. Die grundsätzli-che Preispositionierung wird im ersten Unterab-schnitt behandelt. Der zweite Abschnitt ist dem für den Handel wesentlichen Bereich der so ge-nannten Mischkalkulation gewidmet, also dem Aspekt, die Preisoptimierung weniger bezogen auf einzelne Produkte, sondern auf ganze Sorti-mentsbereiche auszurichten. Der dritte Ab-schnitt behandelt die Preisdifferenzierung, die erforderlich ist, um sich auf unterschiedliche Käufer- und Zielgruppen einstellen zu könmnen. Im vierten Abschnitt wird auf die psychologische Preisbildung eingegangen und schließlich im ab-schließenden fünften Abschnitt kurz auf aktuel-le und strategische Aspekte im Marketing-Mix.

6.4.1 Preispositionierung

Hier geht es zunächst um die generelle Ausrich-tung des Unternehmens im oberen, niedrigeren oder mittleren Preisniveau (Abb. 6.23).

Abb. 6.23: Preispositionierung (starr)

Die **Hochpreispolitik** beschreibt eine Positionie-rung, die durchgängig oberhalb des Durch-schnittspreises der Mitbewerber liegt. Vorteile ergeben sich dann, wenn es gelingt, durch diese Preisfestsetzung – auch **Premium-Preis** ge-nannt – ein Exklusiv-Image zu erwerben, das zu-gleich vom Kunden als Qualitätsindikator ange-sehen wird und somit zur Akzeptanz der höheren Preise führt. Dies ermöglicht dann entsprechen-de Gewinnmaximierung, schnelle Amortisation des eingesetzten Kapitals und eine Sogwirkung bei künftigen Sortiments-Einführungen. Dem ge-genüber besteht die Gefahr der Verdrängung durch preisaggressive Wettbewerber.

Im Falle der **Niedrigpreispolitik** wird entgegen-gesetzt der Preis der Güter durchgängig unter dem durchschnittlichen Preis der Mitbewerber angesetzt **(Discount-Preis);** im Extremfall am untersten Ende, beispielsweise mit einer „Geld-zurück-Garantie" für den Fall, dass der Kunde in-nerhalb einer bestimmten Zeit das angebotene Produkt anderweitig billiger erhält. Der Preis wird somit zu einem dominierenden Marketing-faktor. Vorteile liegen in der Verdrängung oder Abwehr von Konkurrenten und dem Aufbau von Markteintrittsbarrieren. Die Umsetzung ist je-doch nur möglich, wenn das Unternehmen auf Grund seiner Einkaufsvolumen, seiner eigenen Kostenstruktur, eventueller Erfahrungskurven-effekte etc. auch über das Potenzial zur ent-sprechenden Umsetzung verfügt. Die sich im Zu-ge der Niedrigpreispolitik ergebenden Sympa-thie- und Goodwill-Werte können eine relativ ge-sicherte Position am Markt bedeuten. Gefahren bestehen, wenn der Kunde auf Grund der Preis-positionierung auch auf eine minderwertige

Qualität schließt, sodass Discount-Preise beispielsweise weniger für Nischenmärkte, den Hightech- oder Prestige-Bereich geeignet sind. Auch kann eine solche Preispolitik Auslöser für Preiskämpfe bis hin zum ruinösen Wettbewerb sein, wenn die Konkurrenz diese Preisposition streitig macht.

Im Rahmen der eher konventionellen Vorgehensweise der **Medium-** bzw. **Marktpreispolitik** orientiert man sich am durchschnittlichen Preisniveau der Mitbewerber; hier geht es eher um eine Strategie des „Nicht-Preiswettbewerbs". Sie kann damit zu einer gewissen Marktruhe beitragen oder einer Konzentration auf andere Aktionsfelder. Die Gefahr besteht im Eindruck der Unentschlossenheit und weniger profilierten Marktwahrnehmung.

Neben einer starren Preisfestsetzung kann die Profilierung auch durch eine **flexible Preisbestimmung** gekennzeichnet sein. Auch hier ergeben sich dem Grundsatz nach drei Prinzipien:

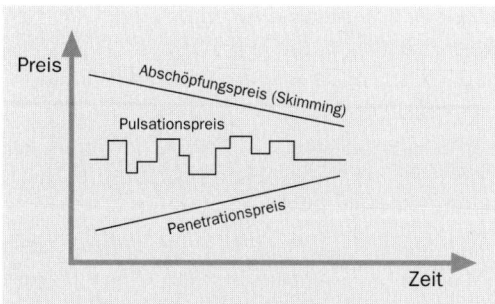

Abb. 6.24: Flexible Preisbestimmung

Das Konzept des **Abschöpfungspreises** entwickelt sich gewissermaßen entlang der normalen Preisabsatzkurve, indem zu Anfang, beispielsweise bei der Markteinführung, mit einem höheren Preis die Bereitschaft zur Preisakzeptanz der entsprechenden Gruppe genutzt wird, um dann später in der zunehmenden Marktdurchdringung durch Preissenkung auch zusätzliche Nachfragegruppen anzusprechen. Vorteile liegen in der Abschöpfung einer Konsumentenrente, insbesondere, wenn zu Beginn noch eine gewisse Alleinstellung des Anbieters gegeben

ist. Dies führt zu kürzeren Amortisationszeiten von Investitionen und einem besseren Cashflow. Konkurrenten, die erst später in den Markt eintreten, sind dann zumeist gezwungen, auf das inzwischen abgesenkte Preisniveau abzusteigen, sodass sie die günstigen Ertragszeiten nicht mitmachen und auch kaum nachholen können, insoweit nachhaltige Wettbewerbsnachteile erleiden. Andererseits kann gerade der hohe Eintrittspreis Konkurrenten zum Markteintritt ermuntern, woraus sich dann ggf. später Preiskämpfe (wenn auch nicht direkt vorausgeplant) ergeben können, nachdem einmal die Investitionen zum Markteintritt erfolgten. Dann können Risiken und Marktverunsicherung eintreten, vor allem, wenn das eigene Unternehmen nicht über entsprechendes Potenzial verfügt. Diese Vorgehensweise wird auch als **Skimming-Strategie** bezeichnet.

Penetrationspreis – hier wird die entgegengesetzte Strategie verfolgt, also eine Markteinführung zu niedrigeren Preisen, die dann nach und nach angehoben werden. Dies ist vorteilhaft, wenn gleich am Beginn eine größere Menge abgesetzt werden soll bzw. muss, wodurch zugleich eine schnellere Marktabdeckung und damit auch stärkere Marktpositionierung erfolgt. Gegebenenfalls gelingt es auf diese Weise, den Markteintritt von Wettbewerbern hinauszuzögern, eventuell sogar sie vom Markteintritt abzuschrecken, insbesondere, wenn die Penetration – die Marktdurchdringung – erfolgreich gelingt und durch Lerneffekte und Kostenvorteile auf Grund der bereits erreichten größeren Menge entsprechende Wettbewerbsvorteile aufgebaut werden konnten. Nachteilig kann der Verzicht auf die Abschöpfung der Konsumentenrente sein und, damit verbunden, eine längere Amortisationszeit.

Pulsationspreis – hier liegt nicht eine tendenzielle Absenkung oder Anhebung des Preises zu Grunde, sondern eine Flexibilität (Pulsation) auf einem tendenziell konstanten Preisniveau durch aktuelle Preisänderungen, insbesondere Preissenkungen, z.B. durch Sonderangebote, Sonderverkäufe, Aktionswochen, Saisonangebote etc. Vorteile werden darin gesehen, dass zum einen zusätzliche Käuferschichten über einen attraktiven Preis gewonnen werden können, ohne dass grundsätzlich das Preisniveau abgesenkt werden müsste. Ferner kann diese Strategie auch aus unternehmensinternen Gründen genutzt werden, insbesondere solchen der Kapitalbindung, indem beispielsweise durch Schlussverkäufe am Saisonende die Lagerhaltung reduziert wird, um den Lagerbestand nicht bis zum nächsten Saisonbeginn finanzieren zu müssen. Nachteile können sich insbesondere dann ergeben, wenn Pulsationspreise zur Dauereinrichtung werden. Dann wird es nämlich schwierig, zu Normalpreisen zurückzukehren. Auch neigen die Nachfrager dazu, sich bei Artikeln – vor allem, wenn sie nicht zum täglichen Bedarf gehören – auf die jeweiligen Niedrigpreisphasen einzustellen. Dann kann zwar formal das Preisniveau gehalten werden, tatsächlich aber erfolgt ein immer größerer Umsatzanteil zu Niedrigpreisen.

6.4.2 Mischkalkulation

Die Mischkalkulation ist eine besonders für den Handel bedeutsame Strategie, da für den Händler Umsatzanteil und Gewinnspanne des einzelnen Artikels weniger bedeutsam sind als der insgesamt erzielte Umsatz sowie die damit erwirtschaftete Handelsspanne und die Gewinnmarge (siehe hierzu auch „Zuschlagskalkulation" unter Unterabschnitt 6.3.3: „Kostenorientierung der Preisbildung"). Das Prinzip beruht darauf, dass preissensible Sortimentsprodukte mit einem geringeren Aufschlag kalkuliert werden (so genannte Ausgleichsnehmer) und andere Artikel mit entsprechend höheren (so genannte Ausgleichsträger). **Ausgleichsnehmer-Produkte** sind u. a. solche, die in besonderer Weise im Preisbewusstsein der Nachfrager verhaftet sind. Vor allem sind dies Artikel der so genannten „Butterliste"; abgeleitet aus den Artikeln, die beispielsweise die Hausfrau im Vergleich verschiedener Lebensmittelläden bei ihrem Einkauf kennt und auch überprüft. Die Funktion der Ausgleichsnehmer besteht darin, dem Geschäft insgesamt das Image der Preiswürdigkeit zu geben, den Kunden zum Einkauf im eigenen Laden zu veranlassen und dabei darauf einzuwirken, dass er auch

Umsätze mit den **Ausgleichsträgern** tätigt, deren Preise er nicht so unmittelbar überprüft (oder überprüfen kann), bei denen er aber auf Grund des geprägten Images ebenfalls auf eine Preiswürdigkeit schließt.

Diese Vorgehensweise wird auch als **Ausgleichskalkulation,** Kompensationskalkulation, kalkulatorischer Ausgleich oder preispolitischer Ausgleich bezeichnet. Diese Strategie ist dann erfolgreich eingesetzt, wenn es gelingt, den entsprechenden Umsatz zu initiieren und zugleich dabei die angestrebte Durchschnittsspanne zu realisieren.

Die modernen Kassenterminals und damit verbundenen Warenwirtschaftssysteme ermöglichen es, nicht nur die Erreichung der Gesamtwerte überprüfen zu können, sondern auch durch Auswertung der einzelnen Verkaufsvorgänge (Kassenbons) analysieren zu können, welche Ausgleichsnehmer-Produkte tatsächlich beim gleichen Kaufvorgang zur Mitnahme entsprechender Ausgleichsträger führten. Hieraus können dann weitere Maßnahmen abgeleitet werden, beispielsweise auch bezüglich der Warenpräsentation, für deren Darstellung auf Kapitel 5: „Warenpräsentation und Verkaufsraumgestaltung", verwiesen wird.

Die Mischpreiskalkulation setzt in aller Regel eine sehr sorgfältige Konkurrenzbeobachtung voraus, um bei der Preisgestaltung der besonders sensiblen Artikel rechtzeitig genug reagieren oder durch entsprechende Aktualität die Preisführerschaft erringen zu können.

6.4.3 Preisdifferenzierung

Werden gleiche Produkte und/oder Dienstleistungen an verschiedene Kunden/Kundengruppen zu unterschiedlichen Preisen verkauft, so bezeichnet man dies als Marktdifferenzierung, ein Instrument der differenzierten Marktbearbeitung. Voraussetzung einer solchen Preispolitik ist die entsprechende Marktsegmentierung (siehe Abb. 6.25). Dies bedeutet, dass der Gesamtmarkt in Teilmärkte mit unterschiedlichem Nachfrageverhalten aufteilbar ist und die Kunden zwischen den Teilmärkten nicht ohne weiteres wechseln können. Insoweit liegt ein unvoll-

Kriterien für die Preisdifferenzierung
- räumlich (regional)
- zeitlich
- personell
- mengenmäßig
- nach Verwendungszweck
- nach Produktvariation
- nach Anspruch
- nach Funktion
- nach Markierung

Abb. 6.25: Preisdifferenzierung

kommener Markt vor. Das unterschiedliche Nachfrageverhalten zeigt sich in unterschiedlicher Preiselastizität. Zur Bildung von Teilmärkten müssen sich die Nachfrager in klar abgrenzbare Gruppen unterscheiden lassen.

Die Preisdifferenzierung kann nach folgenden Arten bzw. Bezugsgrößen erfolgen:

- **Räumliche (regionale) Preisdifferenzierung;** beispielsweise bei Filialen mit abweichenden Preisen in verschiedenen geografischen Gebieten, Bundesländern und Regionen, Stadt- oder ländlicher Bereich, Inland, Ausland. Auf diese Weise kann der Preis unterschiedlichen Konkurrenzsituationen angepasst werden.

- **Zeitliche Preisdifferenzierung** ist sinnvoll bei zeitlich schwankender Nachfrage, beispielsweise im Saisonverlauf oder auch im Tages- oder Wochenrhythmus (beispielsweise Telefontarife für verschiedene Tageszeiten, Sonn- und Feiertage, Happy Hour etc.). Auslöser können Marktaspekte oder betriebswirtschaftliche Gesichtspunkte (gleichmäßigere Auslastung) sein.

- **Personelle Preisdifferenzierung;** je nach Stellung und Käufermerkmal der Nachfrager werden unterschiedliche Preise erhoben. Kriterien können sein: berufliche Situation, beispielsweise Schüler, Studenten, Arbeitslose; Lebensalter: Kinder, Jugendliche, Senioren; Mitgliedschaft oder Nicht-Mitgliedschaft bestimmter Gruppen; erworbene Zugangsberechtigung wie im Falle von Kurkarte, Seniorenpass, Familienpass etc. sowie eine Dif-

ferenzierung nach Berufsgruppen wie Wiederverkäufer, Betriebsangehörige, Hörer, Lehrende, Handwerker etc.

- **Mengenmäßige Preisdifferenzierung;** Bezugsgröße ist hier die unterschiedliche Abnahmemenge, sei es in einer Lieferung oder in einer Order zu mehreren Lieferterminen (Sammelbestellung) – siehe auch Preisnachlässe und Rabattpolitik im Unterabschnitt 6.1.2, „Konditionen als zusätzliche Gestaltung".

- **Verwendungsbezogene Preisdifferenzierung;** hier können für unterschiedliche Verwendungszwecke ungleiche Preise erhoben werden, beispielsweise zur gewerblichen oder landwirtschaftlichen Nutzung.

Weitere – auch als unecht bezeichnete – Preisdifferenzierungen ergeben sich, wenn gleiche Preise für ungleiche Leistungen erhoben werden, z. B. mit oder ohne Anlieferung. Des Weiteren kann eine Preisdifferenzierung vorliegen, wenn Leistungsvarianten angeboten werden, ohne dass die Preisveränderung den damit verbundenen Kosten entspräche:

- **Anspruchsbezogene Preisdifferenzierung;** durch Produktdifferenzierung wird die unterschiedliche Preisbereitschaft der Käufer genutzt, beispielsweise durch A-Klassen-Angebot etc.

- **Markenbezogene Preisdifferenzierung;** z. B. durch Zweitmarken wird bei ggf. nur leichter Produktdifferenzierung ein unterschiedliches Preisniveau angesprochen. Dies kann in der Weise geschehen, dass zum ursprünglichen Produkt preiswertere Varianten auf den Markt kommen, um auch preisbewusstere Käuferschichten zu gewinnen oder aber, dass so genannte Luxusausgaben kreiert werden, um die höhere Preisbereitschaft von Kundengruppen, beispielsweise auch über den Prestigeeffekt, zu nutzen.

6.4.4 Psychologische Preisgestaltung
Manche Preise gelten in ihrer Höhe als psychologische Hemmschwelle, sodass beispielsweise statt 100,– Euro der Preis auf 99,90 Euro

festgesetzt wird. Durch eine relativ kleine Preis-
differenz wird also versucht, das Angebot für
den Kunden preiswerter erscheinen zu lassen,
als es tatsächlich ist. Insoweit finden sich auch
gelegentlich Preise wie 19,80 €, 1,45 € etc.
Teilweise entstehen hierbei recht skurile Situationen, wenn beispielsweise 0,2 l für 3,– € und
0,5 l für 7,80 € angeboten werden, der Kunde
das größere Gebinde für preiswerter hält, obwohl dies effektiv nicht zutrifft. Offenbar ist jedoch selbst bei höherpreisigen Anschaffungen
das Beachten von Preisschwellen wirksam, beispielsweise die Couchgarnitur für 3995,– €
statt für 4.000,– €. Weitere Aspekte sind das
Vermeiden der Zahl 13 (als vermeintliche Un-
glückszahl) oder die Preisstellung in Form fallen-
der Ziffern. Schließlich ist die spezielle Preis-
schwelle für bestimmte Güter zu beachten, beispielsweise (oder nur vermeintlich) beim Ben-
zinpreis.

6.4.5 Aktuelle und strategische Aspekte
         im Marketing-Mix

Die Preispolitik ist geeignet, im Rahmen des
Marketing-Mixes die Maßnahmen in anderen Bereichen des Absatzinstrumentariums zu unterstützen, sowohl hinsichtlich strategischer Ziele,
Marktpositionierung und Image-Bildung als auch
zur Bewältigung aktueller Fragen durch flexible
Preisgestaltung.

Zusammenfassung

Rekapitulieren Sie:
Wieso werden Konditionen auch als Mittel der
preispolitischen Feinsteuerung bezeichnet?
Hinweise zur Bearbeitung:
Ein formell einheitlicher Grundpreis kann durch
Preisnachlässe (Rabatt) oder in seltenen Fällen durch Preiszuschläge dennoch bei verschiedenen Umständen und Anlässen, Abnehmern
oder unterschiedlichem zeitlichem Bezug differenziert werden. Durch Liefer- u. Zahlungsbedingungen werden die Konditionen festgelegt, zu
denen Leistung und Gegenleistung zu erbringen
sind, wodurch gleichfalls die Gesamtbezugskos-
ten beeinflusst werden.

Rekapitulieren Sie:
Welcher weitere Bereich gehört mit zur Konditio-
nenpolitik?
Hinweise zur Bearbeitung:
Die Kreditpolitik; siehe für Details auch unter
6.1.2.4.

Rekapitulieren Sie:
In der Preistheorie auf der Basis der Mikro-Ökonomie haben wir den Markt als das Zusammentreffen von Angebot und Nachfrage beschrieben. Was verstehen Sie unter einem Gleichgewichtspreis?
Auf welchen Grundannahmen basiert diese
Preistheorie?

Hinweise zur Bearbeitung:
Im Schnittpunkt zwischen der in umgekehrter Richtung verlaufenden Angebots- und Nachfragekurve ergibt sich der Gleichgewichtspreis, bei dem genauso viele Güter und Dienstleistungen angeboten wie nachgefragt werden, siehe auch Abb. 6.9.
Zu den Grundannahmen, unter denen der Gleichgewichtspreis zu Stande kommt, gehören Einproduktunternehmen, freie Preisbildung, vollständige Markttransparenz, hohe Reaktionsgeschwindigkeit und rationales Verhalten aller Marktteilnehmer, das Fehlen persönlicher Präferenzen, einstufige Marktbeziehungen und einperiodische Marktsituationen.

Rekapitulieren Sie:
Was verstehen Sie unter Preiselastizität der Nachfrage?
Hinweise zur Bearbeitung:
Das Verhältnis zwischen Preisänderung zu der dadurch bewirkten Veränderung der Absatzmenge.

Rekapitulieren Sie:
Was wird unter Bezug auf Gutenberg unter dem „akquisitorischen Potenzial" verstanden?
Hinweise zur Bearbeitung:
Die Gesamtheit der aus der Sicht potenzieller Käufer Präferenz schaffenden Tatbestände. Ein hohes akquisitorisches Potenzial schafft für den Anbieter den begrenzten Raum einer Alleinstellung. Siehe auch Unterabschnitt 6.2.4.

Rekapitulieren Sie:
Welche vier Determinanten praxisorientierter Preisbildung haben Sie kennen gelernt?
Hinweise zur Bearbeitung:
Einfluss auf die Preisbildung haben wettbewerbs-, nachfrage- und kostenorientierte Faktoren sowie gesetzliche und administrative Preisvorschriften.

Rekapitulieren Sie:
Was bedeutet Preispositionierung und welche grundsätzlichen Typisierungen lassen sich hier unterscheiden?

Hinweise zur Bearbeitung:
Die Preispositionierung bestimmt die generelle Ausrichtung des Unternehmens im oberen, niedrigeren oder mittleren Preisniveau: Hochpreis-(Premium)-, Niedrigpreis-(Discount)- sowie Marktpreis-(Medium)-Politik (siehe auch Abb. 6.23); sowie als flexible Preisbestimmungen der Abschöpfungs-, Penetrations- und Pulsationspreis (Abb. 6.24).

Rekapitulieren Sie:
Was bedeutet Mischkalkulation und warum ist diese Strategie im Handel besonders wichtig?
Hinweise zur Bearbeitung:
Das Prinzip der Mischkalkulation beruht darauf, dass preissensible Produkte mit einem geringeren Aufschlag kalkuliert werden (so genannte Ausgleichsnehmer) und andere Artikel des Sortiments mit entsprechend höheren Aufschlägen (so genannte Ausgleichsträger). Bezüglich Umsatz-Marktstellung und erwirtschafteter Handelsspanne steht im Handel nicht primär der einzelne Artikel im Vordergrund, sondern wichtig sind das Gesamtsortiment oder entsprechende Teilbereiche.

Rekapitulieren Sie:
Welche Voraussetzungen müssen für eine Preisdifferenzierung gegeben sein? Nach welchen Bezugsgrößen kann sie erfolgen?
Hinweise zur Bearbeitung:
Der Gesamtmarkt muss in Teilmärkte mit unterschiedlichem Nachfrageverhalten aufteilbar sein, wobei die Kunden zwischen den Teilmärkten nicht ohne weiteres wechseln können. Insoweit liegt ein unvollkommener Markt vor. Das unterschiedliche Nachfrageverhalten zeigt sich in unterschiedlichen Preiselastizitäten. Die Nachfrager müssen sich in klar abgrenzbare Gruppen unterscheiden lassen können.
Bezugsgrößen für eine Differenzierung können räumliche, zeitliche, personelle, mengenmäßige, verwendungs-, anspruchs- oder markenbezogene Faktoren sein.

7 Kundenservice

7.1 Bedeutung und Ziele des Service

Um Kunden zu gewinnen und/oder sie nachhaltig als Stammkunden zu binden, kommt dem Service eine ständig wachsende Bedeutung zu. Vor allem gilt dies natürlich für Produkte mit anspruchsvoller Technik oder komplizierter bzw. zumindest gewöhnungsbedürftiger Anwendung für den Nutzer. Hier steht für den Käufer nicht nur das Produkt, sondern die umfassende Problemlösung im Mittelpunkt. Hightech-Produkte, neue Medien, höherwertige Gebrauchsgüter mit differenzierter, vom Kunden nicht mehr allein beherrschbarer Technik und Anwendung gehören hierzu.

Daneben bietet jedoch bei mehr oder weniger vergleichbaren Massenprodukten auf zum Teil gesättigten Märkten der Service die Gelegenheit, sich vom Wettbewerber abzuheben, also eine Präferenzpolitik zu betreiben, um nicht allein über den Preis konkurrieren zu müssen. Bei in Technik und Anwendung unkomplizierten Produkten oder Gütern des täglichen Bedarfs steht dann nicht die Produktbezogenheit im Vordergrund, sondern der kundenorientierte Service.

In den nachfolgenden Abschnitten 2 und 3 wird jeweils der warenbezogene bzw. nicht warenbezogene Service behandelt werden.

Die verschiedenen Begriffe Kundenservice, Kundendienst, Kundendienstpolitik, Serviceleistung etc. werden – wie so oft – sowohl in der Literatur als auch in der Praxis unterschiedlich definiert. Manchmal wird Service als Oberbegriff zum Kundendienst interpretiert, gelegentlich auch gerade umgekehrt. Im überwiegenden Maße werden die Begriffe jedoch synonym verwendet; dieser Praxis wird auch hier gefolgt.

Beim Kundenservice handelt es sich stets um Dienstleistungen, die neben der Hauptleistung, also dem unmittelbaren Produktnutzen, Kunden bzw. potenziellen Abnehmern vor, während und nach erfolgtem Kauf angeboten bzw. erbracht werden.

Sie zielen darauf ab, den Kunden nachhaltig an das eigene Produkt (vor allem aus Herstellersicht) oder an das eigene Geschäft zu binden, indem entweder durch umfassende Problemlösungen der Nutzwert für den Kunden erhöht wird und/oder der Kaufvorgang im weitesten Sinne erleichtert und angenehmer gestaltet werden soll. Inwieweit diese angebotene Leistung freiwillig und kostenlos angeboten wird (wie gelegentlich in der Literatur gefordert) oder auf Anforderung durch den Kunden, ggf. auch gegen Berechnung, erscheint m. E. unerheblich, solange durch die Serviceleistung das Gesamtangebot in der Bewertung durch den Kunden attraktiver wird.

Der Kundendienst kann vom Hersteller oder vom Händler erbracht werden. Gerade beim technischen, warenbezogenen Service erfolgt oftmals eine Kooperation: Betreuung des Kunden durch den Händler vor Ort mit Rückgriffsmöglichkeit auf die Unterstützung und die Ressourcen des Herstellers.

Aus institutioneller Sicht ist die Funktion des Handels generell als die Erbringung von Dienstleistungen anzusehen. Hierauf soll im ersten Unterabschnitt kurz eingegangen werden, da Service dazu dienen kann, die jeweilig zu erbringenden Funktionen in einer Weise darzubieten, die noch mehr auf die Kundenbedürfnisse eingeht. Der zweite Unterabschnitt befasst sich mit dem Service als einem der absatzpolitischen Instrumente.

7.1.1 Service als Handelsfunktion

Die dem Handel als verbindendes Glied zwischen Hersteller (Produktion) und Endverbraucher (Konsument) zukommenden Aufgaben werden als Handelsfunktionen bezeichnet. Die unterschiedliche Systematik, durch die die Handelsfunktionen in der Betriebswirtschaftslehre gegliedert werden, sowie die daraus für den Handel abzuleitenden Betriebstypen sind schon in Kapitel 1 dargestellt worden.

An dieser Stelle geht es nun darum, an einigen besonders wesentlichen Handelsfunktionen aufzuzeigen, inwieweit sie zugleich Dienstleistungen für den Kunden darstellen.

Grundlegende Aufgaben bestehen in der Raum- und Zeitüberbrückung zwischen Angebot und Nachfrage. Der Handel hat also dafür zu sorgen, dass, unabhängig von Ort und Zeit der Herstellung, die Güter am richtigen Ort zur richtigen Zeit für den Abnehmer bereitgestellt werden. Dies lässt sich noch ergänzen: In der richtigen Menge und richtigen Qualität. „Richtig" bezieht sich hier auf die Art und Weise, wie die Güter vom Kunden nachgefragt werden. Bei der Menge (Quantität) leistet der Handel eine Ausgleichsfunktion, da die größeren Lose in Herstellungs- und Beschaffungslogistik in solche Mengeneinheiten aufgeteilt werden, die dem Kundenbedarf entsprechen. Gegebenenfalls geht dies auch über das Auflösen größerer Gebinde in Teilmengen hinaus, da entweder umverpackt werden muss oder, beispielsweise im Lebensmittelhandel, unabhängig von Verpackungseinheiten speziell für die einzelne Kundennachfrage Mengen abgezählt oder abgewogen werden.

Der Service besteht hier darin, dass der Handel sich auf die tatsächlichen Kundenwünsche einstellt, beispielsweise der Kunde sucht ein einzelnes Stück, findet aber nur größere Mengen SB-verpackt; oder umgekehrt: er verlangt nach einer größeren Menge und soll viele kleine Einheiten, aufwändig verpackt, mit relativ hohem Preis abnehmen. Oder der Kunde möchte ein Pfund Brot, im Laden sind aber nur noch Kilobrote vorrätig, Service ist es dann, wenn auch halbe Brote verkauft werden. Gerade die zunehmende Zahl von Single-Haushalten stellt hier ihre besonderen Anforderungen (z.B. einzelne Scheiben).

Bezüglich der Qualität sind vom Handel mehrere Aspekte zu beachten. Zum einen möchte sich der Kunde gerade auch in einem Fachgeschäft darauf verlassen können, dass der Händler als Spezialist Zuverlässigkeit und Qualität der angebotenen Waren überprüft hat. Der Service liegt hier also in einer gewissen Art von Garantiefunktion, basierend darauf, ob der Kunde dem Händler nachhaltig vertraut oder nicht – dies ist für eine dauerhafte Kundenbeziehung entscheidend. Der weitere Aspekt bezieht sich darauf, dass der Kunde beim Handel vielfach eine Auswahl zwischen gleichartigen Produkten verschiedener Qualität und ggf. auch verschiedener Hersteller, zumeist in unterschiedlichen Preislagen erwartet. Hier geht es also um die Sortimentstiefe (vertikale Sortimentsdimension als Anzahl gleichartiger, alternativer Artikel), bei der die Service-Funktion in der Beratung liegen kann. Bei der Sortimentsbreite (horizontale Sortimentsdimension als Anteil verschiedenartiger, additiver Artikel, die beispielsweise einer Bedarfsbündelung entsprechen können) geht es für den Händler weniger um die Frage, die Sortimentsgestaltung nach produktions- und herstellerspezifischen Gesichtspunkten vorzunehmen, sondern vielmehr darum, das Sortiment in Bezug auf den Anwendungszweck des Kunden auszuwählen und entsprechend zusammenzustellen. Beispiele wären: „Alles für das Kind", „Alles für die Malerarbeit" (Farben, Werkzeug etc.) oder noch breiter gefächert: „Alles für die Renovierung". Detailliert werden die Möglichkeiten der Sortimentspolitik in Kapitel 3 beschrieben. Aber auch hier sei nochmals darauf hingewiesen, dass es ein Service an den Kunden ist, wenn der Händler bei seiner Sortimentsgestaltung weitestgehend die Kundenbelange berücksichtigt.

Eine weitere Funktion – die auch als Vermittlung bezeichnet wird – liegt darin, dass der Händler die Kundenwünsche wahrnimmt und zur Verbesserung des Angebotes entsprechend aufbereitet an die Hersteller weiterleitet. Hier tritt der Händler gewissermaßen als „Anwalt" des Kunden auf oder – wie es zumeist in der Literatur bezeichnet wird – in Funktion eines Makleramtes.

Schließlich sei noch auf die Funktionen im Zahlungsverkehr und bei der Kreditgewährung hingewiesen (siehe dazu auch Kapitel 6 sowie die Unterabschnitte 6.1.2.3/4). Die Akzeptanz von Kredit- und Scheckkarten, die Lieferung gegen Rechnung oder die Gewährung von Zahlungszielen und Teilzahlungsmöglichkeiten (Kreditgewährung) etc. sind Funktionen, die sowohl in der Ausgestaltung eines entsprechenden Angebotes als auch in der Art und Weise, wie sie gehandhabt werden, eine Serviceleistung für den Kunden darstellen können.

Insgesamt sollte durch die Beispiele verdeutlicht werden, dass der Händler, je kompetenter und kundenbezogener er seine Funktionen wahrnimmt, im Interessenausgleich zwischen Produktion und Konsum zugleich eine Kundendienstleistung erbringt. Dabei ist es weitgehend sekundär, ob der Händler beispielsweise den technischen Kundendienst oder die Anlieferung etc. selbst durchführt oder in Kooperation mit den Lieferanten oder durch die Beauftragung Dritter als Dienstleister. Entscheidend ist, dass der Händler den entsprechenden Kundenservice anbieten kann und sich dann aber auch bis zur ordnungsgemäßen Abwicklung dafür verantwortlich fühlt. Ein nicht selten anzutreffendes Negativbeispiel liegt vor, wenn der Händler mit dem Kunden die Anlieferung mit bestimmten Terminzusagen vereinbart und ihn dann später bei nicht ordnungsgemäßer Erledigung an den Lieferanten oder den Spediteur verweist – den Kunden also mit dem Hinweis alleine lässt, nur Vermittler gewesen zu sein. Service ist es, sich bis zuletzt für den Kunden verantwortlich zu fühlen.

7.1.2 Service als absatzpolitisches Instrument

In der betriebswirtschaftlichen Literatur wird der Kundendienst überwiegend als Teil der Produkt- und Sortimentspolitik aufgefasst. Wöhe stellt der betrieblichen Preispolitik den Bereich der Präferenzpolitik zur Seite, unter der er Absatzwerbung, Produkt- und Sortimentspolitik, Konditionen- und Kundendienstpolitik sowie Absatzmethoden behandelt. Für den Handel erscheint es angemessen, dem Kundendienst einen eigenen Stellenwert innerhalb des Marketing-Mix zuzuweisen.

Dies gilt insbesondere für alle die Serviceleistungen, mit der der Händler nicht nur eine Präferenz für das Produkt erreichen will, sondern vor allem eine herausragende Stellung und Marktpositionierung für sein Handelsunternehmen im Konkurrenzkampf zu anderen Anbietern gleich-

artiger oder gleicher Produkte. Gerade wenn im Wettbewerb zueinander stehende Händler beispielsweise gleiche Markenartikel anbieten, so ermöglicht ihnen der Kundendienst eine Differenzierung. Wird der Service eines Händlers vom Kunden höher bewertet als die Leistung der Konkurrenz, so hat der Händler einen Wettbewerbsvorteil im Bemühen um eine dauerhafte Kundenbindung errungen und damit auch nachhaltigeren Umsatz erzielt. Insoweit bekommt der Service, wie bereits einleitend zu diesem Kapitel aufgezeigt, eine zunehmende Bedeutung.

7.2   Warenbezogener Service

Häufig wird in der Literatur warenbezogener Service und technischer Kundendienst synonym verwendet. Zumindest für den Handel erscheint es sinnvoll, hier zu untergliedern. So soll unter **technischem Kundendienst** die Installation und Aufrechterhaltung der Betriebsbereitschaft eines Produktes verstanden werden. Demgegenüber stehen die eher **kaufmännisch orientierten Leistungen,** die den Verkauf vorbereiten und begleiten.

7.2.1 Verkaufsvorbereitender und verkaufsbegleitender Service

Den Verkauf vorbereitend geht es hier insbesondere um Beratung, Demonstration, die Ausarbeitung eines Angebotes bzw. eines Kostenvoranschlages, den eventuellen Besuch bei Referenzkunden etc., stets bezogen auf das spezielle Produkt bzw. die Produktalternativen, mit denen der Kundennutzen erfüllt werden soll. Gerade bei technisch komplizierten oder anspruchsvollen Gebrauchsgütern kann dieser produktbezogene Service sehr erheblich sein. Möglicherweise ist der Kunde zunächst darin zu unterstützen, erst einmal seine Aufgabenstellung eindeutig zu spezifizieren, um die entsprechende Beratung durchführen zu können. Oder im Bereich von Möbeln, Wohnungseinrichtungen, Dekorationen etc. sind Hausbesuche erforderlich, um Installationsmöglichkeiten und Anpassung an bestehende Einrichtungen etc. abzuprüfen, ein Aufmaß zu nehmen oder Muster zur Verfügung zu stellen. Aber auch im Falle von Verbrauchsgütern, wie beispielsweise Lacken und Farben, kann es erforderlich sein, den Kunden mit entsprechendem Produkt- und Fachwissen kompetent bezüglich des angestrebten Zwecks, des zu behandelnden Materials und eventuell bereits früherer Bearbeitung zu beraten. Es geht hier also gar nicht darum, ein bestimmtes Produkt funktionsfähig zu machen (wie beim technischen Kundendienst), sondern zunächst ein für die angestrebte Verwendung auch angemessenes Produkt auszuwählen.

Im Zusammenhang mit dem Verkauf kann die Serviceleistung beispielsweise im Zuschnitt (Holz o. Ä.), Änderungsdienst (Kleidung) etc. liegen oder in der Anlieferung bestehen. Diese kann entweder kostenlos oder gegen entsprechende Berechnung erfolgen. Ferner kann der Händler die Ware selbst anliefern, eine Anlieferung unmittelbar durch den Hersteller veranlassen oder über einen Spediteur in die Wege leiten. Auch können dem Kunden Alternativen geboten werden; beispielsweise bietet *IKEA* dem Kunden die Möglichkeit, die Ware unmittelbar selbst mitzunehmen (Abholmarkt) oder sich einen Gepäckträger auszuleihen, aber auch in einem direkt im Haus befindlichen Büro eines Spediteurs eine entsprechende Anlieferung mit klar festgelegten Lieferkonditionen zu vereinbaren.

Ein weiterer Service kann darin bestehen, dem Kunden bei längeren Lieferzeiten ein Leihgerät zur Verfügung zu stellen oder Ähnliches. Inwieweit Produktschulung und Einweisung eher dem kaufmännischen oder technischen warenbezogenen Service zugeordnet wird, ist abhängig vom Produkt und dem jeweils konkreten Fall, wobei zumeist für die Praxis eine exakte Abgrenzung gar nicht bedeutsam ist.

7.2.2 Technischer Kundendienst

Aufgabe des technischen Kundendienstes ist die Gewährleistung der Funktionsfähigkeit des gelieferten Produkts. Hierzu zählen:

- **Installation** im Zusammenhang mit Anlieferung und Inbetriebnahme beim Kunden. Sie kann ergänzt werden durch Schulung und Einweisung. Bei technischen Geräten – beispielsweise auch Haushaltsgeräten – ist es gelegentlich erforderlich, dass am Installationsort („bauseitig" zumeist in der Verantwortung des Kunden) Vorbereitungen getroffen werden müssen wie Elektro- und Wasseranschluss, Abfluss oder Ähnliches. Hier kann der Service darin bestehen, dass auch solche Leistungen entweder direkt durch den Kundendienst mit erledigt werden oder zumindest in Zusammenarbeit mit entsprechenden Handwerkern zuverlässig und in guter terminlicher Abstimmung erfolgen.

- **Instandhaltung**, d. h. die Aufrechterhaltung eines einsatzfähigen Zustandes, die sich wiederum in drei Unterpunkte gliedert: Inspektion, als laufende oder unregelmäßige Überwachung (geplant oder ungeplant) mit dem Ziel, bereits vor Eintritt von Betriebsstörungen mögliche Ursachen (beispielsweise Verschleiß) frühzeitig zu erkennen. Wartung, d. h. Maßnahmen der vorbeugenden Instandhaltung, insbesondere auch Pflegemaßnahmen. Reparaturen, Instandsetzungsarbeiten, um erkannte Mängel zu beseitigen und die Funktionsfähigkeit wieder herzustellen.

Die Aufrechterhaltung eines leistungsfähigen technischen Kundendienstes ist oftmals mit erheblichem Aufwand verbunden. Je nach Anteil der einzelnen Verschleißteile, der Produktvielfalt und eventueller häufiger Typenwechsel ist bereits ein entsprechend hohes Ersatzteillager erforderlich. Auch sind teilweise teure Spezialgeräte und -werkzeuge zur Diagnose bzw. Reparatur notwendig, abgesehen von entsprechender Schulung des Personals. Daher ist in vielen Fällen eine **Kooperation mit dem Hersteller** sinnvoll. Dies kann in unterschiedlicher Weise geschehen. Drei typische Variationen sind:

- Der Händler ist reine Annahmestelle und Vermittler von Instandhaltungsaufträgen zwischen Kunden und Hersteller. Die eigentlich technischen Maßnahmen führt er selbst nicht durch. Damit verbleibt ihm auch zumeist nur ein geringer Einfluss auf die terminliche Abstimmung; oftmals müssen Produkte – soweit sie es von der Größenordnung her erlauben – erst zum Hersteller eingeschickt werden.

- Der Händler unterhält eine eigene Werkstatt mit entsprechender technischer Ausrüstung und ausreichendem Ersatzteillager, eventuell bei qualifizierter vorbereitender und laufender Schulung durch den Hersteller „autorisiert". Dies ist beispielsweise typisch im Kfz-Handel.
- Der Händler unterhält eine kleine Werkstatt mit entsprechendem technischem Personal und einem reduzierten Ersatzteillager für gängige Verschleißteile; teurere Teile oder solche für seltenere oder bereits seit einiger Zeit ausgelaufene Modelle müssen zunächst beim Hersteller, der eventuell auch umfangreichere Reparaturen übernimmt, angefordert werden.

Auf Fragen, wie die Instandhaltung durch entsprechende Produktpolitik des Herstellers verbessert werden kann, beispielsweise erleichterter Austausch von (vor allem verschleißanfälligen) Komponenten statt Reparatur etc., kann an dieser Stelle nicht eingegangen werden.

Welche Variation jeweils die sinnvollste ist, muss im konkreten Einzelfall überprüft werden und ist unabhängig von Kostenüberlegungen auch vielfach von den in der Branche üblichen Vorgehensweisen und von der Konkurrenzsituation abhängig.

Bei einer Reihe von Gebrauchsgütern sowohl im privaten Bereich als auch zur gewerblichen Nutzung hat die Sicherung der Betriebsbereitschaft für den Kunden einen sehr hohen Stellenwert. Ausfälle sind mit mehr oder weniger großer Beeinträchtigung verbunden. Untersuchungen zeigen (wenn auch von Branche zu Branche abweichend), dass für eine sofortige Behebung ein Großteil der Kunden bereit ist, mindestens 10 % und noch eine ansehnliche Anzahl, bis zu über 50 % an Zusatzkosten zu bezahlen. Dies unterstreicht eindrucksvoll den Faktor Zeit als Teil des Service im technischen Kundendienst.

Inwieweit der technische Kundendienst kostenlos oder gegen Berechnung erbracht wird, hängt wiederum von der Branche und konkreten Situationen ab, die im Einzelnen hier nicht behandelt werden können. Auf jeden Fall ist auch bei Berechnung darauf zu achten, dass dem Kunden eine eventuelle Preisstellung nachvollziehbar und fair erscheint.

Oftmals wird mit Pauschalbeträgen oder Festsätzen für bestimmte Leistungen operiert, bezogen auf den Normalfall. Die dann für Sonderleistungen anfallenden zusätzlichen Kosten sollten dann jedoch so gestaltet sein, dass es nachher bei der Abrechnung durch den technischen Kundendienst nicht zu unliebsamen und unnötigen Diskussionen mit dem Kunden kommt, weil dieser sich auf die zuvor genannten Pauschalbeträge verlassen hat; der Hinweis auf Kleingedrucktes (oft auf der Rückseite des Auftrages) wird zumeist nicht als kundenfreundlich angesehen, da der Kunde dies in der Regel nicht zur Kenntnis genommen und auf das pauschal Vereinbarte vertraut hat – und entsprechend jetzt in seinem Vertrauensverhältnis zum Händler „irritiert ist" – keine gute Basis für eine langfristig vertrauensvolle Kundenbindung. In diesen Fällen ist es also weniger sinnvoll, wenn zunächst aus „optischen Gründen" ein Preis genannt wird, der dann in der tatsächlichen Abrechnung erheblich überschritten wird.

Falls andererseits jedoch zu viele Teilleistungen, von denen der Kunde kaum welche in Anspruch nimmt, eingeschlossen sind, kann der Eindruck entstehen, zu viel bezahlt zu haben. Insofern ist zu überprüfen, inwieweit Sonderleistungen, die nur wahlweise in Anspruch genommen, aber nicht zusätzlich berechnet werden, überhaupt aufgeführt werden sollten.

Generell ist auf eine transparente und für den Kunden gut nachvollziehbare Preisgestaltung zu achten, die ihm (dort, wo es im Ablauf möglich ist) die Wahl lässt, je nach seiner Preis-Leistungs-Präferenz Mehrleistungen gegen Mehrpreis in Anspruch zu nehmen oder nicht; beispielsweise ist es dem einen Kunden lieber, das Gerät aus Gründen der Kostenersparnis selbst zum Händler zu bringen, während ein anderer den Hausbesuch auch gegen Bezahlung vorzieht.

Dieses Beispiel soll noch einmal verdeutlichen, dass der spezielle Serviceaspekt im Kundendienst nicht in der eigentlichen technischen Leistungserbringung, sondern vielmehr in der organisatorischen Ausgestaltung liegt. Diese ist vielfach stärker auf innerbetriebliche Belange ausgerichtet als auf die Kundenbedürfnisse; sie vereinheitlicht dann auch dort, wo ansonsten im Marketing Segmentierung und Differenzierung angesagt sind.

Weitere Serviceleistungen im Zusammenhang mit dem technischen Kundendienst können beispielsweise darin bestehen, dass bei regelmäßiger Inspektion und/oder Wartung eine Terminüberwachung durchgeführt wird, die sicherstellt, dass der Kunde rechtzeitig an die entsprechenden Wartungsintervalle erinnert wird. Außerdem ist es in manchen Fällen möglich, während der Ausfallzeiten dem Kunden ein Ersatzgerät zur Verfügung zu stellen, sei es leihweise oder gegen angemessene Mietgebühr.

Schließlich steht die **Garantie** im engen Zusammenhang mit dem technischen Kundendienst. Garantie ist die Übernahme der Gewährleistung – zumeist zeitlich begrenzt, beispielsweise auf zwei Jahre –, dass ein fehlerfreies und funktionsfähiges Produkt geliefert wurde. Bei auftretendem Versagen innerhalb dieser festgelegten Garantiezeiten wird kostenlose Abhilfe geleistet, sofern der Schaden nicht vom Kunden zu vertreten ist, beispielsweise durch mutwilligen oder fahrlässigen Gebrauch oder Verstoß gegen die Gebrauchsanleitung. Auf rechtliche Fragen, wie häufig ein Kunde eine Nachbesserung akzeptieren muss bzw. ab wann er einen Austausch des Produktes verlangen kann, soll hier nicht eingegangen werden, ebenso wenig auf die Zulässigkeit und Sinnhaftigkeit von Regelungen, die beispielsweise festlegen, dass bei eindeutigem, vom Lieferanten zu vertretendem Fehler zwar das Ersatzteil kostenlos ausgetauscht wird, der Kunde aber die Anfahrt bezahlen muss.

Der Verzicht auf Berechnung – also Kostenübernahme oder -erstattung durch den Lieferanten – auch über Frist und Umfang der Gewährleistungspflichten und -bedingungen hinaus wird als **Kulanz** bezeichnet. Typische Anlässe von Kulanz können sein:

- Fehlleistungen des Kundendienstes, beispielsweise Montagefehler, Einbau falscher Ersatzteile oder sonstige Unzulänglichkeiten,
- Billigkeitsgründe und die Vermeidung von Härtefällen bei wiederholten Fehlern oder erstmaligem Auftreten kurzfristig nach Ablauf der Gewährleistungszeit,
- Maßnahmen der Verkaufsunterstützung bei besonders guten und umsatzstarken Stammkunden oder solchen, die als Meinungsbildner gelten.

Insgesamt kann festgehalten werden, dass die Aufmerksamkeit des Kunden für das Verhalten des Lieferanten gerade dann, wenn Störungen auftreten, besonders sensibel ist. Die Art und Weise, wie hier mit dem Kunden umgegangen und für eine schnelle Abhilfe gesorgt wird, ist für die künftige Kundenbeziehung oft weit entscheidender als die verschiedensten Werbe- und Verkaufsförderungsmaßnahmen. Insoweit ist der technische Kundendienst also nicht allein ein Profit-Center, das ausschließlich nach Kostengesichtspunkten und interner Organisation geführt werden muss. Kundendienst ist im wahrsten Sinne des Wortes Dienst am Kunden. Einige Firmen sind deshalb heute bereits dazu übergegangen, technische Kundendienstleistung oder den Austausch des Produkts selbst dort anstandslos durchzuführen, wo eindeutig keine Gewährleistungspflicht besteht.

Im konkreten Einzelfall bleibt noch zu überprüfen, inwieweit es sinnvoll ist, den technischen Kundendienst auch unmittelbar in die Verkaufsakquisition einzubeziehen. So kann es beispielsweise sinnvoll sein, dem Kunden nach Ablauf von Gewährleistungsfristen den Kauf eines neuen Gerätes anzuraten, da die zu erwartenden Reparatur- und Wartungskosten für das bereits gebrauchte (und ggf. auch schon wieder veraltete) Gerät im Laufe der Zeit höher ausfallen werden als der Anschaffungspreis für ein Neugerät. Auch hier macht oft „der Ton die Musik". Maßgebend ist, ob sich der Kunde gut beraten und betreut oder eher genötigt fühlt.

7.3   Nicht warenbezogener Service

Auch hier geht es um verkaufsunterstützende Maßnahmen, die jedoch nicht unmittelbar auf ein Produkt bezogen sind. Sie sollen den Kunden vor, während und nach seiner Kaufentscheidung positiv unterstützen und begleiten. Vor allem wenn es um die Gewinnung von Stammkunden geht, ist daher der Service nach dem Kauf als Service vor dem (nächsten) Kauf zu betrachten.

Die kostenlose Entsorgung von Altgeräten kann beispielsweise ein Service sein, der als warenbezogen oder aber als nicht warenbezogen aufzufassen ist, wenn nämlich dieses Angebot generell gilt – also nicht nur bei Bezug entsprechender neuer Produkte –, möglicherweise sogar für Ware, die nicht im eigenen Laden gekauft wurde. Ähnlich verhält es sich bei der Inzahlungnahme von Altgeräten, je nachdem, ob sie unmittelbar an den Kauf gleichartiger Neuprodukte gebunden ist oder nicht.

7.3.1   Kunden- und verkaufsbezogene Dienstleistungen

Im weitesten Sinne können die **Ladenöffnungszeiten** oder ein ausreichendes **Parkplatzangebot** (auch wenn es mit zu den bei der Standortwahl zu berücksichtigenden Faktoren zählt) Aspekte eines vorbereitenden Service sein. Hierzu gehört auch die Akzeptanz der Tickets von Parkhäusern o. Ä., die für eine gewisse Zeit ein kostenloses oder zumindest preiswerteres Parken ermöglichen; zusätzliche Kundenfreundlichkeit zeigt sich, wenn dies großzügig ausgelegt wird, also nicht nur bei effektivem Kaufabschluss. Die Annahme von Vorbestellungen, ein genereller **Bestellservice** etc. sind gleichfalls Dienstleistungen, die dem Kunden einen reibungsloseren Einkauf ermöglichen. Der Service kann sich auch darauf erstrecken, dass Sonderbestellungen angenommen werden, die über das gerade vorhandene Sortiment hinausgehen.

In der **Ladengestaltung** und der Warenpräsentation kann über die allgemeinen Regelungen hinaus auf Kundenbelange Rücksicht genommen werden, beispielsweise, indem das für ältere Leute besonders interessante Sortiment ansprechend präsentiert wird (in angenehmer Griffhöhe, also kein unnötiges Bücken, lesbare Beschriftung etc.). Durch den ständig ansteigenden Anteil älterer Mitbürger gewinnt dieser Aspekt an Bedeutung, insbesondere jedoch für Geschäfte, die auf Grund ihrer Branche, Struktur oder Lage überproportional stark diese Kundenschicht ansprechen wollen. Einige Ladenketten haben inzwischen Aktionen gestartet, in denen das Personal durch Simulationen die „Altersbegrenzungen" selbst erleben konnte (sichteinschränkende Brillen, Beschwerungen an Armen und Beinen, Bückbehinderung etc.), sodass hier auch das Verständnis für dieses Anliegen gesteigert werden konnte. Ähnliches gilt für Eltern mit Kinderwagen oder behinderte Menschen, beispielsweise bezüglich der Gangbreite (Freihalten von abgestellten Kartons etc.), oder Beseitigung von Hindernissen bzw. Erleichterungen bei unumgänglichen Hindernissen wie Treppen etc. Anprobemöglichkeiten insbesondere in Bekleidungsgeschäften sind Dienstleistungen, die durch ausreichende Geräumigkeit und Ausstattung der Kabinen kundenfreundlich gestaltet werden können, wozu auch eine die Privatsphäre respektierende Anordnung zählt.

Ein offenbar immer noch häufig unterschätzter Service beim Verkaufsabschluss ist die Erleichterung des **Kassiervorgangs.** Die Akzeptanz langer Warteschlangen ist beispielsweise ein Zeichen dafür, dass die Zeit des Kunden gering geschätzt wird. Verschiedenste Umfragen haben immer wieder ergeben, dass generell die Beurteilung des Service für die Gesamtbewertung eines Geschäfts oftmals entscheidender ist als Produkt und Preis. Herausragend in der Negativbeurteilung ist dabei zumeist das Warten und eine umständliche Abwicklung an der Kasse.

Zum Kassiervorgang gehören auch – wie bereits früher erwähnt – die Akzeptanz von Kreditkarten sowie das problemlose Annehmen von Schecks oder Ähnlichem.

Weitere Dienstleistungen im Verkaufsabschluss sind das Zurverfügungstellen von Tragetaschen etc., Geschenkverpackungen (beispielsweise bei Parfümerieartikeln, Schmuck und sonstigen

Geschenken), eventuelle Sammelbehälter für das Zurücklassen von Umverpackungen sowie eventuelle Hilfestellungen bei dem Heraustragen gerade sperriger und schwerer Ware zum Wagen (ein noch seltener Service). Gegebenenfalls gehört schließlich hierzu auch ein Zustelldienst, der, wie bereits früher ausgeführt, durch die Ausleihe von Gepäckträgern, die Auslieferung mit eigenen Fahrzeugen oder über angeschlossene Spediteure realisiert werden kann.

Bei Artikeln des täglichen Bedarfs, insbesondere im Lebensmittelhandel, kann beispielsweise die Kombination von telefonischer Bestellannahme und Zustelldienst eine besondere Ausgestaltung des Service sein.

Abschließend soll noch auf die Behandlung von **Umtausch und Reklamation** hingewiesen werden. Hier geht es – wie bereits behandelt – einerseits ganz generell um die Frage der Kulanz, andererseits aber ebenso um eine Form der Abwicklung, die es dem Kunden erlaubt, sich weiterhin als Kunde und nicht als Bittsteller zu fühlen, und die sich an seinem Anliegen statt an ihm nicht nachvollziehbaren Notwendigkeiten innerbetrieblicher Organisation orientiert – ein Service also, der dem Kunden Zeit sowie umständlichen Formalismus und erst recht Wege zu verschiedensten Abteilungen im Hause erspart.

7.3.2 Spezielle Dienstleistungen

In manchen Branchen wurden spezielle Dienstleistungen entwickelt, die über das bisher Gesagte hinaus den kundenbezogenen Service-Gedanken als Image bildende Maßnahme des Geschäfts unterstreichen. Zum einen ist dies eine Kinderbetreuung, wenn Eltern das ungestörte Aussuchen und Einkaufen ermöglicht werden soll, beispielsweise in Möbelhäusern oder Kaufhäusern.

Das Anbieten von Erfrischungen ist ein Service, der sich beispielsweise bei längeren Beratungsgesprächen oder wenn der Kunde auf die Bedienung (die noch mit einem anderen Kunden beschäftigt ist) warten muss etc. anbietet. Muss ein den Kaufenden begleitender Partner beispielsweise in Mode- oder Pelzgeschäften wegen der Anproben länger warten, so kann dieses Getränkeangebot zumindest durch eine Sitzgelegenheit oder durch das Auslegen von Zeitschriften ergänzt werden. Zumeist ist solch ein Service eher in Geschäften in gehobener Positionierung und oberen Sortimentsklassen anzutreffen, jedoch teilweise auch schon in Supermärkten; beispielsweise wird hier Kaffee in Selbstbedienung angeboten.

Des Weiteren bieten beispielsweise Sportgeschäfte Ferien- oder Tagesfahrten am Wochenende in Skigebiete an oder Kletter- und Fahrradtouren etc. Ein anderer Service kann das Vermitteln von Karten zu Konzerten und anderen Veranstaltungen sein. Durch solche oder ähnliche Maßnahmen, die ergänzende Unterstützungsdienstleistungen anbieten, kann der Kontakt zum Kunden aufrechterhalten werden, auch wenn kein aktueller Kaufanlass besteht.

7.4 Wie viel Service soll es sein?

Die Kreativität, zusätzliche und angemessene Service-Leistungen zu entwickeln, ist die eine Seite. Die Frage „Wie viele und welche Service-Leistungen sollen tatsächlich angeboten werden?" thematisiert die Einbindung des Kundendienstes in den gesamten Marketing-Mix. Einerseits können Referenz schaffende und Image bildende Maßnahmen durch den Service wirksam unterstützt werden; andererseits muss der Service auch durch entsprechende Kommunikationsmittel den Kunden bekannt und bewusst gemacht werden.

Orientierung hierbei ist die insgesamt angestrebte Marktpositionierung des Geschäfts, d. h., die Maßnahmen müssen vom Kunden als angemessen und stimmig akzeptiert werden.

7.4.1 Kosten-und-Nutzen-Betrachtungen

Manche Serviceleistung muss nicht teuer sein, sondern ist eher eine Frage einer kundenorientierten Einstellung, die nicht nur verdienen, sondern auch dienen und bedienen will. Andere Maßnahmen sind mit größerem Aufwand verbunden, sodass bei einer endgültigen Entscheidung auch die dadurch anfallenden Kosten zu berücksichtigen sind.

Kostenüberlegungen sollten sich allerdings weniger an der absoluten Höhe eines Vorhabens orientieren, sondern daran, inwieweit eine Maßnahme zu einer Verbesserung der Wirtschaftlichkeit beiträgt, also das Verhältnis von Output (Leistung/Umsatz) zu Input (Kosten) berücksichtigen.

Eine solche Kosten-Nutzen-Betrachtung kann dabei von zwei Aspekten ausgehen:

- Zum einen kann die Wirtschaftlichkeit verbessert werden, wenn ein bisher durch andere Aktionen erzielter Nutzen auf diese Weise wenigstens gleichwertig, aber zu günstigeren Kosten zu erbringen ist, sich insgesamt also eine Kostenreduktion ermöglicht. Teilweise kann sich dies in Relation zur Werbung und Verkaufsförderung ergeben in Abwandlung eines alten, im Handel gebräuchlichen (auch wenn nicht immer richtigen) Spruches: „Meine Ware ist meine beste Reklame" oder „Unser Service ist verkaufsfördernd und werbewirksam".
- Der zweite Aspekt zielt auf zusätzlich verbesserte Marktstellung und Umsatzsteigerung ab. Hier geht es darum, andere, gleichfalls sinnvolle Maßnahmen nicht zu ersetzen, sondern zu ergänzen. Wird der eigene Service im Vergleich zu dem der Konkurrenz so hoch eingeschätzt, dass sich ein strategischer Wettbewerbsvorteil ergibt und, daraus abgeleitet, eine Präferenz (akquisitorisches Potenzial), so ermöglicht dies einen zusätzlichen Raum zur Preisgestaltung, der also selbst bei gleicher Umsatzmenge durch höhere Preise zu mehr Umsatz führen kann. Übersteigt dieser Mehrumsatz die Kosten der Kundendienstleistung, so führt dies auch zu einer Ergebnisverbesserung.

Ein Zusatzumsatz kann sich jedoch auch ergeben, wenn bei gleichem Preisniveau durch mehr Kunden und/oder intensivere Kundenbindung mehr gekauft wird. Übersteigt der daraus abgeleitete Deckungsbeitrag die Kosten der Dienstleistung, so ergibt sich gleichfalls eine Ergebnisverbesserung.

Die verschiedenen Vorgehensweisen können auch miteinander kombiniert werden, um so den optimalen Mix zu finden.

Kundenservice ist zwar oftmals mit Kosten verbunden, muss deshalb aber nicht notwendig im Sinne einer Ergebniseinbuße, also eines Gewinnverzichts, auch „teuer" sein. So zeigen Analysen in manchen Branchen beispielsweise erstaunliche Relationen zwischen den geringen im Rahmen einer kulanten Reklamationsbearbeitung mit entsprechendem Service anfallenden Kosten im Vergleich zu den hohen Kosten einer Neukundenwerbung.

Wo das richtige Maß für den Umfang von Service-Leistungen liegt, ist immer wieder im konkreten Einzelfall unter Berücksichtigung u. a. von Branche, Marktpositionierung und angestrebtem Preisniveau, Kundenverhalten, Wettbewerbssituation etc. zu entscheiden. Manchmal gilt es, Standortnachteile (hoffentlich auch verbunden mit geringeren Raumkosten) durch besseren Service auszugleichen, der vom Kunden angemessen honoriert wird. Patentrezepte gibt es also nicht. Dies ebenso wenig, wie es den einheitlichen Kunden gibt; der eine ist eher am Preis orientiert, der andere an der Produktqualität und wieder andere an der Qualität des Service. Tendenziell scheint jedoch die Bedeutung des Kundendienstes auch im Handel zuzunehmen.

7.4.2 Der Kunde im Mittelpunkt

Eine Weiterentwicklung der Dienstleistungsgesellschaft ohne Dienen – Dienst am Kunden – ist schwer vorstellbar. Für den Handel ergibt sich hier die Fragestellung, ob er zumindest wesentliche Teile hiervon in sein Geschäft integriert. Anderenfalls werden sich bei entsprechendem Bedarf spezielle Dienstleistungsunternehmen mit engem Kundenkontakt entwickeln. Wo der damit im Zusammenhang stehende Bedarf an Produkten dann gedeckt wird, bleibt offen. Mit dem Verzicht auf eigene Kundendienstleistungen verzichtet der Handel dann zugleich auf entsprechend vorbereitende Einflussnahme. Langfristig kann noch nicht einmal ausgeschlossen werden, ob dann die Dienstleister zusätzliche verkaufsbestimmende Beratung übernehmen, eventuell sogar als Vermittler auftreten. Service sollte vom Händler also genauso wichtig genommen werden, wie er dem Kunden wichtig ist.

Im Mittelpunkt steht der Kunde, d. h., eine Serviceleistung ist nur dann wertvoll, wenn sie auch entsprechende Wertschätzung durch den Kunden erfährt. Nicht allein die Vorstellung des Händlers ist entscheidend; es gilt vielmehr der alte Marketing-Satz: „Der Köder muss dem Fisch und nicht dem Angler schmecken."

Ob in Aussicht genommene Kundendienstleistungen auch tatsächlich auf die entsprechende Resonanz stoßen, kann zum einen durch Testmärkte erforscht werden. Eine andere Vorgehensweise ist, auf Informationen und Anregungen durch den Kunden zu achten. Gutes und konstruktives Zuhören ist ein ausgezeichneter Weg, an wesentliche und unverfälschte Informationen zu gelangen. Hierbei ist zu beachten, dass Kunden manchmal ihre Wünsche nicht direkt vortragen. Gelegentlich wissen sie es selbst nicht so ganz genau, haben aber eine Vorstellung, was wünschenswert wäre, auch wenn sie es vielleicht für unrealistisch halten. Aufgabe des Händlers kann es sein, gemeinsam mit dem Kunden nach Realisierungswegen zu suchen. Oftmals steht jedoch auch beim Kunden der Ärger über eine Situation stärker im Vordergrund, sodass weniger gesagt wird, was man möchte, als dass, was stört.

Hier ist es hilfreich, die Kommunikationsregel zu beachten, dass Vorwürfe oft verunglückte Wünsche sind, d. h., die Aufgabe besteht zunächst darin, herauszufinden, welcher – bisher noch unerfüllte, aber für den Kunden wichtige – Wunsch hinter der Reklamation steht. Gelingt es, diesen herauszuarbeiten, so wird zumeist nicht nur eine heikle Situation bewältigt, sondern, wenn der Kunde das Bemühen merkt, dass auf ihn eingegangen wird, auch eine dauerhafte Kundenbindung aufgebaut. Vielfach hat sogar der Kunde dann nicht nur das angesprochen, was für ihn persönlich bedeutsam ist, sondern auch, was für viele andere wichtig ist, die auf die gleiche Weise gewonnen werden können. In diesem Sinne kann der gesamte Bereich des so genannten „Beschwerdemanagements" nicht nur für die Behandlung von Reklamationen genutzt werden, sondern neben den Anregungen zur Produkt- und Qualitätsverbesserung etc. auch als Anstoß für die Entwicklung kundengerechter Serviceleistungen dienen.

Diese Einstellung zu Kunden und Service kann im Unternehmen entscheidend gefördert werden, wenn sie nicht nur ein Anliegen der Geschäftsleitung oder der Imageberater bleibt, sondern auch zum Bestreben möglichst aller Mitarbeiter wird.

Zusammenfassung

Rekapitulieren Sie:
Durch die Serviceleistung soll das Gesamtangebot des Händlers in der Bewertung durch den
Kunden attraktiver werden. Nach welchem Bezug und nach welchen Phasen können die Servi-
cefunktionen eingeteilt werden?
Hinweise zur Bearbeitung:
Man unterscheidet in warenbezogenen und
nicht warenbezogenen Service.
Die Dienstleistungen können den Kunden bzw.
potenziellen Abnehmern vor, während und nach
erfolgtem Verkauf neben der Hauptleistung angeboten bzw. erbracht werden.

Rekapitulieren Sie:
Was verstehen Sie unter technischem Kundendienst und welche Aspekte erscheinen beachtenswert?
Hinweise zur Bearbeitung:
Aufgabe des technischen Kundendienstes ist
die Gewährleistung der Funktionsfähigkeit des
gelieferten Produkts. Hierzu zählen Installation
sowie Instandhaltung (Inspektion, Wartung und
Reparatur). Der technische Kundendienst kann
durch den Händler im Zusammenhang mit dem
Hersteller selbst erbracht werden oder, lediglich
vom Händler vermittelt, allein durch den Hersteller. In allen Fällen gehört zur kundenbezogenen Service-Leistung, dass der Händler sich für
die ordnungsgemäße Durchführung verantwort-

lich fühlt und sich selbst dann, wenn der Hersteller die Maßnahmen durchführt, als Anwalt
des Kunden fühlt. (Siehe auch Kap. 7.2.2.)

Rekapitulieren Sie:
In welchen Bereichen der kunden- und verkaufs-
bezogenen Dienstleistungen scheinen oftmals
Defizite aufzutreten?
Hinweise zur Bearbeitung:
Zum einen ist dies oft im Gesamtbereich des
Kassiervorganges zu beobachten (hier sind die
sich dort bildenden Warteschlangen zu vermei-
den) sowie in Läden mit Selbstbedienung oder
Freiwahlsystemen, wo Waren suchende Kunden
nur unzureichend unterstützt werden.

Rekapitulieren Sie:
Muss Serviceleistung stets teuer sein? Welcher
zusätzliche Aspekt ist bei Kostenbetrachtungen
zu berücksichtigen?
Hinweise zur Bearbeitung:
Manche Serviceleistungen müssen nicht teuer
sein, sondern sind eher eine Frage kundenorien-
tierter Einstellung. Vielfach sind sie jedoch auch
mit Kosten verbunden, die jedoch nicht isoliert
betrachtet werden dürfen, sondern im Zusammenhang mit dem jeweils daraus resultierenden
Nutzen. Dieser kann beispielsweise durch
Dienstleistungen teilweise kostengünstiger oder
wirkungsvoller erbracht werden als durch andere
Maßnahmen des absatzpolitischen Instrumentariums. (Siehe hierzu auch Kap. 7.4.1.)

Rekapitulieren Sie:
Wer steht im Mittelpunkt der Serviceleistung?
Hinweise zur Bearbeitung:
Im Mittelpunkt steht der Kunde, d. h., eine Serviceleistung ist nur dann wertvoll, wenn sie auch
entsprechende Wertschätzung durch den Kunden erfährt. Dem Serviceaspekt entsprechenden Raum zu geben schafft nicht nur eine Differenzierung zum Wettbewerb – und damit ein zusätzliches akquisitorisches Potenzial –, sondern
hilft zugleich, das Handelsunternehmen und die
in ihm beschäftigten Personen zu einer kunden-
orientierteren Denkungs- und Verhaltensweise
zu veranlassen.

8 Personalpolitik und Beratung

8.1 Leistungsfaktor menschliche Arbeit

Ware, Raum und menschliche Arbeit bilden das System der Leistungsfaktoren im Handelsbetrieb.

Im Allgemeinen ist der Betrieb eines Handelsgeschäftes lohnintensiv, was insbesondere auch für den stationären Einzelhandel gilt. Damit bilden einerseits Personalaufwendungen einen wesentlichen Kostenfaktor – oftmals den wesentlichsten mit bis zu über 50 % der gesamten Handelsspanne. Andererseits sind Auswahl und sinnvoller Einsatz des Personals entscheidend für den Erfolg.

In diesem ersten Abschnitt wird zunächst noch weiter auf die Bedeutung der Personalpolitik im Rahmen des Handelsmarketings eingegangen und hier insbesondere auf die Personalplanung. Der zweite Abschnitt behandelt die Absatzhelfer. Motivations- und Anreizsysteme stehen im Mittelpunkt des dritten Abschnitts. Gegenstand des vierten Abschnitts sind Beratung und Verkaufsgespräch.

8.1.1 Bedeutung der Personalpolitik im Handelsmarketing

Bei der im allgemeinen Marketing üblichen Vierteilung des marketingpolitischen Instrumentariums (z. B. Produkt-, Kontrahierungs-, Distributions- und Kommunikationspolitik) bildet die Personalpolitik keinen eigenständigen Bereich. Zum Teil wird sie im Rahmen der Distributionspolitik mit behandelt – beispielsweise als unternehmenseigene oder externe Absatzorgane (Absatzmittler und Absatzhelfer). Daneben wird der persönliche Verkauf (Kontaktmarketing, Verkaufsgespräche etc.) im Rahmen der Kommunikationspolitik dargestellt. Auch im vorigen Kapitel über Kundenservice wurde deutlich, wie dessen Qualität wesentlich von Einstellung und Verhalten des Personals geprägt wird. Insoweit ist es im Handelsmarketing üblich geworden, Personal zusätzlich als eigenes Instrument im Rahmen des Marketing-Mix zu behandeln, entsprechend im Falle von Warenpräsentation, Kundenservice und Standortpolitik.

Die Personalstruktur im Handel wird sowohl durch die allgemeinen Strukturveränderungen geprägt als auch durch die unterschiedlichen Betriebsformen im Handel.

Der Personalbedarf ist – wie für den Dienstleistungsbereich typisch – in seinem Arbeitsanfall weitgehend fremdbestimmt, also abhängig von den Kundenströmen. Insbesondere im stationären und beratungsintensiven Einzelhandel sind somit die Schwankungen des Arbeitsanfalls im Tagesablauf zu berücksichtigen, sodass sie im Mittelpunkt des Einsatzplans stehen, wie er als Unterpunkt des nachfolgenden Unterabschnitts behandelt werden wird. Im Versand-, Außen- und Großhandel ist zumeist der Planungsrahmen etwas größer.

Auf einzelne Betriebsformen des Handels soll an dieser Stelle nicht eingegangen werden (siehe hierzu Kap. 1.5). Neben Groß- und Außenhandel unterscheidet sich der Einzelhandel durch Betriebsgröße, Sortimentsbreite und -tiefe sowie durch das Bedienungsprinzip, das für die Personalstruktur hier von besonderer Bedeutung ist. So ist der Bedienungs- und Beratungsaufwand – und damit die Personalkosten – im Fachhandel deutlich höher als bei Selbstbedienungsmärkten und Discountern.

Der Strukturwandel wird besonders deutlich am drastischen Rückgang der so genannten „Tante-Emma-Läden" und demgegenüber der Entwicklung zu Filialunternehmen und großflächigen Märkten. Damit verändert sich auch die Personalstruktur. Während 1950 noch mehr als die Hälfte der im Einzelhandel Tätigen Inhaber und Familienangehörige waren, ist deren Anteil nunmehr auf deutlich unter 25 % gesunken. Berücksichtigt man, dass davon noch ein Großteil in reinen Familienbetrieben – eventuell lediglich mit einem Auszubildenden oder einer Hilfskraft – tätig sind, so ist im Übrigen bei der Personalplanung primär auf Angestellte, Arbeiter, Aushilfskräfte und Auszubildende abzustellen mit entsprechender Beachtung der arbeitsrechtlichen Bestimmungen einschließlich der Regelungen des Steuer- und Sozialversicherungsrechts.

8.1.2 Personalplanung

Ganz allgemein kann Planung als gedankliche Vorwegnahme künftiger Maßnahmen bezeichnet werden, mit der unter Berücksichtigung bestehender und/oder prognostizierter Rahmenbedingungen Ziele in möglichst wirtschaftlicher Weise erreicht werden sollen. Die Aufgabe der Personalplanung besteht in der Vorsorge, dem Unternehmen kurz- und langfristig die benötigten personellen Ressourcen (Arbeitnehmer in erforderlicher Qualität und Quantität, zum richtigen Zeitpunkt am richtigen Ort) zur Verfügung zu stellen. Damit ist Personalplanung Teil der Gesamtunternehmensplanung und hat sich somit an den Unternehmenszielen auszurichten – hier insbesondere an der gesamten Marketingkonzeption hinsichtlich Betriebsform, Bedienungs- und Beratungsprinzip etc. Oftmals wird vom Umsatz-und-Kosten-Plan ausgegangen – andererseits werden beide Teilpläne ihrerseits durch die Maßnahmen im Personalbereich geprägt. In einer eher strategischen Ausrichtung werden die personellen Voraussetzungen geschaffen und gesichert, damit die geplanten Maßnahmen durchgeführt werden können, um die angestrebte Positionierung des Unternehmens im Markt zu gestalten.

Daneben spielen gerade im Handel kurzfristige Aspekte eine besondere Rolle. Wie in vielen Bereichen der Dienstleistung typisch, können Arbeiten nicht „auf Vorrat" erbracht werden, sondern sie sind fremdbestimmt, d. h., Beratung und Bedienung richten sich nach Kundenströmen und Kundenfrequenz. Unabhängig von saisonalen Schwankungen sind diese auch im Tagesablauf und an den verschiedenen Wochentagen unterschiedlich. Erschwerend für den Einzelhandel kommt hinzu, dass die Ladenöffnungszeiten weit länger sind als die durchschnittliche wöchentliche Arbeitszeit der Arbeitnehmer. Insoweit sind im Schnitt oft nicht mehr als 60 % des Personals präsent. Wann wer frei hat, ist dabei nicht nur kollektiv zu planen, sondern auch individuell abzustimmen, um zu akzeptierten und gerechten Einsatzplänen zu gelangen. Zum Ausgleich von Belastungsspitzen wird in besonderem Maße mit **Aushilfs-** und

Zeit-Kräften gearbeitet. Nachfolgend wird die Personalplanung in folgenden Teilschritten behandelt:

- Personalbedarfsplan auf der Basis von Soll- und Ist-Werten,
- Personalbeschaffungsplan,
- Personalentwicklung, also interne Maßnahmen, insbesondere auch zur Verbesserung der Personalqualität,
- Personaleinsatzplan mit den angesprochenen länger- und kurzfristigeren Aspekten.

Schließlich wird unter „Kunden-, Mitarbeiter- und Kostenorientierung" auch der Kostengesichtspunkt angesprochen.

8.1.2.1 Personalbedarfsplan

Ausgangspunkt ist der gegenwärtige oder künftige (je nach Planungshorizont) Bedarf an Arbeitskräften, aufgeschlüsselt nach quantitativen und qualitativen Anforderungen. Diesem Soll ist der Ist-Personalbestand gegenüberzustellen, um so aus der Differenz Fehlbestand oder Überbestand ermitteln zu können.

Die Planung des **Soll-Bestandes** muss alle relevanten ökonomischen Größen berücksichtigen, wie beispielsweise Umsatzentwicklung, Absatzmengen, Kundenerwartungen sowie eventuelle Veränderungen der Unternehmenszielsetzung bezüglich Sortiment, Beratungsintensität, Serviceleistung etc. Sind diese Größen gerade auch für weiter in die Zukunft reichende Pläne nur schwer prognostizierbar oder die Vorgaben nur ungenügend konkretisiert, so führt dies auch zu Unsicherheit in der Personalbedarfsplanung.

Der **Ist-Personalbestand** leitet sich zunächst aus den Unterlagen der Personalabteilung (Personalliste, -statistik oder -datei) ab. Er hat jedoch die Veränderungen zu berücksichtigen, die für den Planungszeitraum bereits bestehen. Hierzu zählen geplante Zugänge durch bereits erfolgte Einstellungen oder Übernahme von Auszubildenden, Rückkehr aus Mutterschutz- und Wehrdienstzeiten oder sonstigen Freistellungen sowie andererseits bereits feststehende Personalabgänge durch Freistellungen, Pensionierungen, Kündigungen oder Umbesetzungen.

Ist der Soll-Bestand kleiner als der Ist-Bestand, so zeigt dies einen Überbestand an, sodass ggf. ein Personalfreisetzungsplan zu entwickeln ist, der Kündigungsfristen und Schutzbestimmungen, fällige Abfindungen etc. zu beachten hat. Ein positiver Saldo (Soll > Ist) stellt den personellen Fehlbestand dar und führt zu entsprechenden Personalbeschaffungsmaßnahmen.

Die Aufschlüsselung nach bestimmten Qualitätsmerkmalen (Personalanforderungen) kann ergeben, dass in einigen Bereichen ein Überbestand und in anderen ein Fehlbestand vorhanden ist. Dies kann die Folge von Veränderungen im Sortiment sein oder durch eine neue Betriebsausrichtung wie Schließung einzelner Abteilungen und Aufbau neuer Bereiche, z. B. Service etc., verursacht werden. In diesen Fällen ist zu überprüfen, inwieweit gleichzeitige Personalentlassungen und Personaleinstellungen zumindest teilweise durch innerbetriebliche Umbesetzungen ausgeglichen werden können, die dann im Rahmen der Personalentwicklung vielfach mit entsprechenden Aus- und Fortbildungsmaßnahmen verbunden sind.

8.1.2.2 Personalbeschaffungsplan

Ausgangspunkt des Personalbeschaffungsplans ist der aktuelle oder zukünftige Personalfehlbestand. Die Beschaffungsmaßnahmen können sich sowohl auf den innerbetrieblichen als auch auf den außerbetrieblichen Arbeitsmarkt beziehen.

Der **innerbetriebliche Arbeitsmarkt** wird durch interne Stellenausschreibungen angesprochen. Zum einen kann es sich hierbei um den Wechsel zwischen den verschiedenen Abteilungen eines Betriebes oder zwischen verschiedenen Filialen eines Unternehmensverbundes handeln. Zudem kann mit der Stellenausschreibung auch ein Aufstieg in die Führungsebene des Unternehmens oder innerhalb der Führungshierarchie verbunden sein, beispielsweise zum Abteilungsleiter, Substitut, Filialleiter etc. am gleichen oder einem anderen Standort. Voraussetzung für einen Standortwechsel ist die entsprechende Mobilitätsbereitschaft der Arbeitskräfte. Insgesamt kann im Rahmen der Personalpolitik die Trans-

parenz über den innerbetrieblichen Stellenmarkt die Motivation der Mitarbeiter stärken, insbesondere, wenn dies mit der Schaffung individueller Laufbahnpläne verbunden ist, also in die Maßnahmen der Personalentwicklung eingebunden wird. Soweit im Betrieb ein **Betriebsrat** besteht, ist dieser gem. § 92 des Betriebsverfassungsgesetzes in die Personalplanung mit einzubeziehen; gem. § 93 kann der Betriebsrat verlangen, dass Arbeitsplätze, die allgemein oder für bestimmte Arten von Tätigkeiten besetzt werden sollen, vor ihrer Besetzung innerhalb des Betriebes ausgeschrieben werden. Hiermit soll der innerbetriebliche Arbeitsmarkt aktiviert werden, ohne dass der Arbeitgeber dem Mitarbeiter gegenüber dem externen Bewerber den Vorzug geben muss. Für den Handel stellen die Auszubildenden ein wesentliches Reservoir dar, auf dem innerbetrieblichen Arbeitsmarkt qualifizierte Arbeitskräfte heranzubilden.

Auf dem **außerbetrieblichen Arbeitsmarkt** erfolgt die Personalsuche durch Stellenausschreibungen in Zeitungen oder Aushängen, über das Arbeitsamt etc., aber auch durch zumeist längerfristige Maßnahmen in Form der Zusammenarbeit mit Fach- und Hochschulen, das Anbieten von Praktikantenstellen oder sonstige Aktionen, die geeignet sind, entsprechend qualifizierte Bewerber anzusprechen. Oftmals sind die langen Öffnungszeiten im Handel und die Samstagsarbeit ein Nachteil bei der Personalsuche. Insoweit hat der externe Arbeitsmarkt auch Bedeutung für die Suche von Teilzeit- bzw. Aushilfskräften, Auszubildenden, Anlernlingen oder Berufsanfängern nach qualifizierter Schulzeit oder Studium, die dann innerbetrieblich für weitere Aufgaben ausgebildet werden.

Zur Personalbeschaffung gehört zudem die Auswahl der Bewerber und bei positivem Ergebnis der Abschluss eines Arbeitsvertrages, der grundsätzlich auch mündlich gilt, in aller Regel aber schriftlich fixiert wird. Oftmals endet hiermit das Einstellungsverfahren. Zunehmend werden jedoch in das Einstellungsprocedere auch die Planung des Arbeitsbeginnes und ein entsprechender Einarbeitungsplan mit eingeschlossen, ggf. ergänzt um die Bestimmung eines Ansprechpartners, der den neu beginnenden Mitarbeiter bei Arbeitsantritt empfängt, ihn mit den Kolleginnen und Kollegen bekannt macht und ihn in die Gegebenheiten des Betriebes und die speziellen Aufgaben einführt.

8.1.2.3 Personalentwicklungsplan

Das vorrangige Ziel des Personalwesens, dem Unternehmen bestgeeignete Mitarbeiter für die optimale Aufgabenerledigung bereitzustellen, kann neben der Personalbeschaffung auch durch Verbesserung der **Mitarbeiterqualifikation** unterstützt werden. Alle Maßnahmen, die dieser Aufgabe dienen, zählen zur Personalentwicklung.

Vieles spricht dafür, der Personalentwicklung Vorrang einzuräumen. Für die Mitarbeiter eröffnen sich dadurch Zukunftsperspektiven. Dies insbesondere, wenn durch Personalentwicklung auch Führungspositionen besetzt werden sollen. Hiermit sind auch für das Unternehmen positive Aspekte verbunden, denn eine erhöhte Bindung und Zufriedenheit der Mitarbeiter senkt die Fluktuation. Gleichzeitig steigert ein gutes Image der Personalentwicklung die Chancen des Unternehmens, für notwendig werdende Neueinstellungen qualifizierte Bewerber gewinnen zu können. Darüber hinaus kann sich die betriebliche Weiterbildung konkret an den Anforderungen des Betriebes orientieren.

Von der Systematik her wird Personalentwicklung üblicherweise in drei große Bereiche gegliedert (siehe auch Abb. 8.1):

• Ausbildung

Hierunter wird die berufliche Erstausbildung in einem Betrieb verstanden. Für den Auszubildenden ist hiermit zumeist auch der Übergang von der allgemein bildenden Schule in die berufliche Praxis verbunden. Grundsätzlich erfolgt die Berufsausbildung in der Bundesrepublik im so genannten dualen System, d. h., für die praktische Ausbildung ist der Betrieb, für den theoretischen Teil die Berufsschule als Teil des staatlichen Bildungssystems zuständig. Auf Einzelheiten kann hier, wie auch auf nähere Details zum Bereich Personalentwicklung, nicht eingegangen werden, sodass auf den entsprechenden Band „Personalwesen" der Reihe „Praktische Betriebswirtschaft" verwiesen wird.

• Fort-(Weiter-)Bildung

Aufbauend auf bereits erworbenen beruflichen Kenntnissen geht es bei der Fortbildung um die weitere Qualifizierung für die aktuellen Anforderungen.

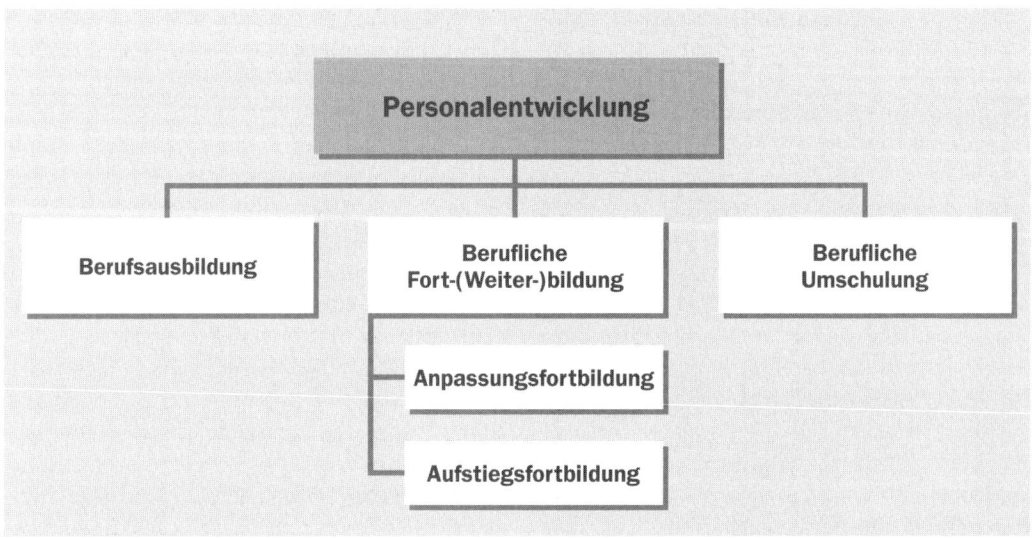

Abb. 8.1: Personalentwicklung

Von **Anpassungsfortbildung** wird gesprochen, wenn sich die Fortbildung an den Qualifikationsanforderungen orientiert, die sich aus der Veränderung des Arbeitsplatzes ergeben, z. B. durch den technischen Fortschritt oder organisatorische Umgestaltung. Hierzu kann auch die Einarbeitung neuer Mitarbeiter gehören, wenn sie bereits mit ähnlichen Aufgaben betraut waren, aber noch in die speziellen Gegebenheiten des Unternehmens eingewiesen werden müssen.

Bei der **Erweiterungsfortbildung** werden zusätzliche Berufsfähigkeiten erworben. Diese Weiterbildung betrifft grundsätzlich – wenn auch mehr oder weniger intensiv – jeden Mitarbeiter, unabhängig davon, ob damit eine Beförderung verbunden ist.

Durch die **Aufstiegsfortbildung** sollen Mitarbeiter z. B. auf künftige Führungsaufgaben vorbereitet werden. Hier stehen neben fachlichen Kenntnissen verstärkt Managementwissen und Führungsverhalten im Vordergrund, also all das, was heute zunehmend auch als „soziale Kompetenz" bezeichnet wird.

Die Fortbildung kann entweder direkt am Arbeitsplatz oder durch spezielle Schulungs- und Trainingsmaßnahmen erfolgen. Dabei können interne oder externe Trainer eingesetzt werden. Die Maßnahmen werden auf die konkreten Anforderungen des Unternehmens ausgerichtet. Darüber hinaus kann den Mitarbeitern auch die Teilnahme an externen Seminaren und Veranstaltungen ermöglicht werden, die – öffentlich ausgeschrieben – sich in aller Regel aus Teilnehmern verschiedener Unternehmen, zum Teil auch unterschiedlicher Branchen, zusammensetzen. Sie ermöglichen einen Erfahrungsaustausch, der über die Grenzen des eigenen Unternehmens hinausgeht. Andererseits kann hier zumeist nicht so konkret auf die speziellen Anforderungen des Unternehmens eingegangen werden.

- **Umschulung**

Unter Umschulung wird die berufliche Neuorientierung eines Mitarbeiters verstanden, der im Rahmen seiner weiteren Ausbildung einen anderen Beruf als den bisher ausgeübten erlernt.

Zielgruppe können Mitarbeiter sein, deren bisherige Aufgaben entfallen, oder von außen eingestellte Umschüler. Zum Teil kann das Unternehmen für solche Maßnahmen öffentliche Zuschüsse erhalten.

Die Abgrenzung dessen, was inhaltlich und methodisch in den Bereich der Personalentwicklung einzuordnen ist, wird teilweise sehr unterschiedlich vorgenommen. Dies gilt auch für die organisatorische Stellung der Personalentwicklung selbst: Oftmals ist sie Teil des Personalwesens, manchmal ein eigenständiger Bereich. Zunehmend wird in der Personalentwicklung die Chance gesehen, nicht nur auf Personalanforderungen aus dem Unternehmen reagieren, sondern strategisch und aktiv auf die gesamte Unternehmensentwicklung Einfluss nehmen zu können. In diesem Sinne kann sie sich mit Ansätzen der Organisationsentwicklung und der Ausarbeitung klarer Unternehmensziele ergänzen – hier insbesondere für den Marketingbereich. Wie bereits erwähnt, würde es den Rahmen dieser Ausführungen sprengen, auf weitere Details einzugehen.

Neben der Durchführung individueller Personalentwicklungsmaßnahmen muss sich die Personalentwicklung auch mit der Optimierung der allgemeinen Determinanten der **Arbeitsleistung** befassen, die insbesondere durch die nachfolgenden Faktoren beeinflusst wird:

- **Leistungsfähigkeit** des Mitarbeiters; sie beruht zum einen auf seinen durch Ausbildung und Erfahrung erworbenen Kenntnissen und Fertigkeiten, auf Eigenschaften wie Gesundheit, körperliche Kondition und Geschicklichkeit sowie auf persönlichkeitsbezogenen Faktoren, z. B. Belastbarkeit, Anpassungs-, Koordinations- und Konfliktbereitschaft und Durchsetzungsvermögen sowie – gerade auch für den Verkäufer wesentlich – Sozial- und Kommunikationskompetenz, die teilweise auch veranlagungs- und verhaltensbedingt sind, zum Teil aber auch trainiert und ausgebildet werden können.

Auf die in dieser Hinsicht besonderen Anforderungen des Verkaufsgesprächs wird im letzten Abschnitt dieses Kapitels eingegangen.

- Durch die **Leistungsbereitschaft** wird die Fähigkeit in effektive Leistung umgesetzt. Zum einen wird sie vom persönlichen Leistungswillen geprägt. Darüber hinaus kann die Motivation durch eine konstruktive Personalförderung, sinnvolle Arbeitsbedingungen sowie durch Entlohnungssysteme und sonstige Konditionen, die Anreize zur Leistung bieten, gefördert werden. Hierauf wird im dritten Abschnitt dieses Kapitels eingegangen.

- Mit der **Aufgabengestaltung** erfolgt die Zweckorientierung, d. h., es wird die Funktion beschrieben, in deren Rahmen Fähigkeiten und Bereitschaft zur Leistung eingesetzt werden. Je klarer, konstruktiver und zielgerichteter die Aufgabe gestaltet ist, umso eindeutiger der Leistungsgrad. Organisatorische Hilfsmittel können Aufgaben- und Stellenbeschreibungen etc. sein. Inwieweit ist der Betreffende für Beratung, Serviceleistungen, Warenpräsentation etc. zuständig? Hat er Spielraum bei der Preisgestaltung oder Rabattgewährung? Erfahrungen im Fachmarktbereich (gerade auch mit handwerklich und technisch Vorgebildeten) haben gezeigt, dass Mitarbeiter, die zunächst als Verkäufer und dann als Berater bezeichnet wurden, sich von da ab nicht mehr für den eigentlichen Verkaufsabschluss zuständig fühlten, sodass nach relativ kurzer Zeit zu der Stellenbezeichnung „Fachverkäufer" gewechselt wurde. Dieses Beispiel soll lediglich andeuten, wie wichtig es ist, im Rahmen der Stellenbeschreibung die richtigen Akzente zu setzen. Dies gilt erst recht, wenn die Mitarbeiter ein sich veränderndes Unternehmenskonzept repräsentieren sollen, beispielsweise eine stärkere Kundenorientierung.

- Zur **Umfeldgestaltung** zählen die ergonomischen, arbeitsmedizinischen, psychologischen und ähnlichen Anpassungen von Arbeitsmethoden, Arbeitsmitteln und Arbeitsplätzen ebenso wie die Bereiche der Arbeits-

zeitgestaltung, auf die im folgenden Unterpunkt „Einsatzplan" weiter eingegangen werden wird. Die Gestaltung des Umfeldes hat wesentlichen Einfluss auf den Wirkungsgrad der Arbeitsleistung der im Unternehmen tätigen Mitarbeiter.

8.1.2.4 Einsatzplan

Die optimale Zuordnung von Arbeitskräften mit bestimmten Eignungen, Motivationen etc. zu Arbeitsplätzen (Stellen) mit bestimmten Anforderungen wird allgemein als **Personaleinsatzplanung** bezeichnet. Im Handelsbetrieb können hierbei Differenzierungen vorgenommen werden, beispielsweise nach besonderer Eignung für akquisitorische oder administrative Tätigkeiten, für Innendienst oder Außendienst, als Fachverkäufer bestimmter Warengruppen, für Service-Leistungen, Disposition, Kasse etc.

Wie bereits eingangs zum Unterabschnitt Personalplanung ausgeführt, hat der Personaleinsatzplan im Handel (ähnlich wie in anderen Dienstleistungsbereichen) eine wesentliche zusätzliche Bedeutung, die im eher operativen und kurzfristigen Sinne darauf abgestellt ist, den gegebenen Personalbestand den Arbeitsanfallschwankungen entsprechend den Kundenfrequenzen etc. so anzupassen, dass ein optimales Verkaufsergebnis erreicht werden kann. Dabei sind insbesondere zwei Aspekte zu berücksichtigen:

- Vor allem in Einzelhandelsgeschäften ist die persönliche individuelle Arbeitszeit deutlich kürzer als die Ladenöffnungszeit, sodass entschieden werden muss, an welchen Tagen, zu welchen Zeiten der Mitarbeiter anwesend sein soll.

- Die Anforderungen sind abhängig von der Kundenfrequenz, die beispielsweise nach Wochentagen, nach den einzelnen Tageszeiten, eventuell auch im Monatsablauf oder nach Saisonschwankungen variiert.

Durch Auswertung der Kassendaten, entsprechender Statistiken und Erhebungen etc. wird versucht, eine für das jeweilige Unternehmen relativ **repräsentative Kundenfrequenz** herauszufinden. Dabei ist je nach Branche zu berücksichtigen, dass Kaufverhalten und Beratungsanforderungen nicht deckungsgleich sein müssen. Auch gibt es gelegentlich Zeiten, die besonders intensiv für Umtausch genutzt werden, also Personal erfordern, ohne dass entsprechend zusätzliche Umsätze erzielt werden.

Die Anpassung der Personalpräsenz an die weitgehend vom Kunden vorgegebene (also fremdbestimmte) Anforderung erfordert entsprechende Flexibilität, da zusätzlich oftmals auch die persönlichen Wünsche der Mitarbeiter berücksichtigt werden müssen sowie – beispielsweise in Bezug auf freie Tage in der Woche – ein als gerecht empfundenes Maß an Gleichbehandlung gewährleistet werden soll.

Teilweise – insbesondere bei höher durchorganisierten Handelsunternehmungen – stehen als Hilfsmittel zur Optimierung Methoden des Operations Research wie lineare Programmierung oder Modelle der Warteschlangentheorie zur Verfügung, beispielsweise auch für den Einsatz des Kassenpersonals. Häufig wird aber auch aktuell und spontan reagiert, indem bei entsprechender Schlangenbildung zusätzliche Kassen geöffnet werden. Zwar ist diese Reaktion bei vielen Unternehmungen noch nicht gegeben, jedoch zeigen Untersuchungen und Befragungen immer wieder, dass die zunehmende Kundenunzufriedenheit mit der Wartezeit an den Kassen erheblich zunimmt und die Bewertung des Geschäfts durch den Kunden entscheidend beeinflusst.

Möglichkeiten zur Flexibilisierung sind die Beschäftigung von Teilzeitkräften und Aushilfen, Personaltausch zwischen verschiedenen Abteilungen, der Einsatz von so genannten „Springern", Schichtbetrieb und versetzte Arbeitszeiten etc. Des Weiteren kann versucht werden, Nebenarbeiten, beispielsweise für Waren- und Regalpflege, Bestellungen etc., für Pufferzeiten einzuplanen, die im Bedarfsfall auch zur Kundenbetreuung eingesetzt werden können.

Da beispielsweise immer mit krankheits- oder urlaubsbedingten Ausfällen gerechnet werden muss, kann der operative Personaleinsatzplan nur Grundstrukturen vorgeben und muss immer

wieder den konkreten Anforderungen angepasst werden. In der Praxis hat eine angemessene und weitsichtige Personaleinsatzplanung erhebliche Bedeutung, sowohl in Bezug auf die Kundenzufriedenheit als auch auf die Zufriedenheit der Mitarbeiter.

8.1.2.5 Kunden-, Mitarbeiter- und Kostenorientierung

Einige Optimierungsmethoden versuchen, den zusätzlichen Kosten bei vermehrtem Personalaufwand rechnerisch den Umsatzverlust durch ungeduldige Kunden gegenüberzustellen. Dabei finden dann zumeist nur die unmittelbar messbaren Reaktionen Berücksichtigung, nicht jedoch die Beeinträchtigung der generellen Wertschätzung des Unternehmens durch die Kunden und damit die langfristige Positionierung im Wettbewerbsvergleich. Zunehmend wird nach Methoden gesucht, die Unternehmenskonzeptionen auch im Hinblick auf Kundenorientierung, Qualität, Image etc. zu sehen, also nicht nur im Ausgleich zwischen Umsatz und Kosten im Sinne einer (zumindest nicht kurzfristigen) Gewinnmaximierung.

Letztendlich aber geht es jedoch, wie so oft, bei betriebswirtschaftlichen Optimierungsaufgaben nicht um Fragen des Entweder-oder, sondern um eine sinnvolle Balance der verschiedenen Aspekte. Kundenorientierung ist zunehmend wesentliche Zielsetzung der Unternehmens- und Marketingkonzeption. Leiden jedoch unter einer konsequent durchgeführten Kundenorientierung die Belange der Mitarbeiter zu sehr, so erschwert dies auf Dauer die Bereitstellung eines qualifizierten und motivierten Personals – und damit letztendlich wiederum die nachhaltige Sicherstellung der Qualität in der Kundenbetreuung.

Personalkosten entstehen aus Lohn- und Gehaltszahlungen sowie Lohnnebenkosten, zu denen auch die Kosten der Aus- und Weiterbildung zählen, aber ebenfalls fluktuationsbedingte Kosten der Personalsuche und Einarbeitung.

Die Kostenstruktur eines Unternehmens ist in Einklang mit der Unternehmenskonzeption zu bringen, wie sie sich auch in der Sortiments-,

Preis- und Dienstleistungspolitik zeigt. Wichtiger als Einzeloptimierungen in Teilbereichen ist also die zielgerichtete Gesamtabstimmung.

8.1.3 Personal als Leistungsträger

Gerade für den stationären Einzelhandel gilt: Menschen kaufen von Menschen. Insoweit wird die Entscheidung des Kunden gerade im unmittelbaren Kontakt mit dem Personal des Geschäfts geprägt. Ob beispielsweise die durch Werbung beim Kunden geweckte Erwartung auch glaubwürdig bestätigt wird, hängt weitgehend vom Verhalten des Personals ab. Freundlichkeit, Kunden- und Serviceorientierung der Mitarbeiter ist wiederum davon beeinflusst, inwieweit ihnen dieses Verhalten durch die Vorgesetzten vorgelebt wird, die zugleich die Ziele der Unternehmens- und Marketingkonzeption überzeugend vermitteln. Mitarbeiter sind eine wesentliche Brücke zum Kunden und bedürfen somit der entsprechenden Beachtung.

Auf der anderen Seite ist es hilfreich, wenn Mitarbeiter erkennen, dass zufriedene Kunden die beste Garantie für eine nachhaltige Sicherung des eigenen Arbeitsplatzes darstellen.

8.2 Absatzhelfer

Neben fest oder zur Aushilfe angestellten Mitarbeiterinnen und Mitarbeitern kann sich das Unternehmen zur Erledigung seiner Aufgaben auch so genannter Absatzhelfer bedienen. Dies gilt sowohl für akquisitorische als auch für logistische Funktionen.

Für die Beschäftigung eigenen Personals gilt das Arbeitsrecht und es sind die entsprechenden Regelungen des Steuer- und Sozialversicherungsrechts zu beachten. Die Entlohnung basiert in der Regel auf Zeitlohn oder Fixum, unabhängig davon, ob weitere Provisionen oder Prämien gezahlt werden, die vom Umsatz, von Mengen oder besonderen Leistungen abhängig sind. Auch die Arbeitsmittel etc. sind vom Arbeitgeber zu stellen; dies gilt auch für das Kfz eines im Außendienst tätigen Reisenden, soweit nicht in anderer Weise eine Abgeltung vereinbart

wurde. Insoweit entsteht ein entsprechend hoher Fixkostenblock mit eventuell zusätzlichen variablen, umsatzabhängigen Kosten.

Demgegenüber basiert die Beschäftigung von externen Absatzhelfern auf einer leistungsbezogenen Vergütung, beispielsweise umsatz- oder mengenabhängig. Insoweit entstehen variable Kosten, d. h., sie passen sich dem Geschäftsverlauf an. Abbildung 8.2 zeigt den Vergleich typischer Kostenverläufe bei internen und externen Absatzorganen, beispielsweise zwischen einem angestellten Reisenden und einem freien Handelsvertreter.

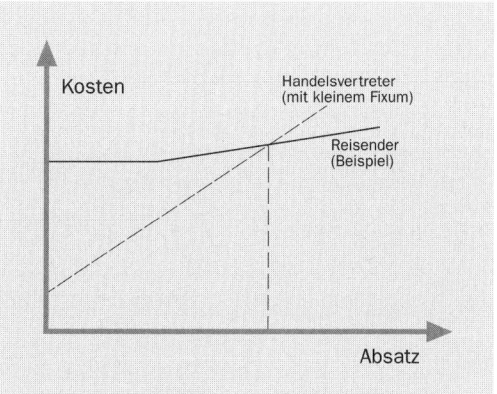

Abb. 8.2: Kostenvergleich bei internen/externen Absatzorganen

Auf der anderen Seite ist in aller Regel bei angestellten Mitarbeitern das Weisungsrecht ausgeprägter und ermöglicht beispielsweise auch den Einsatz in anderen Unternehmensbereichen.

Externe Absatzhelfer können auch direkt vom Hersteller zum Kontakt mit dem Endabnehmer eingesetzt werden. Hier wären sie dann eine Alternative zum Handel, auf die hier nicht weiter eingegangen wird. Jedoch kann auch der Handel seinerseits im Kontakt zum Abnehmer externe Absatzhelfer einsetzen. Dies ist beispielsweise im Groß- und Außenhandel gelegentlich der Fall, aber auch im Einzelhandel, insbesondere, wenn der Verkauf weniger im Ladengeschäft, sondern durch Besuche beim Kunden vorbereitet und abgeschlossen wird. Hierbei kann es sich um die

Betreuung von Firmenkunden handeln, aber auch um langlebigere und hochwertigere Konsumgüter. Besondere Ausgestaltungen finden sich im so genannten Strukturhandel und ähnlichen Sonderformen des Vertriebs (auf die an dieser Stelle nicht näher eingegangen wird), wenn zumeist auch nebenberuflich Tätige eingesetzt werden. Häufig soll damit eine schnellere und großflächigere Marktdurchdringung erreicht werden ohne den Aufbau einer großen fixkostenorientierten Struktur.

8.2.1 Akquisitorische Absatzhelfer

Als Externe werden hier die rechtlich Selbstständigen (Einzelpersonen oder Organisationen) betrachtet, die von dem anbietenden Unternehmen eingesetzt und autorisiert sind, Aufträge zu akquirieren und/oder Kaufabschlüsse zu tätigen. Nachfolgend wird vorrangig der Handelsvertreter behandelt und in Ergänzung der Kommissionär und der Handelsmakler. Auf die Besonderheiten nebenberuflich tätiger Absatzhelfer wird nicht eingegangen, deren Vertragsstruktur kann jedoch prinzipiell den vorgenannten drei Grundtypen entsprechen.

Handelsvertreter

Gemäß Gesetzesdefinition (§ 84 Abs. 1 HGB) ist Handelsvertreter, wer als selbstständiger Gewerbetreibender ständig damit betraut ist, für einen anderen Unternehmer Geschäfte zu vermitteln oder in dessen Namen abzuschließen.

Der Handelsvertreter ist also im fremden Namen und auf fremde Rechnung tätig. Es wird unterschieden in **Vermittlungsvertreter** und in **Abschlussvertreter,** nur Letzterer ist ermächtigt, für den Auftraggeber verbindliche Geschäftsabschlüsse zu tätigen.

Selbstständig bedeutet, dass der Handelsvertreter nicht Angestellter des Unternehmens ist, für das er arbeitet. Das heißt, er muss im Wesentlichen seine Tätigkeit frei gestalten und seine Arbeitszeit bestimmen können. Hier ist in letzter Zeit auch die Diskussion zur so genannten „Scheinselbstständigkeit" zu beachten. Dies insbesondere, wenn die betreffende Person nur für ein einziges Unternehmen tätig ist

und vertraglich umfangreichere Weisungsrechte des Auftraggebers vereinbart wurden.

Nach der Zahl der vertretenen Firmen wird unterschieden in:

* **Einfirmenvertreter,** sie sind ausschließlich für einen Auftraggeber tätig;
* **Mehrfirmenvertreter,** sie sind für mehrere, jedoch nicht miteinander konkurrierende Auftraggeber tätig.

Aus der Sicht des Auftraggebers spricht für den Einfirmenvertreter, dass er sich ganz für dessen Belange einsetzen kann; Vorteile des Mehrfirmenvertreters sind u. a. neben einer eventuell günstigeren Kostenverteilung auch die akquisitorischen Möglichkeiten, die sich ergeben, wenn nicht konkurrierende, aber sich ergänzende Produkte aus einer Hand angeboten werden können.

Der **Handelsvertretervertrag** basiert ergänzend zu den Vorschriften des BGB (§§ 611 ff.) auf den Regelungen im HGB (§§ 84 – 92). Grundsätzlich ist der Vertrag nicht formgebunden, jedoch empfiehlt sich eine schriftliche Vereinbarung – nicht zuletzt wegen der zumeist nachhaltigen und langfristigen Zusammenarbeit.

Zu den wesentlichen **Pflichten** zählen:

* Vermittlung und/oder Abschluss von Geschäften;
* Wahrnehmung der Interessen des vertretenen Unternehmens (z. B. Annahmeverbot von Schmiergeldern);
* Sorgfaltspflicht, sie schließt beispielsweise auch die Beachtung der Zahlungsfähigkeit des Kunden mit ein;
* Benachrichtigungspflicht, hierzu zählt die unverzügliche Mitteilung über Vermittlung und Abschluss eines Geschäfts sowie die Information über sonst wichtige, wesentliche, im Zusammenhang stehende Informationen;
* Treuepflicht, auf Grund des Vertrauensverhältnisses zählt hierzu insbesondere die Wahrung von Geschäftsgeheimnissen und im Rahmen der Zusammenarbeit bekannt gewordener Informationen; dies wirkt auch für die Zeit nach Vertragsbeendigung, für die er-

gänzend noch eine Wettbewerbsklausel vereinbart werden kann.

Die **Vergütung** des Handelsvertreters kann in
unterschiedlicher Form geregelt sein:

- umsatzabhängige Provision, ausgehend von
  dem Betrag, den das Unternehmen erhält;
- Provision und Fixum (Festbetrag), hiermit soll
  dem Handelsvertreter eine gewisse wirtschaftliche Sicherheit geboten werden;
- zusätzlich zu Provision und eventuellem Fixum eine produkt- und umsatzbezogene Prä-
  mie, beispielsweise, um Anreiz zu geben,
  sich um spezielle Produkte oder Abschlüsse
  zu besonderen Zeiten (beispielsweise Früh-
  bestellung) zu bemühen;
- Inkassoprovisionen, falls der Handelsvertreter auch für das Einziehen von Forderungen
  zuständig sein soll;
- Delkredere-Provision, falls der Handelsvertreter auf Grund schriftlicher Vereinbarungen
  für Zahlungseingänge haftet;
- grundsätzlich erfolgt die Abrechnung spätes-
  tens zum Ende des Folgemonats des Ge-
  schäftsabschlusses.

Weitere **Rechte** des Handelsvertreters gegenüber seinem Auftraggeber sind insbesondere:

- Zurverfügungstellung erforderlicher Arbeits-
  unterlagen, hierzu gehören beispielsweise
  Preislisten, Muster, Werbeunterlagen etc.,
  aber auch Informationen über Veränderungen
  der Liefermöglichkeiten oder Ähnliches;
- Ausgleichsanspruch nach Beendigung des
  Dienstverhältnisses; hiermit soll unter bestimmten Voraussetzungen dem Handelsvertreter ein Ausgleich für Vorteile zugestanden
  werden, die seine Tätigkeit dem Auftraggeber
  auch nach Beendigung des Dienstverhältnisses noch erbringt – der Ausgleichsanspruch
  ist im voraus nicht abdingbar, muss aber spä-
  testens drei Monate nach Vertragsende gel-
  tend gemacht werden;
- Aufwandsentschädigungen, eine Erstattung
  der im regelmäßigen Geschäftsbetrieb entstehenden Kosten kann nur im Falle besonderer vertraglicher Vereinbarung verlangt wer-

den oder wenn dies als handelsüblich unterstellt werden kann.

Besondere Ausgestaltungen sind beispielsweise der **Bezirksvertreter** – der Anspruch auf Provision aus allen Geschäften hat, die mit Abnehmern seines Bezirks abgeschlossen wurden,
unabhängig, inwieweit er selbst tätig geworden
ist, sowie der **Generalvertreter** – der seinerseits
wieder Untervertreter einsetzen kann.

Kommissionär

Im Gegensatz zum Handelsvertreter ist der Kommissionär im eigenen Namen, jedoch auf fremde
Rechnung tätig. Der Kommissionär nimmt die Interessen des Auftraggebers **(Kommittenten)**
wahr und verfolgt dessen Weisungen. Typisch für
den Kommissionär ist die Unterhaltung eines so
genannten **Konsignationslagers:** Eines vom Lieferanten auf seine Kosten bereitgestellten Wa-
renbestandes, über den (fallweise oder in bestimmten zeitlichen Rhythmen) nach Warenab-
gang abgerechnet wird. Auf diese Weise sollen
insbesondere eine schnellere Lieferzeit, kürzere
Transportwege und damit bessere Verfügbarkeit
für den Abnehmer erreicht werden. Als Vergütung
erhält er eine umsatzabhängige Provision **(Kom-
mission)** sowie einen Ersatz seiner Aufwendungen für die Benutzung von Lagerräumen und Be-
förderungsmitteln. Auch hier können zusätzliche
Delkredere-Provisionen etc. vereinbart werden,
auf die nicht weiter eingegangen wird.

Handelsmakler

Gemäß § 93 HGB ist Handelsmakler, wer ge-
werbsmäßig die Vermittlung von Verträgen über
Gegenstände des Handelsverkehrs übernimmt,
ohne dabei in einem ständigen Vertragsverhält-
nis zu seinem Auftraggeber zu stehen. Er vermittelt Geschäftsabschlüsse und hat grundsätzlich
die Interessen beider Partner zu wahren, für die
er tätig ist und zwischen denen er vermittelt. Insoweit erhält er zumeist auch seine Provision
(Courtage) von beiden Parteien je zur Hälfte.
Seine Funktion liegt insbesondere darin, dass er
Kontakte zu mehreren potenziellen Käufern und
Verkäufern unterhält.

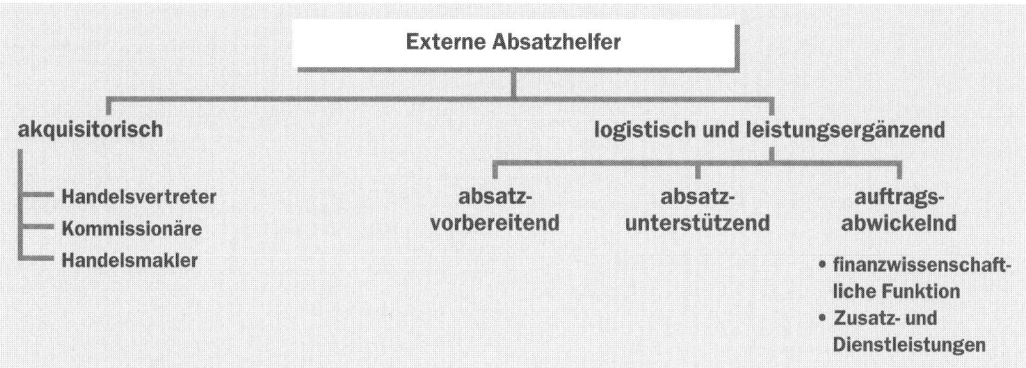

Abb. 8.3: Absatzhelfer

8.2.2 Logistische und leistungsergänzende Absatzhelfer

Vorwiegend werden hier die logistischen Absatzhelfer gesehen wie Transport- und Lagerhaltungsunternehmen, die Aufgaben der Warenzustellung und -verteilung übernehmen, ohne selbst Eigentümer der Ware zu werden.

Allgemein und überwiegend einheitlich werden Absatzhelfer definiert als rechtlich und wirtschaftlich selbstständige Personen oder Institutionen im Distributionsprozess ohne Übernahme voller Handelsfunktionen. Funktional lassen sich danach neben den im vorigen Unterabschnitt behandelten akquisitorischen Absatzhelfern die weiteren Hilfsfunktionen nach ihren Aufgaben wie folgt gliedern (s. auch Abb. 8.3):

a) **absatzvorbereitend;** hierzu zählen z.B. Adressverlage, Marktforschungsinstitute und Auskunfteien.

b) **absatzunterstützend;** entsprechende Dienste werden hier von Werbeberatern und -agenturen angeboten sowie von Agenturen oder Einzelpersonen für Verkaufsförderungsmaßnahmen, Events etc., die an Stelle oder ergänzend zum eigenen Personal tätig werden können.

c) **auftragsabwickelnd;** diese Dienste werden im Rahmen der Auftragserledigung erbracht und können ihrerseits nochmals untergliedert werden in:

• **logistische Funktion;** hierzu zählen die bereits genannten Transport- und Lagerhaltungsunternehmen wie Spediteure, Pa-

ketdienste, Verkehrs- und Depotbetriebe und sonstige Zustellorganisationen;

• **finanzwirtschaftliche Funktionen;** sie dienen der Abwicklung und Sicherstellung des Zahlungsverkehrs einschließlich eventueller Kreditierungen (siehe hierzu auch Kapitel 6 über Preis- und Kreditpolitik); entsprechende Absatzhelfer können hier Banken und Kreditinstitute, Inkassogemeinschaften, Leasing- und Factoringgesellschaften sowie eventuell Versicherungen sein.

• **Zusatz- und Dienstleistungen;** entsprechende Absatzhelfer übernehmen hier die zum Teil bereits im Kapitel 7 (Kundenservice) angesprochenen leistungsergänzenden Aufgaben wie Installations- und Aufbauhilfen (beispielsweise bei Hausgeräten, Küchen oder sonstigen Möbeln etc.), Einführungen, Schulungen und Unterweisungen oder gar organisatorische Hilfen (beispielsweise im Büro- und Computerhandel). Oftmals bedient sich hier der Handel der Dienstleistungen von Handwerkern oder anderen Spezialisten.

In der Abwicklung der leistungsergänzenden Funktionen sind prinzipiell zwei Vorgehensweisen möglich. Zum einen sind diese Leistungen Gegenstand des Kaufvertrages (einschließlich der Preisvereinbarung), sodass lediglich der Händler Vertragspartner des Kunden wird und seinerseits zur Erledigung der übernommenen

Leistungen Absatzhelfer beauftragt und mit ihnen abrechnet.

Zum anderen kann sich jedoch auch der zwischen Händler und Kunden abzuschließende Kaufvertrag auf die eigentliche Warenlieferung und Leistung konzentrieren. Die zusätzlichen und leistungsunterstützenden Aufgaben werden dann auf Basis entsprechender gesonderter Vereinbarungen zwischen Kunden und Absatzhelfern erbracht und abgerechnet, wobei jedoch der Händler in aller Regel Vermittlungsfunktionen übernimmt.

Da unabhängig von rechtlichen Überlegungen die Kundenzufriedenheit von der gesamten Auftragsabwicklung abhängt, sollte der Händler entsprechende Sorgfalt bei der Auswahl der Absatzhelfer als Partner walten lassen und insbesondere auch für die Koordination Verantwortung übernehmen und auch dann, wenn Probleme in der Erledigung auftreten. So können beispielsweise bereits vom Händler mit dem Partnerunternehmen angemessene Preise vereinbart werden, die für den Kunden transparent und nachvollziehbar sind – als Beispiel sei hier nochmals *IKEA* genannt, dessen grundsätzliches Konzept zwar vorsieht, dass der Kunde die Ware selbst mitnimmt und aufbaut, in dessen Ausgangszone jedoch als Vertragspartner ein Spediteur sein eigenes Büro unterhält, wo Kunden zu festen Preisen (aushängende Tarife) Anlieferung und/oder Aufbau in Auftrag geben können.

Leistungsergänzende Absatzhilfen können dem Händler auch seitens des Herstellers zur Verfügung gestellt werden – sei es gegen gesonderte Berechnung oder im Rahmen des Warenpreises.

8.3   Motivations- und Anreizsysteme

Motiv kann mit Beweggrund, Antrieb, Ursache, Zweck, Leitgedanke, Anlass etc. übersetzt werden. Dementsprechend ist Motivation als Summe der bewusst und unbewusst wirkenden Motive zu verstehen, die bestimmten Verhaltensweisen oder Handlungen vorausgehen, sie auslösen und leiten. Im Zusammenspiel mehrerer

Motive können diese sich wechselseitig unterstützen, behindern oder neutral zueinander stehen.

Die bewusste Wahrnehmung, Interpretation und Abwägung der Motive und der Handlungsalternativen kennzeichnen den Weg einer kognitiven Entscheidung. Sie wird jedoch in aller Regel nur einen Teil der Motive erfassen, da ein Teil der Beweggründe und die ihnen zu Grunde liegenden Wertsysteme im Unbewussten wirken. In diesem Sinne beschäftigen sich Motivationstheorien mit den Fragen, warum und unter welchen Gegebenheiten Menschen sich in bestimmter Weise verhalten, Aktivitäten entwickeln sowie Handlungen und Leistungen vollbringen.

Eine wesentliche Aufgabe der Personalführung ist es, Mitarbeiter zu bestimmten Verhaltenweisen und Handlungen zu veranlassen bzw. die – auch organisatorischen – Voraussetzungen zu schaffen, unter denen sie eigenständig Aktivitäten entwickeln können und auch wollen. Daher wird auch im ersten Unterabschnitt auf Ansätze der Motivationstheorien eingegangen.

In der Betriebswirtschaftslehre hat die Motivationsforschung vor allem im Rahmen der **Human-Relations-Bewegung** Bedeutung erlangt. Hierbei stand insbesondere die Zufriedenheit der Mitarbeiter im Mittelpunkt. Trotz vielfacher Zustimmung gibt es jedoch auch eine Reihe von Einwänden, die insbesondere darauf hinweisen, dass Mitarbeiterzufriedenheit nicht automatisch zu höherer und besserer Leistung führt.

Anreizsysteme, auf die im zweiten Unterabschnitt eingegangen wird, haben daher sowohl die Bedürfnisse – Motive – der Mitarbeiter zu berücksichtigen als auch die Handlungsziele des Unternehmens.

8.3.1 Ansätze der Motivationstheorie

Motivationstheorien sind Modelle, welche die Bedeutung einzelner Motivationen für den Menschen erklären wollen, sodass sich daraus entsprechende Verhaltensweisen und Maßnahmen zur Bedürfnisbefriedigung ableiten lassen.

Inhaltstheorien versuchen zu erklären, welche Faktoren in einer Person oder ihrem Umfeld jeweils wirksam werden. Zu den klassischen Inhaltstheoretikern zählen McGregor, Maslow und Herzberg, deren Modelle nachfolgend dargestellt werden, ebenso die E-R-G-Theorie von Alderfer. Anschließend werden Ansätze der so genannten Prozesstheorie aufgezeigt.

XY-Theorie nach McGregor

Eine wesentliche Prägung des Führungsverhaltens erfolgt durch das Bild, welches sich der Vorgesetzte von seinen Mitarbeitern macht. Berühmt geworden sind in diesem Zusammenhang die von dem amerikanischen Psychologen und Berater McGregor als „Theorie X" und „Theorie Y" formulierten Menschenbilder. Sie charakterisieren zwei Extreme, die auch in Varianten anzutreffen sind.

Theorie X: Der Mensch hat eine angeborene Abneigung gegen die Arbeit und arbeitet nur, um möglichst viel Geld zu verdienen, ist vor allem auf Sicherheit bedacht und übernimmt grundsätzlich weder Engagement noch Verantwortung.

Ein Vorgesetzter, der dieses Menschenbild – oftmals unbewusst oder durch Erziehung geprägt – in sich trägt, neigt dazu, seine Mitarbeiter stark zu lenken, für sie zu denken, zu entscheiden, sie zu kontrollieren und mit Strafe zu bedrohen.

Theorie Y: Für Ziele, denen sich der Mensch verpflichtet fühlt, setzt er sich freiwillig ein, ist bereit und fähig, sich zu engagieren, mit zu entscheiden und Verantwortung zu übernehmen.

Ein Vorgesetzter, der dieses Menschenbild vertritt, wird seine Mitarbeiter mit ihren Ideen, Erfahrungen und speziellen Kenntnissen am Entscheidungsprozess beteiligen und die Eigeninitiative fördern.

McGregor nahm nicht an, dass die Theorie X die eigentliche menschliche Natur beschreibt, sondern dass dieses Menschenbild vielmehr die Folge eines entsprechenden Erziehungs- und Führungsverhaltens ist, das auf negativen Annahmen über die menschliche Natur (zumeist nicht der eigenen, sondern der der anderen) beruht. Er schreibt: „*Leute, die von der Möglichkeit ausgeschlossen sind, bei ihrer Arbeit die Bedürfnisse zu befriedigen, die in ihnen wach sind,*

verhalten sich genau so, wie wir es wohl voraussagen möchten: In Trägheit, Passivität, verantwortungsscheu; sie sträuben sich gegen Veränderungen, sind anfällig für Demagogen und stellen geradezu absurde Ansprüche nach ökonomischen Vorteilen." Das Menschenbild des Vorgesetzten – das also, was er vom Menschen ganz allgemein hält, seine Einschätzung ihrer Fähigkeiten, Bedürfnisse und Interessen – wirkt sich nachhaltig auf die Beziehung zu den Mitarbeitern und auf den eigenen Führungsstil aus. Andererseits beeinflusst dieser Führungsstil wiederum die Verhaltensweise der Mitarbeiter, sodass sich das Mitarbeiterverhalten – zumindest nach gewisser Zeit und im gewissen Umfang – dem vom Vorgesetzten unterstellten Menschenbild angleicht. Die Psychologie spricht hier von einer „sich selbst bewahrheitenden Prophezeiung".

Insoweit ist ein Wechsel in Einstellung und Führungsverhalten oftmals nur behutsam und mit einigen Enttäuschungen umzusetzen, da sich die Mitarbeiter an die bisherige Vorgehensweise gewöhnt haben. Neue Einstellungen werden von ihnen oftmals zunächst gar nicht wahrgenommen oder sie trauen ihnen nicht. Die Einführung einer neuen Führungskultur im Unternehmen mit entsprechend verändertem Führungsverhalten der Vorgesetzten erfordert somit sehr viel Geduld.

Bedürfnispyramide nach Maslow

Die von Maslow entwickelte Bedürfnispyramide – siehe Abb. 8.4 – ist die wohl bekannteste Klassifizierung, durch die Betrachtungen aus der humanistischen Psychologie auf die Praxis der Arbeitsgestaltung übertragen wurden. Die Basis dieser hierarchischen Ordnung bilden die physiologischen Bedürfnisse, an der Spitze in der fünften Stufe steht das Bedürfnis nach Selbstverwirklichung. Die Bedürfnisse der unteren vier Stufen werden auch als Defizitbedürfnisse bezeichnet, die der ranghöchsten fünften Stufe als Wachstumsbedürfnisse.

Ein Bedürfnis wirkt so lange motivierend, bis es befriedigt ist. Zufriedenheit tritt dann ein, wenn ein Bedürfnis gemäß den Erwartungen erfüllt ist.

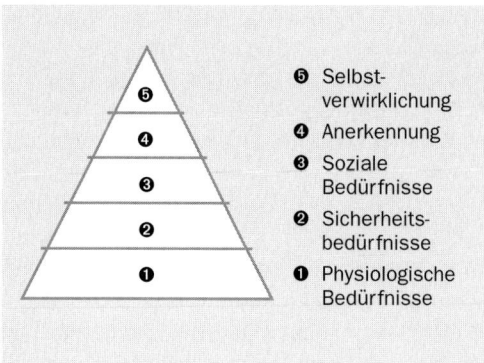

Abb. 8.4: Bedürfnispyramide nach Maslow

In strenger Auslegung würde diese Annahme bedeuten, dass ein Bedürfnis immer nur dann als Anreiz wirken kann, wenn die hierarchisch tiefer liegenden Ansprüche bereits befriedigt sind, während die hierarchisch höherrangigen noch nicht aktualisiert sind. Ein wirklich empirischer Nachweis dieser Annahme oder eine theoretische Fundierung ist bisher offenbar jedoch noch nicht gelungen. Im Gegenteil liegt die Vermutung nahe, dass Motivatoren auch in anderer (evtl. auch wechselnder) Reihenfolge und möglicherweise – wenn auch mit unterschiedlicher Gewichtung – parallel wirksam sein können. Unabhängig davon bleibt Maslow das Verdienst, die Beachtung der Bedürfnisse in der praktischen Arbeitsgestaltung wesentlich gefördert zu haben.

Ein wenig beachteter Aspekt ist die Frage danach, inwieweit es überhaupt wünschenswert und sinnvoll ist, Bedürfnisse wirklich zu befriedigen, falls sie mit der Erreichung der Zufriedenheit ihre motivierende Anreizfunktion verlieren sollten.

Zwei-Faktoren-Theorie nach Herzberg

Ausgehend von den Arbeiten A. Maslows hat F. Herzberg, gleichfalls amerikanischer Psychologe, die Frage der Arbeitsmotivation erforscht. Auf Grund seiner Untersuchungen ist er zu zwei Gruppen relevanter Faktoren gekommen, und zwar „Zufriedenheits-Faktoren" und „Unzufriedenheits-Faktoren" (siehe Abb. 8.5). Beachtenswert ist, dass die für die Beseitigung der Unzufriedenheit (positiv heißt dies nicht-unzufrieden) maßgeblichen so genannten **„Hygiene-Faktoren"** Umfeld und Arbeitsbedingungen beinhalten, während die Zufriedenheit fördernden so genannten **„Motivationsfaktoren"** sich dagegen auf den Arbeitsinhalt beziehen.

Obgleich die Zwei-Faktoren-Theorie umstritten ist, hat sie eine starke Resonanz gefunden. Herzberg leitet aus den beiden Faktoren verschiedene Wirkungen ab:

• Fehlende Hygiene-Faktoren lösen Unzufriedenheit aus,

• das Fehlen von Hygiene-Faktoren kann nur teilweise und unvollständig durch Motivatoren ausgeglichen werden,

Unzufriedenheit/Nicht-Unzufriedenheit	Nicht-Zufriedenheit/Zufriedenheit
Hygienefaktoren	Motivationsfaktoren
Geschäftspolitik und Art der Geschäftsführung	Erfolg
Arbeitsaufsicht	Anerkennung für erbrachte Leistung
Einkommen	die Arbeit selbst
Beziehung zu Kollegen und Arbeitsbedingungen	Verantwortung und beruflicher Aufstieg
äußerliche Inhalte	Arbeitsinhalte

Abb. 8.5: Zwei-Faktoren-Theorie nach F. Herzberg

- sind Hygiene-Faktoren erfüllt, so wird dies als selbstverständlich betrachtet, von ihnen geht keine Motivationswirkung aus;
- erst auf der Basis erfüllter Hygienefaktoren können Motivatoren eine positive Wirkung auslösen.

E-R-G-Theorie von Alderfer

Maslow versuchte ein allgemein gültiges Modell für alle Individuen aufzustellen. C. P. Alderfer war bestrebt, ein Motivationsmodell zu entwickeln, welches den arbeitenden Menschen im Betrieb gerecht werden sollte.

Mit der Begründung, dass sich die fünf Bedürfnisklassen nach Maslow teilweise willkürlich überlappen, entwickelte Alderfer die E-R-G-Theorie. Er reduzierte nicht nur die Bedürfnishierarchie auf drei Bedürfnisklassen, sondern distanzierte sich auch von der Rangfolge der Bedürfnisse.

Die Bedürfnisklassen nach Alderfer sind:

- Existence needs, Existenzbedürfnisse (physiologische Bedürfnisse, Sicherheit, Bezahlung),
- Relatedness needs, soziale Bedürfnisse, Beziehungsbedürfnisse (Kontakt, Beachtung und Wertschätzung),
- Growth needs, Wachstums- und Selbstverwirklichungsbedürfnisse (Entfaltung und Selbstverwirklichung).

Alderfer beschreibt die Beziehung von Bedürfnisbefriedigung und Bedürfnisaktivierung innerhalb und zwischen den Bedürfnisstufen durch sieben Thesen:

1. Je weniger die Existenzbedürfnisse befriedigt sind, desto stärker wirken sie.
2. Je weniger die Beziehungsbedürfnisse befriedigt sind, desto stärker werden die Existenzbedürfnisse.
3. Je mehr die Existenzbedürfnisse befriedigt sind, desto stärker werden die Beziehungsbedürfnisse.
4. Je weniger die Beziehungsbedürfnisse befriedigt sind, desto stärker werden sie.
5. Je weniger die Wachstumsbedürfnisse befriedigt sind, desto stärker werden die Beziehungsbedürfnisse.
6. Je mehr die Beziehungsbedürfnisse befriedigt sind, desto stärker werden die Wachstumsbedürfnisse.
7. Je mehr die Wachstumsbedürfnisse befriedigt sind, desto stärker werden sie.

Prozesstheorie

Im Gegensatz zur Inhaltstheorie versucht die Prozesstheorie der Motivation zu erklären, wie die Motivation menschlichen Verhaltens zu Stande kommt. Die Grundidee beruht darauf, dass Menschen diejenigen Wege wählen, von denen sie vermuten, über sie zu einem als erstrebenswert erachteten Ziel oder Ergebnis zu gelangen. Dabei hängt die motivierende Kraft davon ab, wie erstrebenswert die Belohnung (Gratifikation), der zu Grunde liegende Wunsch ist und wie hoch die individuelle Erwartung (Zuversicht und Vertrauen), dass ein bestimmtes Verhalten auch zum angestrebten Ziel führt. Entsprechend wird auch vom **Weg-Ziel-Konzept** gesprochen.

Ein Ansatz dieses Weg-Ziel-Gedankens ist die **„VIE-Theorie"** von Vroom, wobei die Anfangsbuchstaben stehen für:

V = Valenz: kann als Wertigkeit übersetzt werden oder zurückgehend auf K. Lewin als „Aufforderungscharakter" (der zum Teil auch unterschwellig wirkt),

I = Instrumentalität: bezeichnet einen Mittel-Zweck-Zusammenhang zwischen Handlung und Handlungsfolgen,

E = Erwartung: bezieht sich auf die subjektiv eingeschätzte Erfolgswahrscheinlichkeit, dass das vorgesehene Verhalten den angestrebten Erfolg bringt.

Im Rahmen dieses Konzeptes kann zwischen Handlung, Handlungsergebnis und Handlungsfolgen unterschieden werden. Handlungsfolgen sind die Konsequenzen aus einem Handlungsergebnis. Soweit der Wert einer Handlung nicht bereits direkt aus dem Handlungsergebnis abgeleitet werden kann, so ergibt sich der Wert aus den entsprechenden Handlungsfolgen. Beispielsweise bemüht sich ein Mitarbeiter um die Erreichung eines hohen Umsatzes (Ergebnis) und verhält sich entsprechend (Handlung), dies jedoch nicht im Sinne der Umsatzerzielung aus

Gründen des allgemeinen Firmenwohls, sondern wegen der für ihn aus dem Umsatzplus resultierenden persönlichen Konsequenzen (Handlungsfolgen) wie höhere Provision, Anerkennung, Prestige, beruflicher Aufstieg, Sicherung des Arbeitsplatzes etc. Für einen Handlungsimpuls können also immer unterschiedliche Motive wirksam werden.

Das Prinzip positiver und negativer Gratifikation (Belohnung und Bestrafung) beeinflusst das menschliche Verhalten und die Leistungsbereitschaft, um entweder eine als wertvoll erachtete (positive) Valenz zu erreichen oder eine negative Konsequenz zu vermeiden.

Zur Motivation können die in Abbildung 8.6 aufgezeigten und dem gesonderten Band „Personalwirtschaft" dieser Reihe entnommenen 20 Grundregeln dienen.

8.3.2 Anreizsysteme

Je nachdem, ob der Antrieb bereits aus der Tätigkeit (Handlung) selbst ausgelöst wird oder aus deren Folgen bzw. Begleitumständen, wird in intrinsische und extrinsische Motive unterschieden.

Als **intrinsisch motiviert** wird ein Verhalten dann bezeichnet, wenn es nicht Mittel zum Zweck ist, sondern Selbstzweck-Charakter besitzt. Hierzu zählen:

- **Leistungsmotiv;** das Streben nach Leistung und Erfolg findet seine Bestätigung in sich selbst und führt zur entsprechenden Stimulierung von leistungsbezogenem Verhalten; dies fördert einerseits Selbstmotivation und Leistungsstreben, orientiert sich jedoch andererseits zumeist an eigenen Bewertungsmaßstäben.

- **Machtmotiv;** im Mittelpunkt hier steht die Durchsetzung des eigenen Willens, des Einflusses auf die Gestaltung der sozialen Umgebung. Unterschiedliche Ausprägungen können das Streben nach Unabhängigkeit oder nach Durchsetzung und Beherrschung anderer sein.

- **Neugiermotiv;** es kann Auslöser sein für ein Verhalten, das dem Mitarbeiter ermöglicht,

1. Dem Mitarbeiter das „Warum" seiner Aufgabe erklären.
2. Keine Versprechungen machen, die nicht eingehalten werden können.
3. Den Mitarbeiter fordern.
4. Anerkennung und Lob aussprechen.
5. Mitarbeiter durch angemessene Kritik fördern.
6. Nie verletzende Kontrollen durchführen.
7. Kritik immer nur „unter vier Augen".
8. Nie pauschale, vorschnelle Urteile fällen (Sachverhalt aufklären).
9. Mitarbeiter an der Zielsetzung möglichst beteiligen.
10. Mit der Arbeit auch die Entscheidungsverantwortung delegieren.
11. Mitarbeiter umfassend informieren.
12. Mitarbeiter durch entsprechende Anreize begeistern.
13. Gerechte Entgeltpolitik gewährleisten.
14. Personalbeurteilungen durchführen,
15. Für die Sicherheit der Arbeitsplätze der Abteilung sorgen.
16. Weiterbildungsmöglichkeiten mit Mitarbeiter besprechen und durchführen.
17. Für innerbetriebliche Aufstiegschancen sorgen (auch wenn ein guter Mann/ eine gute Frau die Abteilung verlässt, um an anderer Stelle im Betrieb tätig zu werden).
18. Den Mitarbeiter seiner Eigenart entsprechend fördern.
19. Für gutes Betriebsklima sorgen.
20. Vorbildfunktion ernst nehmen.

Abb. 8.6:   20 Grundregeln zur Motivation
                nach H. Danne

neues Wissen zu erwerben und seine Handlungskompetenz zu erweitern.

- **Kompetenz-/Fähigkeitsmotiv;** den Kern bildet hier das Streben, auf seine Umgebung gestaltend Einfluss nehmen zu können. Das

Kompetenzmotiv drängt dementsprechend nach beruflicher Entfaltung. In seiner Entstehung werden zwei prägende Komponenten unterschieden: die Erfahrung, welche Veränderungen der Umwelt erstrebenswert sind, und das Vertrauen in die eigene Fähigkeit, Veränderungen auch vornehmen zu können.

- **Motiv zur Selbstaktualisierung;** also der Drang des Menschen, das in ihm angelegte Potenzial voll zu entfalten.
- **Geselligkeitsmotiv;** auch als Anschluss- bzw. Kontaktmotiv bezeichnet, entspricht es dem Wunsch des Menschen, mit anderen zusammen zu sein und in soziale Gruppen integriert zu werden; zum Teil kann die Befriedigung in der Tätigkeit selbst und der Zugehörigkeit zu einer entsprechenden Arbeitsgruppe gesehen werden, andererseits könnte sie auch als Folge entsprechender Leistungsergebnisse betrachtet werden und würde dann zur nächstfolgenden Gruppe der extrinsischen Motive zählen.

Extrinsische Motive können nicht allein durch die Tätigkeit befriedigt werden, sondern richten sich auf die Folge, die Konsequenzen der Arbeit, die Handlungsergebnisse und deren Begleitumstände. Die berufliche Tätigkeit ist dann nicht Selbstzweck, sondern im wesentlichen Mittel zur Verfolgung anderer Motive. Hierzu zählen:

- **Geldmotiv;** hiermit wird der monetäre Aspekt angesprochen, der sowohl materielle als auch emotionale Werte repräsentieren kann. Emotionaler Ausprägung können beispielsweise Status, Prestige, Sicherheit etc. sein, die über unmittelbare materielle Bedürfnisse hinausgehen. Diese Differenzierung mag deutlich machen, warum bei den Untersuchungen, beispielsweise von Herzberg, Geld von annähernd gleich großen Gruppen sowohl zu den Hygienefaktoren als auch zu den Motivatoren gezählt wurde.
- **Sicherheitsmotiv;** es kennzeichnet das menschliche Bedürfnis, sich vor Risiken und Gefahren zu schützen, sei es bewusst oder unbewusst. In der betrieblichen Realität zeigt sich dieses Motiv im Streben nach Arbeitsplatzsicherung, aber auch in dem Bedürfnis zu erfahren, wie man selbst und die eigene Leistung von anderen, insbesondere auch vom Vorgesetzten, eingeschätzt und bewertet wird. Je ausgeprägter sein Sicherheitsbedürfnis, desto mehr Bestätigung benötigt ein Mitarbeiter.
- **Prestigemotiv;** es äußert sich im individuellen Streben nach Sicherung und Erhaltung von Ansehen und Wertschätzung und stabilisiert das Selbstwertgefühl. Es ist besonders wirksam, wenn Personen innerhalb einer Organisation oder Gemeinschaft noch ihre Stellung suchen; weniger ausgeprägt ist es zumeist bei älteren Menschen, die einen als angemessen angesehenen Rang erreicht haben, aber auch bei solchen, die sich mit ihrer Situation abgefunden (eventuell sogar resigniert) haben.

Anreize, die dem Mitarbeiter die Erfüllung eines ihm wichtigen Motivs versprechen bzw. wahrscheinlich machen, sind wirksam, entsprechende Verhaltensweisen auszulösen. Die generelle Kenntnis menschlicher Beweggründe (Motive) ist hilfreich, reicht aber im konkreten Fall nicht aus. Sinnvoll ist es, bewusst, konkret, aufgeschlossen und personenorientiert zuzuhören und zu beobachten, was für den Einzelnen wesentlich und motivierend ist. Wichtig ist in diesem Zusammenhang nicht, was den Vorgesetzten, sondern was den Mitarbeiter motivieren würde. Insoweit gilt auch hier der alte Satz des Marketing: „Der Köder muss dem Fisch und nicht dem Angler schmecken." Beispielsweise ist dem einen ein hohes Einkommen, dem anderen die Sicherheit wichtiger; der eine Reisende möchte durch hohe Provisionen selbst bei geringerem Fixum verstärkt an Umsatzsteigerungen teilhaben, der andere bevorzugt ein hohes Fixum (Sicherheit) auch bei geringerer Provision. Dabei sind die Menschen nicht nur individuell verschieden, sondern ihre Motivationslage kann auch mit Veränderung ihrer Umfeldbedingungen variieren, also situationsabhängig sein.
Wie bereits eingangs dieses Absatzes angesprochen, ist die teilweise der Human-Relati-

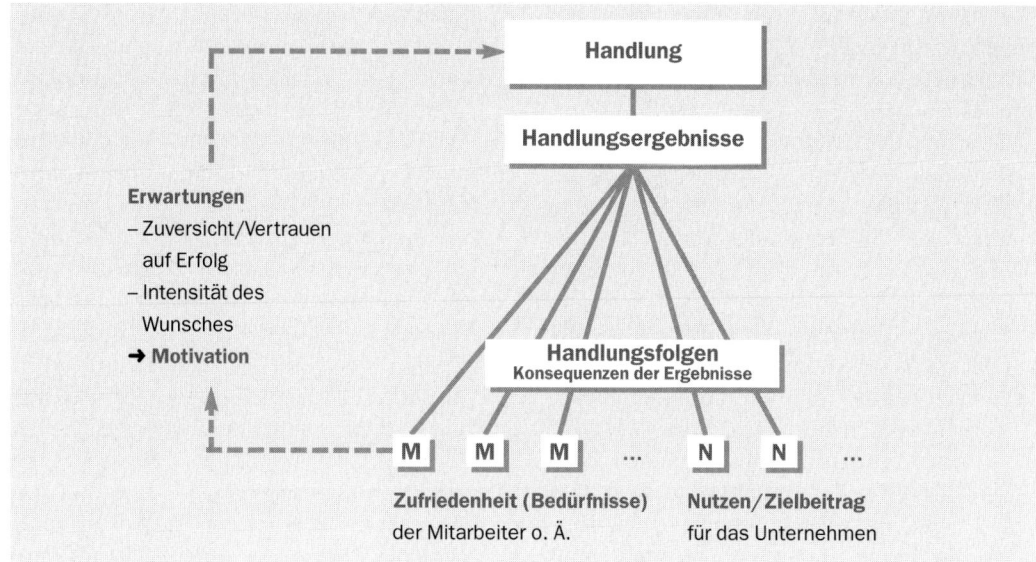

Abb. 8.7: Anreizsysteme

ons-Bewegung zu Grunde liegende Annahme, dass zufriedene Mitarbeiter auch bessere Leistungsergebnisse erbringen, nicht zwingend. Insoweit bedarf die Ausgestaltung von Anreizsystemen entsprechender Sorgfalt. Es muss darauf geachtet werden, dass die Konsequenzen eines Handlungsergebnisses (also die Handlungsfolgen) sowohl der Bedürfnisbefriedigung der Mitarbeiter als auch dem vom Unternehmen angestrebten Leistungsergebnis entsprechen.

Ein einfaches Beispiel ist die mit dem Verkaufserfolg für den Mitarbeiter verbundene Umsatzprovision und der damit gleichzeitig entsprechend für das Unternehmen erwirtschaftete Deckungsbeitrag. Haben Produkte unterschiedliche Deckungsbeiträge, aber den gleichen Provisionssatz für den Mitarbeiter, so kann es sein, dass dieser seine Verkaufsbemühungen danach ausrichtet, wie er am leichtesten den Umsatz (und damit seine Provision) maximieren kann, ohne dass dies auch dem bestmöglichen Deckungsbeitrag für das Unternehmen entsprechen muss. Provisions- und Prämiensystem sind also zweckentsprechend auszugestalten. Besonders gilt dies für jene Zielerwartungen, die für den Mitarbeiter positive Konsequenzen mit

sich bringen, die ihm aber nicht unmittelbar einsichtig und nachvollziehbar sind.

Anreizsysteme entsprechen also einer mitarbeiter- und einer unternehmensorientierten Zielsetzung, siehe auch Abb. 8.7. Orientierungsgrößen für das Unternehmen sind zumeist die gewinnbezogenen Werte wie Umsatz, Deckungsbeiträge und Kosten, das an der Gesamtunternehmenskonzeption ausgerichtete Qualitätsbewusstsein sowie die Kundenorientierung als langfristige Absicherung der Marktposition.

In einer sach- (auf Unternehmensziele gerichteten) und personenorientierten (auf Mitarbeiter bezogenen) Unternehmensführung ist Zufriedenheit der Mitarbeiter gewünscht, kann aber kein Selbstzweck im Sinne vorrangiger oder gar ausschließlicher Ausrichtung sein. An Handlungsergebnisse müssen somit Handlungsfolgen und Konsequenzen geknüpft werden, die für Unternehmen und Mitarbeiter zur Nutzenmehrung führen.

Motiv und angestrebte Handlungsfolgen können (und werden häufig) für Mitarbeiter und Unternehmen unterschiedlich sein – entscheidend ist, dass sie durch gleiche Handlungsergebnisse erreicht werden können.

8.4   Verkaufsgespräch

Im weiteren Sinne wird die Übertragung von Nachrichten und Informationen zwischen einem Sender und einem oder mehreren Empfängern als **Kommunikation** bezeichnet. Kommunikationspolitik als eines der marketingpolitischen Instrumente dient dazu, Meinungen, Einstellungen, Erwartungen und Verhaltensweisen der angesprochenen Zielgruppen durch die Übermittlung von Informationen und Bedeutungsinhalten im Sinne spezifischer Absichten des Kommunikators, hier des Unternehmens, zu steuern und zu beeinflussen. Neben Werbung, Verkaufsförderung und Öffentlichkeitsarbeit bietet der persönliche Verkauf die Möglichkeit unmittelbarer Kontaktaufnahme zwischen Verkäufer und Käufer. Ihm kommt im Handel besondere Bedeutung zu.

Im Mittelpunkt der nachfolgenden Behandlung steht das persönliche Kundengespräch, wie es im Laden oder bei Besuchen durch Reisende oder auf Messen und sonstigen Veranstaltungen stattfindet. Die grundsätzlichen Aspekte der dargestellten Konzeption gelten auch für Telefongespräche, bei denen dann jedoch der unmittelbare Kontakt fehlt, sodass die so genannten nonverbalen Signale kaum oder gar nicht wahrgenommen werden können. Auf diese Besonderheiten wird nachfolgend nicht eingegangen, obgleich telefonische Beratungs- und Verkaufsgespräche über den traditionellen Einsatz hinaus, beispielsweise im Groß- und Versandhandel, durch die zunehmende Verbreitung so genannter Call-Center – die über Service-Nummern angerufen werden können – ständig an Bedeutung gewinnen.

Dabei spielt die Kommunikationskompetenz eine große Rolle, um auch in schwierigen Situationen professionell auf den Kunden eingehen zu können. Daneben darf jedoch ebenfalls nicht vernachlässigt werden, die dort beschäftigten Mitarbeiterinnen und Mitarbeiter auch in den notwendigen Fachkenntnissen auszubilden, damit die Kunden kompetent beraten werden und qualifizierte Auskunft bekommen können.

8.4.1 Persönlicher Kontakt zum Kunden: Beratungs- und Verkaufsgespräch

Kommunikation bedeutet nicht nur Mitteilung und Übermittlung von Informationen, sondern auch Gemeinsamkeit und Verständigung. Das direkte Gespräch ist die wohl persönlichste Kontaktaufnahme mit dem Kunden. Hier hat der Sender die Möglichkeit, nicht nur seine Botschaft zu übermitteln, sondern auch unmittelbar die Reaktion seines Ansprechpartners wahrzunehmen.

Somit zeigt sich bereits, dass ein konstruktives Gespräch sowohl das Sprechen (Senden) als auch das bewusste Zuhören (Empfangen) umfasst. Häufig wird dem ersteren Teil zu viel Aufmerksamkeit gewidmet, wenn beispielsweise der Verkäufer meint, alles, was aus seiner Sicht wichtig wäre, dem Kunden mitteilen zu müssen. Tatsächlich ist es aber wesentlicher, darauf zu achten, was für den Kunden und seine Kaufentscheidung von Bedeutung ist. Entscheidend für den Erfolg eines Verkaufsgespräches ist nicht, wie aktiv der Verkäufer war, sondern ob letztendlich der Kunde im angestrebten Sinne aktiv wird, d. h., ob er kauft.

Noch pointierter ausgedrückt bedeutet somit Verkaufen, dafür zu sorgen, dass der Kunde motiviert wird zu kaufen. Insoweit gilt das, was im vorigen Abschnitt 8.3 unter Motivation bezüglich des Personals gesagt wurde, sinngemäß auch für die Aktivierung des Kunden.

Zu beachten ist auch hier, dass Gemeinsamkeit durchaus auf unterschiedlichen Motiven und Handlungsfolgen beruhen kann (siehe das Prinzip der Motivations- und Anreizsysteme im vorigen Kapitel). Zum Beispiel können Handlungsfolgen (eventueller Produktnutzen beim Käufer, Provisionsziel beim Verkäufer) über das gleiche Handlungsergebnis (hier Kaufabschluss) erreicht werden, indem der Kunde zur Handlung (Kauf) motiviert und aktiviert wird.

Im Mittelpunkt des Verkaufsgesprächs steht der Kunde als Person. Hier besteht die Chance, ihn kompetent, sachkundig und hilfreich im Prozess seiner Kaufentscheidung zu begleiten. So bietet sich die Möglichkeit, dem Kunden nicht nur Informationen zur Verfügung zu stellen, sondern ihn auch bei seiner Auswertung und Schlussfolgerung zu unterstützen.

Nicht immer ist es leicht zu erkennen, ob der Kunde sich nur informieren will, Beratung sucht oder schon zum Kaufabschluss bereit ist. Will sich der Kunde nur einmal umschauen und informieren, so würde er es als lästig und aufdringlich empfinden, wenn der Verkäufer zu intensiv auf einen Kaufabschluss zusteuert. Möglicherweise wird er künftig solche Geschäfte meiden, um solchen Situationen auszuweichen, wenn er nicht bereits zuvor fest zu einem Kauf entschlossen ist. Benötigt er aber für seine Vorüberlegungen eine Beratung, so sollte der versierte Verkäufer den Kunden nicht alleine lassen. Gerade bei hochwertigen oder auch anspruchsvollen Produkten erfolgt oftmals der Kaufentschluss nicht unmittelbar nach der Beratung, sodass auch hier zu intensives Bedrängen als unangenehm empfunden werden könnte. Auf der anderen Seite bleibt es natürlich letztendlich das Ziel eines Verkäufers, nicht nur zu beraten, sondern auch zu verkaufen. Manchmal bedarf es eines Anstoßes, damit sich der Kunde zum Kauf entschließt. Ist der Zeitpunkt jedoch für den Kunden noch nicht gekommen, so ist es auf jeden Fall hilfreich, wenn das Beratungsgespräch so abgeschlossen wird, dass es später als Verkaufsgespräch fortgeführt werden kann, wenn ein entsprechender Kontakt zwischen Käufer und Verkäufer aufgebaut wurde. Wo die richtige Balance liegt, ist – wie bereits angesprochen – nicht immer einfach und macht den geübten und erfahrenen Verkäufer aus, gerade auch in Geschäften, wo es nicht nur um die Abdeckung eines täglichen Bedarfs geht. Auf jeden Fall ist es hilfreich, dem Kunden genau zuzuhören, seine Reaktion wahrzunehmen – d. h., im wahrsten Sinne als wahr anzunehmen, was er rückmeldet: Ich will mich nur umschauen etc., ich suche Beratung oder Ähnliches, ich bin prinzipiell schon zum Kauf bereit etc.

Im nachfolgenden Unterabschnitt werden die Phasen des Verkaufsgesprächs behandelt. Die dort dargestellte Orientierung an Bedarf und Nutzen des Kunden gilt entsprechend auch für Beratungsgespräche, ohne dass im Detail auf sie eingegangen werden wird.

Zur Abrundung wird im dritten und letzten Unterabschnitt, „Basis der Kommunikation", auf einige generelle Aspekte eingegangen, die das Verkaufsgespräch unterstützen. Zugleich wird auf den gesonderten Band dieser Reihe „Betriebliche Kommunikation" verwiesen.

8.4.2 Phasen im Verkaufsgespräch

Zur Gestaltung des Ablaufes eines Verkaufsgesprächs gibt es vielfältige Gliederungsvorschläge und Empfehlungen.

Einige seien hier beispielhaft aufgeführt:

- **AIDA-Formel**
  (Klose/Seiwert/Graichen 1993, Seite 67 ff.):
  A = Attention
  I = Interest
  D = Desire
  A = Action

- **DIBABA-Formel**
  (Goldmann 1994, Seite 248)
  D = Definition
  I = Identifizierung
  B = Beweis
  A = Annahme
  B = Begehren
  A = Abschluss

- **VERKAUFSPLAN-Formel**
  als besonders ausführlicher Ansatz:
  V = Vorplanung
  E = Erfassung der Grunddaten
  R = Referenzausstattung feststellen
  K = Kontaktaufnahme
  A = Appell an die Motivation
  U = Untersuchung der Bedarfslage
  F = Fassung des Angebots
  S = Spezifische Angebotsteile
  P = Prüfung der Argumente
  L = Liquidierung von Einwänden
  A = Abschlussvorgang
  N = Nachfassen

1. Gesprächseröffnung
Begrüßung, Kontakt (Beziehungsbrücke)
„Wer am Anfang zu schnell ist, der kommt oft nicht bis zum Ende."

2. Bedarfsermittlung
Bedürfnisse und Anliegen des Kunden erkennen
„Erst wer weiß, welches Schloss er öffnen soll, kann den passenden Schlüssel (Angebot) auswählen."

3. Am Kundennutzen orientiertes Angebot
Den Nutzen aus der Sicht des Kunden verdeutlichen
„Der Köder muss dem Fisch, nicht dem Angler schmecken."

4. Argumente und Einwandsbehandlung
Einwände sind berechtigte Fragen und signalisieren Interesse.
„Wichtiger ist es, den Krieg zu gewinnen als die Schlacht."
„Den Kunden zu gewinnen ist wesentlicher, als sich mit seinem Argument durchzusetzen."

5. Entscheidungshilfe und Abschluss
Den Kunden bei der Auswahl unterstützen, nicht drängeln.
Auch nach dem Abschluss ihn Wertschätzung spüren lassen.
„Das Verhalten beim Gesprächsabschluss heute ist das Fundament für die Beziehung morgen."

Abb. 8.8: Phasen eines Verkaufsgespräches

Eine weitere Gliederung von Pepels in „Technischer Vertrieb" in dieser Reihe (Seite 130):
Kontaktherstellung
- Terminvereinbarung/Kontaktwiderstände
- Gesprächseröffnung/Kundenannäherung
- Qualifizierung durch Fragetechniken

Umsetzung
- Präsentation und Demonstration
- Einwandbehandlung
- Konfliktüberwindung

Abschluss
- Preisargumentation
- Ausräumung von Abschlusshindernissen
- Nachbereitung

Im Nachfolgenden wird hier die in Abb. 8.8 dargestellte Gliederung der Phasen eines Verkaufsgesprächs zu Grunde gelegt.
Alle Gliederungen sind keine Dogmen, sondern Hinweise auf Elemente, die zu beachten sind.

8.4.2.1 Gesprächseröffnung
Formal geht es um Begrüßung und erste Kontaktaufnahme. Inhaltlich wird begonnen, die Brücke zum Kunden aufzubauen, die Beziehungsebene zu gestalten und Vertrauen zu ge-

winnen. Wie diese erste Phase zu gestalten ist, hängt von vielen Faktoren ab, beispielsweise: Kennen sich die Gesprächspartner bereits? Gab es schon Kontakte, eventuell frühere Geschäftsbeziehungen, ein Angebot, eventuell auch Reklamationen? Ist der Termin vorher vereinbart? Wie viele Personen nehmen am Gespräch teil? Oder, wie viel Zeit ist für das Gespräch vorgesehen? Oftmals entscheidet sich bereits (zumeist unbewusst) in den ersten Momenten, ob sich die Partner sympathisch finden oder eher Distanz und Vorsicht dominieren. Wege, Kontakt herzustellen und Vertrauen aufzubauen, können unterschieden werden in:
- die **non-verbale Kommunikation,** hierzu zählen z. B. Bewegung, Gestik, Mimik, Körperhaltung und der Atem, aber auch angemessene Kleidung etc.;
- den **verbalen Ausdruck,** Sprache, Sprechweise, Stimmlage, Tonhöhe etc.;
- den **Inhalt,** das, was gesprochen wird. Durch aktives Zuhören (siehe auch 8.4.3.2) sichert der Verkäufer, dass er tatsächlich auf die Belange seines Kunden eingeht.

Sich auf den Kunden einzustimmen bedeutet genaues Hinhören, Hinsehen und Einfühlen, also das möglichst umfassende Wahrnehmen des Kunden und das auf-ihn-Eingehen. Dies kann auf allen drei zuvor genannten Ebenen geschehen. Gemeinsamkeit schafft in aller Regel Vertrauen – Fremdes mahnt eher zur Vorsicht. Insoweit kann es hilfreich sein, sich im eigenen Kommunikationsverhalten dem anderen (Kunden) anzupassen. Sich auf den Kunden einzustimmen heißt nicht, ihn in Sprache und Ausdrucksweise „nachzuäffen", aber doch krasse Unterschiede zu vermeiden, beispielsweise zu lautes und hektisches Sprechen, wenn der Kunde eher leise ist, ständiger Gebrauch von Fremdworten und Fachausdrücken, wenn der Kunde sich schlicht und einfach ausdrückt, etc. Ein indianisches Sprichwort sagt: „Laufe erst einige Meilen in den Mokassins des anderen, bevor du ihn beurteilst."

Zumeist lässt sich bereits in dieser Phase erkennen, was für den Kunden wesentlich ist und wie er am wirkungsvollsten erreicht werden kann, wie der beste Draht zu ihm gefunden wird. Es geht hier also um alles, was hilft, eine Beziehungsbrücke aufzubauen.

Entscheidend (vor allem auch für Verkäufer im Außendienst) und immer wieder spannend ist die Frage: Wann ist die Beziehung so weit gediehen, dass das eigentliche Verkaufsgespräch beginnen kann? Kommt der Übergang zu früh und zu abrupt, so kann der „Draht abreißen". Der Kunde fühlt sich bedrängt. Gerade junge Verkäufer scheinen jedoch eher das entgegengesetzte Problem zu haben; aus Furcht, zu früh zu starten, verpassen sie gelegentlich den richtigen Zeitpunkt, werden ausschweifend – und der Kunde wird ungeduldig. Auch hier ist der Rhythmus zwischen den Partnern gestört. Es gilt also, weder „mit der Tür ins Haus zu fallen" noch die Kunden unnötig zu beanspruchen. Hilfreich ist es, die Signale des Kunden genau zu beachten. Möchte der Kunde noch über einiges sprechen – gleichgültig, ob es zum Geschäft gehört oder nicht – so wird man sich die Zeit dafür nehmen. Andererseits gilt, dass die Eröffnungsphase kein Selbstzweck ist, sondern dem Aufbau der „Kontaktbrücke" dient, auf der weitergegangen werden kann, sobald sie tragfähig ist.

8.4.2.2 Bedarfsermittlung

Je besser die Bedürfnisse und Anliegen des Kunden erkannt werden, desto kompetenter kann der Verkäufer später das richtige Angebot unterbreiten, das auch die Anliegen des Kunden berücksichtigt und insoweit die Chance hat, sein Interesse und seine Zustimmung zu finden. Die richtige Fragetechnik (siehe auch 8.4.3.2) kann hier hilfreich sein. Selten wird der Kunde den Verkäufer für wirklich kompetent halten oder gar sich selbst ernst genommen fühlen, wenn der Verkäufer bereits verkündet, „genau das richtige Angebot zu haben", bevor er sich die Anliegen des Kunden angehört hat. Je mehr der Verkäufer dem Kunden Gelegenheit gibt, seine Anliegen genau zu spezifizieren, desto leichter hat er es später mit seinem Angebot und seiner Argumentation, da er weiß, was dem Kunden wichtig ist. Gab es bereits früher Gespräche und Kontakte, so kann es hilfreich sein, die bereits vorliegenden Erfahrungen zu nutzen – jedoch sollte, möglichst gemeinsam, überprüft werden, ob sie noch gültig sind oder ob sich etwas geändert hat.

Geduld kann in dieser Phase nützlich sein. Es wurde bereits erwähnt: Der Verkauf ist erfolgreich, wenn der Kunde kauft, also wenn er aktiv wird. In dieser Phase kann bereits die Aktivität des Kunden sinnvoll stimuliert werden, statt ihn durch Voreiligkeit zur Passivität zu drängen.

8.4.2.3 Am Kunden orientiertes Angebot

Bei der Präsentation des Angebots – eventuell mit Alternativen – ist der Bezug zu den Erwartungen des Kunden deutlich zu machen – man spricht hier auch von einer **„Nutzen-Brücke"**. Der Kunde kauft letztendlich keine Maschine, keine Software, keine Service-Leistung etc., sondern Nutzen. Je besser das Angebot auf den vorrangigen Bedarf des Kunden eingeht (Kaufmotiv), je mehr für ihn der Nutzen deutlich und überzeugend wird, desto leichter wird er sich zum Kauf entschließen. Oftmals ist es sinnvoll, dem Kunden das Angebot schrittweise – Nutzen für Nutzen – vorzustellen und, wenn notwendig und für den Kunden von Interesse, auch auf Details einzugehen.

Auch in dieser Phase gilt es, darauf zu achten, den Draht zum Kunden zu behalten und sich nicht in Einzelheiten zu verlieren, die den Kunden ungeduldig, eventuell sogar unsicher machen (weil alles so kompliziert klingt), oder auf ihm wichtige Fragen nicht einzugehen und so den Eindruck zu erwecken, keine Antworten dafür zu haben. Was im konkreten Gespräch wichtig ist, ergibt sich nicht aus Produkt- und Firmenunterlagen oder einem früheren Verkaufstraining, sondern ganz aktuell daraus, was für den Kunden von Interesse ist. Und dies erfährt der Verkäufer am besten vom Kunden selbst, wenn er wirklich auf ihn achtet. Der eine mag an technischer Perfektion interessiert sein oder an Details, jemand legt Wert auf Aktuelles und neueste Entwicklungen, ein anderer glaubt eher an das Überlieferte und Bewährte. Der eine vertraut auf das vom Verkäufer Gesagte, ein anderer ist eher skeptisch und wünscht Beweise.

8.4.2.4 Argumente und Einwandsbehandlung

Nutzen ist der Wert, den das Angebot für den Kunden hat. Erst wenn ihm der Nutzen wertvoller erscheint als der Preis, wird er zum Kauf (Abschluss) geneigt sein. Neigt sich die „Preis-Nutzen-Waage" (siehe Abb. 8.9) zu Ungunsten des Nutzens, so steigt der Wert für den Kunden und es gibt Sinn für ihn, den Kauf abzuschließen. Je besser der Nutzen verdeutlicht wurde, desto leichter ist das Preisgespräch. Daher wurde die Preisverhandlung nicht als gesonderte Phase des Verkaufsgesprächs aufgenommen, sondern im Bezug zum Nutzen gehalten. Vielfach wird im Verkaufstraining auch von der so genannten **„Sandwich-Methode"** gesprochen, d. h., der Preis ist gewissermaßen zwischen Nutzendarstellungen eingepackt.

Für den Umgang mit Einwänden und zur überzeugenden Argumentation können nachfolgende Hinweise hilfreich sein:

- Sich durch den Einwand des Kunden nie persönlich angegriffen fühlen.
- Einwände signalisieren auch, dass sich der Kunde mit den Argumenten auseinander setzt, also interessiert ist (eine alte „Einzelhändlerweisheit" besagt: „Wer meckert, kauft").

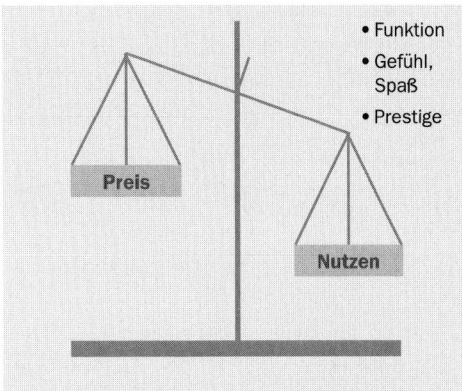

Der Kunde wägt ab, welchen Nutzen oder Vorteil ihm die Ware bringt, ob sie ihm den Preis wert ist.

Abb. 8.9: Preis-Nutzen-Waage

- Einwände des Kunden dürfen nie Anlass zu einem Streitgespräch oder zur Rechthaberei werden.
- Wenn der Verkäufer nicht verstanden wurde, so muss es nicht am Kunden liegen.
- Einwände sind berechtigte Fragen, wichtige Überlegungen, interessante Gedankengänge etc., die dem Verkäufer Gelegenheit geben, seine Argumente unter weiteren Gesichtspunkten noch einmal darzulegen – und zugleich zu erfahren, worauf es dem Kunden besonders ankommt.
- Argumente sind nur dann Argumente, wenn sie dies auch für den Kunden sind, also für ihn einen Nutzen deutlich machen. Dabei kann unterschieden werden in
  - Funktionsnutzen; also die Wirkung beim Gebrauch, wie beispielsweise Haltbarkeit, Handlichkeit, kurz: die Funktionsgerechtigkeit in Bezug auf den abzudeckenden Bedarf;
  - Gefühlsnutzen; er spricht Fragen wie Sicherheit, Zuverlässigkeit, Design etc. an;
  - Prestigenutzen; d. h. die Wirkung auf andere, beispielsweise etwas Ausgefallenes, etwas Neues, etwas Aktuelles, etwas Modernes, etwas technisch Hochwertiges zu erwerben, das den Besitzerstolz anspricht.

Die letzten Punkte weisen darauf hin, dass, obwohl es vorrangig um Fakten über Produkte und ihre Nutzanwendung geht, selbst im Umfeld des technischen Vertriebs letztendlich Menschen von Menschen kaufen – gerade hierauf einzugehen ist die besondere Chance des „persönlichen" Verkaufsgesprächs.

8.4.2.5 Entscheidungshilfen und Abschluss

Die entscheidende (im wahrsten Sinne des Wortes) Frage ist die nach dem Abschluss. Oftmals spürt der Kunde die Qual der Wahl und will ihr ausweichen. Manchmal ist es auch der Verkäufer, der aus Angst vor einer Ablehnung diese entscheidende Frage nicht stellt und weiter argumentiert, obgleich alles für den Kunden Wichtige bereits gesagt wurde. Gelegentlich wird so ein günstiger Moment verpasst, das Gespräch erfolgreich mit einem Verkauf abzuschließen und nicht mehr Zeit aufzuwenden, als sinnvoll war. Wenn es ganz ungünstig kommt, ergibt sich sogar eine Störung oder Unterbrechung und das Gespräch wird vorzeitig beendet.

Liegt das Zögern beim Kunden, so ist es jetzt die Aufgabe des Verkäufers, ihm bei seiner Entscheidung zu helfen – ohne zu drängen, aber doch zielstrebig.

Ist realistischerweise kein endgültiger Verkaufsabschluss zu erwarten, so gilt es Einvernehmen zu erzielen, was dafür noch zu geschehen hat und möglichst auch darüber, wer bis wann dafür sorgen wird. Hat sich der Kunde bereits anders entschieden und es wird deutlich, dass er sich bei der gegebenen Aufgabenstellung nicht für das eigene Angebot entscheiden kann, so ist es wenig hilfreich, wenn der Verkäufer als Kompromiss anstrebt, zumindest noch ein Angebot nachreichen zu können, das dann im Unternehmen doch nur viel vergebliche Arbeit erzeugt.

Oftmals jedoch liegt den Abschlusshemmnissen die Angst des Kunden vor Fehlentscheidungen zu Grunde. Hier gilt es zu überlegen, ob der Verkäufer Vorteile und Nutzen genügend deutlich gemacht hat. Eventuell zeigt sich auch, dass der aktuelle Gesprächspartner alleine nicht zum Kaufabschluss befugt (oder geneigt) ist und des-

halb nach Vorwänden sucht. Dann ist es gut, wenn es eventuell gelingt, ein weiteres Gespräch mit den übrigen an der Entscheidung beteiligten Personen vereinbaren zu können.

Ist es zum Kaufabschluss gekommen, so ist dennoch das Verkaufsgespräch nicht beendet. Der Kunde muss auch oder gerade, wenn er bereits unterschrieben hat, die Wertschätzung des Verkäufers spüren. Der so genannten „Kaufreue" vorbeugend, sollte ihm also das Sicherheitsgefühl vermittelt werden, sich richtig entschieden zu haben und in Zukunft mit einem kompetenten Partner zusammenzuarbeiten. Dies gilt generell und vor allem, wenn eine dauerhafte Geschäftsbeziehung aufgebaut werden soll. Teilweise kann diese nachträgliche „Kaufbestätigung" auch an der Kasse oder Warenausgabe erfolgen, beispielsweise mit Hinweisen wie: „Da haben Sie aber ein gutes, ein besonderes Stück aus unserer Kollektion erworben" etc.

Viele Käufe des täglichen Bedarfs verlaufen so routiniert, dass gar nicht mehr bewusst wahrgenommen wird, dass es sich hier überhaupt um einen Verkaufsprozess handelt. Fragen des Kunden, wo das Produkt XY (eventuell nach einer Umstellung im Laden) zu finden ist, sind keine, wie es manchmal scheint, „Belästigungen" des Personals, sondern Gelegenheit zur aktiven Hilfe. Wenn schon nicht im Sinne einer Kaufentscheidung (der Kunde ist ja schon kaufwillig) ein Verkaufsgespräch mit den zuvor dargestellten Phasen durchlaufen werden muss, so kann dem Kunden hier zumindest als Abschlusshilfe die Überzeugung vermittelt werden, sich für das richtige Geschäft, das sich auch für ihn interessiert, entschieden zu haben. Manchmal aber erhält der Kunde sogar nur vage Auskünfte wie „da drüben irgendwo; ob wir das noch führen, weiß ich auch nicht genau …". Besonders freundlich ist es, den Kunden an den Platz zu führen und, sollte die Ware ausgegangen sein, im Lager nachzuschauen sowie eventuell zu prüfen, ob und ggf. wann nachbestellt wird. Auch hier gilt die chinesische Handelsweisheit „Wer nicht lächeln kann, sollte keinen Laden eröffnen". Dies gilt ebenfalls für den Kassenbereich, z. B.

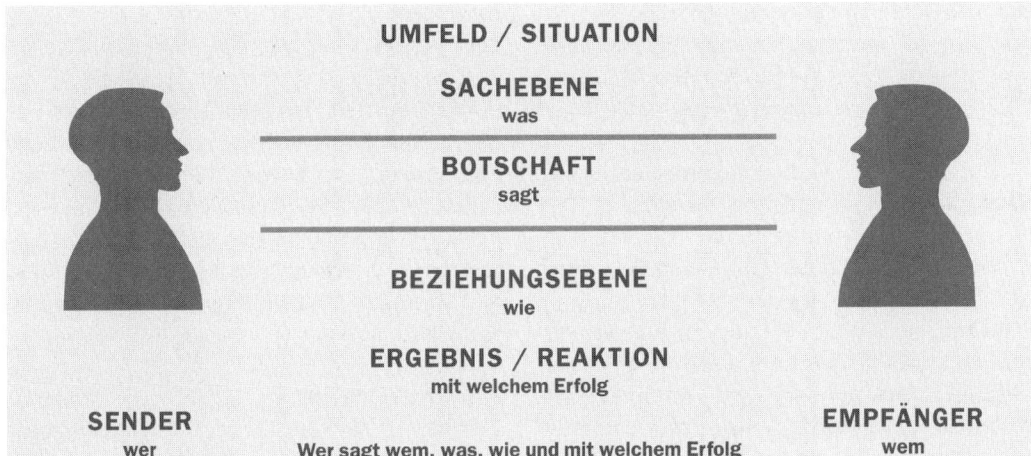

UMFELD / SITUATION

SACHEBENE
was

BOTSCHAFT
sagt

BEZIEHUNGSEBENE
wie

ERGEBNIS / REAKTION
mit welchem Erfolg

SENDER
wer

Wer sagt wem, was, wie und mit welchem Erfolg

EMPFÄNGER
wem

Abb. 8.10: Kommunikationsmodell

in Supermärkten etc.; bezahlen ist keine „Bestrafung des Kunden", sondern der Abschluss eines Kaufvorganges, der möglichst positiv gestaltet werden sollte, da er noch einmal das gesamte Einkaufserlebnis des Kunden prägt.

8.4.3 Basis der Kommunikation

Hier soll zunächst im ersten Unterabschnitt kurz das Kommunikationsmodell aufgezeigt werden – für weitere Einzelheiten und ergänzende Modelle wird auf den Band „Betriebliche Kommunikation" dieser Reihe verwiesen.
Im zweiten Unterabschnitt werden einige Hilfen im Verkaufsgespräch skizziert.

8.4.3.1 Kommunikationsmodell

Das in Abb. 8.10 dargestellte Kommunikationsmodell lässt sich auch mit dem Satz beschreiben: „Wer sagt was, wie, zu wem und mit welchem Erfolg?" Dies könnte noch ergänzt werden um: „Wann und unter welchen Rahmenbedingungen?"
Die Frageworte sollen die Aufmerksamkeit auf wesentliche Elemente im Kommunikationsverlauf lenken:

• **Wer**
Steht für den Sender, der zumeist mit seiner Kommunikation eine bestimmte Wirkung, ein Verhalten, ein Handeln beim Adressaten auslösen möchte.

• **sagt**
Dies ist die übermittelte Botschaft im Gespräch, das gesprochene Wort – ergänzt um nonverbale Signale, auch wenn sie oft nicht bewusst wahrgenommen werden.

• **was**
Hiermit wird die Sachebene der Botschaft angesprochen, also das, was als Inhalt vermittelt werden soll.

• **wie**
Gemeint ist hier die Bedeutung der Beziehungsebene, die die Sachebene ergänzt und wesentlichen Einfluss darauf hat, wie der Sachinhalt aufgenommen wird: „Der Ton macht die Musik."

• **wem**
Dies fragt nach dem Empfänger der Botschaft, also dem oder den Gesprächspartnern.

• **mit welchem Erfolg**
Schließlich stellt sich die Frage nach dem Erfolg, also ob der Sender vom Empfänger richtig verstanden wurde und auch die Reaktion beim Empfänger auslösen konnte, die er erreichen wollte.

• **wann, unter welchen Rahmenbedingungen**
Hiermit werden das Umfeld und die Situation, unter denen die Kommunikation erfolgt, angesprochen. Beide Faktoren können gleichfalls wesentlichen Einfluss auf den Gesprächserfolg haben.

8.4.3.2 Hilfen im Verkaufsgespräch

Nachfolgend werden kurz einige Aspekte angesprochen, die in den verschiedenen Phasen des Verkaufsgesprächs hilfreich sein können.

• **Verbale und non-verbale Kommunikation**

Häufig wird bei Gesprächen zunächst an das gesprochene Wort gedacht. Durch entsprechende Wortwahl, Satzbau, Beispiele und Metaphern soll der Inhalt verdeutlicht werden.

Daneben spielt jedoch die so genannte non-verbale Kommunikation eine wesentliche Rolle und entscheidet oft darüber, wie die verbalen Informationen vom Empfänger aufgefasst und interpretiert werden. Zur non-verbalen Kommunikation zählen beispielsweise:

• **Körpersprache:** Mimik, Gestik, Körperhaltung, Blickrichtung, Atmung etc.
• **paralinguistische Modalitäten:** Tonfall, Tonhöhe, Rhythmus, Lautstärke, Geschwindigkeit der Sprache, Pausen, Lachen, Seufzen etc.

Durch non-verbale Signale kann die gesprochene Botschaft bestätigt und verstärkt oder ein bestimmtes Wort besonders hervorgehoben werden. Werden verbale und non-verbale Signale als miteinander übereinstimmend empfunden, so wirken sie verstärkend, man spricht von **Kongruenz.**

Andererseits liegt Inkongruenz vor, wenn beide Ebenen für den Empfänger widersprüchlich erscheinen, wenn beispielsweise jemand mit einem traurigen Gesicht sagt: „Ich freue mich" – oder umgekehrt. Auch das Beschäftigen mit ganz anderen Dingen, während der Kunde spricht, kann die Versicherung „Ich bin ganz für Sie da" zweifelhaft erscheinen lassen. Wird sich der Empfänger der Inkongruenz bewusst, so kann er möglicherweise durch Nachfragen zur Klärung beitragen. Oftmals entscheidet er sich jedoch unbewusst, welcher Ebene er vertraut. Untersuchungen zufolge wirken die non-verbalen Signale zumeist stärker als die gesprochenen: „Die Nachricht hör ich wohl, allein mir fehlt der Glaube."

Für den Verkäufer bedeutet dies, sich auch seiner non-verbalen Signale bewusst zu sein und ihre Wirkung zu beachten. Nimmt er Irritationen beim Kunden wahr, so sollte er ihnen nachgehen und sie möglichst ausräumen, wobei also zu bedenken ist, dass das gesprochene Wort hier offenbar weniger wirksam ist als die überzeugend und authentisch vermittelte Kongruenz zwischen Verhalten und Sprechen. Kongruenz kann beispielsweise durch das Bemühen gefördert werden, sich auf den Kunden einzustellen und selbst mit dem, was man sagt, emotional und gedanklich übereinzustimmen.

• **Aktives Zuhören**

Der Begriff „aktives Zuhören" wird in der Literatur über Kommunikation oftmals unterschiedlich verwendet. Gemeinsam ist jedoch das Anliegen, den Empfänger dazu anzuleiten, seine Aktivität (zunächst) verstärkt auf das Zuhören zu konzentrieren statt sofort zu reagieren – beispielsweise der Verkäufer, wenn er vom Kunden angesprochen wird. Anders ausgedrückt, soll aktives Zuhören helfen, die Botschaft möglichst so zu verstehen, wie sie der Sender auch gemeint hat, bevor man hierzu Position bezieht. Aktives Zuhören ist somit geeignet, Missverständnissen vorzubeugen und sich zugleich besser auf den Partner einzustellen.

Häufig gehört hierzu das Bemühen, die eigentliche Absicht hinter dem Gesprochenen zu erkennen. Gerade bei Vorwürfen, auf die schnell mit Abwehr reagiert wird, kann dies besonders hilfreich sein. Beispielsweise wird auf die Vorhaltung „Warum haben Sie nicht …" letztendlich gar keine Begründung erwartet, sondern damit ist die oft auch für den Sender unbewusste „Hoffnung" verbunden, dass es künftig besser wird. Insoweit gilt der Satz: „Vorwürfe sind verunglückte Wünsche." Wenn es dem Verkäufer gelingt, den hinter dem Vorwurf stehenden Wunsch zu erkennen und ihn für beide Gesprächspartner deutlich zu machen, hat er dem Gespräch zu einer positiven, konstruktiven Wendung verholfen.

• **Fragetechnik**

Häufig wird kompetente Gesprächsführung damit verwechselt, möglichst viel selbst zu sprechen. Vielfach ist es jedoch mindestens ebenso sinnvoll, die Aktivität des Gesprächspartners zu wecken, um seine Sichtweise, Anregungen und Meinungen kennen zu lernen, damit sie in den eigenen Lösungsprozess einbezogen werden. Eine gute Fragetechnik, gepaart mit aufmerksamen, aktivem Zuhören ist ein wesentlicher Baustein für zielorientierte Gesprächsführung. Sie fördert den Dialog.

Ziele und Nutzen der Fragetechnik sind:
- Wer fragt, der führt.
- Den Partner aktiv einbeziehen.
- Den Gesprächsfaden verfolgen.
- Sachbezogene Informationen zu erhalten.
- Einstellungen und Meinungen zu erfahren.
- Interesse und Sympathie zu wecken.
- Das Thema zu setzen, den Gesprächsverlauf zu steuern.
- Zeit für Überlegungen zu gewinnen.
- Basis für gemeinsame Zielfindungen und Vereinbarungen zu finden.

Man unterscheidet in öffnende und schließende Fragen.

Öffnende Fragen sind empfehlenswert, da sie dem Partner Gelegenheit geben, seine Gedanken zu äußern. Sie sind leicht anwendbar und beinhalten Frageworte (auch W-Fragen genannt), z. B. wer, wie, was, welche, wozu, womit, wodurch, wie viele, weshalb, wem, wen oder wann etc. Beispiele wären: „Was erscheint Ihnen besonders wichtig? Wozu benötigen Sie die Anlage?"

Schließende Fragen sind dagegen dadurch gekennzeichnet, dass als Antwort ein knappes „Ja" oder ein „Nein" genügt. Das kann den Gesprächsablauf lähmen oder im Falle eines „Neins" Gegenargumentationen hervorrufen; die Reaktion „Warum nicht?" verstärkt dann oft nur die ablehnende Haltung, da sie dazu auffordert, nach Gründen für das „Nein" zu suchen, statt Alternativen zu aktivieren. Daher ist beim Gebrauch schließender Fragen wie beispielsweise „Überzeugt Sie dies?" Vorsicht geboten. Schließende Fragen sind dann hilfreich, wenn es im Gesprächsablauf zu einem Einschnitt kommen soll.

„Die beste Antwort der erhält, der seine Fragen richtig stellt." (Eugen Roth)

- **Preiswert – das Angebot ist den Preis wert**

Manche Verkäufer scheinen Angst vor der „Preis-Frage" zu haben – kein Wunder, dass sich diese Unsicherheit auch auf den Kunden überträgt. Bereits in Bezug auf die Phasen des Verkaufsgesprächs wurde darauf hingewiesen, dass der Preis nur in Relation zu dem gebotenen Nutzen zu beurteilen ist, weshalb er auch möglichst im engen Zusammenhang mit dem Nutzen genannt werden sollte (Sandwich: Nutzen-Preis-Nutzen). Ebenfalls wurde die Preisfrage vorgestellt. Hier sollen noch einige Aspekte, gerade auch für den Verkäufer, ergänzt werden.

Zunächst ist es sinnvoll, sich mit der **Preispolitik** des eigenen Unternehmens vertraut zu machen. So kann die eigene Argumentation damit in Übereinstimmung gehalten werden, wodurch die Glaubwürdigkeit steigt. Außerdem sollte der Verkäufer selbst von der Preis-Würdigkeit seines Angebotes überzeugt sein – wie will er sonst seinen Kunden überzeugen und ihm zumuten, einen Preis, den er selber für zu hoch hält, zu zahlen? Indem der Verkäufer sich selbst darüber Gedanken macht, sammelt er auch gute Argumente für Einwände, die vom Kunden kommen könnten. Zunächst ist jeder Preis zu hoch, erst recht, wenn die Konkurrenz billiger ist. Wodurch unterscheidet sich das eigene Angebot von dem der Konkurrenz, sodass auch der abweichende Preis gerechtfertigt ist?

Dem Grunde nach gibt es zwei Argumentationsketten:
- Welches ist das Problem des Kunden? Welche Lösung bieten wir? Was kostet sie (Preis)?
- Welchen Nutzen erwartet der Kunde? Welche Möglichkeiten hierzu können wir ihm bieten? Welche Zusatznutzen können sich ergeben? Ist dies nicht den Preis wert?

Die erste Argumentationskette endet mit Kosten, etwas, was auf der Negativseite der Erfolgsrechnung steht. Die zweite Kette verdeutlicht dagegen den durch den Kauf ermöglichten Nutzen, ein positiver Wert auf der Ertragsseite. Ein Sprichwort, das auf den Kunden bezogen werden kann, besagt: „Ein armer Mann kann es sich nicht leisten, billig einzukaufen." Zu ergänzen wäre „... und ein reicher hat es nicht nötig." Und für das Unternehmen gilt: „Wer keine Gewinne macht, hat bald nichts mehr zu verlieren."

• Einstimmung auf das Verkaufsgespräch
Je besser jemand vorbereitet ist, desto souveräner kann er im Gespräch sein. Eine sorgfältige und angemessene Vorbereitung verleiht dem Verkäufer Selbstsicherheit. Manchmal geht dies im Alltagsgeschäft unter, das Gespräch wird zur Routine. Der Kunde hat aber ein Anrecht darauf, dass der Verkäufer jeweils sein Bestes gibt.
Dies gilt einerseits für die sachliche Vorbereitung, der Verkäufer sollte also sein Fachgebiet, sein Sortiment, die Entwicklung auf dem Markt etc. kennen und entsprechend beherrschen. Auf der anderen Seite sollte sich der Verkäufer, soweit beispielsweise bei Reisenden oder auch in sonstigen Bereichen ein Kundentermin vorher vereinbart wurde, entsprechend individuell auf seinen Kunden einstellen und die bereits vorliegenden Informationen präsent haben. Ganz allgemein gilt zur guten Einstimmung gleichfalls, sich darauf zu freuen, Kunden beraten und betreuen zu dürfen. So wird auch eine entsprechende positive Atmosphäre geschaffen. Die im persönlichen Verkaufsgespräch liegenden Chancen werden dann genutzt.

Zusammenfassung

Rekapitulieren Sie:
Welche Vorgehensweisen und Teilschritte sind im Rahmen einer professionellen Personalplanung zu beachten?
Hinweise zur Bearbeitung:
Personalbedarfsplan auf der Basis von Soll- und Ist-Werten, Personalbeschaffungsplan, Personalentwicklungsplan (also interne Maßnahmen, insbesondere auch zur Verbesserung der Personalqualität) sowie Personaleinsatzplan, sowohl unter länger- als auch unter kurzfristigeren Aspekten.

Rekapitulieren Sie:
Welche beiden Gesichtspunkte sind besonders bei der kurzfristigen Einsatzplanung im Einzelhandel zu beachten?
Hinweise zur Bearbeitung:
Die Ladenöffnungszeiten sind deutlich länger als die persönliche individuelle Arbeitszeit der Mitarbeiterinnen und Mitarbeiter, sodass entschieden werden muss, an welchen Tagen zu welchen Zeiten wer anwesend sein soll. Zumeist liegt die Gesamtpräsenz bei nicht mehr als 60 %. Für die Planung ist weiterhin zu beachten, dass die Inanspruchnahme fremdbestimmt ist, d. h. von der Kundenfrequenz abhängig ist, die nach Wochentagen, Tageszeiten, Saisonverlauf etc. variieren kann. Durch Aushilfskräfte und Teilzeitbeschäftigte versucht der Einzelhandel, zusätzliche Planungsflexibilität zu erlangen. Siehe hierzu auch den Unterabschnitt 8.1.2.4.

Rekapitulieren Sie:
In welche zwei Gruppen sind die Absatzhelfer zu unterscheiden? Nennen Sie bitte auch die dabei behandelten Unterpunkte.
Hinweise zur Bearbeitung:
Zum einen handelt es sich um die akquisitorischen Absatzhelfer, von denen vor allem der Handelsvertreter behandelt wurde und ergänzend um den Kommissionär und den Handelsmakler.

Logistische und leistungsergänzende Absatzhelfer wurden untergliedert in absatzvorbereitend, absatzunterstützend sowie auftragsabwickelnd. Letztere Gruppe lässt sich zudem in logistische Funktion, finanzwirtschaftliche Funktion sowie Zusatz- und Dienstleistungen differenzieren. Siehe hierzu auch Unterabschnitt 8.2.2.

Rekapitulieren Sie:
Welche Ansätze der Motivationstheorie kennen Sie?
Hinweise zur Bearbeitung:
XY-Theorie nach McGregor, Bedürfnispyramide nach Maslow, Zwei-Faktoren-Theorie nach Herzberg, E-R-G-Theorie von Alderfer sowie die Prozesstheorie.

Rekapitulieren Sie:
Welche bereits unter der Prozesstheorie aufgezeigten Mittel-Zweck-Zusammenhänge spielen bei den Anreizsystemen eine besondere Rolle?
Hinweise zur Bearbeitung:
Maßgebend ist hier die Unterscheidung zwischen Handlung, Handlungsergebnis und Handlungsfolgen. Häufig liegt die Motivation weniger im Handlungsergebnis als in den Konsequenzen, den Handlungsfolgen. Diese können sich für den Mitarbeiter und für das Unternehmen auf unterschiedliche Weise auswirken, worauf die Ausgestaltung der Anreizsysteme Rücksicht nehmen sollte, siehe auch Abb. 8.7 sowie Kap 8.3.2.

Rekapitulieren Sie:
In welche Phasen lässt sich ein Verkaufsgespräch gliedern?
Hinweise zur Bearbeitung:
Gesprächseröffnung, Bedarfsermittlung, am Kundennutzen orientiertes Angebot, Argumente und Einwandsbehandlung sowie Entscheidungshilfe und Abschluss.

Rekapitulieren Sie:
Was verstehen Sie im Zusammenhang mit der Preisnennung unter „Sandwich-Methode"?
Hinweise zur Bearbeitung:
Dies bedeutet, dass der Preis zwischen Nutzendarstellungen eingebunden wird. Basis ist die Überlegung, dass der Preis nur im Zusammenhang mit dem Nutzen wirklich beurteilt werden kann. Erst wenn der Nutzen für den Kunden höher erscheint als der verlangte Preis, wird er zum Kauf geneigt sein, siehe auch „Preis-Nutzen-Waage", Abb. 8.9, sowie den Unterabschnitt 8.4.2.4.

Rekapitulieren Sie:
Was verstehen Sie unter „Kaufreue" und wie ist seitens des Händlers darauf einzugehen?
Hinweise zur Bearbeitung:
Kaufreue ist die Bezeichnung für die Zweifel, die dem Kunden nach seinem Kaufentschluss kommen können, also die Fragen „Habe ich mich auch wirklich richtig, nicht zu schnell, für das richtige Produkt, für die richtige Firma ... entschieden?" Nach Abschluss des Kaufvertrages – beispielsweise auch bei der Warenausgabe, dem Kassiervorgang, der Verabschiedung des Kunden, dem Nachservice etc. – kann der Händler dem Kunden vermitteln, sich wirklich für das richtige Geschäft entschieden zu haben. Häufig wird dieser Aspekt vernachlässigt.

Rekapitulieren Sie:
Welcher Satz lässt sich dem Kommunikationsmodell zu Grunde legen?
Hinweise zur Bearbeitung:
Wer sagt was, wie, zu wem und mit welchem Erfolg sowie wann und unter welchen Rahmenbedingungen?

Rekapitulieren Sie:
Wieso ist die Fragetechnik so bedeutsam?
Hinweise zur Bearbeitung:
Wer fragt, hat die Chance, vom anderen – hier vom Kunden – wesentliche Informationen zu erlangen, um daraufhin seine Angebote, Argumentationen etc. sinnvoll ausrichten zu können. Gute Fragetechnik, gepaart mit aufmerksamem, aktivem Zuhören, ist somit ein wesentlicher Baustein für eine zielorientierte Gesprächsführung. Zur Fragetechnik im Einzelnen siehe auch den Unterabschnitt 8.4.3.2, „Hilfen im Verkaufsgespräch".

9   Standortpolitik

9.1   Erfolgsfaktor Standort

Die Wahl eines Standortes gehört mit zu den grundlegenden Entscheidungen eines Unternehmens. Die Möglichkeit, eine Standortentscheidung zurückzunehmen, ist zumeist gering oder zumindest mit höheren Kosten verbunden. Diese langfristige Bindung erfordert somit entsprechend sorgfältige Planung.

Eine Reihe der im Betrieb anfallenden Kosten wird direkt durch die Standortentscheidung beeinflusst. Für den stationären Einzelhandel werden durch den gewählten Standort darüber hinaus das Einzugsgebiet und damit das mögliche Umsatzpotenzial determiniert. Ferner können die standortabhängigen Raumkosten und die mit der Erschließung verbundenen Investitionen von Ort zu Ort erheblich abweichen. Mit der Standortwahl wird somit auch über Kosten und das eventuelle Ertragspotenzial entschieden – also über den Erfolg des Unternehmens – sowie zumeist über sehr langfristige Investitionen und die damit verbundene Bindung finanzieller Mittel.

Als Antwort auf die Frage, von wo aus das Unternehmen tätig werden will, sind Standortentscheidungen zum einen im Zusammenhang mit der **Firmengründung** zu treffen. Weitere Standortplanungen können im Falle der **Expansion** des Unternehmens notwendig werden, sei es durch Erweiterung und Erschließung zusätzlicher Standorte, aber auch im Rahmen der Überprüfung, ob ein bestehender Standort weiter aus- und umgebaut oder verlegt werden sollte. Besondere Themenstellungen ergeben sich, wenn die Planung neuer Standorte in eine überregionale oder gar grenzüberschreitende Ausdehnung (Internationalisierung) eingebunden ist. Auch können **Firmenzusammenschlüsse** zu einer Überprüfung der Standortpolitik sowie ggf. zur Schließung von Standorten führen, was zumeist die Bewertung und den Vergleich von Standorten erfordert.

Manchmal – insbesondere, wenn ein Handelsgeschäft mit lediglich einem Standort gegründet werden soll – kann beispielsweise bereits durch persönliche bzw. familiäre Präferenz oder bereits vorhandenen Grundbesitz eine gewisse Vorentscheidung gegeben sein. Auch hier empfiehlt sich dennoch vor weiteren Investitionen eine entsprechende Standortüberprüfung und abschließende Entscheidung.

Bei **Filialunternehmen** oder sonstigen Handelsgruppen ist die Standortpolitik Teil einer **Verkaufsflächenentwicklungsplanung,** die in die Gesamtmarketingstrategie eingebunden ist. Hier ergeben sich dann Vernetzungen, da andererseits wiederum gerade die Entwicklung bestehender und neuer Standorte den Erfolg der Strategieumsetzung entscheidend beeinflusst.

Die Anforderungen, die im konkreten Fall an einen Standort gestellt werden, sind abhängig von den geplanten betrieblichen Aktivitäten. Insoweit ergeben sich Unterschiede zwischen den Gesichtspunkten, auf die ein Handelsunternehmen besonderen Wert legt, und denen eines Industriebetriebes und weiter differenziert nach verschiedenen Branchen und Betriebstypen. Insoweit ist die Bewertung der einzelnen Standortfaktoren abhängig von den jeweiligen Standortanforderungen.

Größere Handelsorganisationen, die laufend nach neuen Standorten suchen, haben zumeist Checklisten entwickelt, nach denen sie bei angebotenen Standorten eine Aufnahme, Analyse und Bewertung durchführen.

In der folgenden Abhandlung werden zunächst im zweiten Abschnitt die verschiedenen Standortfaktoren aufgezeigt, um so einen Überblick über die möglicherweise zu beachtenden Aspekte zu geben, unabhängig davon, ob sie für eine konkrete Untersuchung relevant sind.

Der dritte Abschnitt behandelt Gesichtspunkte, die im Rahmen der Entwicklung konkreter Standortanforderungen für verschiedene Formen von Handelsunternehmungen bedeutsam sind.

Im vierten und abschließenden Abschnitt wird dann der Prozess von der Standortplanung bis hin zur Standortentscheidung skizziert.

9.2   Standortfaktoren

Unter Standortfaktoren werden üblicherweise die Tatbestände verstanden, die als Determinanten für die Wahl eines Standortes unter ökonomischer Sichtweise maßgeblich sind. Nicht eingeschlossen sind somit die persönlichen Beweggründe, die dennoch die Standortwahl beeinflussen können, wenn beispielsweise der Entscheidungsträger in seiner Heimatstadt oder sonstigen Orten persönlicher Präferenz Aktivitäten entwickeln will.

Ferner ist für manche Betriebe der Standort geografisch, rechtlich oder wirtschaftlich vorgegeben, beispielsweise Bergbau oder sonstige Betriebe der Bodengewinnung, Wasserkraftwerke, Schiffbau bzw. konzessionsabhängige Betriebe, beispielsweise Aktivitäten im Zusammenhang mit Spielbankbetrieb etc. Hier ergeben sich dann eindeutig dominierende Faktoren.

Die Transparenz über Standortfaktoren soll helfen, die Vorteile (oder auch Nachteile) zu erkennen, die sich für eine wirtschaftliche Tätigkeit ergeben, wenn ein bestimmter Ort gewählt wird. Im Vergleich zu anderen Standorten können sich bezüglich standortbedingter Erträge (z. B. Umsatzpotenziale) und standortabhängiger Aufwendungen (beispielsweise Raumkosten, aber auch Transportkosten, Abgaben etc.) Differenzen ergeben.

Die verschiedenen Kriterien, an denen sich Standortentscheidungen orientieren, werden häufig folgendermaßen gegliedert:

- **Materialorientierung;** hier richtet sich die Standortwahl nach den preiswertesten Transportkosten für die Beschaffung der Roh-, Hilfs- und Betriebsstoffe, denen zumeist für die Produktion sowie für die Kostenstruktur besondere Bedeutung zukommt. So entstehen beispielsweise manche Industriebetriebe in der Nähe von Rohstoffvorkommen. Für den Handel wirkt sich dies zumeist nur indirekt aus, beispielsweise, wenn solche Unternehmungen zu den Hauptkunden zählen (siehe auch nachfolgend „Absatzorientierung").

- **Arbeitsorientierung;** das Augenmerk ist hier darauf gerichtet, ob sich das Unternehmen an dem in Frage stehenden Standort auch mit dem erforderlichen Personal versorgen kann. Zusätzlich spielt das Lohnniveau eine Rolle, insbesondere bei arbeitsintensiven Unternehmungen. Die Frage nach dem Personal stellt sich sowohl in quantitativer als auch in qualitativer Hinsicht, beispielsweise, wenn bestimmte Fachkräfte benötigt werden. Zunehmend gewinnt auch die Attraktivität eines Standortes bezüglich schulischer Versorgung, Freizeitwert etc. für das Anwerben und Halten gerade von qualifiziertem Personal an Bedeutung. Gegebenenfalls ist auch zu beachten, inwieweit und zu welchen Konditionen Wohnraum im Einzugsbereich verfügbar ist.

- **Energieorientierung** (auch Kraftorientierung genannt); dieser Faktor spielt heute zumeist nur noch eine geringere Rolle als früher, da beispielsweise Kohle vielfach durch Elektrizität ersetzt wurde, die weitgehend überall verfügbar ist. Unterschiede können sich ggf. noch in tariflicher Hinsicht ergeben oder bei anderem Energiebedarf, beispielsweise Wasser.

- **Absatzorientierung;** gegenüber den vorgenannten Input-Faktoren spielt gerade auch im Handel die Absatzorientierung zumeist eine ausschlaggebende Rolle, sodass hierauf an späterer Stelle noch ausführlicher einzugehen sein wird. Zu beachten ist dabei der Absatzmarkt, also einerseits das mit dem Standort verbundene Kundenpotenzial sowie die bestehende örtliche Konkurrenz.

- **Verkehrsorientierung;** je mehr Transportleistungen sowohl kostenmäßig als auch bezüglich einer schnellen Abwicklung wesentlich sind, desto stärker wird dieser Gesichtspunkt im Rahmen der Unternehmensentscheidung eine Rolle spielen. So kann die Nähe zum Hafen oder Flughafen gesucht werden, ebenso wie ein Gleisanschluss oder eine gute Anbindung an das Straßennetz, eventuell verbunden mit einer möglichst zentralen Lage innerhalb des Tätigkeitsgebietes. Für Versandhandel, Groß- und Ersatzteilhandel etc. können diese Überlegungen besonders beachtenswert sein.

Die Verkehrsanbindung kann auch Bedeutung gewinnen, wenn beispielsweise häufig Wege zu bestimmten Ämtern (beispielsweise für den Außenhandel Zollamt oder IHK bezüglich Bescheinigungen u. Ä.), Dienstleistungserbringern oder Dienstleistungsabnehmern erforderlich werden.

- **Abgabenorientierung;** Steuern, Gebühren und sonstige Abgaben können teilweise von Ort zu Ort recht unterschiedlich sein, sodass sie je nach ihrer Bedeutung für das Unternehmen mit in die Standortentscheidungen einzubeziehen sind. Innerhalb Deutschlands bestimmen die einzelnen Kommunen die Hebesätze, die die Höhe der Gewerbeertragssteuer und der Grundsteuer beeinflussen. Auch erheben die Kommunen Gebühren in oft sehr unterschiedlicher Höhe. Zusätzlich können steuerliche Anreizsysteme beachtlich sein, wenn beispielsweise Sonderabschreibungen und sonstige Förderprogramme für strukturschwache Regionen bestehen. Hier empfiehlt es sich jedoch, einerseits zu beachten, wie langfristig mit diesen Beträgen gerechnet werden kann, sowie zum anderen, wenn – wie es oft der Fall ist – durch Steuervorteile bestimmte Standortnachteile ausgeglichen werden sollen, Klarheit darüber zu schaffen, inwieweit die gegebenen Standortnachteile nicht schwer wiegender sind als die gebotenen Steuervorteile.

Noch umfangreichere Untersuchungen bezüglich der Abgabenorientierung ergeben sich im Rahmen internationaler Standortüberlegungen, da sie eine eingehende Beschäftigung mit dem jeweiligen Steuersystem notwendig machen. Insgesamt wird hier die Auslandsorientierung nicht weiter behandelt; es sei aber auf den Band „Außenhandel" dieser Reihe verwiesen.

Als weitere Aspekte werden zunehmend auch die **Umweltorientierung** und die **Landschaftsorientierung** aufgeführt, auf die hier gleichfalls nicht näher eingegangen wird.

Ein anderes Gliederungsschema teilt die Standortfaktoren ein in:

a) **inputbezogen:** z. B. Boden, Rohstoffe, Energieversorgung, Arbeitsmarktbedingungen, Fremddienste, Zulieferer, Nachrichtenverbindungen etc.;

b) **throughputbezogen:** politische, soziale, technologische, geologische und klimatische Bedingungen;

c) **outputbezogen:** Marktnähe, Konkurrenz, Kontakt zu Absatzmittlern, staatliche Absatzhilfen, Rückstandsbeseitigung etc.

Die konkrete Standortbewertung erfolgt zumeist in mehreren Schritten. Zum einen ist eine generelle Auswahl zu treffen, in welcher Stadt, in welcher Region eine Ansiedlung erfolgen sollte. Für den endgültigen Beschluss ist jedoch der konkrete Standort am Ort in seiner äußeren Anbindung und seinen internen Erschließungsmöglichkeiten zu analysieren. Daher wird nachfolgend auf die Standortfaktoren noch einmal eingegangen unter den drei Gliederungsgesichtspunkten:

- grundsätzliche Standortwahl (Land, Region, Stadt),
- lokale Standortwahl (Lage innerhalb der Stadt),
- innerbetriebliche Standortwahl (interne Erschließungsmöglichkeiten).

Grundsätzliche Standortwahl

Zunächst ist im Falle von Neugründung, Betriebsverlagerung oder Erweiterung durch zusätzliche Standorte über die Stadt, die Region oder über das Land eine Vorentscheidung zu treffen. Auslöser können systematische Recherchen sein, aber auch mehr intuitive oder durch persönliche Präferenzen geprägte Vorstellungen. Man spricht in diesem Zusammenhang auch von interlokaler oder von internationaler Standortwahl, falls die Überlegungen über die nationalen Grenzen als Betätigungsbereich hinausgehen.

Im Mittelpunkt der Analyse stehen beim Einzelhandel die umsatzbeeinflussenden und marktbestimmenden Faktoren. Strategische Überlegungen des Standortes für ein Einzelhandelsprojekt hängen von der Größe und der Reichweite des vorgesehenen Abnehmermarktes ab. Hierzu zählen **demografische** und **sozio-ökonomische Faktoren** des Einzelhandelstandortes wie:

* Wachstum der Bevölkerung
* Altersstruktur und Zusammensetzung
* Zahl der Kinder
* Bildungsniveau
* Einkommenshöhe und Beschäftigungsniveau
* ethnischer Hintergrund und sonstige das Einkaufsverhalten prägende Aspekte
* Einkommensverteilung
* Ausgabenstruktur und Einkaufsgewohnheiten
* Umsiedlungstendenzen
* Eigentumsstruktur bezüglich Pkw, Eigenheim, Garten oder Ähnlichem in Ausprägung zum jeweiligen Handel.

Die Bewertung dieser einzelnen marktbestimmenden Faktoren kann je nach Geschäftsbereich unterschiedlich sein. Insgesamt geht es jedoch darum, ob im Einzugsbereich ein genügendes **Umsatzpotenzial** vorhanden ist, um das angestrebte Handelsgeschäft in der vorgesehenen Struktur zu errichten und erfolgreich betreiben zu können.

Grundlage entsprechender Berechnungen ist die Abgrenzung des Einzugsbereiches. Dieser ist bei Gütern des täglichen Bedarfs wie Bäckerei oder Lebensmittelgeschäft deutlich kleiner als beispielsweise bei Baumärkten oder Möbelgeschäften. Vielfach ist – insbesondere bei großräumigeren Einzugsgebieten – weniger ein in Kilometern gerechneter Radius entscheidend, als vielmehr die Zufahrtszeiten, die die typische Verkehrssituation berücksichtigen.

Neben dem Umsatzpotenzial ist der zweite marktbestimmende Faktor, die **Konkurrenz,** zu beachten. Welche Wettbewerber sind bereits im gleichen Einzugsgebiet tätig? Sprechen sie die gleichen Marktsegmente an? Gibt es ggf. genügend Differenzierungsmöglichkeiten?

Einerseits kann ein bereits zu sehr von der Konkurrenz besetzter Standort eher zur Vorsicht neigen lassen. Auf der anderen Seite können sich auch entgegengesetzte Aspekte ergeben, beispielsweise, wenn durch die Vielfalt des Angebotes der Standort für den Kunden besondere Attraktivität, Kompetenz und Ausstrahlung erhält. In aller Regel geht dies mit einer überregionalen Ausdehnung des Einzugsbereiches einher, da auch Kunden anderer Regionen angezogen werden, die hier eine besondere Auswahl erwarten. Zumeist gilt dies für höherwertige Produkte oder langlebige Artikel. Ähnliche Impulse können auch von Handelsunternehmen mit komplementären Gütern ausgehen.

Je nachdem, ob ein Ort als Handelsplatz zusätzliche Kaufkraft aus dem Umland anzieht, kann sich ein Umsatzpotenzial oberhalb der Einkommensrelation ergeben – und bei entsprechendem Abzug in umgekehrter Richtung.

Des Weiteren sind die kostenbeeinflussenden Faktoren zu berücksichtigen, die sich aus dem Preisniveau für Grundstücke und Mieten am Ort ergeben können, aber auch die bereits angesprochenen Faktoren der Abgaben und Steuern, des Lohnniveaus etc. bezüglich der Personalkosten, der Transportkosten und Kosten der Infrastruktur etc.

Lokale Standortwahl

Die konkrete Wahl des Standortes, beispielsweise innerhalb der Stadt, ist Gegenstand der lokalen Analyse. Zumeist werden Bewertungen für die einzelnen Bereiche in der Stadt vorgenommen, beispielsweise 1a-Lage, 1b-, 2- etc. Beurteilungskriterien sind einerseits die Verkehrsanbindung, Erreichbarkeit mit dem Fahrzeug, Parkmöglichkeiten etc. als auch andererseits die Verbindung zu den Käuferströmen, beispielsweise in hoch frequentierten Fußgängerzonen, in Seitenstraßen oder gar in Randgebieten.

Auch hier ist wiederum zu überprüfen, inwieweit in unmittelbarer Nähe Konkurrenz ansässig ist oder aber umsatzfördernde Betriebe mit komplementärem Angebot. Welches Image hat das unmittelbare Umfeld? Wie ist die Anbindung an öffentliche Verkehrsmittel?

Innerbetriebliche Standortwahl

Zu analysieren ist hier, welche Möglichkeiten, aber auch eventuelle Restriktionen sich bezüglich einer inneren Erschließung des Grundstückes ergeben. Können Kunden auf dem Grundstück parken, wenn ja, ist eine unmittelbare Zufahrt möglich oder nur auf Umwegen über Seitenstraßen? Ist eine vernünftige Verkehrsführung für die eigene Logistik gewährleistet? Weitere Fragen ergeben sich bezüglich der Bebaubarkeit wie Grundfläche, Zuschnitt, Geschosszahl und eventueller baulicher Auflagen. Gerade auch hier hängt die Beurteilung ganz wesentlich von den konkreten Anforderungen des jeweiligen Unternehmens ab, wie es sein Ladenlokal gestalten und die Abläufe organisieren will.

9.3 Standortanforderungen

Die Beurteilung der Standortfaktoren hängt wesentlich von den Standortanforderungen des jeweiligen Unternehmens ab. Dabei gibt es erhebliche Unterschiede, beispielsweise zwischen Versandhandel, Großhandel und den verschiedensten Typen des Einzelhandels.

Beim Versandhandel und beim Großhandel sind sowohl bei der generellen als auch bei der lokalen Standortwahl insbesondere Verkehrsanbindungen (sowohl hinsichtlich der Kosten als auch der Zeiten), die verschiedenen kostenbeeinflussenden Faktoren einschließlich der Arbeitsmarktsituation bedeutsam. Die innerbetriebliche Erschließung muss gewährleisten, dass entsprechend den organisatorischen Abläufen Räume erstellt werden können.

Gegebenenfalls kann auch eine Standortspaltung sinnvoll sein, d. h. eine Dezentralisierung des betrieblichen Leistungsvollzuges an unterschiedlichen Standorten; beispielsweise ein Hauptsitz mit Verwaltung und zentralen Dienstleistungen sowie Lagerhaltung und Auslieferung dezentral, eventuell sogar mehrfach verkehrsgünstig gelegen im Absatzgebiet.

Eventuell ist das Vorhandensein einer bestimmten Infrastruktur bedeutsam, beispielsweise im Außenhandel.

Im **Einzelhandel** kann die Standortwahl von Branche, Geschäftsgröße und Betriebstyp be-

einflusst sein. So werden Geschäfte für den täglichen Bedarf Standorte in der Nähe der Wohnbereiche bzw. in entsprechend vom Kunden angenommenen Einkaufsgegenden bevorzugen. Benötigte Ladenfläche, Sortiments- und Preisniveau bestimmen, inwieweit höher frequentierte, aber auch wesentlich teurere Ladenflächen beispielsweise in Einkaufszonen angemietet werden können oder ob auf preiswertere Lokalitäten ausgewichen werden sollte. Große Handelsunternehmen wie Supermärkte, Möbel- oder Baumärkte etc. benötigen größere Geschäftsflächen und entsprechend ihrem großen Einzugsgebiet auch entsprechende Parkflächen für die Kunden.

Einige **Handelsketten** haben für die Gestaltung ihrer Ladenlokale feststehende Konzepte, woraus sich klare Anforderungen an die zu mietende oder zu bebauende Fläche ergeben, oft nicht nur in der Gesamtgröße, sondern auch in den Maßen der Breite und der Länge, um die benötigten Regalreihen mit entsprechenden Gängen in erforderlicher Breite unterbringen zu können. Bei nur schmaler Geschäftsfläche könnten die Gänge zu eng sein, um die Warenbeschickung der Regale mit Paletten durchführen zu können. In anderen Fällen ist zusätzliche Breite, selbst wenn dies nicht zu zusätzlichen Raumkosten führt, dagegen nicht erwünscht. Wie eng gefasst oder wie flexibel die jeweiligen Vorgaben sind, ist also sehr unterschiedlich. Hier soll nicht zu sehr auf die verschiedenen Details eingegangen werden, sondern es galt nur, beispielhaft zu vermitteln, wie eng die Standortwahl abzustimmen ist mit der Gesamtkonzeption des Unternehmens, seiner Sortimentspolitik, Warenpräsentation, dem Betriebstyp und ganz allgemein seiner Gesamtmarketingausrichtung, auch hinsichtlich Konkurrenzsituation, Einzugsbereich etc.

Größere Handelsketten mit einer Reihe von **Filialen** oder **Franchisepartnern,** die laufend neue Standorte suchen und eröffnen, haben zumeist für die Analyse möglicher Standorte entsprechende Checklisten entwickelt, in denen u. a. festgelegt wird:

- Kriterien zur Abgrenzung des Einzugsbereiches; wie bereits erwähnt, nimmt der Kunde in aller Regel für Güter des täglichen Bedarfs nur kürzere Wege in Kauf, während andere Branchen Kunden großräumiger akquirieren, wobei zunehmend nicht allein die Kilometerentfernung ausschlaggebend ist, sondern die Fahrzeit für den Kunden.
- Festlegung der Untergrenze des Marktpotenzials; dies kann neben der Analyse der Einwohnerschaft im Einzugsgebiet und ihrer Einkommens- und Altersstruktur etc. weiter differenziert werden, beispielsweise werden Gartencenter nach Garten- und Balkonbesitzern gliedern; eventuell hat das Unternehmen auch unterschiedliche Konzepte hinsichtlich Größe, Warensortiment etc., wofür hier Vorauswahl getroffen wird.
- Konkurrenzsituation; hier gilt es – wie auch bei den anderen Positionen – nicht nur gegenwärtige Verhältnisse zu ermitteln, sondern auch künftige Entwicklungen so weit wie möglich zu erkennen und zu prognostizieren; teilweise haben Firmen für sich herausgefunden, welche Konkurrenz sie möglichst in unmittelbarer Nähe meiden wollen und welche sie andererseits akzeptieren können, da sich die Konzepte ausreichend unterscheiden und möglicherweise sogar im Zusammenspiel unterschiedlicher Angebote insgesamt den Standort für den Kunden attraktiver machen.
- Innerstädtische, lokale Lage; also die Frage nach Anbindung an bestehende Kundenströme, Einkaufs- und Fußgängerstraßen, in Einkaufszentren, Verkehrsanbindung, Umfeld etc.
- Anforderungen bezüglich der inneren Erschließung; Faktoren der ebenfalls bereits behandelten innerbetrieblichen Standortwahl, zu der ggf. auch die Beachtung baurechtlicher Bestimmungen bezüglich der äußeren Darstellungsmöglichkeit gehört, wenn bereits das gesamte Gebäude oder die Fassade oder zumindest großflächigere Außenwerbung zum festen Imagebild des Unternehmens gehören.

9.4 Standortplanung

Standortplanung ist die systematisch betriebene Suche nach möglichst optimalen Standorten zur Errichtung und Betreibung eines Handelsunternehmens unter Berücksichtigung der jeweils spezifischen Erfordernisse der Branche. Grundlage ist die Analyse der Standortfaktoren unter Berücksichtigung der Standortanforderung. Im Einzelhandel ist die Standortsuche vielfach zielgerichtet auf eine Entwicklung der Verkaufsflächen. In der Literatur wird daher die Standortplanung oftmals auch synonym mit Verkaufsflächenentwicklungsplanung behandelt. Andere sprechen von Standortnetzplanung, um hiermit einerseits die Verknüpfung zwischen den unterschiedlichen Standortentscheidungen und ihrer möglichen gegenseitigen Beeinflussung aufzuzeigen sowie andererseits auf die Verbindung zu den übrigen Planungen des Unternehmens hinzuweisen.

9.4.1 Teil einer Gesamtplanung

Es wurde bereits im Rahmen dieses Kapitels an einigen Stellen darauf hingewiesen, wie sehr die Standortanforderungen von der Gesamtplanung des Unternehmens und den verschiedenen Teilplänen abhängen. Hierzu zählt vorrangig der Gesamtmarketingplan mit den daraus abgeleiteten Planungen des Sortiments, des Verkaufsraumes, der Preispolitik etc., aus denen sich dann wiederum für die Standortwahl die Anforderungen nach Kundenpotenzial, Konkurrenzsituation etc. ableiten lassen. Entsprechendes gilt auch für die Zusammenhänge zu den Personal- und Kostenplanungen.

Auf der anderen Seite kann jedoch auch die Standortpolitik die Ausrichtung der übrigen Bereiche beeinflussen. Wenn beispielsweise zunächst angestrebte großflächigere Verkaufslokalitäten in Innenstadt- oder Kernbereichen nicht oder kaum noch zur Verfügung stehen, da entweder keine notwendigen Genehmigungen mehr erteilt werden oder die Raumkosten überproportional ansteigen etc., so kann es sinnvoll sein, die Konzeptionen zu überdenken, um so wieder mehr realisierbare Standorte zur Auswahl zu erhalten. Eine Möglichkeit könnte die Entwicklung differenzierter Konzepte mit entsprechend unterschiedlichen Standortanforderungen sein, beispielsweise Spezialgeschäfte mit kleinerem, höherwertigem Sortiment und geringerem Raumbedarf und andererseits großflächigere Typen als Vollsortimenter, die auch die Erschließung von Standorten im Außen- oder Randbereich erfolgreich werden lassen. Gegebenenfalls kann auch eine Standortspaltung sinnvoll sein, wobei jedoch zu analysieren ist, inwieweit durch den Wegfall wechselseitiger Ergänzung (Synergien) und ggf. zusätzliche innerorganisatorische Logistik Beeinträchtigungen auftreten, deren Kosten, um zu wirtschaftlichen Lösungen gelangen zu können, geringer sein müssen als das zusätzliche Erfolgspotenzial.

Auch zwischen Werbeplanung und Standortwahl existieren wechselseitige Verbindungen. Ist beispielsweise das Einzugsgebiet nicht identisch mit dem Verbreitungsgebiet der angestrebten Werbemedien, so können sich Streuverluste und/oder Überschneidungen bzw. Zusatzschaltungen ergeben – wenn der Einzugsbereich beispielsweise im Erscheinungsbereich mehrerer Tageszeitungen liegt.

Eine genaue Standortuntersuchung und die Analyse der einzelnen Faktoren sind die Voraussetzung für einen abschließenden Entscheidungsprozess.

9.4.2 Standortentscheidung

Hier gilt es, die verschiedenen Aspekte zu bewerten, gegeneinander abzuwägen und letztendlich, ausgerichtet auf das angestrebte Ziel, zu einer Entscheidung zu kommen. Zu Einzelheiten des Entscheidungsprozesses wird ergänzend verwiesen auf den Band „Führungsstile und Entscheidungsmethoden" dieser Reihe. Zum einen geht es darum, quantitativ messbare Größen (z. B. erwarteter Umsatzbetrag, einzelne Kostenbeträge) zu ermitteln und in einer Wirtschaftlichkeitsberechnung gegenüberzustellen, sowie andererseits die nicht quantifizierbaren so genannten qualitativen Merkmale zu berücksichtigen. Vom Umfang her kann als Entscheidungsgrundlage entweder eine Gesamtrech-

nung für den Standort entwickelt werden oder es werden lediglich die Raumkosten sowie eventuelle sonstige standortspezifische Kosten und eventuelle Entlastungen ermittelt.

Die **Gesamtplanung** versucht, für den Planungszeitraum durch Umsatzprognosen die Ertragsseite zu berechnen und ihr die verschiedenen mit dem Betrieb des Standortes und des Geschäfts zusammenhängenden Kosten gegenüberzustellen. Es handelt sich dann also um eine Investitions- und Wirtschaftlichkeitsrechnung, auf die gleichfalls hier nicht im Detail eingegangen werden kann. Aspekte gerade einer Standortentscheidung können hierbei jedoch zum einen in der Festlegung des Planungshorizontes liegen, also des Zeitraums, für den in die Zukunft gerechnet werden soll. Aus Gründen der Flexibilität und Sicherheit wird oftmals die Berechnung lediglich für wenige Jahre bevorzugt, beispielsweise auch bedingt durch entsprechende Kündbarkeit des Standortes – d. h. also entsprechend der frühesten Möglichkeit, eine getroffene Entscheidung ggf. rückgängig machen zu können. Da andererseits die Erschließung eines neuen Standortes zumeist mit erheblichen Vor- und Anlaufkosten verbunden ist, besteht die Gefahr, auf diese Weise langfristig attraktive Standorte „totzurechnen". Dies spricht dann für längere Planungsperioden. Gegebenenfalls können zur Abschätzung des Risikos auch beide Rechnungen parallel durchgeführt werden bzw. langfristige Rechnungen durch eine Break-even-Analyse ergänzt werden. Dies insbesondere, wenn eine Abstimmung mit den Fristigkeiten einer Fremdfinanzierung notwendig wird oder in sonstiger Weise finanzielle Restriktionen zu beachten sind. Gesamtrechnungen können insbesondere sinnvoll sein, wenn die Standortwahl mit der grundsätzlichen Entscheidung über die Gründung eines Handelsgeschäfts verbunden ist. Dies bezieht sich sowohl auf den Einzelunternehmer als auch beispielsweise auf den Franchisenehmer größerer Marketing- und Vertriebsketten.

Die **Konzentration auf Raumkosten** und die mit dem Standort verbundenen zusätzlichen Kosten bzw. ggf. möglichen Erlöse (z. B. Standortförderungen der öffentlichen Hand etc.) ist beispielsweise dann statthaft, wenn im Rahmen einer Filialkette Gesamtplanungen für einen Betriebstyp vorliegen und es hier also lediglich zu überprüfen gilt, ob die konkret mit dem zu untersuchenden Standort zusammenhängenden Kosten im Rahmen dieses Planansatzes bleiben.

Die Frage, ob ein Standort gemietet oder gekauft (als Gebäude oder lediglich das Grundstück mit anschließender Eigenbebauung) werden kann oder sollte, kann gleichfalls entscheidungsrelevant werden. Aspekte hierbei sind einerseits die Flexibilität, die zumeist im Falle der Anmietung höher ist, die langfristige Standortsicherung sowie die mit den verschiedenen Alternativen verbundenen Investitionssummen. Beim Anmieten wird häufig eine gewisse Grundmietzeit und ein – möglichst mehrmaliges – Optionsrecht des mietenden Handelsunternehmens angestrebt. Des Weiteren sind die Konditionen einer eventuellen Mietanpassung zu berücksichtigen.

Eine in der Praxis ebenfalls oft relevante und nicht einheitlich beantwortete Frage geht dahin, ob ein Standort, der sich zwar zunächst rechnet, aber im lokalen Vergleich nicht der optimalste ist, realisiert werden soll. Wird beispielsweise der jetzt nicht verfügbare Top-Standort später von der Konkurrenz erschlossen, so können sich hier erhebliche Wettbewerbsnachteile ergeben, die möglicherweise auch durch das übrige absatzpolitische Instrumentarium, beispielsweise auch Werbung, nicht ausgleichbar sind. Auf der anderen Seite würde das Warten auf den möglicherweise erst später verfügbaren besseren Standort zunächst den Verzicht bedeuten, beispielsweise in dieser Stadt tätig zu werden, sodass vielleicht erst recht der Wettbewerb angelockt wird und ein späterer Markteintritt erschwert ist. Gegebenenfalls ist es möglich – und dann auch sinnvoll –, bereits schon vor der endgültigen Entscheidung eine Alternativplanung zu entwickeln und durchzurechnen, wie auf einen möglichen Markteintritt der Konkurrenz auf einem besseren Standort reagiert werden könnte.

Bereits im Zusammenhang mit der Gesamtplanung wurde darauf hingewiesen, dass Standortbeurteilungen und damit letztendlich auch Standortentscheidungen mit der Gesamtplanung des Unternehmens zusammenhängen, was sich nicht nur auf mögliche künftige Konkurrenz, sondern auch auf die gegebene Wettbewerbssituation bezieht. Die Fragen der Standortentscheidung gehen in diesem Zusammenhang also dahin, inwieweit das Gesamtkonzept im konkreten Fall variiert werden kann und soll, um sich besser auf die örtliche Konkurrenz einstellen zu können. Dies ist im Detail nur im konkreten Einzelfall und unter Berücksichtigung der Gesamtausrichtung des Unternehmens zu beurteilen, auch beispielsweise in Bezug auf eine überregionale Werbung und die entsprechenden Imagebeeinflussungen bei Abweichungen. Die Praxis erfordert hier oftmals eine sinnvolle Balance zwischen Unternehmensidentität und Flexibilität am Standort, denn neben allen zunehmend global und überregional werdenden Imageüberlegungen gilt im Handel immer noch: „All Business is local.“

Zusammenfassung

Rekapitulieren Sie:
Wie wurden Standortfaktoren definiert?
Hinweise zur Bearbeitung:
Standortfaktoren sind die maßgebenden Tatbestände, welche die Wahl eines Standortes unter ökonomischen Gesichtspunkten determinieren.

Rekapitulieren Sie:
Welche drei Stufen der Standortwahl haben wir dabei unterschieden?
Hinweise zur Bearbeitung:
Grundsätzliche, lokale und innerbetriebliche Standortwahl; siehe im Einzelnen Ende des zweiten Abschnitts dieses Kapitels.

Rekapitulieren Sie:
Was verstehen Sie unter Standortanforderungen?
Hinweise zur Bearbeitung:
Als Standortanforderungen sind alle Ansprüche zu verstehen, die das Handelsunternehmen an einen Standort stellt, die also zumindest in ausreichendem Maße erfüllt sein müssen, um zu einer positiven Standortentscheidung zu gelangen. Hierbei werden sowohl umsatz- als auch kostenbeeinflussende Aspekte berücksichtigt. Die Standortanforderungen sind abhängig u. a. vom Handelstyp, von der Branche, dem Betriebstyp, der Sortimentspolitik etc. Siehe hierzu auch den dritten Abschnitt.

Rekapitulieren Sie:
Standortplanung: Was verstehen Sie darunter und inwieweit ist sie autonom durchführbar?
Hinweise zur Bearbeitung:
Hierunter kann die systematisch betriebene Suche nach einem möglichst optimalen Standort verstanden werden. Vielfach – vor allen Dingen im Falle von Einzelhandelsunternehmungen und insbesondere -ketten – wird auch von Verkaufsflächenentwicklungsplanung oder von einer Standortnetzplanung gesprochen. Letztere Bezeichnung weist einerseits auf die wechselseitigen Beeinflussungsmöglichkeiten der verschiedenen Standorte eines Unternehmens hin sowie zum anderen auf die Einbindung und Verknüpfung der Standortplanung mit der Gesamtunternehmensplanung und den verschiedenen Teilplänen, die wiederum sowohl die Standortwahl beeinflussen als auch andererseits durch die Standortentscheidung geprägt werden.

10 Entwicklungsprozess zum Electronic Commerce

Als Electronic Commerce wird der Handel über Online-Dienste, meist über das Internet, bezeichnet. Er umfasst die vollständige elektronische Abwicklung von Geschäftsprozessen. Dies reicht von Werbemaßnahmen über Geschäftsanbahnung bis zum Vertragsschluss, Nachkaufservice und Aktionen zur Kundenbindung. Im weitesten Sinn werden sogar der Handel mit CD-ROM-Unterstützung oder Dienste wie Faxabruf unter diesen Begriff gefasst. Bei der Geschäftsdurchführung im Internet können per Tastatur und Bildschirm Waren und Dienstleistungen online bestellt oder abgerufen werden; bezahlt wird derzeit noch hauptsächlich mit Kreditkarte oder per Nachnahme. Man kann den Electronic Commerce im Schema der Betriebsformen (siehe Kapitel 1.5) entweder als Mischung zwischen Versandhandel und stationärem Handel oder als reinen Versender einordnen.

Das **Internet** ist ein integrativer Bestandteil des Electronic Commerce. Es stellt ein System aus vernetzten Computern dar, die so miteinander verbunden sind, dass ein Datenaustausch realisiert werden kann. Geografische Distanzen gibt es auf dieser globalen „Datenautobahn" ebenso wenig wie eine Zentralverwaltung oder oberste Behörde. Die Betreiber der Netzrechner und der Datenleitung regeln die Probleme untereinander. Bereits im Jahr 1995 hatte das US-Nachrichtenmagazin *Newsweek* das Internet zum „wichtigsten Ereignis des Jahres" gekürt. Auf Grund der Verbilligung der Informations- und Kommunikationstechniken und der gleichzeitigen Leistungsverbesserung der Geräte und Systeme werden für dieses Medium in Zukunft gewaltige Entwicklungspotenziale vorausgesagt. Nach Schätzungen von *Kurt Salomon Associates* soll im Jahr 2010 in den USA über Electronic Commerce und weitere mediale Vertriebstypen – Katalog, TV-Shopping usw. – mehr als die Hälfte der Non-Food-Einzelhandelsumsätze abgewickelt werden.

Das Internet trägt der **Globalisierung** Rechnung, weil es dabei hilft, internationale Märkte leichter zu erschließen. Dieser Aspekt lässt sich wie folgt konkretisieren: Die im Ausland vorhandenen Postsysteme gewährleisten nicht immer einen einwandfreien Brieftransfer. Das Internet ermöglicht es jedoch, direkt im Dialog mit ausländischen Unternehmen tätig zu werden, E-Mails zu versenden und auf einer eigenen Webseite aktuelle Informationen zu präsentieren. Ein weiterer Vorteil ist, dass Niederlassungen im Ausland Informationen aus der Zentrale zum Ortstarif abrufen können.

Im Rahmen des Electronic Commerce sind vier verschiedene Kommunikationsbeziehungen denkbar:

- **Business to Business** (Electronic Commerce zwischen Unternehmen)
- **Business to Consumer** (Electronic Commerce zwischen Unternehmen und Konsument)
- **Business to Administration** (Electronic Commerce zwischen Unternehmen und öffentlichen Einrichtungen)
- **Administration to Consumer** (Electronic Commerce zwischen öffentlichen Einrichtungen und Konsumenten)

Auf Grund der hohen Anteile am Geschäftsverkehr und der Wachstumschancen werden die Business-to-Business- und die Business-to-Consumer-Beziehung im Folgenden näher dargestellt.

10.1 Grundlagen und Bestandteile des Electronic Commerce

In diesem Kapitel werden die Voraussetzungen des elektronischen Handels geklärt und hieraus einige Fachtermini abgeleitet. Zu den Grundlagen des Electronic Commerce gehören außerdem die anvisierten Zielgruppen und die im Internet agierenden Handelsbranchen.

10.1.1 Grundvoraussetzungen

Um das Internet als Medium zu nutzen, muss das Handelsunternehmen über einen Computer verfügen, der mit anderen Rechnern nach den Regeln des Internet-Protokolls kommunizieren kann. Er muss **online** sein, d. h., es muss eine Datenverbindung vorhanden sein. Der PC-Rechner muss mit ausreichend Arbeits- und Festplattenspeicher sowie einer Grafikkarte ausgerüstet sein.

Ein so genannter **Provider** (z. B. *T-Online* oder *America Online*) ermöglicht dem Unternehmen einen Einwahlpunkt ins Internet. Hier oder durch eine andere Organisation erfolgt die Reservierung eines **Domain-Namens** (Internet-Adresse), der es ermöglicht, zu einem unverwechselbaren Netzteilnehmer zu werden. Internet-Dienstleister, Multimedia-Agenturen und der Provider können den Internetauftritt unterstützen. Sie helfen auch bei der Frage, ob und welche spezielle Electronic-Commerce-Software angeschafft werden muss.

10.1.2 World wide web (www)

Das Konzept des „world wide web" (engl. weltweites Netz) erlaubt es, weltweit multimediale Informationen zu übermitteln. In beliebige Dokumentenarten können Bild und Ton integriert werden. Notwendig ist hierfür eine „Client-Server Architektur", d. h., *www*-Server (u. U. Rechner der Provider) stellen Informationen zur Verfügung und *www*-Clients (Rechner der Anwender) rufen sie ab und zeigen sie auf deren Bildschirm.

Innerhalb eines Dokumentes können auch „Stichworte" hervorgehoben werden, die der Nutzer anklicken kann, wodurch er automatisch mit einer thematisch verwandten *www*-Seite irgendwo im Netz verbunden wird. Diese durch Unterstreichungen hervorgehobenen **Links** (engl. Verbindung) oder auch Hyperlinks erleichtern also die Navigation im *www*, indem sie Verknüpfungen zwischen zwei Web-Dokumenten herstellen. Das durch Anklicken von Links ermöglichte Springen von einer Web-Seite auf eine andere wird auch als **„Surfen"** bezeichnet.

Ein Handelsunternehmen kann jedoch erst im *www* auftreten, wenn es eine **Homepage** besitzt, d. h. eine Empfangs- oder Übersichtsseite eines *www*-Angebotes. Auf dieser Website kann dann der komplette Online-Auftritt eines Anbieters er-

folgen. Werbung und Verkäufe werden ebenso ermöglicht wie die direkte Kommunikation mit Kunden, Geschäftspartnern und dem Staat.

10.1.3 E-Mail

Die elektronische Post, genannt E-Mail („electronic mail") ist die älteste und eine der am häufigsten genutzten Anwendungen im Internet. Durch sie können rechnergestützt bearbeitete Textbotschaften zu einem beliebigen Zeitpunkt übermittelt und empfangen werden. Kommunikationsgrundlage ist eine Adresse, die die Nachricht empfängt, und ein Programm, mit dem man eine Nachricht versenden kann. Nachrichten bzw. Befragungen können schnell und problemlos über weite Strecken übermittelt werden, ohne dass der Empfänger anwesend oder sein Endgerät eingeschaltet sein muss. Eingegangene Botschaften werden in einer Eingangsliste eingetragen, die gleichzeitig als „Merkzettel" dient. So können E-Mails zur direkten Kommunikation mit dem Kunden genutzt werden, indem Bestellungen oder Beschwerden entgegengenommen werden. Die übermittelten Daten können problemlos weiterverwendet werden. Das System ist multimedial durch audiovisuelle Animationen erweiterbar, sodass neben den Texten bewegte oder unbewegte Bilder sowie akustische Untermalungen (Sprache, Musik) versendet und empfangen werden können.

10.1.4 Zielgruppen des Internet-Auftritts

Die Planung von absatzwirtschaftlichen Maßnahmen muss sich im Sinne des Marketinggedankens an der Zielgruppe orientieren. Daraus lässt sich ableiten, dass *www*-Angebote des Händlers qualitativ, inhaltlich und optisch ansprechend aufgebaut werden sollten, um vom Kunden erfolgreich genutzt werden zu können. Vor Beginn des Internet-Auftrittes muss eine genaue Zielgruppenanalyse erfolgen, wobei sich aus dem Internet-Auftritt der Konkurrenz durchaus Gestaltungshinweise für die eigenen Seiten gewinnen lassen.

Aufschluss über die Nutzer und damit die Zielgruppe des Internets liefert zum Beispiel die Internet-Studie „W3B" *(www.w3b.de)*. Im Rahmen dieser größten unabhängigen deutschsprachigen Meinungsumfrage wurden europaweit mehr als 17.000 Internet-Nutzer in neun Sprachräumen befragt. Ein Ergebnis dieser Studie ist die Feststellung, dass (zur Zeit noch) sehr spezielle Nutzergruppen im Internet agieren. Diese Zusammensetzung ist allerdings einem starken Wandel unterworfen: Im Herbst 1995 lag der Anteil der Studenten an der Gesamtzahl der Internet-User beispielsweise noch bei 48,2 Prozent, im Frühjahr 1999 lediglich bei 15 Prozent. Ende 1995 konnten noch 95 Prozent der befragten *www*-Nutzer Abitur vorweisen, im Frühjahr 99 nur noch 60 Prozent. Dafür stieg die Zahl der Nutzer mit Haupt- und Realschulabschluss. Das Internet ist demnach nicht ausschließlich ein Feld für Personen mit höherem Bildungsabschluss, sondern wird der Allgemeinheit mehr und mehr zugänglich. Frauen sind allerdings nach wie vor unterrepräsentiert. Ihr Anteil schwankt laut diversen Marktforschungsanalysen zwischen 23 und 32 Prozent. Der Altersstruktur nach wird das Internet eher von den jüngeren Jahrgängen bevorzugt. Nutzergruppen über 50 Jahre wachsen, prozentual gesehen, aber immer stärker an. Obwohl der Anteil der 20- bis 29-jährigen sinkt, ist er prozentual immer noch die größte Gruppe. In Zukunft wird es zu weiteren Verschiebungen kommen. Das *www* dient deutschsprachigen Nutzern zwar vornehmlich als Informations- und Unterhaltungsmedium, über die Hälfte der User ist jedoch der Meinung, dass es sich auch sehr gut oder gut zum Shoppen eignet.

10.1.5 Handelsbranchen im Internet

Im Internet dominieren Waren, die wenig erklärungsbedürftig sind und meist auf Grund von Preisvergleichen gekauft werden: Musikträger, EDV-Produkte, Standardtextilien, Sportartikel und Bücher. Für den Internet-Verkauf bieten sich zudem alle Produkte an, die sich auch im bisherigen Sortiment der Universal- und Spezialversender befinden.

Auf Grund ihrer jahrzehntelangen Erfahrung und Kompetenz in logistischen Fragestellungen und teilweise bereits vorhandener Direktvertriebslogistik sind die klassischen Versender dazu prä-

destiniert, im Internet-Handel eine tragende Rolle zu übernehmen. Alle großen Versender sind bereits mit eigenen Web-Katalogen im *www* vertreten. Der *Otto-Versand* baute als einer der ersten im September 1995 seine klassischen Werbeinstrumente (Katalog, Telefon, Fax, BTX und CD-ROM) zum Electronic Commerce aus. Während die großen Versandhändler im *www* einfach zu finden sind *(www.Name des Händlers.de)*, gestaltet sich die Suche nach kleinen oder Spezialversendern schwieriger, da über 13.000 Internet-Shops bestehen. Hilfestellungen geben Web-Kataloge *(www.web.de)* oder Suchmaschinen.

Folgende Branchen/Waren haben nach Meinung von Experten besondere Wachstumschancen:

- Software- und Informationsanbieter, die ihre Ware über das *www* selbst verschicken können,
- Unternehmen mit Artikeln/Dienstleistungen, die in den Briefkasten passen (z. B. Reisebüros, die nur Bestätigungen verschicken),
- kleine, spezialisierte Anbieter, deren Ware so einzigartig ist, dass sich der Weg zum Postamt „lohnt",
- große Anbieter mit eigener Distribution, wie die großen Versender.

10.2 Auswirkungen des Electronic Commerce auf den Handel

Auf Grund des noch geringen Transaktionsvolumens des Internet-Shoppings sind zur Zeit noch keine wesentlichen Veränderungen in der Handelslandschaft zu verzeichnen. Im Folgenden werden Änderungspotenziale in Bezug auf die gesamte Handelsbranche und auf einzelne absatzpolitische Instrumente verdeutlicht.

10.2.1 Wird der Handel unnötig?

Durch Electronic Commerce kann eine direkte Transaktion zwischen Konsument und Unternehmen – ähnlich wie im realen Factory Outlet Center – ermöglicht und so der Handel als Distributionsstufe ausgeschaltet werden (vgl. Abb. 10.1). Distributionsspezialisten wie etwa *Federal Ex-*

press, DPD oder *UPS* können die Hersteller dabei unterstützen, indem sie die klassischen Handelsfunktionen, wie Produktpräsentation, Auftragsannahme und -bearbeitung, Kundendienst und Zustellung übernehmen. *Federal Express* arbeitet bereits mit dem Modeproduzenten *Laura Ashley* eng zusammen und übernimmt dessen Lagerung, Entgegennahme der Bestellung, das Inkasso und den weltweiten Vertrieb.

Der Handel kann sich im Kampf um die Verbraucher seiner distributiven Kernkompetenzen bedienen, die es ihm ermöglichen, sich im neuen Wertschöpfungsbereich zu etablieren. Die meisten großen Handelsorganisationen besitzen bereits eigene Zustelldienste und sind bestrebt, diese weiter auszubauen. Hierbei kann eine Kooperation von mehreren Handelshäusern hilfreich sein, die es erlaubt, weitere Dienste (z. B. die Paketzustellung) in das Leistungsangebot aufzunehmen.

10.2.2 Auswirkungen auf Mix-Instrumente

Electronic Commerce besitzt einen direkten Einfluss auf die Gestaltung des Marketing-Mix. Die Auswirkungen auf die einzelnen Mix-Instrumente werden im Folgenden exemplarisch problematisiert.

Sortimentspolitik

Das Warenangebot im Internet muss sich an der Zielgruppe orientieren. Die Sammlung von Verbraucherdaten und die Auswertung der Verbraucherpräferenzen besitzten deshalb ein besonderes Gewicht bei der Sortimentszusammenstellung, da innerhalb des Electronic Commerce eine Datensammlung auf sehr individuellem Niveau denkbar ist. Das Kaufverhalten eines jeden einzelnen Kunden lässt sich elektronisch erfassen und abbilden, woraus der Handel dann ein individuelles Einkaufs- und Interessenmuster ableiten kann. Auf der Basis dieser Informationsgrundlage können maßgeschneiderte Sortimente und Sortimentsangebote beliebig und speziell gestaltet werden. Hierdurch erfährt die Sortimentszusammenstellung einen hohen Individualisierungsgrad: Einem begeisterten Krimi-Fan kann ein virtueller Buchhändler beispielsweise bei jedem Besuch seiner Homepage die

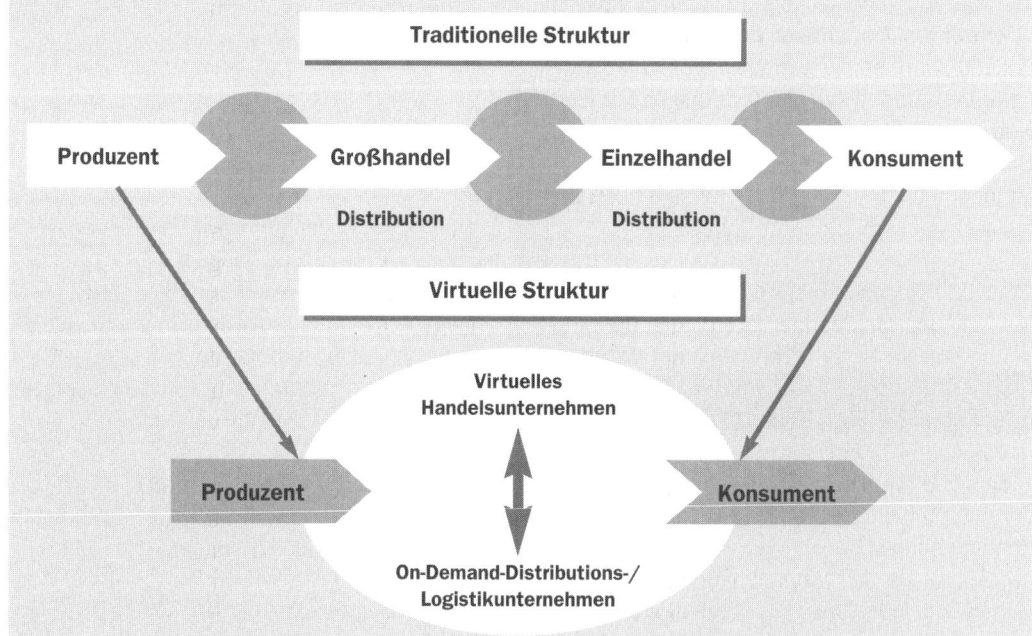

Abb. 10.1: Transformation der Wertschöpfungskonfiguration (nach Wehrli/Wirtz, 1996)

Neuerscheinungen nennen, die zu seinem Kundenprofil passen. Problematisch ist in diesem Zusammenhang der Datenschutz.

Wie kritisch Konsumenten reagieren können, bekam das amerikanische Werbeunternehmen *Doubleclick* zu spüren. Es platziert auf zahlreichen fremden Web-Seiten Werbeanzeigen. Ruft ein Besucher die entsprechende Seite auf, so wird auch die Anzeige präsentiert, die nicht auf dem Computer des besuchten Betriebes, sondern auf dem von Doubleclick ist. Das Verhalten der Kunden lässt sich im Zeitverlauf wie folgt ablesen: Der Rechner von *Doubleclick* schickt bei jedem Besuch einer Web-Seite, auf der die Werbung platziert ist, ein entsprechendes Bild über das Internet und fügt einen so genannten **„cookie"** hinzu (engl. Keks). Diese „Kekse" erlauben es dem Anbieter, dem Nutzer der Web-Seite einen kleinen elektronischen „Notizzettel" anzuheften, der beim nächsten Besuch eine eindeutige Identifikation ermöglicht. So hinterlässt der Kunde eine Datenspur der Websites mit der *Doubleclick*-Werbung, die er besucht hat. Nach starken Protesten fügte *Doubleclick* auf seiner Homepage genaue Hinweise ein, wie man die Annahme von Cookies abschaltet.

Um solche Schwierigkeiten zu vermeiden, kann der Händler auf seinen Web-Seiten explizit um die Erlaubnis bitten, Kundendaten verwenden zu dürfen, solange dies auch im Interesse des Kunden liegt. Auf diese Weise kann der Händler dem Kunden ein maßgeschneidertes Angebot zusammenzustellen.

In der heutigen Einzelhandelslandschaft befindet sich die Informationsgrundlage durch die Auswertung von Scannerdaten meist auf einem vergleichsweise geringen Individualisierungsniveau. Lediglich Großhändler mit einer gut geführten Kundendatei oder die Kundenkarten der Kauf- und Warenhäuser offenbaren ein ähnlich umfangreiches Kundenprofil wie die Datengrundlage im Internet.

Eins lässt sich jedoch auch mit der ausgefeiltesten Kundenansprache nicht erreichen: Parfüms lassen sich nicht per Mausklick riechen, Textilien nicht ertasten und Weine nicht schmecken.

Werbepolitik

Neben der individuellen Kundenansprache eignet sich die Homepage auch als direktes Kommunikationsmittel mit den Konsumenten, die über E-Mail Prospekte, Produktinformationen oder Preislisten anfordern oder direkt auf der entsprechenden Web-Seite einsehen können. Kundenreaktionen werden auf der Web-Seite unmittelbar möglich: Der Händler kann nach Meinungen fragen und eine Position für Meinungsumfragen per E-Mail in seine Web-Seite einbauen.

Jedermann kann die Web-Seiten des Unternehmens einsehen: Konsumenten ebenso wie Lieferanten. Daher ist die Präsentation des Unternehmens im Internet seine Visitenkarte, auf der alle relevanten Geschäftsinformationen verfügbar gemacht werden können. Ein Bild sagt dabei mehr als tausend Worte. Das *www* trägt dieser Weisheit Rechnung, indem Ton, Bilder und kurze Filmsequenzen mit Texten verbunden werden können. Eine Überfrachtung ist jedoch zu vermeiden, denn bunte Bilder und animierte Grafiken im Überfluss sind kontraproduktiv, wenn sie zu einer Reizüberflutung oder minutenlangen Wartezeiten beim Aufbau einzelner Sequenzen führen. Eine abgestimmte Kombination aus digitalem Text, Sprache und Bildern kann allerdings eine vergleichsweise lebendige Warenpräsentation ermöglichen, die die Ware selbst in ein besseres Licht rückt.

Um für möglichst viele Konsumenten und Geschäftspartner erreichbar zu sein, muss die Internet-Seite ihrerseits in der Öffentlichkeit publik gemacht werden. Sie kann auf Geschäftsbriefen, Broschüren, Visitenkarten der Mitarbeiter etc. angegeben werden. Auch ein Eintrag in den gelben Seiten bietet sich an. Um die Effektivität zu steigern, sollten Internet-Dienstleister mit der Positionierung der Website und entsprechender Schlagworten im Verzeichnis von Internet-Suchmaschinen (z. B. *Alta Vista, Lycos, Fireball* oder *Infoseek*) oder Web-Katalogen (z. B. *Excite, yahoo* und *web*) beauftragt werden. Die Platzierung entsprechender Schlagworte und Begriffe allein genügt allerdings nicht: Die gesamte Aufmachung sowie die im *www* präsentierten Werbemaßnahmen sollten dem allgemeinen und in den Medien bekannten Bild entsprechen, weil dies die eindeutige Identifikation des Händlers begünstigt.

Die Platzierung von Anzeigen auf Web-Seiten von Anbietern, die einen ähnlichen Bedarf wie das eigene Unternehmen abdecken, kann zu weiterer Kundschaft verhelfen. Allein der virtuelle Buchhändler *Amazon.com* unterhält viele tausend Anzeigen auf geeigneten Websites von Partnern und holt die Konsumenten von Büchern, CD's und vielem mehr im Internet dort ab, wo sie sich treffen.

Um die Kunden an das Unternehmen zu binden, können auf der Homepage des Händlers **verkaufsfördernde Maßnahmen** angeboten werden. Ein Beispiel sind Gewinnspiele, die so angelegt sein können, dass zur Problemlösung ein Besuch im realen Handelsunternehmen notwendig wird. Durch diese Maßnahme werden virtuelle und reale Welt miteinander verbunden.

Alle Aktionen im *www* sollten dazu geeignet sein, den Nutzer ins Internet hineinzuziehen und Spaß zu erzeugen, um so zu weiteren Besuchen der Homepage zu animieren. Der User soll sich in der interaktiven Umgebung ebenso zu Hause fühlen wie im realen Umfeld. Erst dann ist er geneigt, die Adresse als Lesezeichen (bookmark) abzulegen und bei nächster Gelegenheit wieder einmal vorbeizuschauen.

Service- und Personalpolitik

Das Internet ermöglicht es dem Kunden, ähnlich wie beim traditionellen Versandhandel, gewünschte Artikel „rund um die Uhr" zu bestellen. Hierbei handelt es sich um eine grundlegende Kundendienstleistung. Die weiteren Serviceleistungen im *www* lassen sich im Wesentlichen in produktspezifische Zusatzleistungen, Links zu artverwandten Web-Seiten und Informationsbereitstellung untergliedern.

Produktspezifische Zusatzleistungen geben über das Produkt und/oder seine Verwendungszwecke Auskunft. Im virtuellen Computerhandel besteht zum Beispiel bei einigen Anbietern wie *Dell* und *Transtec* die Möglichkeit, nicht nur einen PC zu bestellen, sondern ihn auch selbst aus verschiedenen Komponenten individuell zusammenzustellen. Zudem kann sich der Kunde

jederzeit über den aktuellen Bearbeitungsstand seines PCs informieren. Vor dem Kauf können sich die Kunden mit Hilfe einer Datenbank über grundlegende Produkteigenschaften und Anwendungsgebiete informieren. Bei Lebensmitteln sind bereits von einigen Handelsunternehmen so genannte **Solution-Packages,** das heißt Lösungen für bestimmte Verzehranlässe bzw. Situationen, realisiert worden. Wenn ein Kunde beispielsweise kurzfristig Freunde zum Spaghetti-Essen einladen will, wird ein optimal zusammengestelltes Paket aus Vorspeisen, Nudeln, Wein und Nachtisch zusammengestellt. Dies kann den Kunden zu Zusatzkäufen anregen.

Bei erklärungsbedürftigen Produkten, Produktschäden oder -mängeln kann ein **Online-Support** helfen, bei dem Kundenfragen von einem Servicemitarbeiter per E-Mail oder Telefon beantwortet werden. Durch die Erfüllung von Sonderwünschen und die Beantwortung von Fragen und Beschwerden wird aus dem auf Selbstbedienung angelegten System eine persönliche Bedienung. Die direkte persönliche Beantwortung der Fragen ist allerdings personal- und damit auch kostenintensiv. Sie findet meist im Business-to-Business-Bereich statt. Bei gleichlautenden Fragekategorien kann ein **Autoresponder** für deren automatische Beantwortung eingesetzt werden. Dabei handelt es sich um ein Programm, das versucht, den Inhalt der Anfrage so weit zu verstehen, dass es mit der richtigen, vorprogrammierten Antwort reagieren kann. Der Konsument wird hierdurch informiert, fühlt sich verstanden und betreut. Um Tausende ähnliche Fragen möglichst schnell und zweckmäßig zu beantworten, bedient sich z. B. das Weiße Haus in Washington D.C. eines solchen Responders.

Links zu artverwandten Themen sind ein beliebtes Serviceinstrument im Internet. *The-british-shop.de* bietet nicht nur englisches Gebäck an, sondern bei Bedarf über das Anklicken eines Links auch Verknüpfungen zur Fotogalarie von Lady Diana oder zum aktuellen Wetterbericht der Insel. Der Outdoor-Ausstatter *Globetrotter* ermöglicht seinen Besuchern u. a. Verbindungen zu themenverwandten deutschen Diskussionsforen (newsgroups). Der Händler kann die Informationen allerdings auch direkt auf der eigenen Homepage präsentieren. Dies ist auf Grund der personalintensiven Datenpflege eher selten der Fall. Daher werden dort meist lediglich Unternehmensinformationen präsentiert. Die Informationen können besonders im Business-to-Business-Bereich genutzt werden, wenn ein Einzelhändler Informationen über einen Großhändler, seine Unternehmensziele, seine Partner oder Ähnliches wünscht.

Die Homepage kann auch aktives Element der **Personalpolitik** sein, wenn sie zur Personalsuche verwendet wird, indem dort eine Anzeige geschaltet wird.

Preispolitik

Wenn ein Handelsunternehmen sein Leistungsangebot lediglich im Internet offeriert und auf kapitalintensive Innenstadtstandorte verzichtet, ist zu erwarten, dass die Artikel preisgünstiger angeboten werden als beim Verkauf über die traditionellen Vertriebswege, da Ladenmiete und -einrichtung entfallen sowie die Zahl der Mitarbeiter reduziert wird und damit die Personalkosten sinken. Der Internet-Buchhändler *Amazon.com* kommt beispielsweise mit zirka 40 Mitarbeitern aus, um Buchbestellungen für den gesamten nordamerikanischen Raum zu bearbeiten.

Ein weiterer Effekt des Internet-Angebotes ist die **Transparenz** der Preispolitik des Unternehmens für Kunden und Konkurrenten, da Preisvergleiche durch den Besuch der jeweiligen Homepage schnell und problemlos möglich sind. Ein virtueller Agent, d. h. ein Software-Agent, der mit bestimmten Nachfragewünschen programmiert wird, um sich in den virtuellen Datennetzen auf die Suche nach der besten und billigsten Lösung zu begeben, kann die zeitintensive Suche verkürzen. Auf diesen hochtransparenten Märkten werden regionale Preisdifferenzierungen nur schwer realisierbar sein. Fraglich ist jedoch, ob nicht „Äpfel mit Birnen" verglichen werden, da direkte Preisvergleiche nur im Falle völlig identischen Güter möglich sind.

Discounter wie *Schlecker* oder *Aldi* würden ihre Niedrigpreispolitik im Rahmen eines eigenen *www*-Angebotes nur schwer halten können, denn Bestellungen, die per Datennetz aufgegeben werden, müssen mittels EDV angenommen und bearbeitet werden. Durch den Bearbeitungsvorgang und die Bereithaltung der Ware wird zusätzliches Kommissionierungspersonal benötigt, was wiederum Kosten verursacht. Unter der Internet-Adresse von *Aldi (www.aldi.de)* können daher zwar alle Sonderangebote des Discounters eingesehen, nicht aber bestellt werden.

Standort und Verkaufsraumgestaltung

Das Internet-Angebot ist nicht mehr regional oder national begrenzt, sondern Artikel und Dienstleistungen können dort eingekauft werden, wo sie am kostengünstigsten sind und wo der beste Service besteht. Ein virtuelles Geschäft kann seine Ware global verkaufen: Ein Kölner Teeladen kann Kunden aus Bonn, aber auch aus Paris, New York oder Tokio bedienen. Dabei kann der Kunde die gewünschte Ware auf zwei Wegen erhalten: durch Abholen am Handelsgeschäft bzw. einem Lager oder durch Lieferung zum Wohnort.

Ein **Bestell- und Abholservice** ist dann vorteilhaft, wenn das Netz der Handelsfilialen dicht ist und sie für den Kunden leicht zu erreichen sind. Diesen Vorteil nutzt beispielsweise die *Seven-Eleven-Kette* in Japan: Per Internet bestellte Bücher können innerhalb von 24 Stunden im nächstgelegenen *Seven-Eleven*-Geschäft abgeholt werden.

Eine **Lieferung** bietet sich insbesondere bei großen geografischen Entfernungen zwischen Handelsunternehmen und Wohnort des Konsumenten an, wobei der Transport von Speditionen oder dem eigenen Fuhrpark übernommen werden kann. Der Händler braucht bei Einschaltung eines Spediteurs lediglich die entsprechenden Informationen an einen externen Koordinator weiterzugeben. Die erforderliche Logistiksoftware kann ebenfalls extern eingekauft werden oder vom Software-Anbieter in Zusammenarbeit mit dem Transporteur erstellt werden.

Das virtuelle Angebot ermöglicht es dem Händler, einzelne Komponenten wie zum Beispiel das Kundenmanagement und die Abrechnung auf günstigere, grenzüberschreitende Standorte zu verlegen. Lokale Standorte in einzelnen Regionen werden teilweise überflüssig. Die Frage, ob lokale Standorte gehalten werden sollen oder ob ausschließlich ein virtuelles Angebot über das Internet und anschließende Belieferung erfolgen soll, ist abhängig von der Zielgruppe und der Branche.

Dem Handel bieten sich im Electronic Commerce also drei grundlegende Standortalternativen:

- **virtueller Handel,** d. h. der reale Standort ist relativ frei zu wählen, da die Artikel mit einem Spediteur zum Kunden gelangen. Es sind eventuelle Regionallager zu unterhalten;
- **reine Bestellmärkte,** bei denen die Artikel nach der Online-Bestellung zum Abholen bereitstehen und die Ware kommissioniert wird. Dabei müssen entsprechende Pläne für die Beschaffung und Bereitstellung der Ware sowie eventuell Kühlräume konzipiert werden;
- **Kombination aus lokalem und virtuellem Standort,** der Kunde kann wie gewohnt im Handelsunternehmen einkaufen, zugleich jedoch den Bestellservice im Internet nutzen und die Ware im gleichen Geschäft abholen oder von dort liefern lassen.

Nicht nur der reale, sondern auch der **virtuelle Standort** im *www* muss positioniert werden, um Erfolgspotenziale zu sichern. Dabei stehen dem Unternehmen verschiedene Platzierungsstrategien offen: eine eigene Homepage, eine Platzierung in einer Electronic Mall oder einer Virtual Community. Auf der **eigenen Homepage** kann das Unternehmen dem Kunden sein Sortiment übersichtlich und umfangreich darstellen. Der Kaufhauskonzern *Karstadt (www.my-world.de)* und der *Otto-Versand* nutzen beispielsweise diese Alternative.

Neben der eigenen Homepage gibt es die Möglichkeit, sich in ein **Internetshop-System** einzugliedern, in dem unterschiedliche Händler in einer **virtuellen Mall** ihre Waren unter einem Dach bzw. einer Internet-Adresse anbieten. Auch für kleine und mittelständische Betriebe besteht durch dieses „Server-Sharing" die Möglichkeit, im Internet präsent zu sein und den Netzeintritt erst einmal vorsichtig zu proben. Die einzelnen Shops der Mall können durch eine ansprechen-

de Grafik und Links verbunden sein. Beim Schlendern durch das virtuelle Einkaufszentrum können die Verbraucher per Mausklick diverse Waren in einen Einkaufskorb legen und dessen Inhalt vor dem Abschicken der Bestellung nochmals prüfen und gegebenenfalls ändern. Bezahlt werden die Waren per Nachnahme oder Kreditkarte. Die einzelnen Shopanbieter in der Mall werden meist von einem Dienstleister betreut (z. B. von dem Unternehmen *Intershop*), der zentrale Verwaltungsdienstleistungen wie die Datenpflege und -sicherung oder die Kreditkartenabrechnung übernimmt.

Eine ähnliche Plattform bietet z. B. die *Post AG* interessierten Kunden mit ihrem Internet-Marktplatz *eVITA (www.evita.de)*. Hier reicht das Angebot von der Shop-Erstellung über die Zahlungsabwicklung bis zum Transport der bestellten Ware. Die Dienstleister finanzieren sich entweder über Werbung, Miete oder Provision bei Verkäufen. Am Beispiel von *eVITA* wird deutlich, dass neben dem reinen Internet-Handel weitere Maßnahmen getroffen werden können, um eine Kundenbindung zu erreichen. Es werden redaktionelle Inhalte aus fünf Themenbereichen (Beruf, Computer, Familie, Fitness und Genuss) angeboten und über entsprechende Foren wird der Austausch mit anderen Usern ermöglicht. Des Weiteren finden sich ein Magazin mit „News", Trends und Aktionen sowie ein virtuelles Postcenter.

Neu ist die Idee des Ergänzungsangebots zum Electronic Commerce nicht: Virtuelle Städte bestanden schon vorher. *Fortunecity.com* ist mit mehr als einer Million Mitgliedern eine der größten **„virtual Communities"**. Eine solche Community (engl. Gemeinschaft) stellt im weitesten Sinn eine Gruppe von Internet-Nutzern dar, die das Interesse an einem Thema verbindet und dazu anregt, miteinander zu kommunizieren. Die Angebotsseite eines Händlers ist dort lediglich eine Themenseite mit interaktiven Elementen. Ziel ist es, den Besuchern eine Kommunikationsmöglichkeit mit Gleichgesinnten zu geben und so u. a. soziale Bedürfnisse zu befriedigen. Besucher sollen durch den Aufbau von Beziehungen zu loyalen Mitgliedern werden. Neben den Interaktionschancen bieten Net-Communities eine Reihe von weiteren Diensten an, wie freie E-Mails oder die Erstellung einer eigenen Homepage. Auf Grund der starken Loyalität und der ähnlichen Interessen der Besucher ist es sinnvoll, zielgruppengerechte Electronic-Commerce-Aktionen im Communitystandort zu schalten.

10.3 Electronic Commerce und der Verbraucher

Die virtuelle Welt des Electronic Commerce ist für den Verbraucher nicht zwangsläufig mit Vorteilen verbunden. Vielmehr müssen Vor- und Nachteile bei der Bestellung von Artikeln über das Internet sorgfältig abgewogen werden.

10.3.1 Vorteile für den Verbraucher

Der Konsument ist beim Internet-Shopping nicht an die Ladenschlusszeiten gebunden und kann seine Bestellung aufgeben, wann er will. Die Auseinandersetzungen mit gestressten, teilweise überforderten Verkäufern entfallen ebenso wie die lästigen Wartezeiten an der Kasse. Die Transaktionskosten des Käufers werden durch den Wegfall von Wegzeiten, Einkaufsvorgang und Parkplatzsorgen verringert. Durch zielgerichtete Werbe-, Sortiments- und Servicemaßnahmen erfährt der Verbraucher eine verbesserte Kundenpflege. So kann er z. B. seinen eigenen PC konfigurieren und bekommt genau das Gerät, das zu seinen Anwendungen passt. Weitere (in den einzelnen Unterkapiteln teilweise schon genannte) Vorteile sind:

- Möglichkeit des bargeldlosen Zahlungsverkehrs über das Netzwerk;
- einfacher Vergleich von Angeboten und Preisen;
- Aktualität des Angebots und der dazugehörigen Informationen ist gegeben.

10.3.2 Nachteile für den Verbraucher

Zwar kann der Verbraucher die gewünschte Ware im virtuellen Shop jederzeit bestellen, die Lieferung der (oft bereits bezahlten) Artikel kommt aber oft nicht oder mit großen Verzögerungen

an. Erfolgt die Lieferung per Post oder Kurierdienst, wird die Ware meist um die Mittagszeit geliefert. Handelt es sich beim Besteller um einen berufstätigen Single, ist niemand zu Hause, wenn der Postbote oder der Kurier klingelt. Die Päckchen müssen in diesem Fall bei der Post selbst abgeholt werden, die die Zahl ihrer Filialen laufend verringert. Die Wege können also durchaus länger werden als beim direkten Kauf im stationären Handel. Hinzu kommt, dass die Preisvorteile der Lieferung teilweise durch die Portokosten aufgehoben werden.

Eine zügige Bearbeitung von Reklamationen ist beim Electronic Commerce nicht selbstverständlich. Beanstandungen werden oft gar nicht oder erst nach Monaten bearbeitet. Nur ein Drittel der Händler informiert auf ihren Internet-Seiten über konkrete Beschwerdemöglichkeiten. Daher wissen die Verbraucher meist nicht, wohin sie sich wenden können, wenn die bestellte Ware fehlerhaft ist oder nicht ankommt. Aber auch sonst sind viele Web-Angebote mangelhaft gepflegt: Seiten und Angebote werden nicht aktualisiert und Links funktionieren nicht.

Eine wichtige Voraussetzung für die breite Akzeptanz von Internet-Shopping ist das Vertrauen der Verbraucher in die ordnungsgemäße Vertragserfüllung, die sichere Abwicklung der Transaktionen und die korrekte Behandlung der Kundendaten durch den Anbieter. Betrügerische Händler könnten den Konsumenten mit der äußerlich identischen Homepage eines bekannten Anbieters täuschen. Es besteht also die Gefahr, auf ein Scheinunternehmen hereinzufallen. Studien zufolge zweifelt mehr als die Hälfte aller Befragten insbesondere an der Sicherheit des Internets für Zahlungstransaktionen. Weitere Nachteile sind:

- Das Produkt wird auf der Internet-Seite nicht wirklich naturgetreu wiedergegeben (Farben, Größe, Modell usw.);
- Vereinsamung; die Vermittlung sozialer Kontakte lässt sich nur schwer gestalten;
- Einkaufsspaß geht verloren;
- Telekommunikationskosten;
- länderspezifischer Datenschutz, Rücktritts- und Produkthaftungsrechte.

und kostengünstig beliefern kann. Der Handel besitzt jedoch distributive Kernkompetenzen (wie z. B. ein dichtes Netz an Standorten oder den Lieferservice der Versender), die es ihm erlauben, sich im neuen Wertschöpfungsbereich zu etablieren. Sie können dem Handel sogar ermöglichen, weitere Dienste (wie die Paketzustellung) in das Leistungsangebot aufzunehmen. Daher ist es eher nicht zu erwarten, dass der Handel aus der Absatzkette völlig eliminiert wird.

Rekapitulieren Sie:
Welche Nutzer des Internets kann der „elektronische Händler" ansprechen?
Hinweise zur Bearbeitung:
Die „Internet-Surfer" sind eher jüngeren Jahrgangs (zwischen 15 und 30 Jahre) und männlich. Nutzungsgruppen über 50 Jahre wachsen, prozentual gesehen, aber immer stärker an. Frauen sind mit einem Anteil von 23 bis 32 Prozent unterrepräsentiert. Auf Grund der Verbreitung der Computer und der Senkung der Telekommunikationskosten wächst die Zahl der User exorbitant an, was auch die Gesamtstruktur ändert. Zudem helfen z. B. Senioren-Seminare dabei, Hemmschwellen gegenüber der neuen Technik abzubauen.

Zusammenfassung

Rekapitulieren Sie:
Welche Formen von Kommunikationsbeziehungen lassen sich im Electronic Commerce unterscheiden?
Hinweise zur Bearbeitung:
Die Business-to-Business (Electronic Commerce zwischen Unternehmen), die Business-to-Consumer- (Electronic Commerce zwischen Unternehmen und Konsument), die Business-to-Administration- (Electronic Commerce zwischen Unternehmen und öffentlichen Einrichtungen) und die Administration-to-Consumer-Beziehung (Electronic Commerce zwischen öffentlichen Einrichtungen und Konsumenten).

Rekapitulieren Sie:
Kann der Hersteller den Handel mit Hilfe des Electronic Commerce als Distributionsstufe ausschalten?
Hinweise zur Bearbeitung:
Das Electronic Commerce ermöglicht dem Hersteller einen direkten Kontakt zum Kunden, den er mit Hilfe von Distributionsspezialisten schnell

Rekapitulieren Sie:
Welche Vorteile bietet der Electronic Commerce den Kunden?
Hinweise zur Bearbeitung:
Die Kunden sind an keine Ladenschlusszeiten gebunden. Lästige Wartezeiten an der Kasse, Wegzeiten, Parkplatzsuche usw. entfallen. Der Konsument kann das gewünschte Produkt bargeldlos über das Netzwerk bestellen und per Kreditkarte zahlen. Dabei kann er leicht die aktuellen Angebote und Preise der gewünschten Waren vergleichen.

11 Kontraktmarketing zwischen Handel und Industrie

Allgemein wird die Beziehungsqualität zwischen Hersteller und Handel von deren jeweiligen Zielen im Absatzkanal determiniert. Das Marketingziel des Handels besteht, vereinfacht gesehen, in der Einflussnahme darauf, *wo* die Konsumenten einkaufen. Die Industrie will hingegen darauf Einfluss nehmen, *was* vom Verbraucher eingekauft wird. Die Marketingkonzepte der Produzenten sind im Kern auf das **Produktmarketing** ausgerichtet; die des Handels auf das **Einkaufsstätten-** und **Sortimentsmarketing.**

In diesem Kapitel werden Basisstrategien des Handels gegenüber der Industrie und Kooperationsmöglichkeiten aufgezeigt, die helfen können, den bestehenden Interessenkonflikt zwischen Handel und Industrie zu mindern. Zuvor wird allerdings ein kurzer geschichtlicher Überblick über die Entwicklung der Beziehungsqualität zwischen Hersteller und Handel gegeben.

11.1 Die Beziehungen zwischen Hersteller und Handel im Zeitverlauf

Während der neun schweren Kriegs- und Nachkriegsjahre von 1939 bis 1948 herrschte eine einseitige Rollenverteilung zwischen Industrie und Handel. Die Zuteilung von Nahrungsmitteln erfolgte durch Lebensmittelkarten und Bezugsscheine. Nach der Währungsreform 1948 erlebten Industrie und Handel jedoch einen großen Aufschwung auf Grund der steigenden Kaufkraft und der dadurch entstandenen Nachfrage. Der Handel war gegenüber der Industrie allerdings recht einflusslos, da er sehr zersplittert und meist in kleinen Betriebsgrößen organisiert war. Die Industrie besaß daher die uneingeschränkte Angebotsmacht und betrachtete den Handel lediglich als Erfüllungsgehilfen, der bei der Warenverteilung behilflich war. Er wurde also als Kanal zum so genannten **Durchverkaufen** benutzt und nicht als eigenständige Zielgruppe neben dem des Verbrauchersegments gesehen. Aus diesem Grund war die Werbung der Industrie an den Konsumenten gerichtet und ließ den Handel weitgehend außen vor. Diese Vorgehensweise wird als **Pull-Strategie** bezeichnet, da eine Verbrauchernachfrage geschaffen wird, die den Handel dazu zwingt, das beworbene Produkt zu listen (siehe Abb. 11.1).

Durch den Wiederaufbau der deutschen Städte bildeten sich in den Fünfzigerjahren hervorragende Handelsstandorte. Genossenschaftliche Selbsthilfeorganisationen (z. B. *Edeka* und *Rewe*) und freiwillige Ketten wie die *Spar* (1952) bündelten dort zunächst die Interessen der Einzelhändler, um durch gemeinsame Beschaffung die Einkaufsmacht von Großunternehmen zu erlangen. Konzentrationsprozesse waren die Folge: Zwischen 1970 und 1980 stieg beispielsweise der Anteil des kooperierenden Facheinzelhandels einschließlich Großfilialunternehmen in der Unterhaltungselektronikbranche von 29,5 % auf 54,5 % des Umsatzes (vgl. Meffert/Bruhn, 1984).

Zudem verlor die Industrie ihren Einfluss auf das Marketinginstrument der Preispolitik, weil die **vertikale Preisbindung für Markenartikel** (d. h., der Handel war an einen vorgegebenen Preis gebunden, den der Hersteller als Wiederverkaufspreis festgelegt hatte) zum 1.1.1974 wegfiel.

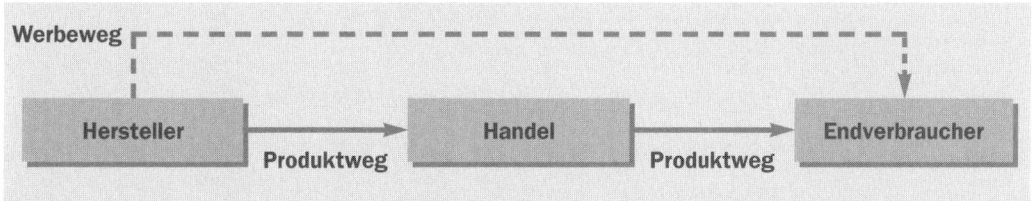

Abb. 11.1: Waren- und Werbeweg mit dem Handel als Erfüllungsgehilfen

Frei von der Preisbindung entwickelte der Handel zahlreiche Konditionsarten, die die Einkaufspreise für Waren reduzieren sollten. Noch heute verhandeln hoch bezahlte Manager der Markenartikler oft stundenlang (teilweise über Stellen hinter dem Komma) mit den Vertretern der führenden Handelszentralen, regionalen Großhandelsgruppen oder großen selbstständigen Kaufleuten.

Qualitativ hat sich im Handelsmanagement die Struktur der Entscheidungsprozesse durch qualifiziertes Management und die Entscheidungsgrundlage infolge neuer Technologien (vgl. Kapitel 10.1) verbessert. Dies führte zu einer nie gekannten Markttransparenz. Begleitet wurde dieser Prozess vom Aufkommen neuer Betriebs- (Discounter, Verbrauchermärkte) und Bedienungsformen (Selbstbedienung, vgl. hierzu auch Kapitel 1.4).

Im Zuge dieser Entwicklung verlangten die großen Handelsunternehmen nun Marketing-Konzepte von der Industrie, die auch zur Profilierung des Handelsunternehmens beitrugen. Zudem sahen sich die Hersteller einem verstärkten Wettbewerb untereinander gegenüber. Es kamen Jahr für Jahr weit mehr Neuprodukte auf den Markt, als freie Plätze in den Regalen des Handels vorhanden waren **(Regalplatzkapazität-engpässe).** Die Industrie war mit einer neuartigen Situation konfrontiert: In den Fünfzigerjahren wurde noch nahezu jedes Produkt verkauft, das auf industriellen Produktionsanlagen produziert wurde. Bereits in den Siebzigerjahren war der Markt jedoch bereits zunehmend gesättigt und wurde von zahlreichen Herstellern mit vergleichbarem Warenangebot umworben. Der

Handel wurde zum **gate keeper** (Schleusenwärter), der mit seiner Entscheidung, einen neuen Artikel in sein Sortiment aufzunehmen, in erheblichem Maße den Fluss dieses Produktes steuerte. Handelsunternehmen sind seitdem als Umweltfaktor für den Hersteller ständig spürbarer geworden. Daher bestand von Seiten der Industrie das Interesse, stärker mit dem Handel zusammenzuarbeiten, um die Produkte platzieren zu können. Es entwickelte sich das so genannte **Trade-Marketing** (Bewerbung des Handels), das die reine Endverbraucherwerbung ergänzte.

Die Erweiterung der Märkte und weltweite Austauschbeziehungen (Globalisierung) setzen die Hersteller auch in der heutigen Zeit noch unter Druck. Globale Konkurrenz und offene Grenzen führen für die Produzenten in den Industrieländern zu Preiskämpfen und starkem Qualitätsdruck, denn weltweit finden sich in so genannten Niedriglohnländern Betriebe, die ähnliche Warenqualitäten zu günstigeren Preisen offerieren.

Auch die Handelsunternehmen strebten danach, ihren Absatzraum und damit die Einkaufsmacht zu erweitern (vergleiche Kapitel 12.2). Die verkaufs- und prozessbegleitende Zusammenarbeit zwischen Hersteller und Handel gibt beiden Parteien die Möglichkeit, den Warenfluss in der Absatzkette zu beiderseitigem Nutzen zu optimieren. Unter dem Begriff der **Efficient Consumer Response** werden einige dieser Bemühungen subsumiert. Auf Grund ihrer großen Bedeutung werden diese Aspekte in einem eigenen Kapitel problematisiert (vgl. Kapitel 12). Gegenstand der Abschnitte 11.2 und 11.3 sind verschiedene allgemeine und spezielle Ausprägungen der Zusammenarbeit von Handel und Industrie.

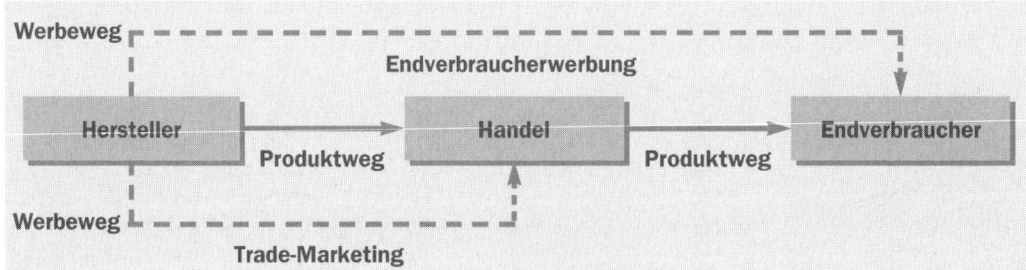

Abb. 11.2: Waren- und Werbeweg im Zeichen des Trade-Marketings

11.2 Beziehungsstrategien des Handels

Hersteller und Handel verfolgen eigene Marketingstrategien. Dabei kann es zu einem unterschiedlichen Grad der Abstimmung zwischen beiden Partnern in der Absatzkette kommen (Abb. 11.3).

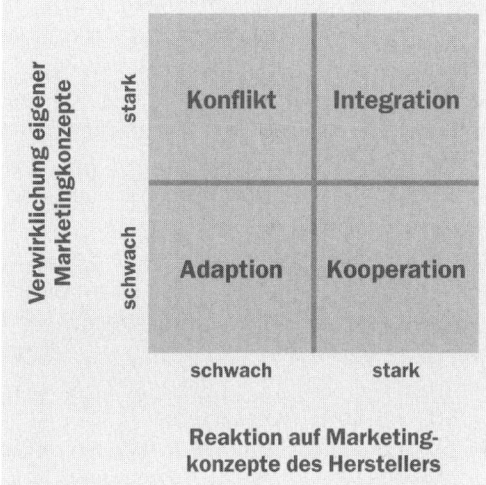

Abb. 11.3: Grundstrategien des Handels gegenüber der Industrie

Adaptionsstrategie

Verfolgt der Handel eine Adaptionsstrategie, übernimmt er passiv die Marketingkonzepte des industriellen Partners; eigene Aktivitäten sind kaum anzutreffen. Er verzichtet damit weitgehend auf den Führungsanspruch im Absatzkanal. Dieses Verhalten ist am ehesten für den zersplitterten Handel in den Fünfzigerjahren charakteristisch, bevor sich die großen Handelsketten formierten. Eine solche Strategie kann der Handel jedoch auch im Franchise- oder Vertragshändlersystem einschlagen (Kapitel 11.3.3), wenn sich das System für ihn bewährt hat und er zunehmend auf die Marketingaktivitäten des stärkeren Partners vertraut. Eine enge Zusammenarbeit mit dem Lieferanten schließt diese Strategie nicht aus: Dem Hersteller können z. B. Informationen über die Logistik oder das Verbraucherverhalten übertragen werden.

Konfliktstrategie

Wenn der Handel eigene Marketingaktivitäten verwirklicht und gleichzeitig die Handlungen des Lieferanten nicht beachtet oder bewusst ignoriert, dann verfolgt er eine Konfliktstrategie. Hierbei kann es sich z. B. um Verkäufe unter Einstandspreis handeln, die das Preisimage der Geschäfte betonen sollen. Solche Preisreduktionen können jedoch gleichzeitig das Qualitätsimage des Markenartikels gefährden. Außerdem könnten andere Handelskonzerne vermuten, dass der Hersteller dem betreffenden Einzelhändler günstigere Einkaufskonditionen gewährt. War diese Aktion nicht mit dem Hersteller abgestimmt, kommt es also unweigerlich zu Konflikten im Absatzkanal.

Kooperationsstrategie

Im Rahmen einer Kooperationsstrategie bezieht der Handel die Marketingaktivitäten des Absatzpartners in sein Handeln mit ein und verfolgt seine eigenen Strategien gleichzeitig nur geringfügig und im Wesentlichen nicht konträr zu den Vorstellungen des Partners. Die Bandbreite kann dabei von losen Kooperationsbeziehungen bis hin zu straffen, vertraglich fixierten Vertriebssystemen liegen (vgl. 11.3). Jahresgespräche dienen z. B. der Koordination der Jahresplanung zwischen beiden Partnern. Hierbei werden mittelfristige Maßnahmen vereinbart (wie z. B. Sonderangebote des Handels) und gegenseitige Anregungen gewonnen. Besonders in der Lebensmittelbranche schwanken die Bemühungen des Handels teilweise stark zwischen Kooperation und Konflikt, denn von Seiten der Industrie wird oft das „Konditioneninferno" bedauert, das der Handel bei diesen Gesprächen betreibt. So existieren weit über siebzig verschiedene Rabattforderungen. Als exotische Beispiele sind der Anschubvergütungs-Rabatt, der Anti-Aktions-Rabatt, der Nummer-Eins-Rabatt, der Ost-Rabatt, der Wagon-Rabatt und der Zielstrategie-Rabatt zu nennen.

Integrationsstrategie

Hier kommt es zu einer Eingliederung des Herstellers in den Handelskonzern. Das Handelsunternehmen baut also einen vertikalen Konzern auf, der mehrere Stufen der Absatzkette miteinander verbindet. Die vom eigenen Produzenten hergestellten Waren werden in diesem Fall meist als Handelsmarken angeboten (vgl. Kapitel 3.4.). Diese Strategie praktiziert z. B. *Karstadt* unter der Marke *Dual* im Unterhaltungselektronikbereich. Bis in die Siebzigerjahre war *Dual* ein Markenname für günstige Stereoanlagen und hochwertige Plattenspieler. 1981 ging das Unternehmen jedoch in Konkurs und wurde zunächst vom französischen *Thomson-Brandt-Konzern,* später von den *Schneider Rundfunkwerken* übernommen. 1994 kaufte *Karstadt* die Markenrechte und nahm 1996 nach zweijähriger Entwicklungszeit unter der Marke *Dual* sechzehn Hi-Fi-Geräte ins Sortiment auf. *Karstadt* kann durch diese Maßnahme die eigene Marketingstrategie unter der Berücksichtigung der konkurrierenden Hersteller verfolgen.

Die Industrie kann natürlich die gleiche Strategie einsetzen. In diesem Fall spricht man von einem **Direktvertrieb** oder -absatz, der z. B. beim Verkauf per Internet (vgl. Kapitel 10) oder in Factory-Outlet-Centern (vgl. Kapitel 2.5) verwirklicht wird. Diese Strategie wird auch als Umgehungsstrategie bezeichnet.

11.3 Vertragliche Vertriebssysteme als Kooperationssysteme

Unter vertragliche Vertriebssysteme fallen Absatzsysteme, die planmäßig zu Stande kommen und auf Dauer angelegt sind. Zwischen Industrie und Handel besteht dabei eine Verhaltensabstimmung, die durch vertragliche Vereinbarungen festgelegt wird. Beide Glieder der Absatzkette bleiben bei dieser Zusammenarbeit rechtlich selbstständig.

Rechtliche Vorschriften bezüglich vertraglicher Vertriebssysteme sind vor allem im **Gesetz gegen Wettbewerbsbeschränkungen** (GWB) fixiert. Demnach sind Bindungen, die den Wettbewerb beschränken, aufzuheben. Sie unterliegen der Missbrauchsaufsicht des Bonner Bundeskartellamtes. Neben den Bestimmungen des Wettbewerbs- und Kartellrechts werden aber auch Fragen des Handels-, Arbeits- oder Mietrechts berührt.

Drei in der Praxis relevante Arten vertraglicher Vertriebssysteme werden im Folgenden dargestellt: die Alleinvertriebs-, Vertragshändler- und Franchisesysteme.

11.3.1 Alleinvertriebssysteme

Beim Alleinvertriebssystem teilt der Hersteller das Absatzgebiet in mehrere Teilgebiete auf. Den einzelnen Händlern werden dabei Alleinvertretungsrechte für einen regionalen Teilmarkt zugebilligt. Die Alleinvertretungsrechte erhalten jedoch nur solche Händler, die bestimmten Anforderungen des Herstellers genügen. Entsprechend den unterschiedlichen Zielsetzungen können Alleinvertriebssysteme in verschiedene Arten gegliedert werden (siehe Abb. 11.4).

Bei einem **umfassenden Gebietsschutz** obliegt dem Händler die alleinige Vertretung der Pro-

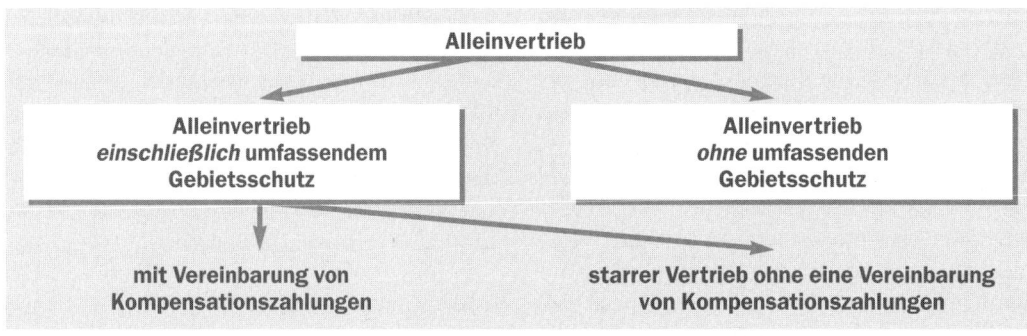

Abb. 11.4: Organisationsformen des Alleinvertriebs (nach Voss, 2000)

Hersteller	
Vorteile	**Nachteile**
• effiziente, schnelle Einführung neuer Produkte • Rationalisierung des Vertriebs • wenige große Abnehmer • intensiver Kontakt zum Handel • Markenabgrenzung bei regionaler Preis-differenzierung • sicherer Umsatz und Ertrag	• hohes Risiko bei Händlerausfall • niedriger Distributionsgrad • inflexibel gegenüber neuen Betriebsformen • u. U. geringe Effizienz des Händlers infolge fehlender Konkurrenz • starke Marktstellung des Produktes erforderlich
Händler	
• eklusives Sortiment • sicheres Umsatzpotenzial • intensive Unterstützung durch Hersteller-marketing • sichere Handelsspanne	• u. U. keine eigenständige Sortimentspolitik • hohes Produktrisiko • oft hohe Verkaufsanstrengungen • Abhängigkeit vom Hersteller

Abb. 11.5: Vor- und Nachteile von Alleinvertriebssystemen (nach Specht, 1992)

dukte des Herstellers innerhalb des abgegrenzten Gebietes. Dem Hersteller selbst ist ein direkter Absatz in diesem Gebiet strikt untersagt. Durch diese Maßnahme ist der Händler eher dazu bereit, notwendige Investitionen für den Vertieb der Waren zu leisten, da er bestimmte Umsatzanteile von der Gesamtnachfrage erwarten kann. Unter Umständen kann diese starre Regelung durch eine Vereinbarung von Kompensationszahlungen gemindert werden. Die Zahlungen sind in der Höhe der entgangenen Erträge anzusetzen, die der Händler infolge eines Direktvertriebes des Herstellers erleidet.
Alleinvertriebssysteme, die einen umfassenden Gebietsschutz beinhalten, waren lange Zeit insbesondere in der Kfz-Branche anzutreffen. Auf Grund einiger prägnanter Nachteile (siehe Abb. 11.5) haben diese Systeme allerdings an praktischer Relevanz zu Gunsten von Vertragshändler- und Franchisesystemen verloren.

11.3.2 Vertragshändlersysteme
Im Rahmen des Vertragshändlersystems führt der Händler als selbstständiger Gewerbetreibender den Verkauf der Vertragsware im eigenen Namen und auf eigene Rechnung aus. Er ist damit ein integriertes Glied im Vertriebsnetz des Herstellers. Vertragshändlersysteme sind, wie Alleinvertriebssysteme, auf Dauer angelegt. Der Händler ist bei der Gestaltung des Marketing-Mix an zahlreiche Auflagen des industriellen Partners gebunden, z. B. in Bezug auf Größe und Ausstattung der Geschäftsräume, bei Werbeaktionen oder bei der Sortimentsgestaltung. Im Gegenzug unterstützt der Produzent den Händler z. B. durch gezielte Verkäufsförderungsmaßnahmen, Personalschulungen oder einen umfassenden Beratungsdienst. Dieses System ist in der Praxis z. B. in der deutschen Automobilindustrie bei *Opel, Nissan* sowie bei einigen Mineralölgesellschaften anzutreffen.
Vertragshändlersysteme werden oft als Unterfall des Franchising, genauer des Produkt-Franchising, bezeichnet. Gründe hierfür sind die gemeinsamen Merkmale beider Systeme, wie das einheitliche Erscheinungsbild oder der langfristige Kooperationsvertrag. In einem Punkt unterscheiden sich beide Systeme jedoch: Bei Vertragshändlersystemen wird in der Regel kein Entgelt für die Nutzung z. B. von Markenzeichen

an den Hersteller gezahlt. Franchisesysteme stellen daher eine engere Form der Bindung dar.

11.3.3 Franchisesysteme

Franchising bezeichnet eine enge kooperative Zusammenarbeit zwischen Hersteller und Handel, bei der die Rechte und Pflichten der Vertragspartner in genau festgeschriebenen Leistungs- und Pflichtkatalogen vertraglich fixiert sind. Der Händler wird in diesem System auch **Franchisenehmer** oder Franchisee, der Hersteller auch als **Franchisegeber** oder Franchisor bezeichnet. Merkmale des Franchising sind (vgl. Voss, 2000):

• eine umfangreiche vertragliche Grundlage,
• Bereitstellung eines umfassenden Beschaffungs-, Absatz- und Organisationskonzeptes durch den Hersteller,
• Nutzungsrechte (z. B. Firmen- oder Markenname des Herstellers) für den Franchisenehmer gegen Entgelt (z. B. Eintrittsgebühr, Umsatzanteile als Lizenzgebühr, Werbegebühren),
• langfristige Zusammenarbeit,
• ein garantiertes Verkaufsgebiet für den Händler (Gebietsschutz),
• rechtliche Selbstständigkeit des Franchisenehmers,
• Anweisungs- und Kontrollrechte des Herstellers,
• Unterstützung des Franchisenehmers bei Aufbau und Führung des Betriebes (z. B. bei Buchhaltungsproblemen),
• volles Absatzrisiko des Händlers,
• regelmäßige Personalschulungen des Franchisegebers für den Franchisenehmer.

In der Praxis hat das Franchising eine große Bedeutung. In Deutschland existieren zur Zeit etwa 22.000 Franchisenehmer, die einen Jahresumsatz von mehr als 20 Milliarden DM erwirtschaften. Einige ausgewählte Einzelhandelsbeispiele sind:

Körperpflege:	Ihr Platz Drogerien, The Body Shop
Heimwerkermärkte:	Obi-Baumärkte
Schuhhandel:	Quick-Schuh
Fotohändler:	Porst und Foto-Quelle
Textilbranche:	Benetton; Escada
Computerfachhandel:	Vobis; pc.spezialist
Teefachgeschäfte:	Der Teeladen

Für den Hersteller bietet das Franchisesystem auf den ersten Blick nur Vorteile, da seine Handelsfunktionen und -risiken aus dem eigenen Betrieb ausgegliedert und auf den Händler übertragen werden. Durch diese Maßnahme besitzt er nur ein geringes Absatzrisiko mit niedrigen Distributionskosten und gleichzeitig umfassende Einflussmöglichkeiten zur Durchsetzung der eigenen Marketingkonzeption. Hierbei kann eine Mitsprache der Händler allerdings hemmend wirken. Des Weiteren kann die Beratung und die Kontrolle der Händler hohe Folgekosten verursachen.

Der Franchisegeber kann jedoch auf einen hoch motivierten Handelspartner bauen, da dieser das volle Absatzrisiko trägt. Dabei handelt es sich um einen bedeutenden Nachteil für den Franchisenehmer. Außerdem unterliegt dieser einem gewissen Zwang zur Standardisierung des Verkaufsraums oder der Fassade, der dem Verbraucher die Identifikation erleichtern soll. Die Vorgaben des Franchisors dürfen sich allerdings nicht auf alle Komponenten des Marketing-Mixes beziehen: Bei der Preisbildung darf der Franchisenehmer auf Grund seines wirtschaftlichen Risikos nicht bis ins letzte Detail beeinflusst werden.

Dies geht aus einem Urteil des Bundesgerichtshofs hervor, der in dem Preisbindungssystem des Autovermieters Sixt einen Verstoß gegen das Kartellrecht sah, da der Franchisenehmer faktisch zur Übernahme und Einhaltung der zentral festgesetzten Preisempfehlungen gezwungen wurde.

Der Franchisor darf also lediglich unverbindliche Preisempfehlungen aussprechen und in der Werbung kommunizieren. Weitere erlaubte Einschränkungen der unternehmerischen Freiheit des Franchisenehmers sind beispielsweise seine Aufzeichnungs- und Berichtspflicht, die Aufgabe, Vertriebsgebiete zu erschließen, und ein abgestimmter Rahmen für seine Arbeitszeit. Im Gegenzug dafür erhält der Franchisenehmer laufende Beratung vom Franchisegeber in Buchhaltungs- und sonstigen betriebswirtschaftlichen Fragen.

Neben der Unterstützung durch betriebswirtschaftliches Know-how stellt der Hersteller auch einen Teil des zur Investition benötigten Kapitals zur Verfügung. Ohne solche Finanzierungshilfen des Franchisegebers wäre eine Selbstständigkeit des Franchisenehmers meist gar nicht möglich.

Zusammenfassung

Rekapitulieren Sie:
Welche grundsätzliche Entwicklung kennzeichnet die Beziehungen zwischen Hersteller und Handel im Zeitverlauf?
Hinweise zur Bearbeitung:
Während nach dem Krieg bei offenen Märkten der Handel eher Erfüllungsgehilfe der Industrie war und lediglich als Vertriebskanal zum „Durchverkaufen" der Waren diente, hat der Handel nach Wegfall der vertikalen Preisbindung für Markenartikel heute bei zunehmend engeren Märkten seine Position ausgebaut und bestimmt als „gate keeper" für Artikel, die er in sein Sortiment aufnimmt, welche Produkte den Endkunden erreichen und welche nicht. Neben der Endverbraucherwerbung bekam so für die Industrie das Trade-Marketing immer größere Bedeutung.

Rekapitulieren Sie:
Wie kann die Beziehung zwischen Handel und Hersteller grundsätzlich gestaltet werden?
Hinweise zur Bearbeitung:
Adaptionsstrategie, Konfliktstrategie und Kooperationsstrategie.

Rekapitulieren Sie:
Welche vertraglichen Vertriebssysteme als Kooperationsmöglichkeiten zwischen Handel und Hersteller sind Ihnen bekannt?
Hinweise zur Bearbeitung:
Alleinvertriebssystem, Vertragshändlersystem, Franchisesystem.

Rekapitulieren Sie:
Welche Vor- und Nachteile bietet Franchising dem Händler?
Hinweise zur Bearbeitung:
Bei voller rechtlicher Selbstständigkeit kann der Händler die Bekanntheit von Markenartikeln des Franchisors nutzen, partizipiert an dessen betriebswirtschaftlichem Know-how und wird in der Personalentwicklung und im Marketing unterstützt.
Auf der anderen Seite zahlt er eine Lizenzgebühr, trägt das volle Absatzrisiko und muss genaue Auflagen des Franchisegebers in Bezug auf Ladenraumgestaltung und Geschäftsauftritt erfüllen.

12 Efficient Consumer Response

Die Unternehmenskooperation ist ein Instrument zur Bewältigung der durch die Komplexität und Dynamik der Umweltbedingungen erwachsenden Probleme. Die Zusammenarbeit zwischen Handel und Industrie zur bestmöglichen Ansprache der Konsumenten wird oft mit dem Slogan „Efficient Consumer Response" (ECR) verbunden. Dies bedeutet wörtlich übersetzt so viel wie „effiziente Reaktion auf Konsumentenverhalten". Es handelt sich um ein reaktionsfähiges, kooperatives, konsumentenorientiertes System über alle Bestandteile (Urproduzent, Industrie, Handel, Transporteur) der Absatzkette mit dem Ziel, die Kundenzufriedenheit bzw. Kundenbindung und damit indirekt Umsatz, Gewinn und Ertrag zu maximieren sowie die Kosten zu reduzieren. Durch die intensivere Zusammenarbeit zwischen den einzelnen Elementen der Absatzkette sollen kostengünstigere und/oder schnellere Prozesse entwickelt, d. h., die Versorgungskette soll ganzheitlich optimiert werden. Im Idealfall wird die Abstimmung so verbessert, dass der einzelne Verkaufsakt – über Scanner erfasst – unmittelbar einen Produktionsimpuls auslöst.

12.1 Die informationstechnische Entwicklung als Grundlage für erfolgreiches ECR

Um eine Kooperation in Logistik und Marketing zu realisieren, bedarf es u. a. einer gemeinsamen Kommunikationstechnologie und einer ausreichenden Beziehungsqualität zwischen den Partnern. Die traditionelle Zusammenarbeit zwischen Hersteller und Händler wird also erst zu einem „wirklichen" Teamwork, wenn aufgegliederte Verkaufs- und Kostendaten zum beiderseitigen Nutzen ausgetauscht werden. Die aktuellen Wettbewerbsbedingungen erfordern eine hohe Anpassungsfähigkeit und ein schnelles Reaktionsvermögen, um die Wettbewerbsfähigkeit zu sichern. Die bei den vielfältigen Geschäftsvorgängen anfallenden Daten müssen deshalb rationell und zügig registriert und weiterverarbeitet werden. Der **elektronische Datenaustausch,** kurz EDI (engl. Electronic Data Interchange), gewährleistet mittels Datenfernübertragung den Austausch genormter und formalisierter Daten zwischen Computersystemen. Durch den elektronischen Geschäftsverkehr kann der warenbegleitende Geschäftsverkehr (Bestellungen, Lieferscheine, Rechnungen, Zahlungserinnerungen usw.) vollautomatisch zwischen den Gliedern der Absatzkette abgewickelt werden.

Der Austausch über EDI bietet allen Beteiligten Vorteile: Er ist schneller als der herkömmliche Postversand und hilft, manuelle Arbeiten und somit auch Personalkosten zu reduzieren. Neben der Personaleinsparung ergeben sich weitere Vorteile wie die Erhöhung der Qualität der Daten: Belege mussten in der Vergangenheit manuell in der Handelszentrale erfasst und ebenfalls manuell an die Handelsniederlassungen weitergegeben werden. Enorme Erfassungskosten und entsprechende Fehlerquoten waren die Folge.

Abhilfe verschafften zunächst bilaterale Absprachen zwischen Handelsorganisationen und Herstellern, die mit der Zeit durch allgemein anerkannte Standardregeln (siehe Kapitel 12.2) ergänzt wurden. Dadurch wurde das erforderliche Büromaterial deutlich reduziert und weitere Kosten wie das Porto wurden eingespart (zum Ablauf siehe Abbildung 12.1). Im Vergleich mit der Belegversendung per Post fällt bei der elektronischen Belegversendung nur zirka ein Drittel der Kosten an. Die Investitionen dagegen, die durch den Einsatz von EDI anfallen, sind nicht sehr hoch. Es müssen lediglich geeignete Systeme sowie Software eingerichtet werden und die Mitarbeiter entsprechend unterwiesen und motiviert werden (z. B. durch geeignetes Training oder entsprechende Anreizeffekte).

Grundlage für die EDI-Anwendung sind Standards für die automatische Datenerfassung und -verarbeitung. Dies gilt besonders für den Verkauf an der Ladenkasse. Dort ermöglichen **standardisierte Artikelnummerierungen** die Identifikation der Handelsware, der Produzenten und

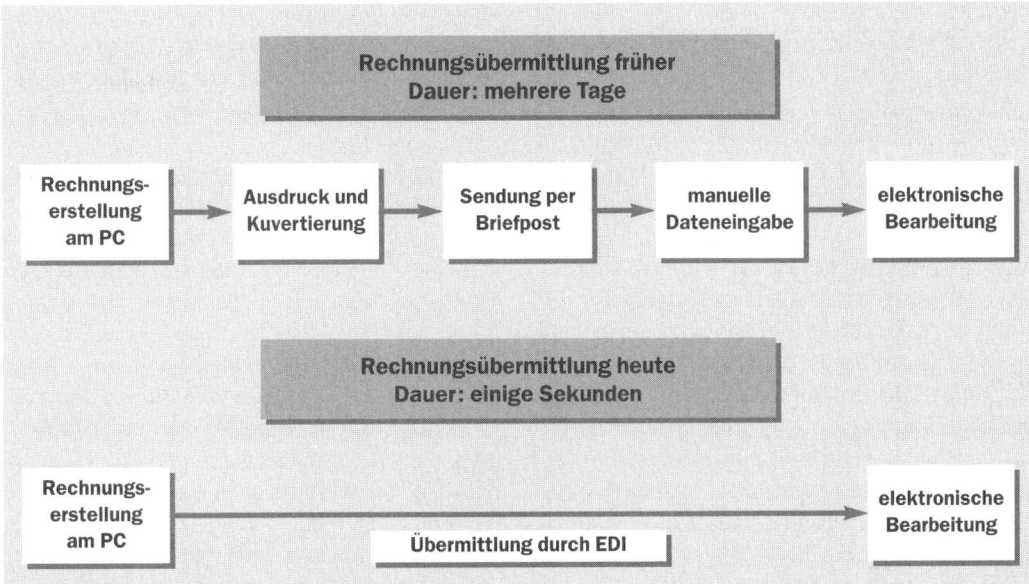

Abb. 12.1: Rechnungsübermittlung gestern und heute

deren Herkunftsländer. Sie sind der Schlüssel für das **Scanning** (engl. to scan = abtasten) und damit zur **Warenwirtschaft** und zur Formulierung weiterer Standards. Ein vom Scanner lesbares Kodierungssystem ist die Europäische Artikelnummer (EAN).

Der **EAN-Code** ist die geläufigste Auszeichnungsform von Artikeln im Handel. Er besteht aus folgenden Bestandteilen:

- einem Länderkennzeichen,
- einer bundeseinheitlichen Betriebsnummer (bbn),
- einer internen Artikelnummer des Produzenten und
- einer Prüfziffer.

Die Kodierung auf dem Artikel hat in ihrer Normalversion eine Größe von zirka 10 Quadratzentimetern und dreizehn Ziffern (bei Kleinartikeln acht): Zwei für das Länderkennzeichen, fünf für die bbn, fünf für die interne Artikelnummer des Herstellers und eine für die Prüfziffer. Das von der Centrale für Coorganisation verwaltete Numerierungssystem findet in über 30 Ländern Anwendung. Neben dem scannerlesbaren Balkenkode sorgt die **Klarschriftnummer** dafür, dass auch die Konsumenten und das Verkaufsperso-

nal die EAN ohne Scannereinsatz entschlüsseln können. Die Ziffern 40–43 bilden beispielsweise die Kennung für die Bundesrepublik Deutschland (vgl. Abbildung die ersten beiden Ziffern von links). Weitere ausgewählte Länderkennziffern sind z. B.:

- 00–09 USA und Kanada
- 30–37 Frankreich
- 49 Japan
- 50 Großbritanien
- 80–81 Italien
- 84 Spanien
- 87 Niederlande
- 93 Australien

Durch die Erfassung der EAN-Nummern im Handel produzieren die flächendeckend eingeführten Scanning-Systeme täglich eine Datengrund-

Abb. 11.2: Artikelcode

lage, deren konsequente Auswertung in einem Data-Warehouse eine informationsbasierte Optimierung von ECR-Maßnahmen in Marketing und Logistik erlauben.

Beim **Data-Warehouse** handelt es sich um eine Datenbank, die aus unterschiedlichen Systemen gespeist wird. Dort fließen Informationen der Kassenterminals, aus dem Einkauf oder aus der Warenwirtschaft zusammen. Während Wareneingangsdaten nach der Übergabe zur Rechnungsprüfung im Einkaufssystem gelöscht werden, stehen sie im Data Warehouse als Vergangenheitsdaten langfristig zu Auswertungszwecken bereit, z. B. zur Prüfung der Lieferantenzuverlässigkeit. Die Datenfülle erfordert zugleich neue Arbeits- und Auswertungsmethoden, da für die Entscheidungsträger eine Reihe differenzierter Tools zur Aufbereitung, Analyse und Darstellung von Daten existiert.

12.2 Voraussetzungen für eine erfolgreiche ECR-Strategie

Es ist ein drastischer Schritt, die traditionelle Unternehmensstruktur in Richtung ECR zu ändern. Deshalb ist es wichtig, dass das Management jede Aktion vorsichtig und im Hinblick auf den inneren und äußeren Kontext beurteilt und die entsprechenden Maßnahmen an dieser Analyse orientiert (vgl, GEA, 1994).

• **Unterstützung des Top Managements**
Bei der Kooperation handelt es sich um eine strategische und kulturelle Auslese, die dazu bestimmt ist, viele geschäftliche Verhaltensweisen zu ändern, wie z. B. die Offenheit des Informationsaustausches. Dabei ist eine klare strategische Ausrichtung des Top-Managements wichtig. Man muss sich z. B. entscheiden, ob man große Auswahl oder niedrige Preise, Service oder konsequente Kostenorientierung wünscht. Die Partnersuche kann erst erfolgreich gestartet werden, wenn eine klare und stringente Zielrichtung formuliert wurde. Die weiteren Absprachen und Grundlagen der Zusammenarbeit mit dem ECR-Partner können hin-

gegen von Projektteams mit gewisser Entscheidungsfreiheit erarbeitet werden, damit nicht jedes Datenelement mit dem Top-Management abgestimmt werden muss.

• **Gegenseitiges Verständnis durch Erlangen und Teilen von Informationen**
Dieser Punkt umfasst nicht nur Informationen über den Konsumenten, sein Verhalten und den Markt, sondern auch Informationen über den inneren Mechanismus der Unternehmen, die innerhalb der ECR-Kooperation verbunden sind. Auch hier kann die Implementierung von multifunktionalen Aktionsteams wichtige Hilfestellung leisten. Im Unternehmen muss allerdings die Bereitschaft verankert sein, Daten mit dem Lieferanten zu teilen und EDI konsequent anzuwenden. Damit diese Aspekte für die Mitarbeiter allzeit präsent sind, besteht die Möglichkeit, sie in die Unternehmensgrundsätze zu integrieren (vgl. hierzu die Unternehmensgrundsätze vier, sechs und acht des ECR-Pioniers *Wal-Mart* in Abb. 12.3).

• **Verbesserung von Kommunikation, Koordination, Planung und Kontrolle**
Eine Restrukturierung der Unternehmensorganisation zur Schaffung von horizontalen und vertikalen Informationsflüssen kann die interne und externe Kommunikation und Koordination vereinfachen, denn nur wer schneller informiert ist, kann schneller auf Marktveränderungen reagieren und die Kunden besser beraten. Hierbei können adäquate Ausbildungsprogramme für die Mitarbeiter behilflich sein, denn Information und Kommunikation sind bedeutende Wettbewerbsfaktoren. Handel und Industrie können sich ideal ergänzen: Während der Handel durch seine Scannerabsatzzahlen und die direkte Kundennähe lokale Besonderheiten genau kennt, besitzt der Hersteller detaillierte Kenntnisse über die von ihm angebotenen Warengruppen und über allgemeine Markttrends.

• **Entwicklung eines Category-Managements**
Beim Category-Management geht es im Wesentlichen um die gemeinsame Führung von Waren-

1. Halte ein umfangreiches Sortiment vor und strebe immer danach, einen 100%igen Warenbestand zu sichern!
2. Glaube an Dauerniedrigpreispolitik!
3. Operiere günstiger als der nächste Wettbewerber – niedrigere Kosten = niedrigere Preise!
4. Fühle dich mit neuen Technologien verbunden, vor allem mit dem elektronischen Datenaustausch (EDI)!
5. Fördere Mitarbeiter durch angemessene Kritik!
6. Erreiche nicht nur die Erwartungen der Konsumenten, sondern übertreffe sie durch eine Selbstverpflichtung zum Kundendienst!
7. Fördere starke Partnerschaften zwischen Einkäufern und Lieferanten!
8. Schaffe einen Sinn für Dringlichkeit zwischen Lieferanten und Beschäftigten!
9. Beziehe alle am Entscheidungsprozess Beteiligten durch ein Management der offenen Tür ein!
10. Verfalle niemals in Selbstzufriedenheit!

Abb. 12.3: Wal-Marts Top Ten

gruppen bzw. -kategorien als strategische Geschäftseinheiten durch Handel und Industrie. Unter einer **Warenkategorie** versteht man in diesem Zusammenhang eine klar abgrenzbare und für sich steuerbare Gruppe von Waren, die der Verbraucher im Sinne seiner Bedürfnisbefriedigung als komplementär bzw. substituierbar wahrnimmt. Die Formulierung der einzelnen Einheiten muss also nicht allein abteilungsbezogen erfolgen, sondern kann sich zusätzlich an den Bedarfszusammenhängen der Konsumenten und den verschiedenen Sachverhalten am Point of Sale orientieren. Eine Kategorie kann beispielsweise unter dem Gesichtspunkt „italienische Küche" mit einer Auswahl an Brot, italienischen Vorspeisen und Desserts, Pasta und Pizza zusammengestellt werden. Die „klassi-

sche Einteilung" der Warengruppen wird also erweitert. Dies wird anhand eines weiteren Beispiels deutlich: Handelte es sich in der Vergangenheit um die Warengruppe „Tiernahrung", die nur die Nahrung an sich erfasste, so lautet die heutige Bezeichnung „Tierbedarf". Diese Kategorie umfasst neben dem Sortimentsteil Tiernahrung den Zusatzbedarf, also auch Warenarten wie Halsbänder, Näpfe und Streu. Die Manager beider Seiten können anhand der kaufverhaltensrelevanten Kriterien der Kategorien umfassende strategische Pläne entwerfen und deren Implementierung einleiten, damit die Leistung der Produktkategorien verbessert wird. Die Steuerung der Warengruppen wird durch die analytische Auswertung von scannergestützten Kennzahlen wie die DPR-Berechnung unterstützt. Dabei muss der Category-Manager auf Grund seiner weitgehenden Verantwortung für alle einkaufs- und verkaufsbezogenen Aktivitäten seiner „Warengruppe" ein großes Maß an unternehmerischem Geschick bei Veränderungen der Warengruppenstruktur beweisen.

• **Auswahl des ECR-Partners und -Projektes**
Die Auswahl des richtigen Partners ist wichtiger als die des richtigen Projektes, denn es ist in der Regel Erfolg versprechender, ein problematisches Projekt mit dem richtigen Partner durchzuführen als ein ambitioniertes Projekt mit einem problematischen Partner. Vor der Auswahlentscheidung ist es daher sinnvoll, einige Daten über den potenziellen Partner in Erfahrung zu bringen, z. B. über seinen internen organisatorischen Funktionsmechanismus oder seine Bereitschaft, interpersonelle Beziehungen einzugehen. Die Individualität jedes einzelnen Partners ist beim Zusammenschluss der Prozesskette zu beachten. Der Einsatz von Standardsoftware hilft wenig bei der Ausgestaltung der grundlegenden Ziele und Projekte. Notwendig sind vielmehr direkte Kommunikation, Glaubwürdigkeit, gegenseitig empfundene Verpflichtung und Verbundenheit **(commitment)** sowie das gegenseitige Streben nach Zielerreichung.
Der Austausch von streng vertraulichen Daten kommt daher erst zu Stande, wenn die Partner

gemeinsame strategische und organisatorische Interessen und Ziele erarbeitet haben und diese auch teilen wollen. Im Rahmen einer Zielvereinbarung können Aktivitäten und Verantwortlichkeitsbereiche zwischen den Partnern festgelegt werden. Die Ambivalenz von Gemeinsamkeiten und notwendiger Eigenständigkeit erfordert wechselseitiges Vertrauen, das teilweise auch zu wechselseitiger Abhängigkeit führt. Erst wenn hierüber bei den Kontrahenten Konsens herrscht, können Strategien und Visionen ausgearbeitet werden.

Die Partnerschaft sollte mit dem Projekt gestartet werden, das den größten Erfolg verspricht bzw. das Risiko minimiert. Nach der Auswahl muss der erwartete Profit geschätzt werden. Die Grundlagen der Schätzung müssen für beide Seiten ersichtlich sein. Werden die Profite zu hoch angesetzt, kann das Vertrauen der Partner gestört werden und ist nur schwierig wieder aufzubauen.

• **Das Setzen von Standards**

Kooperationsspezifische Kosten und Risiken lassen sich im Bereich der Informationstechnik durch Standards wie SEDAS, SINFOS und EDIFACT reduzieren. **SEDAS** (**S**tandard für **e**inheitliche **D**aten-**A**ustausch-**S**ysteme) wurde für den Rechnungsverkehr entwickelt und später für das elektronische Bestellwesen erweitert. Die SEDAS-Datensätze ermöglichen einen standardisierten elektronischen Rechnungs- und Bestellverkehr von Geschäftspartnern auf nationaler Ebene.

In der zentral verwalteten nationalen Datenbank **SINFOS** (**S**tammdaten-**Info**rmations-**S**ystem) werden Artikelstammdaten gespeichert und gepflegt, die für alle SINFOS-Teilnehmer in standardisierter, EDV-technisch verarbeitbarer Art einsehbar und verwendbar sind. Es handelt sich hierbei z. B. um Hersteller- und Produktinformationen. Dies können etwa Bezeichnungen oder spezifische Eigenschaften wie EAN, Farbe, Form, Gewicht, Palettenladehöhe, Steuersätze oder auch Angaben zum Ladungsträger (z. B. Art der Palette) sein. Dadurch wird dem Handel eine standardisierte Bestellung auf Grund von aktu-

ellen, exakten und ebenfalls standardisierten Informationen über die gesamte Angebotspalette des gewünschten Herstellers ermöglicht. Die SINFOS-Datenbank ist somit Voraussetzung für zahlreiche EDI-Serviceleistungen, wie DPR-Berechnungen oder Flächenoptimierungen.

EDIFACT (**E**lectronic **D**ata **I**nterchange **f**or **A**dministration, **C**ommerce **a**nd **T**ransport) entstand auf Initiative der UN als branchen- und länderübergreifendes Gesamtwerk der internationalen Standards für den elektronischen Geschäftsaustausch. Ziel ist die Vereinfachung des Handels. EDIFACT erlaubt die Transformation unternehmensinterner Datenverarbeitungsformate in ein international genormtes Format. Daten können somit unabhängig von der eingesetzten Soft- und Hardware und den verwendeten Netzen zwischen den Geschäftspartnern in Wirtschaft, Verwaltung und Verkehr ausgetauscht werden.

EANCOM ist ein Kunstwort aus EAN und Communication. Es handelt sich um ein EDIFACT-Subset an internationalen Anwendungsstandards für den Datenaustausch, die speziell für die Konsumgüterwirtschaft ausgearbeitet wurden und den branchen- und länderübergreifenden elektronischen Geschäftsverkehr von der Bestellung, Lieferanzeige bis zur Rechnung erlauben. Entwickelt wurde EANCOM von der deutschen CCG (Centrale für Coorganisation) und deren ausländischen Schwesterorganisationen.

12.3 Kooperationsbereiche im Rahmen des ECR

ECR kann grob in den Logistik- und den Marketing-Bereich unterteilt werden. Im ersten werden primär Kostensenkungs- und im zweiten Wachstumsziele anvisiert. Zunächst hat sich ECR auf die Optimierung zwischenbetrieblicher Informations- und Distributionsprozesse konzentriert, da dieses Gebiet leichter zu handhaben war und schnelle Ersparnisse versprach. Warenversorgung, Abstimmung von logistischen Größen und Verbesserung der gemeinsamen Distributionsplanung waren daher die Hauptthemen der ersten Stunde. Mittlerweile hat sich der Aktionsfokus auch auf Absatzziele, wie gemeinsame Service- oder Werbeaktivitäten, erweitert.

12.3.1 Kooperationsaspekte in der Logistik

In diesem Bereich kann das Teamwork zwischen Hersteller und Handel durch die Vermeidung nicht-wertschöpfender Kostenfaktoren und die Konzentration auf wert- und leistungssteigernde Faktoren beim Warenfluss in starkem Maße zur Zeit- und Kostenminimierung beitragen.

Der Güterstrom vom Hersteller bis zum Endverbraucher ist bisher infolge von **Push-Strategien** durch einen ständigen Wechsel zwischen Über- und Unterauslastung der Kapazitäten (Lager-, Produktions- und Regalkapazitäten) geprägt. Im Rahmen der Push-Strategie drücken die Hersteller ihre Produkte z. B. durch Sonderangebote in die Absatzkette. Auf Grund von mangelnder Koordination sind häufig Umsatzausfälle durch Fehlbestände (out-of-Stocks) aufgetreten. Eine umfassende Partnerschaft soll den Warenstrom vom Hersteller zur Verkaufsstelle des Handels effektiver lenken und somit kostengünstiger gestalten.

Unter einem effizienten Warenfluss wird dabei ein reibungsloser, ununterbrochener Ablauf verstanden. Rationalisierungspotenziale und ständige Warenpräsenz können nur erreicht werden, wenn beim elektronischen Datentransfer individuelle Absatz- und/oder Bestandsdaten direkt vom Point of Sale transferiert werden. Neben dieser Datengrundlage erleichtern gewisse Standardnormen den optimalen Warenfluss. Für international agierende Unternehmen entstehen z. B. durch unterschiedliche Palettenformate sowie durch unterschiedliche Abwicklungssysteme erhebliche Schnittstellenprobleme und damit auch unnötige Kosten.

Es liegt im Handels- und Herstellerinteresse, die Lagerstufen zu reduzieren. Die Reduktion von Handelslagerstufen setzt voraus, dass die Bestellmenge vermindert und damit die Bestellfrequenz erhöht wird. Das Ziel besteht darin, Schnelldreher ohne Zwischenlagerung direkt vom Produzenten zur Handelsfiliale zu transportieren. Eine Analyse der in den Bestellzyklus eingebriffenen Tätigkeiten kann zur Optimierung des Warenflusses beitragen. So können Kauforders des Händlers durch einen abgestimmten Prozess des Nachschubs auf Basis der aktuellen Konsumentennachfrage ersetzt werden. Dabei sind die Mengen, die zum Händler transportiert werden, erst wenige Minuten vor Beladen des Lkws zu quantifizieren. Dies erfolgt mit Hilfe eines Algorithmus, der auf dem realen Lagerstand des Händlers und den letzten Ausgangsdaten basiert. Durch den Algorithmus kann der gesamte Warenfluss minimiert werden, weil Reservekapazitäten überflüssig werden und der Lkw mit voller Ladung startet. Die elektronisch übermittelten Informationen können einen unterschiedlichen Vertraulichkeitsgrad besitzen. Dies kann von Vorhersagen des Händlers für den kurzfristigen Bedarf bis hin zu analytischen Verkaufsdaten pro Filiale reichen. Durch den kontinuierlichen Warennachschub **(Continious Replenishment)** sollen Fehlbestände und Bestandslücken vermieden, die Bevorratung optimiert und die Belieferung zeitnah gestaltet werden.

Weitere Ineffizienzen ergeben sich bei der **Erstverteilung der Güter,** also der Distribution zwischen dem Zentrallager des Herstellers und den Handelsfilialen bzw. den regionalen Distributionscentern. Auch diese können durch die Auswahl von klar definierten Geschäftsstandards und Arbeitsmethoden vermieden werden. Als Beispiel wäre die Planung der Güterankunft und des Entladens beim Handelspartner zu nennen. Hier fallen unnötige Wartezeiten an, die oft den Transportzeiten entsprechen. Der Zeitaufwand kann durch die direkte elektronische Datenübermittlung der Abfahrtzeiten der Transportmittel des Herstellers an das Distributioncenter oder die Filiale minimiert werden (vgl. Abb. 12.4), da mit dem Eintreffen der Nachricht entsprechende Maßnahmen zum späteren Entladen getroffen werden können (z. B. Delegation von entsprechenden Aufgaben). Ohne eine adäquate informelle Infrastruktur sind solche Aktionen nicht möglich. Hersteller und Händler müssen den Informationsfluss gemeinsam mit dem Ziel handhaben, Transaktionskosten sowie laufende

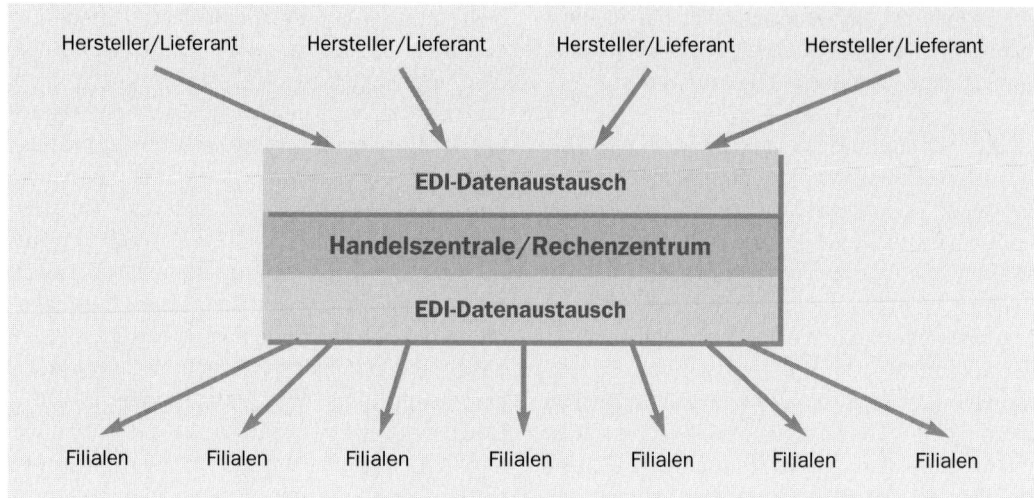

Abb. 12.4: Elektronischer Datenaustausch zwischen Hersteller, Lieferant und Handel

Geschäftskosten zu minimieren. Die filialbezogene Lieferung über zentrale oder regionale Verteilungszentren des Handels auf Grund von Verbrauchs- und Bestandsdaten, die oft ohne explizite Lagerhaltung erfolgt, wird auch als „Cross Docking Delivery" bezeichnet. Bestenfalls werden dabei die Artikel direkt von der Ankunftsrampe (dock) zur „gegenüberliegenden" Rampe (cross dock) umgeschlagen. Dabei sollen kostenintensive Arbeitsabläufe und Duplizierungen vermieden werden. Die Optimierung der Absatzkette und der Administration sind Betätigungsfelder für Logistiker und EDV-Fachleute.

12.3.2 Kooperationsaspekte im Marketingbereich

Durch die Kooperation im Marketingbereich sollen die Fähigkeiten von Handel und Industrie so verbunden werden, dass durch die Koordination gemeinsamer Maßnahmen Synergieeffekte auftreten, die das Unternehmenswachstum fördern und die gesamte Wertschöpfungskette optimieren. Diese Kooperationsform setzt ein stabiles und vertrauliches Verhältnis zwischen den Partnern voraus, da zur Durchsetzung der erforderlichen Maßnahmen ein umfangreicher Datenaustausch erforderlich ist. Als Kooperationsgebiete werden im Folgenden die effiziente Sortimentsgestaltung und Warenpräsentation, die effizien-

te Absatzförderung sowie die effiziente Produktentwicklung und -markteinführung vorgestellt.

Effiziente Sortimentsgestaltung und Warenpräsentation

Hier arbeiten Hersteller und Händler zusammen, um den Umfang des Sortimentes zur Maximierung der Effizienz und der Profitabilität des Verkaufsraumes festzulegen, d. h. eine Optimierung des Umsatzes bzw. Ertrags pro Quadratmeter Verkaufsfläche. Als mögliche Aktivitäten sind z. B. Entscheidungen über die Raumzuteilung für einzelne Produkte oder die Produktlage zu nennen.

Die Hauptursache, warum eine Zusammenarbeit in diesem Bereich nützlich ist, liegt darin begründet, dass das spezielle Produktwissen und die Marktkenntnis des Herstellers mit der Konsumentennähe des Handels verbunden wird. Hierdurch wird der Entscheidungsprozess des Händlers um die Fähigkeit ergänzt, ein effektives Category-Management aufbauen zu können. Die Kooperation setzt keine großen Finanzinvestitionen voraus. Notwendige gemeinschaftliche Maßnahmen sind z. B. das gemeinsame Training der Feldverkäufer oder das Durchführen von Paralleltests in verschiedenen Geschäften, um die Effizienz von unterschiedlichen Sortimentsalternativen zu bestimmen. Die aus diesen Aktivitäten gewonnenen Daten können mit Hilfe von Standardsoftware ausgewertet werden. Der Erfolg wird in hohem Maße dadurch beeinflusst, inwieweit der Außendienst des Herstellers und das Verkaufspersonal des Händlers in die Arbeit eingebunden werden, denn nur diese besitzen Informationen über das Tagesgeschäft und eine direkte Verbindung zum Konsumenten.

Effiziente Absatzförderung (Promotions)

Eine effiziente Absatzförderung zwischen Hersteller und Handel soll den Verkauf (Umsatz) durch gemeinsame Werbekonzepte steigern und/oder Werbekosten vermindern. Dabei arbeiten der Category-Manager sowie Marketing- und Merchandisingspezialisten des Herstellers mit ihren Gegenübern auf der Handelsseite als Projektteam Verkaufs-, Werbe- und Merchandisingmaßnahmen aus. In ihrem Aufgabenbereich liegen z. B. die Entwicklung eines gemeinschaftlichen Werbeplans oder das Sammeln und Auswerten von Resultaten bisheriger Werbeaktionen. Eine koordinierte Vorgehensweise bringt eine Reihe von Vorteilen mit sich, wie z. B. die Möglichkeit, eine größere Zahl von Werbemitteln und -trägern einzusetzen. Im Rahmen der gemeinsamen Planung kann auch stärker auf das Produkt „Laden" eingegangen werden. Die individuelle Abstimmung umfasst alle Verkaufsförderungsaktivitäten, wie Displays, Plakate oder Werbeprospekte. Nachdem geklärt wurde, wann und welche Werbe- bzw. Verkaufsförderungsmaßnahmen durchgeführt werden, muss eine genaue Abstimmung mit dem logistischen System erfolgen, um den Warenvor- und -nachschub zu gewährleisten. Die Planungen können durch computerunterstützte Simulationen verfeinert werden, die die Wirkung von Werbestrategien und Preisänderungen sowie Abverkaufsprognosen umfassen.

Effiziente Produktentwicklung und -markteinführung

Die Einführung von neuen Produkten hat auf Grund weniger „wirklicher" Innovationen und der daraus folgenden Floprate einen hohen Wertschöpfungsgrad im Absatzkanal. Handel und Industrie betrachten diese Problematik aus unterschiedlichen Blickwinkeln: Der Handel muss wegen der Fülle an Neuprodukten laufend Entscheidungen über die Zuteilung der zur Verfügung stehenden Regalfläche treffen. Auf Grund immer kürzer werdender Produktlebenszyklen und gleichzeitig wachsenden horizontalen Konkurrenzdruckes ist die Industrie zur ständigen Variation alter und zur Markteinführung neuer Produkte gezwungen, um Marktanteile halten oder ausbauen zu können. Den Konsumenten werden daher neue Problemlösungsmöglichkeiten und alternative Möglichkeiten der Bedarfsdeckung offeriert.

Die effiziente Produktentwicklung und -markteinführung ist ein Prozess, innerhalb dessen Hersteller und Handel gemeinsam unter Berücksichtigung der Kostenminimierung, des Wachstums und der Profitabilität beider Seiten ein den Konsumentenwünschen entsprechendes Gut bis hin zur Markteinführung entwickeln. Das Teamwork bei der Produktentwicklung ist aber problematisch, da der Hersteller seine Produkte, Ideen und Intentionen als exklusiv und vertraulich ansieht und gewisse Gefahren sieht, dieses Wissen mit Externen zu teilen. Aus diesem Grund sind gemeinsames strategisches „Denken" und Vertrauen unabdingbare Kooperationsfaktoren, um das vorhandene Potenzial zu nutzen. Der Category-Manager kann Kompetenz, Verantwortlichkeit und entsprechendes Know-how in die Entwicklungsgespräche einbringen, damit die Produktidee so diskutiert wird, dass Chancen und Risiken herausgearbeitet und Entscheidungen zum weiteren gemeinsamen Vorgehen getroffen werden. Mögliche Grundsatzfragen stellen dabei die Positionierung innerhalb der Warengruppen, der anvisierte Produktnutzen und die Zielgruppe dar. Als Partner kann der Handel bei der Neuproduktplanung kleine bzw. nur für seinen Bedarf produzierende Hersteller als Lieferanten für seine Handelsmarken wählen. Die Erfahrung des Großlieferanten kann dem Handel ebenfalls helfen, seinen Profit zu steigern oder seine eigenen Kategorien zu erweitern. Dabei können die Konsumgüterhersteller ihren Rivalen zuvorkommen und Marken, die mit dem eigenen Produktprogramm unverträglich sind, als Handelsmarken platzieren. Die Produkte müssen vom Hersteller jedoch sorgfältig ausgewählt werden, denn sonst besteht die Gefahr, dass die neu platzierte Handelsmarke das gleiche Marktsegment anspricht und auf diese Weise dem eigentlichen Markenartikel wichtige Marktanteile raubt. Kooperationsmöglichkeiten bieten auch **Gemeinschaftsmarken,** bei denen Produzent und Handel nach außen vereint in Erscheinung treten.

Parallel zum Aufbau des Vermarktungskonzeptes ist das **Verpackungskonzept** zu entwickeln, womit die logistischen Anforderungen an die Verpackung und mögliche Transportalternativen zu analysieren sind. Hierbei müssen z. B. Hohlräume bei der Festlegung des Packschemas für den Ladungsträger minimiert und hinreichender Artikelschutz vor Beschädigung, Bruch oder Verderb durch die Verpackung gewährleistet werden.

Eine **Zusammenarbeit bei der Lancierung von Neuprodukten** erlaubt dem Hersteller, seine Neuprodukte in einem Umfeld zu testen (nämlich beim Handelspartner), das dem realen Markt entspricht. Oft gelangt nur Ware, die von der Testmarktforschung zugelassen ist, in die Handelsregale. Eine Produkteinführung ohne einen entsprechenden Abverkaufstest erfolgt eher selten. In beiden Fällen müssen jedoch Einführunsmaßnahmen am Point of Sale, die Auswahl der Werbeträger, die Durchführung von Aktionen, Zweitplatzierungsaktivitäten sowie kundenindividuelle Werbung geplant und festgelegt werden.

12.4 Probleme und Kritik bei der Umsetzung von ECR

Die Bemühungen zur Umsetzung der Efficient Consumer Response beruhen im Wesentlichen auf dem Mythos *Wal-Mart,* der seinen US-amerikanischen Mitbewerber *Kmart* im Geschäftsumsatz auf Grund der konsequenten Umsetzung von ECR übertroffen hat. War die Flächenproduktivität der beiden Konkurrenten Mitte der

achtziger Jahre noch weitgehend identisch, so ist der Umsatz pro Quadratmeter bei *Wal-Mart* in den Neunzigern weit überdurchschnittlich gewachsen. Diese Entwicklung lediglich auf ECR-Kooperationen zurückführen zu wollen ist jedoch eine zu einseitige Sichtweise. Die ECR-Technik selbst und die Form der Weiterentwicklung der Systeme sowie die Akzeptanz und Nutzung durch die Entscheidungsträger war und ist zwar ein Bestandteil des Erfolges von *Wal-Mart*; hinzu kamen jedoch auch andere Faktoren wie die Standortpolitik und die Mitarbeiterbeteiligung.

Ein allgemeines Hindernis bei der Umsetzung von ECR-Bestrebungen ist der fehlende Wille, Informationen auszutauschen, denn Handel und Industrie befürchten durch die Freigabe von internen Informationen ein Stück ihrer Selbstständigkeit und damit einen Teil des eigenen Aktionsspielraumes einzubüßen. Auch müssen im Rahmen der automatischen Disposition zunächst komplexe Kommunikationsstrukturen und inflexible Informationssysteme (z. B. ein inflexibles Warenwirtschaftssystem) beseitigt und Organisationsänderungen umgesetzt werden. Unterstützende Maßnahmen sind eine entsprechende Ausbildung und Schulung der Mitarbeiter.

Hinweise zur Bearbeitung:
Der Austausch bietet Handel und Industrie Vorteile, da er wesentlich schneller ist als der herkömmliche Postversand. Erfassungskosten bzw. Personalkosten und entsprechende Fehlerquoten werden vermieden.

Zusammenfassung

Rekapitulieren Sie:
Was versteht man unter einem Data-Warehouse?

Hinweise zur Bearbeitung:
Es handelt es sich hier um eine Datenbank, die eine Optimierung von ECR-Maßnahmen in Marketing und Logistik erlaubt. Dort fließen Informationen aus unterschiedlichen Systemen (Kassenterminals, Einkauf, Warenwirtschaft) zusammen, die in der Regel über einen langen Zeithorizont für Analysen zur Verfügung stehen.

Rekapitulieren Sie:
Welche unterschiedlichen Zielbereiche haben ECR-Kooperationen im Logistik- und Marketingbereich?

Hinweise zur Bearbeitung:
Im Logistikbereich werden primär Kostensenkungsziele, im Marketingbereich hingegen Wachstumsziele verfolgt. Auf Grund der leichteren Handhabung erfolgten die ersten Kooperationsbemühungen auf dem Gebiet der Logistik.

Rekapitulieren Sie:
Welche Vorteile bietet der elektronische Datenaustausch als Grundvoraussetung für erfolgreiches ECR?

13 Entwicklungen und Tendenzen

13.1 Konzentration und Vielfalt

Um eine Basis für Vorhersagen zu finden, ist es vielfach sinnvoll, Entwicklungen zu betrachten und sodann die zu Grunde liegenden Tendenzen zu erkennen. Inwieweit von diesen Tendenzen auch für zukünftige Entwicklungen ausgegangen werden kann, hängt davon ab, ob die dahinter liegenden Faktoren und Motive – beispielsweise auch das Käuferverhalten – auch künftig unterstellt werden können oder zu modifizieren bzw. zu ergänzen sind.

Die Vergangenheit zeigt einen rapiden Rückgang bei den kleinen und mittleren Fach-, Spezial- und Lebensmittelgeschäften, insbesondere auch der so genannten **„Tante-Emma-Läden".** Hierfür dürften sowohl marktbedingte und umsatzmäßige Faktoren als auch Kosten- und damit Renditeüberlegungen ausschlaggebend sein. Es wird allgemein prognostiziert, dass dieser Trend noch nicht abgeschlossen ist, sich also noch deutlich fortsetzen wird.

Bei kleinen und **mittleren filialisierten Fachgeschäften** ist hingegen eine Zuwachsrate feststellbar, ein Trend, von dem angenommen wird, dass er sich auch eher verstärkt in der Zukunft fortsetzen wird. Dies gilt in noch stärkerem Maße für die **Fachmärkte.** Offenbar ist es in diesen Bereichen gelungen, eine weniger am Einzelprodukt als am Kundenbedarf orientierte Sortimentsplanung zu realisieren, die dennoch genügend profiliert bleibt, um Kompetenz auszustrahlen. Beispielhaft seien hier Sortimente angesprochen, die etwa auf Grundideen wie „alles für das Kind, den Garten, den Heimwerker, das Wohnen" etc. beruhen.

Im Bereich der **Warenhäuser** sind sowohl Übernahmen und Konzentration feststellbar als auch ein deutlicher Rückgang des Anteils am Gesamteinzelhandelsumsatz. Zum einen scheint ein Teil der sich generell aus der Größe ergebenden Kostenvorteile durch innerbetriebliche Organisationsstrukturen kompensiert zu sein. Zum anderen erschwert die Vielfalt des Sortimentsangebotes gegenüber den Fachmärkten die entsprechende Profilierung. Soweit es hier nicht gelingt, zu neuen Konzepten zu finden, dürfte die Tendenz eines abnehmenden Umsatzanteils sich fortsetzen.

Eine Zunahme des Umsatzanteils hat sich in der Vergangenheit bei den **Verbrauchermärkten** und **SB-Warenhäusern** (mit Lebensmittelanteil) ergeben, wenn auch begleitet von einem Wachstum bei den Standorten und bei den Verkaufsflächen. Für die Zukunft wird in den meisten Prognosen mit eher rückläufigen Umsatzanteilen gerechnet. Da bei diesen Vertriebstypen bereits eine Reihe von Rationalisierungaspekten verwirklicht ist, bleibt es auch fraglich, ob diesem Trend durch neue Maßnahmen entgegengewirkt werden kann.

Shopping-Center – als Vielfalt unter einem Dach – haben gerade in den letzten 10 Jahren deutlich an Anzahl und Verkaufsfläche zugenommen. Durch die Kombination von Fachgeschäften, Spezialläden, Supermärkten etc. und einem Gastronomiebereich verbinden sie die Kompetenz einzelner Einheiten im Rahmen eines professionellen Center-Managements mit Erlebniswert für die Kunden. Inwieweit diese Tendenz fortgesetzt werden wird, hängt wahrscheinlich nicht zuletzt auch von der Standortpolitik der Kommunen ab. Hier ist die Attraktivität einer Innenstadt als Kaufbereich und zentral gelegener Shopping-Center und -Passagen gegen die Vorteile von in Außenbezirken angesiedelten Einkaufszentren abzuwägen. Auschlaggebend werden in diesem Zusammenhang nicht nur Fragen der Baugenehmigung sein, sondern auch Probleme der Verkehrsanbindung und der Parkmöglichkeiten.

Entgegen manchen Prognosen Ende der 80er-Jahre hat der **Versandhandel** in etwa seinen Umsatzanteil konstant halten können. Auch hier ist eine Konzentrationstendenz erkennbar, zum Teil auch durch Übernahme kleinerer, am Markt weiterhin selbstständig auftretender Häuser. Im Pro-Kopf-Umsatz liegt der Versandhandel in Deutschland leicht vor den USA und deutlich vor den übrigen Ländern, was eher dafür sprechen könnte, dass künftige Umsatzzuwächse vor allem auch im Rahmen der Globalisierung, also durch Ausdehnung in andere Länder, erzielt werden. Für die Erschließung des innerdeutschen Marktes erscheint jedoch positiv, dass die Versandhäuser heute bezüglich Warenzustellung, Rücknahme und Umtausch, Service-Leistungen wie Reparaturen etc. zumeist über eine ausgebaute Logistik verfügen. Außerdem sind zum Teil Vertriebsstrukturen wie Bestellgemeinschaften, Verkaufsagenturen und -stellen geschaffen. Zusätzlich bieten gerade auch die neuen Medien Möglichkeiten, den traditionellen Katalog zu ergänzen, beispielsweise auch durch kurzfristigere Anpassungsmöglichkeiten. Insoweit dürfte eine Steigerung des Umsatzanteils möglich und auch wahrscheinlich sein.

Insgesamt ist einerseits eine Konzentration der Handelsunternehmen feststellbar sowie andererseits die Entwicklung unterschiedlicher Betriebstypen mit differenzierter Marktausrichtung. So sind einige der größten Handelskonzerne in verschiedenen Bereichen und mit unterschiedlichen Vertriebsschienen auf dem Markt aktiv. Dabei werden teilweise unter den verschiedenen Firmierungen differenzierte Marktstrategien umgesetzt, zumeist, um unterschiedliche Kundengruppen besser ansprechen und erreichen zu können, beispielsweise über die Sortiments-, Preis-, Kommunikations- und Servicepolitik sowie über die gesamte Marktdarstellung. Insoweit sind **Konzentration und Vielfalt** kein Widerspruch. Dabei gilt es, zwischen dem Eingehen auf die Vielfältigkeit unterschiedlicher Kundengruppen und der Nutzung von Synergieeffekten auf organisatorischem, kostenmäßigem und finanziellem Gebiet in größeren Einheiten die richtige Balance zu finden.

Entsprechend wird es auch in Zukunft darauf ankommen, Anforderungen, Kundenerwartungen und neue Techniken, Möglichkeiten oder Medien zu nutzen; Einflussfaktoren, die unterschiedliche, teilweise auch widersprüchliche Antworten verlangen.
Zum einen wird die **Preisbewusstheit** zunehmen, nicht nur differenziert nach Kundengrup-

pen, sondern auch nach Produktbereichen. Dabei werden die Grenzen zwischen Beratungsbedürftigkeit und Preisorientierung fließend. Verbesserte Informationssysteme werden für den Kunden die Transparenz über Preis- und Konkurrenzsituation verbessern, zumindest für den wachsenden Anteil derer, die mit den neuen Medien umzugehen verstehen.
Dem gegenüber steht die zunehmende Individualität und das Streben nach persönlicher Entfaltung.
In vielen Bereichen ist die **Dienstleistung** ein Aspekt der Differenzierung gegenüber dem Wettbewerber. Dies schließt nicht aus, dass bestimmte Kundengruppen auf Grund ihrer zunehmenden Kenntnisse und ihres Preisverhaltens zumindest nachhaltig weniger bereit sind, Dienstleistungen zu vergüten.
Auch die **demographische Entwicklung** wird wahrscheinlich zur stärkeren Kundendifferenzierung führen. Hierzu gehört ebenfalls die Beachtung des wachsenden Anteils der älteren Bevölkerung mit entsprechend differenzierten Ansprüchen. Die Sortimentspolitik wird in ihrer an der Zielgruppe und deren Wert-und Nutzen-Vorstellung orientierten Ausrichtung eher an Bedeutung gewinnen. Dabei dürfte auch weiterhin die Bedarfsbündelung ihren Stellenwert behalten.
Die Öffnung der Grenzen wird die Internationalität und die **Globalisierung** nachhaltig fördern.
Wahrscheinlich wird auch das **Verhältnis zwischen Hersteller und Händler** weiter in Bewegung bleiben; vergleiche hierzu auch das Kapitel 12. Abgesehen von der dort behandelten Verbindung im Sinne einer vertikalen Kooperation sind einerseits zunehmende Tendenzen feststellbar, dass immer mehr Hersteller den unmittelbaren Marktzugang suchen, beispielsweise auch durch Fabrikhandelszentren, die so genannten „Factory-Outlet-Center". Andererseits ist teilweise die Stellung der Handelsunternehmen so stark, dass sie sich durch eigene Handelsmarken vom Hersteller unabhängiger machen. Insoweit kann nicht ausgeschlossen werden, dass es noch zu neuen Formen der Funktionsteilung kommen wird.

Schließlich sei noch auf die verschiedenen Formen des **Struktur- und Systemvertriebs** hingewiesen. Es kann zumindest nicht ausgeschlossen werden, dass die Tendenz zum nebenberuflichen Verkauf eher zunimmt (*Avon, Tupperware, HaRa, Herbalife* etc.). Üblicherweise verkaufen hier Privatpersonen an Privatpersonen. Teilweise ergeben sich dabei ganze Vertriebsstrukturen mit „Untervertretern" etc.

Ergänzend sei auf den bereits im Kapitel 7 (Kundenservice) angesprochenen Aspekt hingewiesen, dass Dienstleister auch Kaufvermittler sein oder werden können, insbesondere bei technisch anspruchsvollen, wartungs- und beratungsintensiven Produkten. Hier ist dann nicht der Service Nebenleistung, sondern der Verkauf wird zur zusätzlichen Funktion mit zusätzlichen Einnahmemöglichkeiten für die Betreffenden.

Umsätze über diese Schienen gehen dem traditionellen Handel verloren, falls ihm nicht sinnvolle Kooperationen gelingen; Möglichkeiten, auf die hier nicht eingegangen werden kann.

13.2 Horizontale Kooperation und Globalisierung

Unter Kooperation wird der freiwillige Verbund mit anderen leistungsergänzenden Unternehmen auf vertraglicher Basis zum Zwecke der Verbesserung der gemeinsamen Leistungsfähigkeit verstanden. Dies erfolgt unter Wahrung der rechtlichen Selbstständigkeit, wobei zumeist bei der wirtschaftlichen Selbstständigkeit entsprechende Einschränkungen unvermeidbar sind. Vertikale Kooperation bedeutet die Verbindung zwischen Unternehmen verschiedener Handelsstufen, z. B. Hersteller und Händler, siehe auch Kapitel 12. Unter horizontaler Kooperation wird demgegenüber verstanden, wenn Unternehmen einer Marktstufe kooperieren, beispielsweise Händler. Kooperieren Unternehmen verschiedener Branchen und/oder Marktstufen, so wird auch von gemischter Kooperation gesprochen.

Kooperationen können in unterschiedlicher Intensität und Ausprägung erfolgen. Eine der ältesten Formen der organisierten Zusammenarbeit im Handel der jüngeren Wirtschaftsgeschichte sind die **Einkaufsgenossenschaften.** Zur Bündelung der Einkaufsmacht und Verbesserung der Konditionen sowie der Stellung gegenüber den Herstellern etc. wird zur Organisation des Einkaufes eine eigene Genossenschaft gegründet, deren Genossen die beteiligten Einzelhändler sind. Hier liegt das Schwergewicht also auf der Einkaufsfunktion und auf entsprechenden Kostenvorteilen.

Zusätzlich kann die Zusammenarbeit durch Erfahrungsaustausch bis hin zur Unternehmensberatung und Übernahme weiterer zentraler Funktionen ausgedehnt werden, beispielsweise auch in Bezug auf Ladeneinrichtung und -gestaltung, Kassensysteme, betriebswirtschaftliche Auswertung etc.

Das **Shop-in-the-Shop-System** (Untervermietung von Geschäftsflächen) bzw. das Store-in-the-Store-System (eine weiter gehende Form der Untervermietung kompletter Abteilungen im Ladenlokal) basiert auf der Zusammenarbeit mit Dritten, zumeist mit Herstellern oder Großhändlern. Daneben können jedoch Händler auch in Form von Konzessionen, beispielsweise in Einkaufszentren, Warenhäusern etc., Flächen an andere Handelsunternehmen oder Dienstleister vermieten, beispielsweise Bäckerei zusammen mit Fleischerei, Schlüsseldienst, Reinigungen, Blumengeschäft oder auch Artikel des Frischdienstes bei Einkaufszentren etc. Auf diese Weise kann eine den vielfältigsten Kundenbedürfnissen angepasste Angebotsbündelung geschaffen werden, ohne dass sich die einzelnen Anbieter „verzetteln" würden, da sie die Kompetenz von Partnern nutzen.

In ähnlicher Weise können sich Unternehmen auch zusammentun, um möglichst häufig Standorte gemeinsam auszuwählen und zu betreiben. Im Falle so genannter **Einkaufszentren** übernimmt zumeist ein Center-Management die Organisation und Gesamtbetreuung, ohne selbst als einer der verschiedenen Händler aufzutreten. Gelegentlich können hier dann Unternehmen der gleichen Branche parallel zueinander Mieter sein. So hat sich beispielsweise herausgestellt, dass mehrere, unterschiedliche Kundengruppen ansprechende Schuhgeschäfte in einem Einkaufszentrum jeweils bessere Ergebnisse erzielen, als wenn nur ein einziges Geschäft vertreten wäre – hier ist also eine den Bestrebungen nach Exklusivität am Anfang der Entwicklung von Einkaufszentren genau entgegengesetzte Tendenz zu verzeichnen. Der Grund liegt in der Entwicklung einer höheren Kompetenz und Attraktivität für den Kunden.

Eine besonders intensive und umfassende Form, Vorteile einer großen Organisation mit der Individualität in der Betreibung und Verantwortung des einzelnen Standortes miteinander zu verbinden, liegt im **Franchise-System.** Insoweit erklären sich auch das Wachstum und die zunehmende Bedeutung dieser Kooperationsform. Ein Franchisesystem besteht aus einem Franchisegeber und mehreren Franchisenehmern, die als selbstständige Unternehmer tätig sind, mit eigenem Kapitaleinsatz Waren/Dienstleistungen unter einem einheitlichen Marketingkonzept anbieten. Basis der Zusammenarbeit ist der Franchisevertrag, der die Rechte und Pflichten regelt. Der Franchisegeber kann ein Hersteller sein, aber auch eine lediglich die Dienstleistung anbietende Systemzentrale. Auf Einzelheiten des Franchisesystems kann an dieser Stelle nicht eingegangen werden, es wird auf Kapitel 11.3.3 verwiesen sowie auf die vornehmlich auf „Finanzierungsaspekte" ausgerichtete Darstellung im „Handbuch Praktische Betriebswirtschaft" (Teisman/Birker) und auf den in dieser Reihe erscheinenden Band zum allgemeinen Marketing.

Die Öffnung der Grenzen führt zur **Globalisierung** und Erweiterung der Märkte. Die Schaffung einer einheitlichen Währung, der ausgedehnte Tourismus und das wirtschaftliche Zusammenwachsen fördern eine Öffnung der Märkte und damit zugleich auch eine wechselseitige Beeinflussung.

Eine Reihe großer Unternehmen ist daher auch mit eigenen Zweigniederlassungen oder Tochtergesellschaften in verschiedenen Ländern aktiv. Dies gilt für Unternehmungen des Versandhandels ebenso wie für den stationären Handel oder den Großhandel.

Andere suchen die Kooperation mit Partnern im jeweiligen Land. Dies kann finanzielle und rechtliche Beweggründe haben. Vielfach steht jedoch der Aspekt im Vordergrund – gerade im Handel, der die Mentalität der angesprochenen Kundengruppen besonders zu berücksichtigen hat –, mit Partnern vor Ort zusammenzuarbeiten.

Eine Möglichkeit ist hier das so genannte „**Jointventure**", d.h. die Kooperation von nicht gebietsansässigen Firmen mit Partnern aus dem Gastland (Auslandsmarkt), wobei die konkrete Ausgestaltung sehr vielfältig sein kann.

Aber auch für Franchise-Konzepte ergeben sich gute Ansätze, trotz einheitlicher, durch den Franchisegeber geschaffener Struktur und Nutzung von Kostenvorteilen in Organisation und Einkauf, mit Hilfe ortsansässiger Franchisenehmer unter Berücksichtigung der nationalen Mentalität auch der Individualität und Besonderheit am jeweiligen Standort gerecht werden zu können.

13.3 Preisbewusstsein und Einkaufserlebnis

Der Spannungsbogen zwischen eher noch zunehmendem Preisbewusstsein der Kunden bei gleichzeitiger, wenn auch differenzierter Anspruchshaltung bezüglich Qualität, Auswahl, Service etc. wird weiter eine Herausforderung für die Handelsunternehmungen sein.

Die rasanten Entwicklungen im Bereich der Informatik und der neuen Medien unterstützen Preisvergleiche und das Einholen von Konkurrenzangeboten. Inwieweit dies zugleich einer besseren Markttransparenz dient, wird mit davon abhängen, ob ein rein auf den Preis reduzierter Vergleich vermieden wird. Die Nachfrage nach Beratung, Service, Zusatzleistungen und Betreuung (siehe auch Kapitel 7) wird sich wahrscheinlich noch weiter differenziert entwickeln. Hier ergibt sich das angesprochene Spannungsfeld. Einerseits gilt es, diesen unterschiedlichen Anforderungen der verschiedenen Zielgruppen gerecht zu werden. Gleichzeitig erschwert die oben angesprochene Transparenz die Preisdifferenzierung und stellt somit eine Herausforderung für den Handel nach kreativer Preisstrategie dar.

Als Beispiel seien die in letzter Zeit verstärkten Bemühungen der EU-Kommission angeführt, regionale Preisdifferenzierungen zu erschweren. Einerseits entspricht dies der „reinen Lehre" der Marktwirtschaft, auf der anderen Seite bietet das bisherige Vorgehen die Möglichkeit, Unterschieden im verfügbaren Einkommen der Nachfrager verschiedener Länder und Regionen Rechnung zu tragen. In manchen Regionen wird erst durch eine Preisabsenkung (also Preisdifferenzierung) das Produkt für eine größere Nachfragegruppe erschwinglich (und beeinflusst möglicherweise über Mengen- und Kostenvorteile das gesamte Preisniveau positiv). Bei zunehmender Nivellierung werden sich Preisdifferenzierungen dann in ihrer Größenordnung aber eher an den Logistikkosten eines Re-Importes zu orientieren haben. Auch wird wahrscheinlich eine Preisdifferenzierung stärker mit einer entsprechenden Produktdifferenzierung zu verzahnen sein.

Ein anderes und hier abschließend angeführtes Beispiel ist die individuelle Veränderung eines konkreten Nachfragers bezüglich seines Anspruchs an Beratung, Schulung und Unterweisung. Der Bedarf nach diesem Service wird beim Erstkauf besonders hoch sein und entsprechend auch die Preisbereitschaft. Nachkäufe, bei denen dann der Preis eine größere Rolle spielt, werden zunehmend zum Normalfall. Wie bereits an früheren Stellen ausgeführt, ist die Differenzierung nicht immer problemlos. Nach Aussagen von Praktikern scheint sogar die Tendenz zuzunehmen, sich beispielsweise im Fachhandel beraten zu lassen und später beim preisgünstigeren Billigdiscounter zu kaufen. Das wiederum kann die Tendenz fördern, Service-Leistungen nicht als Zusatzleistungen anzubieten, sondern separat zu berechnen bis dahin, dass sie dann eigenständige Leistungsangebote werden, die sich wiederum dem Wettbewerb entsprechender Konkurrenz – eventuell sogar reiner Dienstleister ohne Handelsfunktionen – stellen müssen. So können als Variante auch Schulungen gegen Entgelt angeboten werden, das dann gegebenenfalls teilweise wieder erstattet wird, wenn der Kauf auch in dem Laden, der die Schulung durchgeführt hat, getätigt wird.

Vielfach gerade bei Artikeln des täglichen Bedarfs möchte sich der Kunde möglichst schnell, problemlos und preiswert versorgen. Hier werden dann ggf. Fragen der Verkehrsanbindung und der Parkmöglichkeiten, der zügigen Abwicklung im Laden (einschließlich Kassenbereich) und des Preises entsprechende Beachtung zukommen.

Auf der anderen Seite steht die Erkenntnis, dass Einkaufen vielfach als Erlebnis geplant wird – teilweise als gemeinsame Veranstaltung der ganzen Familie. Diese wird dann Betriebstypen mit entsprechendem Erlebniswert bevorzugen, sei es in attraktiven Innenstädten oder Einkaufszentren etc., zumeist in räumlicher Verbindung auch mit gastronomischen und sonstigen Freizeitangeboten. Zugleich wird dies Auswirkungen auf die Öffnungszeiten haben, da hier vorrangig der Samstag oder die Abendstunden genutzt werden.

Insgesamt wird die angesprochene zunehmende Differenzierung auch Raum für die Entwicklung neuer Varianten zu den einzelnen Betriebstypen bieten. Hierbei werden sich aller Wahrscheinlichkeit nach auch in Ergänzung zu bestehenden Handelstypen ebenfalls Nischen für kleinere Betriebsstätten und Kleinstunternehmen mit speziellem Angebot eröffnen unabhängig einer weiteren Konzentrationstendenz. Insgesamt wird sicherlich in Zukunft die Kreativität im Handel, wenn auch in anderer Ausprägung, so doch in vergleichbarem Maße, ebenso gefragt sein wie innerhalb der Produktentwicklung in der Industrie.

Literaturverzeichnis

Quellen

Berekoven, L.: Erfolgreiches Einzelhandelsmarketing, 2. Auflage, München 1995

Dellbrügge, G.: Vkf-Maßnahmen:10 bis 20 Prozent vom Werbeetat, in: Dynamik im Handel 4/99, S. 44 ff.

GEA Consulenti: Supplier-Retailer Colaboration in Supply Chain Management, Project V, May 1994

Geister, S.: Kreuzblock versus Produktblock, in: Dynamik im Handel 11/96, S. 38 – 41

Höper, U./ Schmidt, Chr.: ECR bei Milchprodukten, in: Dynamik im Handel 10/97, S. 68 – 72

Jansen, H.: Was kostet die Ladeneinrichtung, in: Stores & Shops 3/98, S. 17 ff.

o. V.: Erfolg am POS, in: Motive – Märkte – Menschen 1/97, S. 11 ff.

Roach, L.: Wal-Mart's top ten, in: Discount Merchandiser 8/93, S. 76 f.

Specht, G.: Distributionsmanagement, 2. Auflage, Stuttgart u. a. 1992

Voss, R.: Grundlagen der Betriebswirtschaftslehre, 4. Auflage, München 2000

Wehrli, H. P./Wirtz, B.: Virtualisierungspotenzial im Handel, in: Markenartikel 6/96, S. 259 – 263.

Sekundärliteratur

Barth, K.: Betriebswirtschaftslehre des Handels, 3. Auflage, Wiesbaden 1996

Birker, K.: Planung und Entscheidung / Verkaufsgesprächsführung, in: Business to Business Marketing, (Hrsg. Pepels, W.), Neuwied 1999

Birker, K.: Steuerung der Warenwirtschaft in kooperativen Gruppen, in: Führung mit Warenwirtschaftssystemen, (Hrsg. Kichner/Zentes), Düsseldorf/Frankfurt a.M 1984

Birker, K.: Neue Sortimente mit neuen Medien verbinden, in: Von der Idee zum Markterfolg, (Hrsg. Grosche/Bothe), Stuttgart 1985

Hansen, U.: Absatz- und Beschaffungsmarketing des Einzelhandels, 2. Auflage, Göttingen 1990

Hansen, U.: Handelsbetriebslehre Band 1 u. 2, Göttingen 1979

Meffert, H.: Marketing, 8. Auflage, Wiesbaden 1997

Müller-Hagedorn, L.: Der Handel, Stuttgart u.a. 1998

Pepels, W.: Außenhandel, Berlin 1997

Pepels, W.: Marketing, Baden-Baden 1994

Pepels, W. (Hrsg): Examenswissen Marketing in 14 Bänden, Köln 1999/2000

Tietz, B.: Der Handelsbetrieb, 2. Auflage, München 1993

Stichwortverzeichnis

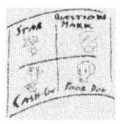